巴蜀文化通史

百○四歲叟馬識途

《巴蜀文化通史》学术委员会

章玉钧　隗瀛涛　李绍明　林　向　胡昭曦　贾大泉
谭继和　万本根　陈玉屏　罗　鸣　沈伯俊　彭邦本

主　编
章玉钧　谭继和

副主编
罗　鸣　彭邦本

编辑部
主　任　侯水平　向宝云
副主任　万本根　李　庆

"十二五"国家重点图书出版规划项目
四川建设西部文化强省重点项目

章玉钧 谭继和 主编

巴蜀文化通史
科技文化 卷

查有梁 王迎川 周世祥等 著

四川人民出版社

编者的话

巴蜀文化通史

《巴蜀文化通史》编撰工程是中共四川省委批准、省委宣传部直接组织和领导,由四川省繁荣发展哲学社会科学协调小组立项、四川省社会科学院牵头的四川省西部文化强省建设重点支持项目,也是"十二五"国家重点图书出版物出版专项规划及国家出版基金(2016年度)资助项目。一直关心四川文化传承创新的省老领导杨超、杨析综、何郝炬、冯元蔚、廖伯康、聂荣贵、李永寿等同志率先向省委、省政府倡议启动编撰工作。在编撰研究过程中,得到了陶武先、柯尊平、王少雄、甘霖等历届省领导的大力支持和亲切指导,我们谨致衷心的敬意和感谢。

本书编撰委员会于2006年设立,编撰工作由此启动,至2020年全面完稿,历时十五年。编撰委员会名誉主任陶武先,主任王少雄、柯尊平,副主任殷建中、贾松青、侯水平、隗瀛涛、李绍明;顾问蔡美彪、李学勤、张海鹏;编委会成员有章玉钧、林向、胡昭曦、贾大泉、谭继和、万本根、陈玉屏、罗鸣、沈伯俊、彭邦本、向宝云、王素、舒大刚、邓经武、赵振铎、龙晦、龙显昭、刘平斋、吴野、钱来忠、曹顺庆、陈德述、任新建、李明泉、张忠仁、王毅、王庭科、冉光荣、杜肯堂、李学明、孙锦泉、陈廷湘、刘复生、佘正松、李健、李刚、李诚、江玉祥、江章华、蒋维明、季富政、高大伦、段志洪、侯德础、谢元鲁、甘绍成、张明富、张凤琦等。编委中,有些作为学术委员会成员,自始至终参与本书研讨和审定;有的承担了分卷的撰著;有的在本书酝酿和编撰的相关会议上提供了不少宝贵意见;有的应邀对有关书稿审阅并提出有益的建议。总而言之，编委们都为本书编撰出版做出了各自的贡献。另还专门请宗性（中国佛学院）审读了《宗教文化卷》。

编撰工作具体依托四川省社会科学院进行，院历届领导贾松青、侯水平、李后强、向宝云、高中伟等都给予大力支持、督促和帮助，多次召开院党委或院办公会议，听取编辑部汇报，决定有关事项并检查落实。编辑部成员张彦、彭东焕、印国玲在具体组织协调、制订规范规则、联系作者、学术讨论记录（含录音）、编写简报等方面做了大量工作。

《巴蜀文化通史》是集思聚智的学术成果，撰著参与者及分工情况详见于各卷后记。以下谨按卷次列出主要撰著者名单，共同见证这部著作的出版：

《通论卷》	谭继和著
《农业与水利文化卷》	彭邦本编著
《工商文化卷》	张学君著
《城市文化卷》	何一民等著
《建筑文化卷》	庄裕光著
《交通文化卷》	蓝勇等著
《民族文化卷》	赵心愚、杨铭等著
《宗族与会社卷》	张力著
《移民文化卷》	陈世松著
《方言卷》	李国太、黄尚军、袁雪梅、曾为志著
《民俗文化卷》	徐学书、喇明英、况红玲等著
《哲学思想卷》	蔡方鹿、刘俊哲、金生杨著
《史学卷》	粟品孝、周鼎、李晓宇著
《宗教文化卷》	李远国、向世山等著
《教育卷》	徐辉、徐仲林等著
《文学卷》	邓经武著
《艺术卷》	苏宁、沈博、幸晓峰著
《科技文化卷》	查有梁、王迎川、周世祥等著

《传播文化卷》　　　　　赵志立著
《文献要览卷》　　　　　舒大刚、李冬梅等著
《巴蜀文化大事记》　　　张彦、陈德言、王林、彭东焕编著
《巴蜀文化研究论著索引》李敬洵编

由于多领域的地域文化通史尚属首创，不同门类各有其文脉演变、内在逻辑与历史进程，故未对各卷涉及本领域涵盖的时间起止及个别体例做统一的要求。编著者虽务求如清人顾炎武所说"庶几采山之铜"，而力避"买旧钱""废铜以充铸"，但因见闻学识所限，书中疏漏不足之处，尚祈望读者正之。

最后要说的是，全书从编撰到出版来之不易，还得益于四川人民出版社历任社长罗韵希、解伟、黄立新，副社长骆晓平，总编辑刘周远的关心和支持。特别是谢雪编审从中协调、统筹以及众多编辑"为他人作嫁衣裳"的辛勤付出。巴蜀文化界学术界的领军人物、尊敬的马识途先生在2018年一百零四岁时为本通史题写书名。在此，我们表示深深的谢意。

章玉钧　谭继和　罗鸣　彭邦本
2021年11月

总 序

◎ 章玉钧

呈献在读者面前的这部多卷本《巴蜀文化通史》，是国家重点图书出版物出版专项规划项目、国家出版基金资助项目和四川省西部文化强省建设重点支持项目的学术成果。这个项目由中共四川省委宣传部直接组织和领导，四川省社会科学院牵头，川渝合作，组织和邀约四川省、重庆市七十多位巴蜀文化研究专家参加，得到四川省委、重庆市委和国家有关部门的重视和支持，获得国家和省文化产业经费的资助。全书二十二卷二十八册，约一千六百万字。编撰出版工作历时十五年终告完成。参加本书编修的专家学者们团结协同、切磋琢磨、集思聚智、甘苦备尝，贡献了创造性的劳动。四川人民出版社和各卷责任编辑认真敬业，严谨审慎，做出了辛勤奉献。在此，谨就编撰《巴蜀文化通史》的缘起与旨归、定位与特色、架构与方法、集成与出新，作一概括的介绍，以助读者对全书先有个总体的了解。

缘起与旨归

编修《巴蜀文化通史》之议，酝酿已久。20世纪80年代至90年代，巴蜀文化和蜀学研究在四川逐步升温，在选编出版徐中舒、蒙文通、顾颉刚、任乃强、邓少琴、冯汉骥等大师关于巴蜀文化的论著[①]后,陆续编写出版了《巴蜀文化图典》[②]《巴蜀文化研究丛书》[③]《巴蜀文化系列丛书》[④]。大家既为"地域文化热"的兴起而振奋,又在同地域文化研究先行地区的比较中,看到我们的差距,深感传承、整合和弘扬巴蜀文化,要抓牵头的东西,抓具有基础性、全局性和带动性的项目。2001年,一直关注文化的四川省老领导杨超、杨析综率先提出编撰《巴蜀文化通史》的倡议,杨超还构想系统整理自古以来的巴蜀文献,编成《巴蜀全书》。他们登高一呼,高屋建瓴,对学界有很大的启发和鼓舞。经过反复酝酿,省里八位老同志[⑤]于2005年10月联名致信四川省委、省政府,建议启动《巴蜀文化通史》的编撰工程。在组织四川高校和研究机构数十位专家学者进行论证,并征得重庆市有关领导和专家学者的赞同后,省委批准立项,审定了全书的框架设计。2006年7月,《巴蜀文化通史》多卷本编撰工程正式开展。

大家渴望编撰《巴蜀文化通史》并积极付诸行动,是基于这样的共识:民族文化是一个民族的根、脉、魂,是民族精神的载体,是支撑民族生存和发展的脊梁。全球文明古国各具优长,唯有中华文明几千年来一脉贯通地连续发展至今,重要原因是有由甲骨文、金文发展而来的形、音、义相结合的汉字为重要载体和文化纽带,用其写成的文史典籍代代承传,从未间断,起到全民族凝心聚力的巨大作用,激励中华民族历经磨难而不衰,直至迎来民族走向伟大复兴的盛世。巴蜀文化是多源汇成一脉、多元聚为一体的中华文

[①] 徐中舒《论巴蜀文化》、蒙文通《巴蜀古史论述》、顾颉刚《论巴蜀与中原的关系》、任乃强《四川上古史新探》、邓少琴《巴蜀史迹探索》,均由四川巴蜀史研究会编辑,由四川人民出版社于20世纪80年代出版。此后还有《冯汉骥考古学论文集》1985年由文物出版社出版,另有《缪钺全集》2004年由河北教育出版社出版。
[②] 该图典由川渝合作编成,刘茂才、滕久明任编委会主任,万本根、俞荣根任主编,四川人民出版社1999年出版。
[③] 该丛书由杨超、杨析综任编委会主任,首批六册。李绍明《巴蜀民族史论集》、隗瀛涛《巴蜀近代史论集》、林向《巴蜀考古论集》、胡昭曦《宋代蜀学论集》、谭继和《巴蜀文化辨思集》、徐南洲《古巴蜀与〈山海经〉》,均由四川人民出版社2004年出版。
[④] 该丛书由杨超、杨析综任编委会主任,谭洛非、邓星盈、万本根任主编,共十册,四川人民出版社2001年出版。
[⑤] 八位老同志是杨超、杨析综、何郝炬、冯元蔚、廖伯康、聂荣贵、李永寿、章玉钧。

化中一个重要的区域文化，是博大精深的中华文明的一枝奇葩，在中华民族文化谱系中占有独特的地位。她绚丽多彩、大器包容，在与兄弟地域文化交流互益、吞吐融会中发展繁荣，形成并展示出独特的神韵和魅力，使哺育她的中华文化更添灿烂辉光。对于川渝地区各族同胞而言，巴蜀文化就是我们世代生存之根、承传之脉、发展之魂。

巴蜀大地钟灵毓秀、文脉悠长，堪称多种人类遗产荟萃的聚宝盆。巴蜀文化有许多独具的特色和亮点，足以令我们为先辈的创造感恩并自豪。茂县营盘山、成都平原从宝墩到三星堆、金沙以及长江三峡、宣汉罗家坝等处文化遗址的多次惊世发现，结合古文献资料，无可辩驳地证实了巴蜀作为长江上游的上古文明中心，丰富了中华文明的基因，显示出古蜀古巴文化永恒的魅力。周秦以来，中华思想文化素以儒学、道学为主干；佛学西来后，更以儒释道交融互补为特色。蜀地仙道发源很早，成为天师道的创教地；儒学从西汉起就在此代代传承，文翁石室、周公礼殿、孟蜀石经彪炳千秋；在佛教中国化的进程中，巴蜀出了许多大德高僧，尤其是禅学大师，成为中国禅学中心之一。作为中国重要地域学术文化的蜀学，富有哲思传统和文史之长，"易学在蜀""史学莫隆于蜀""文宗自古出巴蜀""自古诗人例到蜀"等赞语，无不彰显历代巴蜀学术文化的璀璨夺目，成就非凡。巴蜀的音乐、舞蹈、碑刻、石窟、书法、绘画、诗词歌赋、戏剧、织锦、酿酒、制茶、肴馔等享有盛誉，非物质文化遗存丰赡多彩。巴蜀悠久的农耕文化与繁盛的工商文化相得益彰，并曾在水利开发、天然气开采、钻井术、天文、数学、医药等科技领域独占鳌头，纸币"交子"首发领先全球。巴蜀是中国历史上一个典型的移民区域，又长期是汉族和许多少数民族相聚和融合的地区，开拓了对外交往的条条蜀道，形成了连通中亚、南亚的南方丝绸之路和藏羌彝民族走廊。移民文化与原生文化、汉文化与少数民族文化、本土文化与外来文化在这里交融互动，使巴蜀文化具有很强的开放性、包容性、创新性和辐射性，这些特性被学者喻为"水库效应"。巴蜀儿女自古敢为天下先，尤其是百余年来向现代化转型时期，巴蜀文化哺育和造就了众多的杰出人物和文化精英，红色文化光耀史册，三线建设举国之重，"改革之乡"①闻名遐迩。在2008年"5·12"汶川特大地震等自然灾害的救援和重建过程中，四川人民表现出的英勇、睿智、大爱、感恩，也都凝聚着巴蜀文化浴火重生的精神。

当今中国正处于世界百年未有之大变局，建设社会主义文化强国，着力提升文化软实力，关系到"两个一百年"奋斗目标和中华民族伟大复兴中国梦的实现。身为当代学人，要在马克思主义指导下，树立高度的文化自觉和自信，十分珍视本土优秀的传统文化，处理好传统文化与现代化、本土文化与外来文化的关系，立大志愿，开大视野，用大手笔来发掘和系统梳理传统文化资源，传承、整合、弘扬巴蜀文化，致力于培根铸魂、固本延脉，使我们优秀的文化基因永续传承，与当代社会相协调，让富有恒久魅力、具有当代价值的巴蜀文化在提高全民精神素质，推进文化强省强国，铸牢中华民族共同体意识和助推构建人类命运共同体的进程中发挥应有的作用。

编撰多卷本的《巴蜀文化通史》，具有深远宏大的文化价值、学术价值和应用价值。一是对巴蜀文化几千年的发展轨迹及其创造、积累的宝贵文化财富，作出系统梳理和规律性总结，可以回应巴蜀民众了解"我是谁""我从哪里来"的文化寻根需求，丰富人们的精神世界，尤其是在道德规范和价值取向上得到涵养和化育。二是可以较全面地展示巴蜀文化的神韵和亮点，系统阐扬蜀史、蜀学、蜀文、蜀艺，构筑宽阔的学术研究平台，为巴蜀人文社会科学走向繁荣，促进传统文化的创造性转化和创新性发展，发挥立其大本、凝聚人心、导向助推的作用。三是同兄弟地域文化的研究成果相互呼应、相得益彰，有助于深入了解中华文化，传承中华文脉，为我们的母亲文化增光添彩，一起来展示她的独特魅力，进而与世界多元文化中不同民族文化平等交流互鉴，为建设新时代中国特色社会主义文化，增强我国的文化竞争力和软实力添砖垒瓦。四是更进一步促进川渝文化合作，可以为繁荣、丰富当代巴蜀先进文化建设，尤其是推进文化创意产业和康乐旅游产业，发掘深层次的文化内涵，提供坚实的学术依据，从而开启思路、激发灵感，以文塑旅，以旅彰文，把潜在文化资源（包括物质文化遗产和非物质文化遗产）

---

① 邓小平1982年对家乡四川的深情赞语。

转化为现实的生产力和文化软实力。五是有助于改变四川高校和研究机构在巴蜀文化和蜀学研究上各自为政、力量分散的状况，使之汇聚并形成有较高水平的老中青结合的研究队伍。与《巴蜀文化通史》珠联璧合的《巴蜀全书》，作为四川有史以来最大规模的古籍文献整理工程，经由四川大学古籍整理研究所提出并担纲，在四川省社会科学院和兄弟高等院校协力下，2012年以来，已出版阶段性成果两百余种，就是蜀学研究正在形成合力的又一明证。

定位与特色

为了实现前述宗旨，参与编撰的同仁都力求使《巴蜀文化通史》既是文化集成，又是学术创新，努力做到观点有一定创新性，知识含量丰富，资料翔实，文笔流畅，总体上进入巴蜀文化研究的学术前沿，在科学性、系统性、创新性、前瞻性、可读性等方面力争成为当代巴蜀学人可以"预流"——预于时代学术潮流的成果，成为在巴蜀文化研究上服务于现实并可继往开来的学术著作。但我们悬鹄虽高而未必力所能逮，故难免"取法乎上，仅得乎中"之憾。

这部书的研究对象是巴蜀文化，性质是通中寓专、通专结合的文化通史，角度是把地域史学与文化学及相关学科契合起来，贯穿全书的编撰理念是"三通"，即纵通、横通与会通。这里就分别说一说本书的"文化"本位、"巴蜀"立位和"三通"定位。

（一）"文化"本位

世界上对"文化"的定义已经有好几百种。我们以唯物史观为指导，本着天人合一、以人为本的中华人文精神[①]来解读文化。"惟天地万物父母，

[①] 天人合一、以人为本，打破天道与性命的隔阂，既避免把天人合一引向神学化，也避免陷入人类中心主义，而把敬畏、顺应自然与发挥人的主体能动性相统一，蕴含天人相依相待、互动互益的张力。

惟人万物之灵。"①人作为自然演化的产儿，受惠于天地万物，在群体劳动实践中成为地球上的万物灵长，既能创制工具，又能用语言交流，进而创制文字，由此有了文化及其积累、传承，于是便创造了"人化的自然界"。同时，在法天、法地、法万物的进程中，人也改变和提升着自身。汉字的"文"，原意是文身、文饰、纹理，以文来显示，以文来变化，讲规矩、礼貌，与禽兽区别开来。这是外在的，更是内在的。文的外化于行与内化于心，开物成务与锻塑成人，乃是人类与自然进行精神与物质相互变换中联袂互动的双重效应。自然力所为乃造化，人类心力所创是文化。文化从何而来？由人化文；文化落脚何方？以文化人。荀子讲"化性起伪"，"伪"就是人为的东西。要改变自身才能更好地改变世界。文化就是这样"人化"与"化人"（或曰"人为"与"为人"、人性的外化与内化）相统一，在双向建构中螺旋式上升，推动着人居世界的演进。人，既是创造文化的能动主体，又是文化所创造的价值主体。这与古语"人文化成"②的解读可以相通，也跟西方"文化"一词兼容"耕作、栽培"（外化）和"养育、教化"（内化）的语义相衔接。《中庸》讲至诚尽性，内外交修："惟天下至诚，为能尽其性。能尽其性，则能尽人之性；能尽人之性，则能尽物之性；能尽物之性，则可以赞天地之化育；可以赞天地之化育，则可以与天地参矣。"③这段话，恰可理解作为内化与外化相统一的文化的功能。

这样的广义文化，它对外与天地万物相成相济，内结构则包含着精神文化、语文符号、规范体系（行为习俗和法律）、社会制度和社会组织、物质产品等要素。④这些文化要素，大体可划分为相互联结、相互渗透的三个层面：外层是作为基础的物态文化，即经过人的劳动形成的"人化"自然或器物层面，体现人与自然的互动关系及其物质成果；中层是语文符号、制度文化和行为习俗文化等，可称为"交往文化"，体现出人与人的互动关系即社会关系，也是精神文化的外在表现；内层则是以价值观为核心的精神文化，

---

① 《尚书·周书·泰誓上》，《十三经注疏》上册，中华书局1979年影印本，第180页。
② 《易·贲卦·彖辞》："观乎天文以察时变，观乎人文以化成天下。"
③ 《礼记·中庸》，《十三经注疏》下册，中华书局1979年影印本，第1632页。
④ 《中国大百科全书·社会学卷》，中国大百科全书出版社1991年版，第409页。

体现出人的心灵世界在真、善、美、圣（科学、道德、艺术、哲学、宗教）诸多领域与境界的创造。清代龚自珍说过："圣人之道，本天人之际，胪幽明之序，始乎饮食，中乎制作，终乎闻性与天道。"①文化的上述三个层面，既如血脉相通，总体上联动互进，在变迁时序上又往往呈现有速有缓、或前或后的不平衡发展状态。这种总体性与异步性的统一，是在研究和描述文化史时需要仔细琢磨和体现的。

综上所述，文化是在天人相合相分、互动互益进程中人的生命存在及其取得的全部成果，或简单地说，文化就是人类独有的生存方式。人们总是生活在世代传承而又不断积累、不断丰富的文化之中。这文化如水，滋润万物；若风，吹拂人间；又好比血液，灌注循环于特定民族或地区人群的心灵深处，产生凝聚力和认同感，积淀、凝结为人们稳定的生存方式。因此，人类的文化既有共通性，又有民族性、地域性和时代性，是多元的、多样的，而不是单一的、无差别的。不同民族、不同地域、不同时代产生的文化模式，形成的文化精神各有不同。伴随着时代的风云变幻，当不同文化相遇、相会时，从价值观念、思维方式、生活样态到社会习俗，就会产生交流、交融、交锋，出现文化选择和互融，进而导致文化的转型。通观世界历史，文化转型曾有过各种不同的类式。中华文化的现代转型是守正创新，把马克思主义基本原理同中华优秀传统文化相结合的自主式；而不是聚合多种移民文化、喧宾夺主的复合式；更不是那种特定场合下原有文化解体，被另一文化取代的断崖式。

"文化"和"文明"是两个意义相近又有区别的概念。文化侧重于文的功能，文明侧重于文的成就。人猿揖别，就出现文化；到告别蒙昧、野蛮，才进入文明时代。文明是个褒义词，囊括人类创造的积极成果之总和，用以指称人类社会的进步程度和开化状态。②当今多以文化标示民族性差异和地域性特色，而以文明标示人类的普遍行为和多元成就。文明因交流而互鉴，因互鉴而发展。在经济和科技全球化进程中，许多物态文化和一部分行为习

---

① 《五经大义终始论》，《龚自珍全集》，上海人民出版社1975年版，第41页。
② 《易·乾·文言》："见龙在田，天下文明。"《尚书·舜典》："睿哲文明。"孔疏："经天纬地曰文，照临四方曰明。"

俗文化在逐步趋于同质化，而具有不同基因的制度文化、语言文字，特别是精神文化，则终会呈现和保持多样化。这一部地域文化通史，本着文化的多元性和相通性来立论，各卷都力图写出浓郁的地域文化味，体现出"人化"与"化人"的统一。

（二）"巴蜀"立位

广袤的中华大地因地壳碰撞形成了自西向东、由高到低三个落差很大的阶梯，巴蜀处于高阶到中阶的内陆腹地，连通祖国的南北西东。巴蜀西部为青藏高原东南缘及横断山区北段，东部为群山环抱的四川盆地，总体地势西高东低，地形地貌独特丰富，集雄、奇、险、秀于一体，自然禀赋得天独厚，是万物生灵的洞天福地。巴和蜀是上古以来巴人、蜀人及其他族群先民活动的地域，二者相连乃至交错，文化复合共生，自成一个地域文化区系。在中华文明满天星斗式的起源中，这里是相对独立肇兴的长江上游文明起源中心，有巫山人、资阳人为代表的文化根系，有万年以上的文明起步，上古巴蜀地域文明形成和发展中的不少谜团还有待地下发掘来破解。三千多年前巴蜀文明就与中原文明血脉交融，与吴越、荆楚等文明紧密互动，也与南亚、中亚文明交流互鉴。公元前316年，秦并巴蜀后则更紧密全面地融入中华文明共同体，成为它重要的组成部分之一，东汉时即享有"天府之国"的美誉。巴与蜀同源同圈，文化具有同质性和内聚力，而自然人文环境又同中有异，形成了刚柔相济的复合型文化共同体。蜀人慕文好乐，精敏健雄，浪漫诙谐；巴人质直尚勇，豁达豪爽，吃苦耐劳。所谓"巴出将、蜀入相"，大致道出了两者文化性格的差异。巴蜀的地域范围历代有涨有缩，行政区划迭有变迁（包括1997年以后川渝分治），而长期历史形成的巴蜀文化区虽没有截然划定的边界，却是相对稳定的整体，并未因行政区划变动而忽合忽分。巴蜀文化区的范围是涵盖今四川省和重庆市地域，兼及周边风俗略同地区的民族文化共同体。它以史源悠久、流传有绪的巴文化、蜀文化为主轴，既包括四川盆地以汉族为主体、辐射四周的文化，也包括盆地周边各以藏、彝、羌、苗和土家等世居少数民族为主体、各民族和谐共融的文化，是这一地区从古至今多民族地域文化的总汇。这部书论述的地域以今四川省和重庆市为主，对不同历史时期曾纳入巴蜀行政区划或与其文化关联密切的地域也有涉及。

巴蜀虽地处祖国内陆，不靠边、不濒海，却衔接南北，连通西东。在编撰这部书时，我们力求处理好巴蜀文化与其母文化——中华文化的关系，重视巴蜀文化与兄弟地域文化之间的交集和互动，着眼于巴蜀文化的特性、个性，寓共性于个性之中，寓统一性于多样性之中。我们也重视巴蜀文化与域外文化之间的交集和互动，注意巴蜀文化在中外文化交流中所起的作用。在巴蜀文化内部，我们力求处理好蜀文化与巴文化相互之间的关系，巴蜀汉民族文化与各世居少数民族文化的关系，尽可能都给以充分的关注，反映它们之间的共性与个性、互联与互动，力避顾此失彼，详略失当。为涵盖并展示少数民族文化多姿多彩的众多领域和方面，这部书除单独设置《民族文化卷》外，各有关专题卷都力图把相关领域的少数民族特色文化摆在重要位置进行阐述和概括。

（三）"三通"定位

"三通"是贯穿全书的重要编撰理念。史著价值在于信，通史灵气在于通。司马迁"究天人之际，通古今之变，成一家之言"[①]是我们心向往之、孜孜以求的目标。史学前辈范文澜等曾提出"三通"（"直通""旁通""会通"），我们根据编撰《巴蜀文化通史》的要求，把历时态的"纵通"、共时态的"横通"与跨文化、跨学科的"会通"，合在一起作一些新的阐释。世界是通的，大历史是通的，大文化是通的。文化史的发展，本来就涵盖着纵向的全过程、横向的多层面、跨文化的多领域。通向历史本真，揭示历史本体，是"三通"追求的目标。尤其是作为通中寓专、通专结合的多卷本地域文化通史，无论承担通论或专题卷的学者，都力求在"三通"上下功夫。

一曰纵通，指历时态全过程的贯通。"观水有术，必观其澜。"这部书贯穿古今，上溯于远古巴蜀先民之蒙昧初开，下迄21世纪初年川渝之文明新

[①] 《史记》卷一三〇《太史公自序》。

貌，原始察终，系统梳理这个既有内在连续性，又呈现不同时代阶段性的曲折过程中巴蜀文化层积而兴的脉络，由此分析其在各个历史时期的盛衰流变，此起彼伏的高峰低谷，展示巴蜀文化的特色和贡献，进而探究其发展的逻辑进程，尤其是传统巴蜀文化向现代化转型的路径，论证巴蜀文化的当代价值和意义，揭示巴蜀文化的发展趋势和前景，做到鉴古察今、述往知来。这是全书贯穿始终的主线。这条主线还可以从实践与认识的角度一分为二：一是巴蜀文化的实践史、发展史；二是在实践基础上对巴蜀文化的认识史、研究史。二者结合方能从实践与认识的循环往复中，深入把握"外化与内化相统一"的文化真髓。

二曰横通，指共时态全方位的互通。"事不孤起，必有其邻。"从全书立卷到各卷章节的设置，都力图以时间为经，以反映文化的不同层面及专题为纬，纵横交织，立体成像。历史运动是有结构的，它是过程与结构的统一，广义文化中各层面的共生、交叉、互动就体现着这种结构性。这部文化通史不仅要剖析巴蜀文化发展的过程，同时要展现巴蜀文化的层次与结构。本书多数专题卷，虽然在物态文化、交往文化、精神文化几个层面中各有其侧重点，但都是从有血有肉的文化肌体中抽出来的，不能孤立求索和描述。研究时不仅不能把经济基础与其上层建筑割裂开来，还要努力展示文化各层面的横通，展示各专题内部各个相关领域的横通。这样做是为了尽量体现地域文化生成的内在机理，使读者把握到神完气足、血肉丰满、生机勃勃的整个巴蜀文化。

三曰会通，着重指跨文化、跨学科的多元共融，全景式打通。《易·系辞上》说："圣人有以见天下之动，而观其会通。"[①]南宋郑樵《通志》特别强调"会通"。[②]要从天下事物阴阳变动不居的状况，观察领悟其会合变通的卯窍。人类文化从来是多元并存，在相互比较、碰撞、渗透、融合中发展的。研究地域文化，必须有开放式的大视野，具备跨文化、跨学科的眼界

---

① 李鼎祚《周易集解》注文中引用汉代干宝："观日月而要其会通，观文明而化成天下。"
② 郑樵《通志·总序》："百川异趋，必会于海，然后九州无浸淫之患。万国殊途，必通诸夏，然后八荒无壅滞之忧。会通之义，大矣哉！"又其《夹漈遗稿》卷三《上宰相书》："天下之理，不可以不会，古今之道，不可以不通，会通之义，大矣哉！"

和通识，能够在充分尊重和了解各种文化事象的前提下，不停留于对现象的描述，而要触类旁通、探赜索隐、择精合妙、汇聚通宜，真正实现圆融贯通。纵通为经，横通为纬，须擅会通，方呈现三维立体的全息图景，做到究始终、观全体、明是非得失之故。就是说，文化史研究要通过分析和综合，具备文化反思和阐释张力，会归通衢，由"方以智"进到"圆而神"，抵达藏往知来之境。

我们时时提醒自己：研究巴蜀文化不仅要钻得进去，还要跳得出来，站到更高处，具有开放的胸襟和跨文化比较的视野，把巴蜀文化放到多元一体的中华文化和全球多元文化的大背景下加以审视，察异观同，和合会通。巴蜀文化从来不是与世隔绝、孤立自足地成长起来的，而是在同周围的兄弟地域文化相互影响下发育繁衍，并在同远近的异质文化间接或直接的交流互动中汲取营养的。我们正处在不同文化交流空前深入、碰撞空前激烈的时代，为了追寻全球文化的多元和谐，助推构建人类命运共同体，一定要本着"各美其美，美人之美，美美与共，天下大同"的文化会通观，祛除近代以来因受西方强势文化轻视、压抑而形成的文化自卑和盲从心态，提高对中华文化地位、作用的认识，坚定文化自信，珍爱并拓展、弘扬本土文化的精华。要在马克思主义指导下，具备通识通才，对中外文化精神析同辨异，折冲樽俎，在会通中实现对优秀传统文化的继承和超越，对外来文化精华的吸纳和转化，促进新时代中国特色社会主义文化繁荣发展，不断开拓文化巴蜀、文化中国转型复兴之路。

架构与方法

20世纪初叶，随着新史学的兴起，文化史在历史学中的地位得到重视和加强。刘师培曾计划研究文化专门史，含十六种，以西方学术的科目，析先秦诸学学术思想之长短得失。①胡适设想，中国文化史要包括民族史、语言文字史、经济史、政治史、国际交通史、思想学术史、宗教史、文艺史、风俗史、制度史等科目。②梁启超专就文化史的做法讲课，认为需要对政教典章、社会生活、学术文化等方面，做分门别类的文化专史。最好是把人生的活动事项纵剖，依其性质，分类叙述。在狭义的文化专史中，他举出语言史、文字史、神话史、民俗史、宗教史、道术史（哲学史）、史学史、自然科学史、社会科学史、文学史、美术史等。③不过，20世纪30年代初问世的几部中国文化史（如杨东莼1931年、柳诒徵1932年、陈登原1935年），仍多系综合体裁，对各文化门类往往语焉不详。

在前辈学者探索的启发下，我们反复思量，决定突破所见的国内现有地域文化史侧重综合、纵通的体裁，而按"纵述史实，横排门类"的编撰原则，采用"通论+专题卷+大事记"这样一种体现纵通、横通、会通的创新结构，几经斟酌，全书共二十二卷，排序如下：置全书之首的《通论卷》，阐释了巴蜀文化的基本概念与学术体系，生态环境背景，巴蜀文化的研究史和认识史，由古及今的文化发展轨迹、基本性质及基本特征，在多元一体、博大精深的中华文化中的定位及其特殊贡献，薪火传承与现代化转型创新及前景趋势，力求起到提纲挈领、纲举目张的作用。其后大体按文化的不同层次，分别为巴蜀文化具有特色的领域、学科列专题卷。先是侧重物态文化并由此探及相关交往文化、精神文化层面的，有《农业与水利文化卷》《工商文化卷》《城市文化卷》《建筑文化卷》《交通文化卷》；接下来的《民族文化卷》从中华民族共同体的多民族视角强调综合性；《宗族与会社卷》《移民文化卷》《方言卷》《民俗文化卷》大体属于制度文化、语言文字、行为交往文化层面（鉴于政制、职官、法律等制度，全国大体统一，故不设专卷）。继后精神文化层面的部分，卷数较多，设有《哲学思想卷》《史学卷》《宗教文化卷》《教育卷》《文学卷》《艺术卷》《科技文化卷》《传

---

① 刘师培：《周末学术史序》，1905年作，《刘师培儒学论集》，四川大学出版社2010年版，第36～78页。
② 胡适：《〈国学季刊〉发刊宣言》，《胡适文存》二集，黄山书社1996年版。
③ 梁启超：《中国历史研究法（补编）》，《中国历史研究法》（外二种），河北教育出版社2000年版。

播文化卷》。为便于了解巴蜀历史文献,尤其是蜀学文献,特设有文献目录学专题《文献要览卷》。专题卷之后的《巴蜀文化大事记》,对先秦至当代巴蜀文化重大事件以编年方式扼要记载,便于读者对巴蜀文化全程有鸟瞰式、综合性的把握;《巴蜀文化研究论著索引》,则供研究者作为检索工具使用。以上就是全书的架构。

各专题卷均前置导言,末设结语。其篇章框架则因事制宜而有所不同。有的是以时期分章,大体按不同门类分节,在纵通中含横通(如《教育卷》);有的主要按专题并结合时序来分章节,在横通中含纵通(如《科技文化卷》);有的先理出历史线索,再突出一些重点专题,先纵后横,纵横结合(如《城市文化卷》);还有的卷内分两编,分述相关内容(如《农业与水利文化卷》)。

《巴蜀文化通史》作为多卷本的学术著作,主要供大专以上程度的读者阅读,以及文化馆、图书馆等购备。它既不是曲高和寡的"阳春白雪",也不是能够直接普惠民间的通俗普及读本。为了让巴蜀文化走进千家万户,还有待开发科普读物和图文,使之逐步大众化,在应用和传播上做创新文章。

编撰《巴蜀文化通史》,涉及学科门类甚广,涵盖时间很长,创新要求颇高,总字数超过千万。这样的文化工程,绝非率尔操觚、短促突击所能成功。近人刘承幹①《明史例案》提出过八条准则,就是"搜采欲博,考证欲精,职任欲分,义例欲一,秉笔欲直,持论欲平,岁月欲宽,卷帙欲简",我们在编撰过程中借作参照,同时根据在新时代撰写地域文化通史的新要求,不断从实践中探索,大体形成了以下一些做法:

(一)多学科的专家学者分工合作,协同攻关

梁启超主张,广义的文化专史,涉及面特别广,在专史中最为重要,也最为困难。这不单是史学家的责任,更是研究某种专门学问的人对于该种学问的责任,要尽量用内行的专门家去做。若能以终身力量做出一种文化专史

---

① 刘承幹(1881~1963):著名藏书家、刻书家、史学家。

来，于史学界便有不朽的价值。①本书的编撰设置了编撰委员会、学术委员会及编辑部，确定由正副主编主持编撰，编辑部依托省社科院开展编务工作。各专题卷的著者采取定向邀标办法聘请，多为对该学科领域研究有素的专门家，分别采取由个人承担，或二三人合著，或一人主撰、团队协力完成等方式进行。为保证学术质量，使全书有机统一，在实行主编负责制的同时，由资深专家组成学术委员会，全程参与从项目规划到成书的学术攻关和学术把关。

2006年以来，先后开了四次分卷著者会议，八十多次书稿审读会议。第一阶段，先由学术委员会同分卷著者反复讨论各卷著者拟出的由粗到细的提纲，并明确全书编纂理念②，统一规范体例，然后与分卷著者签订编撰合同，落实工作责任。第二阶段，学术委员会同分卷著者研讨各卷写出的一两章样稿，这是"摸着石头过河"的试错与磨合过程。有些卷的思路和写法曾有大的调整和改变。第三阶段，各卷著者潜心研究，奋力写作。初稿先后写出后，大都经过学术委员会仔细研读，写出审读意见，同著者一起讨论，从结构、体例到观点、材料都认真交换意见，对著者遇到的各种史料、概念及话语体系、文脉梳理、文化基因挖掘等问题，出点子，提思路。待著者修订后又进行讨论，有的书稿研讨了四个回合。当某一分卷初稿趋于成熟时，即请出版社责任编辑提前介入审编，参加讨论，以便撰写工作与第四阶段的编辑出版工作紧凑衔接，不出空当。因各卷皆分头撰写，结构和文字风格有所不同，对同一文化事象的见识裁断有别也在所难免。在统改书稿过程中，既充分尊重分卷著者的学术个性和创见，同时为了各卷在总体上规范统一，基本观点相互协调而不相抵牾，尊重主编的统改权，而在个案判断上各卷则有自由度。注意把握各卷边界，相互照应避让，以免大的重复，做到详略互见，各得其宜。

在这部文化通史编撰期间，本书学术委员会大多数成员在辛勤共事中度过了古稀以至耄耋之年。我至今还清楚地记得在每次研讨会、审稿会上专家

---

① 梁启超：《中国历史研究法（补编）》，《中国历史研究法》（外二种），河北教育出版社2000年版。
② 章玉钧：《关于编纂〈巴蜀文化通史〉的思考》，《中华文化论坛》2007年第4期，第5～10页。

们无私地贡献个人的真知灼见，自由发表不同见解乃至相反的主张，体现出的那种学术为公的争鸣探索精神。尤其令我们刻骨铭心的是：隗瀛涛、李绍明、贾大泉、沈伯俊、万本根、胡昭曦、林向七位先生为学术工作长期呕心沥血，先后因病辞世。对诸位先生的高见卓识、学者风范尤其是为编撰本书所做的贡献，我们将永志不忘。

（二）采取多重证据法和综合研究法，在搜集和鉴别史料上下大功夫

古人所称"文献"，原本指书面文字记载与贤人口头传闻[①]，徐中舒先生拓展他的老师王国维的古史二重证据法为多重证据法，注重传世文献、出土文物和现代民族学、民俗学的活态文献等结合互证，将区域文化史研究提高到崭新的学术境地。本书编撰中，继承和弘扬王、徐等前贤视野广阔的史料观，搜罗史料力求竭泽而渔，鉴别史料着意披沙拣金，通过综合比勘，相互参证，追根溯源，从而正误辨伪，务寻真史。各专题卷著者都是先汇辑基本史料并掌握学界已有研究状况，汲取前人取得的成果，才进入写作阶段。有好几卷的著者更是"读万卷书、行万里路"，带领研究生经年累月搞田野考察，获得不少真知灼见，从而在学术上有了新的拓展。

（三）坚持文化学的视角，采取多学科交叉和比较文化学的研究方法，力求写足文化味

文化既然是人的生存方式，归结为"人化"和"化人"，每卷文化史就要见物更见人，既写出"由人化文"的胜境，更揭示"以文化人"的妙谛。有关精神文化的各专题卷，既系统梳理巴蜀精神文化尤其是蜀学发展繁荣的脉络，突出展示巴风蜀韵孕育出的文宗巨子和文化精英的成就，也记载众多无名工匠、艺人等留下的民族民间文化、市井文化的瑰宝。侧重物质文化的各专题卷，不停留在物态层面的描绘，而尽力深入到制度层面、精神层面。如《农业与水利文化卷》《科技文化卷》等，对举世无双、造福人类

[①] 朱熹："文，典籍也；献，贤也。"引自《四书章句·论语集注》卷二《八佾第三》，中华书局2012年版，第63页。

二千二百七十多年的都江堰水利工程，就不仅从物质、科技、生态层面介绍其巧夺天工、可持续发展的奥秘，而且从制度文化层面总结其堰官、岁修、劳役、配水、轮灌、收费等管理制度，更深入精神文化层面阐释其"上善若水"的哲理和人文精华。

（四）掌握焦点，抓住重点，发挥特点，突破难点

饶宗颐先生在揭橥华学趋向时，曾提出"三条"："一是纵的时间方面，探讨历史上重要的突出事件，寻求它的产生、衔接的先后层次，加以疏通整理。二是横的空间方面，注意不同地区的文化单元，考察其交流、传播、互相挹注的历史事实。三是在事物的交叉错综方面，找寻出它们的条理——因果关系。"又说："我一向采用的史学方法，是重视'三点'，即掌握焦点，抓紧重点，发挥特点，尤其要特别用力于关联性一层。"[①]我们体会，"三通"的理念与上述"三条""三点"是一致的，而方法上特别重视关联性，就要纵通找焦点，横通抓重点，会通求特点。编撰中，我们注意咀嚼梁启超的卓见：文化的发展史，各个时代、各个领域是不平衡的，重要性是不一样的，要分主系、闰系和旁系。不要平讲直叙，分不出浓淡高低。须用鸟瞰的眼光，看出哪个时代最主要，发达到最高潮，便用全力赴之。[②]各书大都采用了这种大处着眼、抓住重点、突破难点、提炼观点、不平均使用力量的方法。

集成与出新

前面提到，编撰这部书时，我们力求做到既是文化集成，更是学术创新。无论文化发展、学术探索，都是慧命相续、推故致新的过程，需要不断传承积累，继往开来，久久为功。"譬如积薪，后来居上。"用冯友兰先生

---

① 饶宗颐：《〈华学〉发刊词》（1995年），《选堂序跋集》，中华书局2006年版。
② 梁启超：《中国历史研究法（补编）》，《中国历史研究法》（外二种），河北教育出版社2000年版。

的话，这是从"照着讲"到"接着讲"的进程。每门文化史的研究，都需要对已有的各种史料，广搜博采，集纳钩沉；对前贤成果循波讨源，含英咀华；只有在对文化遗产守正传承的基础上，才有可能站到前人肩膀上，回应新的时代需求，匠心独运，开拓新境；才有可能焕然出彩，奉献出在某些方面超越前贤的成果。朱熹诗云："旧学商量加邃密，新知培养转深沉。"①集成是出新必需的基础和前提，出新则是集成企求的目标和价值增值的成就。二者同体异面，缺一不可，是衡量学术成果质量相互关联的两个维度。

（一）从集成的维度看

首先，《巴蜀文化通史》可以说是"巴蜀文化"概念提出八十多年来首次大的学术集成。"西蜀文化"（郭沫若1934年）、"巴蜀文化"（卫聚贤1941年）提出之初，主要是就巴蜀考古文化而言，后来渐次扩大到广义的巴蜀文化，有关论著已上千册，有关文章达数万篇（《巴蜀文化研究论著索引》多有著录），形成了分别以史学文献考据、文物考古、民族民俗田野调查为主的三种研究方向，近年又发展出综合诸家的会通型研究方向。各条路径的学者在不同领域、从不同角度艰辛探索，均取得了丰硕的成果。本书各卷编修中，都努力加以搜集、消化和吸取，并以借鉴、发挥这些观念、方法为前提，力求形成对巴蜀文化研究具总汇性的成果。如《通论卷》从总体上就巴蜀文化生态背景、内涵性质、发展历程及基本规律、特征等问题，会通诸说，取精用宏，做了言之成理的统体性总述，成为具有集成性的一家之说。《民族文化卷》不仅就民族理论的疑难问题深入研究，还在搜集分析历史文献材料、文物考古材料，特别是对国家组织的多次民族调查材料下了很大功夫，从而描绘出巴蜀世居各少数民族立体生动的文化图景。

其次，古往今来的巴蜀文化长河浩荡壮丽，魅力无穷。《巴蜀文化通史》对清点总结长时段、宽领域、多层面的巴蜀文化来讲也是一次学术集成。巴蜀的历史文化名人，如大禹、李冰、落下闳、文翁、司马相如、扬

---

① 《鹅湖寺和陆子寿》，（宋）朱熹著，郭齐、尹波点校：《朱熹集》卷一，四川教育出版社1996年版，第185页。

雄、诸葛亮、陈寿、常璩、陈子昂、武则天、李白、杜甫、薛涛、苏轼、格萨尔、张栻、秦九韶、杨慎、李调元等，都在相关卷帙中重点推介，娓娓道来；巴蜀历史上突出的物质文化成就和非物质文化成就，蜀学、蜀文、蜀艺、蜀籍的精华也都提要钩玄，荟萃于此。如《文献要览卷》就搜选论列了近五百种巴蜀文化重要典籍，可一览巴蜀文献精华，为学者指点津梁。又如智慧幽默的四川方言是巴蜀历史文化凝结的珠宝，《方言卷》挖掘、串起一颗颗珍珠，并生动剖析其蕴含的丰富文化信息，令人齿颊留香。

再者，不少专题卷的著者既具文化通识，又对该学术领域长期耕耘，研究有素，此次写作起到了阶段性总结的学术集成作用。例如：《城市文化卷》著者三十多年来由跟从名师到带领团队，一直深耕于近现代中国城市与城市文化研究领域；《移民文化卷》著者是国内知名的移民文化、客家文化研究专家；《交通文化卷》著者多年致力于西南历史地理尤其是交通文化的调研；《哲学思想卷》和《史学卷》著者长期潜心研究巴蜀哲学、巴蜀史学；《建筑文化卷》著者是卓有成就的古建筑研究专家、高级建筑师。他们都在各自领域完成了多项国家课题，此次承担专题卷，更是辛勤研讨，旁搜远绍，厚积薄发，突出亮点，倾力奉献了后出转精之作。

（二）从出新的维度看

本书围绕前述长时段、宽领域、多层次的巴蜀文化来创新体例结构，成为首部纵横贯通、覆盖面广、体量超大的巴蜀文化史，在全国已出的各种区域文化通史中，当属编撰体例新、时间跨度长、内容浩繁的一部。学术体系上的集成性，本身就是从文化观念、编撰理念到架构体例的出新，在地域文化通史领域作了开创性的探索。这是其一。

本书各卷着眼于发展新时代文化，明道求真，以史经世，着力写出巴蜀文化的特色和韵味，在内容上有较多突破和出新。过去关于农业与水利、工商、交通、建筑、城市等的论著，容易停留于物态层面，罕有从文化学角度和宏观视野对其全过程深入探讨之作；这次研究标明以"农业与水利文化""工商文化""交通文化""建筑文化""城市文化"为对象，注重深入文化层面进行阐释，且着意探讨长时段历史中这些物质文化变动与制度文化、精神文化演进的关系及产生的影响，这些往往是以前研究论著较少触及的。有关巴蜀学术文化的几卷，着力显示蜀学长于思辨、多元会通、创新超迈、沟通理欲、注重事功等特色，有助于发扬当今的时代精神。有关交往文化的几卷，注重聚焦于民间大众，关注各色人等的日常生活，运用了许多文化人类学、社会学、民族学的方法，见解新颖，地域文化味很浓。这是其二。

更值得珍视的是，各卷在编撰中深汲传统的源头活水，发现其烛照现实和未来的原创亮点，尤其是优越秀冠的巴蜀文化在传承创新中焕发异彩之所在。许多卷发掘出大量翔实的资料，匠心独运，以史鉴今，提炼出有创新性的学术观点，或举出有新颖性的论据，活用巴蜀首创的学术话语，采用别出心裁的叙事方式，力争获得创新、独见、卓识的学术成果。具体的创新点如同"诗眼""文眼"分布闪烁在卷帙之中，细心披阅，当会时有"山阴道上，应接不暇"之乐，这里无法一一细析。

鉴于多卷本地域文化通史尚属初创，不同文化门类各有其学理脉络、发展轨迹和演进特色，编撰难度往往超出预期，主编和各卷著者虽迎难而上，勉力为之，但仍难免有纰漏丛脞之处。尤其是古蜀文明还有不少千古待解之谜，我们受限于已获的资料和研究水平，多只能守阙存疑。对成稿后的许多惊世发现，巴蜀文化日新月异的面貌和新的研究成果亦未能更多纳入。当把多卷本《巴蜀文化通史》奉献到读者面前时，我们既同大家分享喜悦，又有颇为忐忑的心情。这部书，以至其中每一卷，究竟应获怎样的评价，最终还要接受时间的检验。衷心期望巴蜀文化研究慧命相续，薪火相传，探索和构建起自身完整的学科体系、学术体系和话语体系。但愿此番的初创能为后续俊彦们开拓新境起到抛砖引玉的作用。

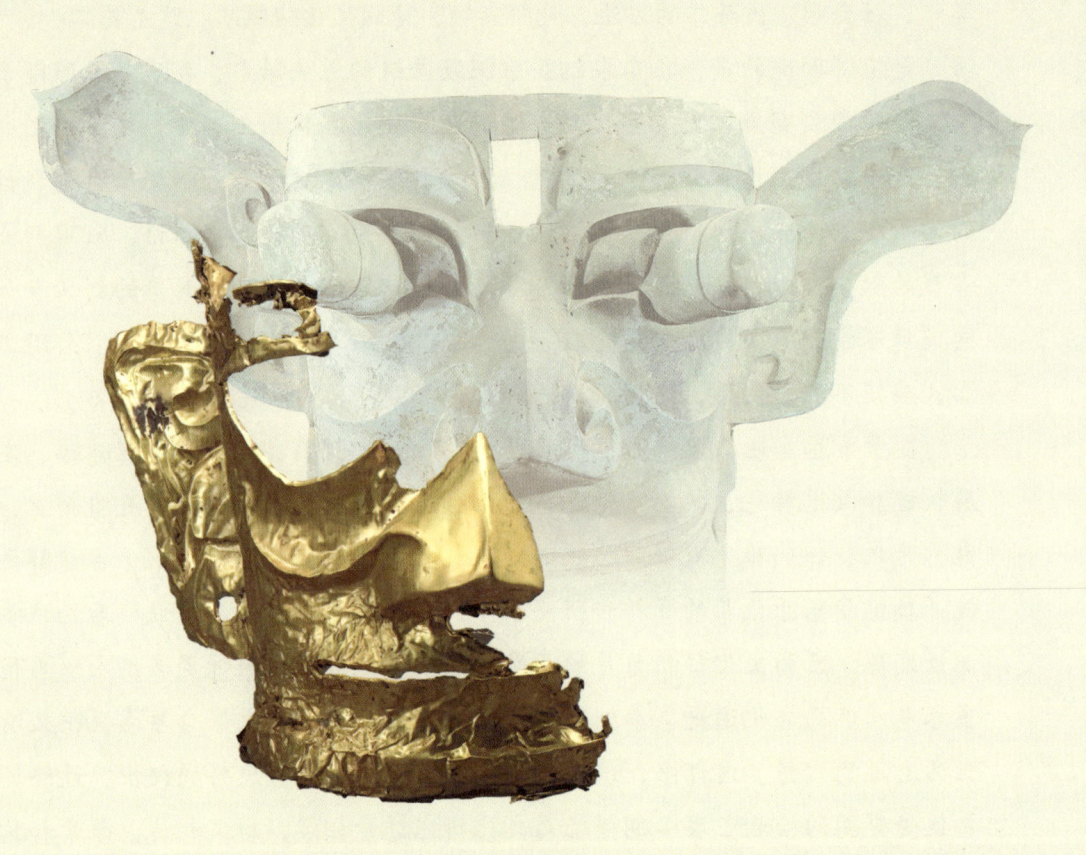

目 录

导 言 / 1

    一、科学技术是巴蜀文化的一部分 / 2
    二、巴蜀科技的主要内容和特点 / 3
    三、巴蜀科技史研究的现状 / 4
    四、研究地方科技史的模式选择 / 6
    五、巴蜀科技史的宏观分期 / 8

第一章　上古巴蜀的科技成就 / 19

    第一节　三星堆遗址中的巴蜀科技 / 21
        一、三星堆遗址的发现和发掘 / 21
        二、古蜀青铜冶金技术的发端 / 23
        三、城市规划和城市建筑 / 26
        四、农业和手工业技术 / 27
        五、文字的发明和建筑 / 28
    第二节　金沙遗址中的巴蜀科技 / 29
        一、金沙遗址的发现和发掘 / 29
        二、城市规划和城市建筑 / 31
        三、青铜冶炼和制玉技术 / 32
    第三节　其他考古发现中的巴蜀科技 / 33
        一、宝墩文化遗址群 / 33

二、十二桥文化遗址群 / 37

第二章　巴蜀的天文学成就 / 39

第一节　中国天文学史的分期 / 43
一、《中国大百科全书》的分期方案 / 43
二、中国天文学史分期的新方案 / 44
三、从中国天文学史分期看巴蜀的贡献 / 45

第二节　先秦巴蜀的天文学成就 / 45
一、太阳神鸟与巴蜀天文 / 45
二、苌弘对天文学的贡献 / 47

第三节　汉代巴蜀的天文历法成就 / 47
一、落下闳创制《太初历》/ 47
二、我国第一部有完整记载的历法 / 49
三、《太初历》确定"春节"为岁首 / 53

第四节　落下闳与"浑天说" / 54
一、落下闳研制浑仪和浑象 / 54
二、盖天说、浑天说、宣夜说 / 56
三、落下闳开创"浑天说" / 57
四、落下闳系统与托勒密系统 / 58

第五节　扬雄对天文学的贡献 / 61

第六节　汉以后巴蜀对天文学的贡献 / 63
一、唐代天文学家梁令瓒 / 63
二、宋代天文学家张思训和黄裳 / 63
三、秦九韶对天文学的贡献 / 64
四、当代天文学家李珩 / 65

第三章　巴蜀的数学成就 / 67

第一节　中国数学史的分期 / 70
一、《中国数学史大系》的分期方案 / 70

二、中国数学史分期的新方案 / 71

第二节　巴蜀古代的数学成就 / 73

一、三星堆时代的数学成就 / 73

二、金沙文明的数学成就 / 74

三、落下闳的"通其率"算法 / 76

四、唐代李淳风与"十部算经" / 77

第三节　南宋秦九韶对数学的贡献 / 78

一、秦九韶生平 / 79

二、中国古代数学集大成者 / 81

三、从《九章算术》到《数书九章》 / 82

四、秦九韶的世界影响 / 87

第四节　秦九韶的数学思想 / 88

一、数学应用的普遍性 / 89

二、数学与哲学的一致性 / 91

三、继承与发展的必要性 / 92

四、数学与文学的高度整合 / 93

第四章　巴蜀地学与蜀道开发的成就 / 97

第一节　《山海经》与地理发现 / 99

一、《山海经》简介 / 99

二、《山海经》的特点 / 100

三、《山海经》中的古代巴蜀 / 102

第二节　古代巴蜀的地图制作 / 108

一、四川古地图 / 110

二、唐代四川地图 / 111

三、五代四川地图 / 111

四、宋代四川地图学 / 112

第三节　蜀道难与蜀道的开发 / 113

一、古代蜀道 / 113

二、古蜀道主要交通路线 / 116

第四节　不同时期的蜀道 / 118
　　一、先秦时期的蜀道 / 119
　　二、秦汉时期的蜀道 / 121
　　三、著名的丝绸之路 / 122
　　四、唐代以后的蜀道 / 125

第五章　巴蜀的农业科技成就 / 129

第一节　主要农业著作 / 132
　　一、《三农纪》（1760年成书）/ 133
　　二、《罗江农书》（1745年刊行）/ 135
　　三、《活兽慈舟》（1873年刊行）/ 138
　　四、《牛经切要》（1886年刊行）/ 140
　　五、《猪经大全》（1891年刊行）/ 141
　　六、《神农最要》（1897年刊行）/ 142
　　七、《畜宝》（1915年刊行）/ 143

第二节　种植业 / 144
　　一、《农书》农业生产技术 / 144
　　二、《三农纪》谷属栽培技术 / 147
　　三、《老农笔记》/ 149
　　四、《四川省志·农业志》/ 150

第三节　栽桑养蚕 / 153
　　一、沈潜《蚕桑说》技术 / 155
　　二、《蚕桑十二事图》/ 158

第四节　畜牧兽医 / 159
　　一、畜禽生产 / 159
　　二、兽医诊疗 / 161

第五节　玉米、红薯的传入及其影响 / 165
　　一、玉米的引进与普遍种植 / 166
　　二、红薯的引进与普遍种植 / 167
　　三、明清移民对巴蜀农业科技的影响 / 169

第六章　巴蜀的中医药成就 / 171

第一节　北宋前医家著述及医学思想 / 175
一、老官山汉墓医简与针灸模型 / 175
二、涪翁的《针经》《诊脉法》 / 177
三、咎殷的《产宝》 / 178
四、李珣的《海药本草》 / 178
五、韩保升的《蜀本草》 / 179

第二节　北宋以来医家著述及医学思想 / 179
一、唐慎微的《证类本草》 / 179
二、杨子建的《十产论》 / 180
三、韩愗的《韩氏医通》《杨梅疮论治方》 / 181
四、"火神派"鼻祖郑钦安 / 182
五、中西医会通的先驱唐宗海 / 182
六、女中医曾懿 / 183

第三节　医事活动及其影响 / 184
一、郭玉"医意说" / 184
二、虞洮医谏 / 185
三、峨眉山人种痘术 / 185

第七章　都江堰治水系统工程的成就 / 187

第一节　都江堰的科技成就 / 189
一、渠首工程概况 / 191
二、渠首工程的科学性 / 193
三、科学的治水经验 / 195
四、渠首工程的技术特点 / 198
五、都江堰所创四川水利之最 / 203

第二节　典型的水利系统工程 / 204
一、具有整体功能 / 205
二、统筹管理有理论提升 / 206

第三节　都江堰的可持续发展 / 207

一、对周围环境的可持续发展 / 207

二、自身的可持续发展 / 207

三、都江堰对于可持续发展的启发 / 212

第八章　井盐和天然气开采技术的成就 / 215

第一节　巴蜀井盐业的辉煌历程 / 218

一、大口浅井时期 / 220

二、古代深井时期 / 220

三、近代深井时期 / 222

四、世界上第一批石油井 / 223

五、自流井气水田 / 223

第二节　井盐开采技术 / 226

一、大口浅盐井时期的采卤技术 / 226

二、卓筒井采卤技术 / 230

三、卓筒井采卤技术的推广与发展 / 233

四、明清时期井盐采卤开采技术 / 233

第三节　天然气开采技术 / 237

一、古代火井采气技术 / 237

二、"雨盘"技术的发明 / 238

三、采气技术的发展 / 239

四、安全装置与测试技术的使用 / 242

第九章　巴蜀冶金技术的成就 / 245

第一节　冶铜技术 / 248

一、巴蜀青铜冶铸技术的发端 / 248

二、战国时期的冶铜技术 / 249

三、秦汉时期及其后的冶铜技术 / 250

第二节　冶铁技术 / 252

　　　　一、巴蜀冶铁技术的发端 / 252

　　　　二、秦汉时期蜀郡的冶铁技术 / 253

　　　　三、三国时期及其后的冶铁技术 / 255

　　第三节　金银加工工艺 / 256

　　　　一、三星堆文明的黄金加工技术 / 256

　　　　二、秦汉时期及其后时代的金银加工技术 / 258

第十章　儒家文化对科技的贡献 / 259

　　第一节　巴蜀地区的儒家文化概述 / 261

　　　　一、巴蜀的科技文化与儒家文化关系密切 / 261

　　　　二、儒家提倡有教无类有利于科技发展 / 263

　　第二节　儒、道、佛的结构与相互关系 / 264

　　　　一、以儒学为主，道、佛为辅是中华文化的基本结构 / 264

　　　　二、儒、道、佛是"和而不同"的中华文化 / 265

　　　　三、儒、道、佛三者之间的互动有利于社会进步 / 266

　　第三节　儒学与科学的关系 / 267

第十一章　道教文化对科技的贡献 / 269

　　第一节　道教文化概述 / 272

　　　　一、道教与道家的区别与融合 / 272

　　　　二、道教思想渊源及其基本思想 / 272

　　　　三、道教经典著作 / 274

　　　　四、中国古代历史上道教与科学的关系 / 276

　　第二节　道教在巴蜀的传播与发展 / 279

　　　　一、道教的起源及与巴蜀的渊源 / 280

　　　　二、道教在巴蜀的发展 / 282

　　　　三、道教对巴蜀科技贡献的认识 / 284

　　第三节　道教炼丹术与"陵井"对巴蜀地区科技的贡献 / 285

　　　　一、道教炼丹术对巴蜀科技的贡献 / 285

二、张陵所创陵井对巴蜀科技的贡献 / 287

　第四节　道教医学对巴蜀地区的贡献 / 288

　　一、道教医学理论对中医发展的影响和贡献 / 289

　　二、陈抟的内丹养生理论与实践 / 290

　　三、杜光庭"体道修心"方法 / 291

　　四、孙思邈与《千金方》/ 291

　第五节　道教建筑对巴蜀地区文化的贡献 / 291

　　一、道教宫观建筑对巴蜀建筑的影响 / 291

　　二、道教建筑思想对巴蜀建筑修建的影响 / 292

　第六节　道教自然观对巴蜀地区科学的影响 / 293

　　一、道教"术数"与《九章算术》的形成 / 294

　　二、道教"重生""贵农"思想及其对巴蜀农业发展的影响 / 295

第十二章　佛教文化对科技的贡献 / 297

　第一节　乐山大佛 / 300

　第二节　峨眉山万年寺普贤铜像 / 303

　第三节　大足石刻 / 307

　第四节　江油窦圌山的飞天藏 / 310

　　一、窦圌山的建筑 / 310

　　二、云岩寺飞天藏 / 311

第十三章　巴蜀民间工艺技术成就 / 313

　第一节　丝绸技术 / 316

　　一、丝绸技术起源于巴蜀 / 316

　　二、丝绸产品种类繁多 / 317

　第二节　漆器技术、竹编技术与金银器技术 / 326

　　一、漆器技术 / 326

　　二、竹编技术 / 329

　　三、金银器技术 / 330

第三节 造纸技术与铸钱技术 / 331
    一、造纸技术 / 331
    二、铸钱技术 / 337

第四节 酿酒技术与制糖技术 / 337
    一、酿酒技术 / 337
    二、制糖技术 / 341

第五节 种茶制茶技术 / 345
    一、种茶制茶起源于巴蜀 / 345
    二、巴蜀历代以产茶闻名 / 345
    三、茶树人工栽培技术 / 349

第十四章 现代巴蜀的科技成就 / 353

第一节 重庆的机械制造产业 / 355
    一、历史悠久 / 355
    二、发展迅速 / 355

第二节 攀枝花钢铁城的崛起 / 357
    一、诞生背景 / 358
    二、发展历程 / 359

第三节 西昌卫星发射中心 / 363
    一、地理位置 / 364
    二、发射历史 / 365

第四节 绵阳科技城 / 365
    一、建设历史 / 366
    二、科技城建设成果 / 366

第五节 成都市电子和信息产业 / 368
    一、产业现状 / 368
    二、比较优势 / 370

结　语 / 373
　　一、巴蜀古今杰出科技成就 / 373
　　二、巴蜀古今杰出科技人才 / 379

后　记 / 417

导 言

科学技术史的研究，包括科学史和技术史的研究，通常简称科技史。科学主要是认识世界，其成果是系统的知识体系。技术主要是改造世界，其成果是物化的操作程序和产品。人们通过改造世界的实践，才能逐步认识世界；通过继承和发展认识世界的知识体系，才能够更好地改造世界。所以，科学与技术有区别，又有联系，两者密不可分。"科学和技术是有联系的，但并非一体化；科学和技术是有区别的，但并非决然对立；科学和技术有时是互动的，但互动的形式多种多样，互动的过程错综复杂，而不是线性的和一义的。"①

《巴蜀文化通史》有二十二卷，科技文化卷是其中的一卷，难免与其他卷有交叉和重叠，但是，各卷的视角不同，整合起来有利于较全面地了解巴蜀文化。

我们先向读者介绍巴蜀科技的内容、特点和意义，以及巴蜀科技史的宏观分期，让读者对巴蜀科学技术史有一个"整体的框架"认识，"鸟瞰"巴蜀科学技术史的"整体图像"，有利于进一步分学科、分领域深入了解巴蜀科学技术的成就。我们查阅了大量文献，也引用了不少文献，其中个别字词由于原文献不清，只能用"□"表示。

我们将论述上古巴蜀的科技成就，巴蜀的天文学成就，巴蜀的数学成就，巴蜀的地学成就，巴蜀的农业科技成就，巴蜀的中医药成就，都江堰治水系统工程的成就，井盐和天然气开采技术的成就，巴蜀冶金技术的成就，儒家文化对科技的贡献，道教文化对科技的贡献，佛教文化对科技的贡献，巴蜀民间工

---

① 李醒明：《科学和技术异同论》，《自然辩证法通讯》2007年第1期。

艺技术的成就，现代巴蜀的科技成就。其中：巴蜀的天文学成就和数学成就，重点是论述巴蜀在科学方面的成就；而在其他章节中，科学和技术方面各有侧重，科学中有技术，技术中有科学，通常是科学与技术两者兼而有之。

巴蜀的科技成就，主要是指原创者是巴蜀人或原创地在巴蜀的科技成就。科学技术史是一个新的学科，系统地研究巴蜀科学技术史，起步不久。科学与技术是一个巨大的系统知识体系。我们目前采用的选材方式是突出巴蜀科学技术的亮点，在亮点的基础上，尽可能按照历史发展的顺序加以阐释。当然，本卷的论述还有很多空白，这正是需要我们大家共同努力来一步一步完善巴蜀科技史的学科研究，丰富对巴蜀科技史的认识和理解。

科学技术史的研究一般有两种途径：其一，从大到小，从整体到部分；其二，从小到大，从部分到整体。科学技术史通常泛指世界科技史。在近一百年，已有很多研究的成果，但基本的内容都是"西方科技史"。在这个研究科技史的框架下，许多国家开始研究本国的科学技术史，其中，"中国科技史"成为一个有别于"西方科技史"的重要研究对象。

在中国科技史研究的启发下，中国的学术界开始了地方科技史的研究。例如，近五十年，巴蜀科技史的研究已经打开了局面，需要进一步从小到大、从部分到整体地深化科学技术史的研究，将历史和逻辑更好地整合起来。这也是研究巴蜀科技史的意义之一。

一、科学技术是巴蜀文化的一部分

巴蜀文化是中华文化中的一个子文化。离开了中华文化这个"整体"，就难以认识巴蜀文化这个"部分"；同理，分割了巴蜀文化这个"部分"，也难以理解中华文化这个"整体"。从系统科学观来看，巴蜀科技是中华科技的一个有机组成部分，研究巴蜀科技史，可以深化对中华科技史的研究。

科学技术是巴蜀文化的一部分，而且是重要的一部分。巴蜀文化是中华文化的子文化，是在中华文化的大背景下展现巴蜀文化。在秦始皇统一中国之前，中华文化的各子文化在相对独立地发展，同时也在相互影响；在秦始皇统一中国之后，中华文化的各子文化有了更紧密的联系，成为一个整体，相对独立性减弱。

在中国历史上，秦始皇于公元前221年统一中国是一个重大历史事件。秦统一中国之前的时代，称为"先秦时代"。早在公元前316年，秦就攻占巴蜀，使巴蜀的历史发生了划时代的变化。科学技术的发展总是与社会发展紧密联系在一起的，科技史是社会发展史的一个有机部分。

巴蜀科技史要写出巴蜀人在科学技术方面的思维方式、交流方式、生活方式，"巴蜀文化通史"的文化品位方可展现出来。本卷是在中华科技史的大背景下，以一种开放的视野来介绍巴蜀科技史，重点在于突出巴蜀科技的个性，展示巴蜀科技的独特性。

我们研究巴蜀科技，就是要研究巴蜀科技对中华科技的贡献，从而认识巴蜀科技对世界科技的贡献。巴蜀科技有独特的世界意义。巴蜀曾在天文学、数学、系统水利工程、井盐及天然气开采、丝绸、种茶制茶、酿酒、雕版印刷等领域，达到当时世界的领先水平，或有独特创新，或有巨大影响。

研究巴蜀科技史的主要宗旨是，纵横会通巴蜀的科技文化，促进和谐社会的科学发展。本卷撰写方法的创新点是：其一，既相对全面，又突出亮点。力求分清主次，抓住重点，突破难点。其二，力求做到跨文化、跨学科、跨地区，有证据、有比较、有思考。

二、巴蜀科技的主要内容和特点

古代巴蜀科技成就主要集中在天文、数学、农学、医学、地理，以及水利、井盐、天然气、冶金几大方面，其中丝绸、茶叶、酿酒、川菜、制糖、造纸、雕版印刷等都在世界科技史中有独特地位。在三星堆遗址和金沙遗址以及其他考古发现中，包含了极为丰富的科技内容，需进一步深入探究。此外，巴蜀各少数民族对科学技术的贡献，还有待进一步发掘和研究。

20世纪以来，巴蜀大地上的科技创新本应详细介绍，科学技术普及方面的成绩也应当提到，但本卷中有较多内容是空白，过去缺乏研究。我们主要以四种方式撰写：一是以人物为线索，二是以著作为线索，三是以工程为线索，四是以发明为线索。

研究巴蜀的科技文化，要处理好母文化与亚文化的关系。全社会的主流文化，在中国历史上基本上是人文文化，而科技文化则是亚文化。人文文化与科技文化相互影响。更具体地说，在儒家文化、道教文化、佛教文化等一度成为中国的主流文化时，对于科技文化这一亚文化发展的规律与特点，是应当一一研究的。所以，在巴蜀科技成就之中，我们也研究了儒、释、道文化对科技的贡献。

研究巴蜀的科技文化，要处理好东方文化与西方文化的关系。站在全球文化的视野来看，东方文化与西方文化都对科技文化做出了自己独特的贡献。从1世纪到16世纪，中国在科学技术方面一直处于世界领先地位，其中有不少是巴蜀人的贡献。世界著名中国科技史学家李约瑟认为，中国古代的儒家、道家等诸子百家都有丰富的科学思想。[①]而在近代科学技术的发展中，中国人的开创性贡献不多。为什么近代中国的科学技术落后了？现代中国的科学技术能不能较好较快发展？我们应当在科学发展观的指导下，深入探讨科学技术的发展规律与基本特征。

从世界范围来看，15世纪以来，东学西渐、西学东渐，世界各地的文化相互交流你中有我、我中有你。东方文化渗透了许多西方文化的内容，西方文化也渗透了许多东方文化的内容。世界文化的交流融合，已经不存在绝对意义的本土文化，特别是不存在绝对意义的本土科技。

人类的科学技术发展史越来越显示出：当今世界的科学技术，既不是纯西方的，也不是纯东方的，而是属于全人类的、世界的。中华科技是世界科技的一个有机组成部分，对世界科技做出了积极贡献。简单地说，如果没有中华科技，世界科技不会是现在这样的面貌。同理，如果没有西方科技，世界科技也不会是现在这样的面貌。

李约瑟的多卷本巨著《中国科学技术史》，由英国剑桥大学出版社出版，已有多种中译本。英文原书名 Science and Civilisation in China，直译即是"中国的科学与文明"。李约瑟通过科学技术史的比较研究，论述了中国的科学技术对世界科学与文明的贡献。文明具有共性，中国的科学与文明已成为人类普遍认同的成就，成为世界文明不可分割的一部分。

三、巴蜀科技史研究的现状

重视历史是中国人的优良传统。在历史上，重视科技史的文献积累，也是中国人的优良传统。从司马迁撰写《史记》开始，就专门有"天官书""历

---

① ［英］李约瑟：《中国科学技术史》第二卷，科学出版社1990年版。

书""律书",将天文学、音律学等有关科学技术的内容写在中国的"正史"中。这在世界上是很独特的。此外,中国还保存了许多古人的论著,这些都为后人研究中国科技史提供了相当重要的文献信息,是我们研究科技史的基础经典文献。

近一百年来,中国科学家对于"考古"和"考古学"都做出了杰出贡献。这使我们对于中国古代科学技术史有了重新认识。1929年,中国考古学者裴文中在北京房山周口店发掘出"北京猿人"第一个完整的头盖骨,轰动世界。周口店北京人遗址的考古发现,证实北京猿人生活在距今七十至二十万年时期,居住于周口店地区,过着以采集为主、狩猎为辅的生活。在科技史的分期上处于旧石器时代。

在巴蜀大地上,1995年起,由四川省成都市文物考古队与四川大学考古教研室等单位在新津宝墩、温江鱼凫城、郫县古城、都江堰芒城、崇州双河(下芒城)等遗址调查发掘,在成都平原首次发现了相当于中原龙山时代、距今四千五百五十年至四千三百年的古城址群。在科技史的分期上处于新石器时代。

从1929年的初次发现,一直断断续续持续数十年的考古发掘,在成都平原上发掘了三星堆遗址,以及位于成都市区的金沙遗址。众多的古代文物,证明大约在公元前1700年至公元前476年,巴蜀大地已处于发达的青铜器时代。巴蜀大地的考古新发现,不断地丰富着我们对于巴蜀科技史的认识。

最早系统地深入研究巴蜀科技史的,当推四川大学物理系教授吕子方(1895~1964)。吕子方系四川巴县(今属重庆市)人。1914年东渡日本,考入东京高等工业学校。1918年前往英国,考入里茨大学,继续研习数学、物理、天文。1923年归国后,即全力从事科学教育工作,先后在厦门大学等多所大学任教。1949年后,在北京工业学院工作两年,即调四川大学任物理系教授。在四川大学任教的十二年之中,吕子方潜心研究中国科技史,写下五十多万字的研究成果,其主要内容大多数与巴蜀科技史有关。吕子方与四川大学的学术传统密切相关。他的一些研究成果,曾得到四川大学历史系蒙文通教授(1894~1968)的肯定和引用。

1978年11月,由中共四川省委原书记杨超倡议,在中国科学院李昌副院长大力支持下,成立了中国科学院成都分院自然辩证法研究室。自然辩证法研究室的第一项研究任务,就是整理吕子方的遗稿,出版《中国科学技术史论文集》(上、下),后分别由四川人民出版社于1983、1984年出版。1981年还召开了全国范围的"吕子方教授中国古代科技史遗著学术讨论会"。

著名数学家何鲁教授称吕子方"能明古人之用心,使二千年前之成绩焕然一新,厥功甚伟"。英国科学史学家李约瑟评价吕子方是"对中国科技史研究有真知灼见的学者"。香港的《明报》以"李约瑟之外"为标题,报道了吕子方《中国科学技术史论文集》的出版。

在吕子方《中国科学技术史论文集》研究的基础上,相继出现巴蜀科技史的研究和专著出版,包括四川省文史研究馆冯汉镛主编的《巴蜀科技史研究》（四川大学出版社1995年版）,查有梁著的《世界杰出天文学家落下闳》（四川辞书出版社2001年版）,查有梁等著的《杰出数学家秦九韶》（科学出版社2003年版）,查有梁、周遂志著的,作为"巴蜀文化系列丛书"之一的《巴蜀科技史略》（四川人民出版社2001年版,2010年再版）。

四、研究地方科技史的模式选择

撰写科技史有三种模式。

模式一：通史模式。

按照通史的线索,撰写巴蜀科技史应当包括：科学技术萌芽时期（旧石器时代和新石器时代）、先秦时期、秦汉时期、魏晋南北朝时期、隋唐两宋时期、元朝时期、明朝时期、清朝时期及现代的科学技术。

如果我们从已经出版的七卷本《四川通史》中,抽出每一历史时期有关科学技术的内容,就可以撰写巴蜀科技史吗？答案是：不行。在《四川通史》中,科技史的具体内容较少,而且没有形成体系,大多数内容只是点到为止,但《四川通史》的确为我们撰写巴蜀科技史提供了丰富的历史资料,以及很有启发性的研究成果。

模式二：学科模式。

按照现代科学的分科结构,撰写巴蜀科技史应当包括：概述、数学、天文学、农学、医学、地理学、水力学、建筑学、工程学、物理学、化学、生物学等。

我们从已经出版的《中国科学技术史稿》（杜石然主编）、《中华科学文明史》（李约瑟原著,柯林·罗南改编）、《中国科学技术史》（卢嘉锡总主编）中,抽出有关巴蜀科学技术的内容,就可以撰写巴蜀科技史吗？答案仍然是：不行。这些书中，根本没有出现巴蜀科技的概念，但这些中国科技史的研究成果，为我们研究巴蜀科技史提供了具体的典范。

模式三：融合模式，即分科（或分领域）通史模式。

分科结构与通史线索相结合，在中国科学技术史的大背景下，重在论述巴蜀科技的亮点；同时，注意将巴蜀科技的亮点放在中国科技发展通史的大背景下论述其意义。这并不是模式一和模式二的简单折中组合模式，而是分科（或分领域）的通史模式，可以简单称之为融合模式。融合模式的理论基础，正是中国传统的科学思想——中庸之道。

我们的创新点是：在论述天文学、数学这些基础学科的发展历史时，不以历史的政权更迭的朝代为分期，而以科学家和他的代表著作为线索，按照时间顺序，一一列出在中国科技史中天文学、数学方面的杰出科学家及其代表著作，突出巴蜀科技的贡献。我们的新观点是：政权更迭的朝代分期与科技发展分期是有所不同的。不能用政权更迭的朝代的分期来简单代替科技史的分期。这不是模式一的简单应用，而是一种撰写地方科技史的新模式。

简单地说，地方科技史不能只写地方的科技史，而要将整体与部分进行比较。这样，既能够看到巴蜀科技史的成就，也能看到其局限、差距和不足。研究巴蜀科技史，是要弘扬巴蜀科技的伟大成就，同时一定要比较、要反思，要看到差距，这样才更有利于巴蜀科技的持续发展，有利于今后出更多的杰出人才，出更多的创新成果。

科学发展观对于我们研究巴蜀科技史有重要的指导引领作用。科学发展观首先强调以人为本，我们要高度重视历代巴蜀的杰出科学技术人才的重大贡献；科学发展观强调全面、协调、可持续的发展观，我们要认真研究是哪些巴蜀科技成就促进了经济社会和人的全面持续发展。

中华文化是可持续发展的文化，是世界上唯一没有中断过的文化。中华文化明显具有不可分割的整体性，既包括时间的整体性，也包括空间的整体性。中华文化是母文化，巴蜀文化等其他地方性的文化都是子文化。母文化有共性，子文化有个性。认识共性与个性的相互关系，是辩证法的精髓。

中华文化是多元一体的文化。这样认识中华文化，才是全面的、协调的，从而才能解释为什么中华文化是可持续发展的文化。中华文化的一体性很重要，中华文化的多元性同样很重要。巴蜀科技史是中华科技史的有机部分。离开了一体来认识多元，要迷失方向；离开了多元来认识一体，也要迷失方向。

五、巴蜀科技史的宏观分期

研究巴蜀科技史的宏观分期，必须要在世界科技史和中国科技史的大背景下，从考古发现的实物以及当时生产的产品比较之中，相对地确定巴蜀科技史的宏观分期，从而使我们有一个巴蜀科技史产生和发展的基本大轮廓。显然，这个大问题会有不同见解。我们只是提出一种看法，供讨论批评、反思修正。

从考古发现可以确切证实的历史看，巴蜀的科技史，目前可以追溯到距今约四千五百五十年，巴蜀大地的先民已经进入新石器时代。在公元前1770年左右，巴蜀进入青铜器时代。在春秋时代（前770～前476）进入铁器时代。1952年成渝铁路全线通车，标志着四川进入机器时代。在1960年，四川籍科学家夏培肃设计制造了中国第一台有自主知识产权的通用电子数字计算机。这标志着中国进入电脑时代，也即是巴蜀地区进入电脑时代。下表将人类进入这五个时代的时期与巴蜀进入这五个年代的时期进行比较。

表　人类与巴蜀进入五个年代的时期比较

五个时代	人类进入的年代时期	巴蜀进入的年代时期
新石器时代	大约从1万年前开始，结束时间从距今5000年至2000年间不等	距今4550～4300年
青铜器时代	大约从公元前4000年至公元初年	大约在公元前1700年左右至公元前476年，已是发达的青铜器时代
铁器时代	约始于公元前1400年，人类开始锻造铁器，制造工具	在春秋时期（前770～前476）已普遍使用铁器
机器时代	从1769年瓦特改进和制造蒸汽机开始，英国最先进入机器时代	1877年，成都设立了"四川机器总局"
电脑时代	1946年，美国生产使用第一台全自动电子数字计算机"埃尼阿克"（ENIAC），最先进入电脑时代	中国于1960年自己设计制造了第一台通用电子数字计算机——107计算机（四川籍科学家夏培肃设计制造）

（一）石器时代

石器时代是考古学对于早期人类历史分期的第一个时代。石器时代相当漫长，从出现人类到出现铜器，大约距今三百万年到六千至四千年。石器时代又分为旧石器时代、中石器时代、新石器时代。

旧石器时代：使用打制石器为主的时代。

中石器时代：使用打制石器或用磨制石器的时代。中石器时代的人会使用天然火烤熟猎物。

新石器时代：使用磨制石器为主的时代。新石器时代的人已经会设陷阱捕捉猎物。

在考古学上，新石器时代是石器时代的最后一个阶段。大约从八九千年前开始，结束时间约为距今五千至四千年。

在巴蜀大地上，迄今为止，考古发现的新石器时代遗址有宝墩遗址、芒城遗址等。巴蜀大地的新石器时代，考古发现可以表明：

大约在距今四千五百五十至四千三百年，成都平原诞生了以宝墩城为代表的古城群，处于新石器时代末叶。位于新津县城西北的龙马乡宝墩村，已发掘出磨制精美的石斧、石锛和大量的器具陶片，这些器物是蜀地先民进入文明的物证。宝墩遗址是成都平原古蜀文明的最早源头之一。

成都文物考古研究所组织考古调查队对新津宝墩遗址进行考古调查。2009年11月4日，成都文物考古研究所首次向成都媒体公布调查所取得的阶段性成果：考古调查确定宝墩古城有近三百万平方公里的面积，是1996年考古发掘时的发现古城面积的四倍多。在古城中心位置，考古专家还发现一个三百多平方米的公共建筑。

宝墩遗址出土器物以陶器和石器为主。陶器又以泥质陶为主，也有少量夹砂陶。在考古专家进行植物考古时，还发现一些碳化的水稻种子、小米种子、薏米种子等。考古专家推断该地在四千五百年前，就以种植水稻为主，还兼种小米、豇豆、薏米等。

芒城遗址（当地人称茅城池），位于都江堰市青城山镇药王山下，原太平场东二千米的芒城村六组。这里是一片土地肥沃的开阔地带，横亘在青城山下的冲积平原。芒城遗址的发现，使蜀文化的根可以追溯到距今四千五百年前。可以认定，芒城遗址是古蜀国先民的遗址之一。

芒城遗址是1996年由成都市文物考古工作队和都江堰市文物局确认的一处重要的史前城址。该遗址面积达十万平方米，由内外两个城圈组成的城垣造型，在同类史前城址中极为罕见。在1996年的试掘中，出土了许多距今四千五百年左右的大量磨制石器、陶器等实物，为成都平原史前人类文化城址群研究工作提供了科学依据。

宝墩遗址、芒城遗址的考古新发现证明：成都平原是长江文明的起源中心之一，也是中华文明的起源中心之一，为探索中华文明起源的多元一体模式提供了证据。

1998年秋，经国家文物局批准，由成都市文物工作考古队与日本早稻田大学长江流域文化调查队组成的中日联合考古队，对都江堰市芒城遗址进行了考古调查和发掘。考古发现证实：芒城遗址是一处相当于中原龙山时代、距今约四千五百年的新石器晚期遗址。

中外考古资料表明，磨制石器是古代人类为适应农耕生产的需求逐步发展起来的劳动工具。磨制石器与农业发展之间的这种关系，无论在我国黄河流域、长江流域还是世界其他古代农耕文化遗存中，情况都大体相同。芒城遗址中发现的石器生产工具也证实了这一点。

陶器是古代人类为适应炊煮谷物、鱼肉类食物的需要逐步发展起来的原始炊具，在芒城遗址考古发掘中，出土了数以万计的陶器残片，足以说明当时陶器使用已经十分普遍，而且根据不同的用途又有多种器型，其纹饰简单，制作粗糙，说明制陶技术尚处于原始阶段。但陶器的大量制作和使用，为巴蜀地区陶瓷的发展和三星堆青铜文化的产生奠定了基础。

在中华大地上，新石器时代出现了仰韶文化、河姆渡文化和细石器文化等文明。在新石器时代，人类已经能够制作陶器和纺织，发明了农业和畜牧业，开始了定居生活。新石器时代完结后，处于铜石并用时代，接着人类开始进入青铜器时代。

（二）青铜器时代

青铜器时代是考古学对于早期人类历史分期的第二个时代。在世界范围内的考古发现认定：青铜器时代大约从公元前四千年至公元初年。

青铜器时代主要是以青铜为材料制造工具、用具、武器的人类物质文化发展阶段，处于新石器时代和铁器时代之间。青铜器时代之后，早期铁器时代之前，世界各地进入这一时代的年代有早有晚。

青铜是纯铜（红铜）与锡或铅的合金，熔点在七百至九百摄氏度之间。青铜作为合金，熔点较纯铜（红铜）低；就硬度来说，青铜较纯铜高。含锡百分之十的青铜，硬度为纯铜的四点七倍，性能良好。熔化的青铜在冷凝时的体积略有胀大，所以填充性较好，比纯铜还有较好的铸造性能。这样就使青铜在应用上具有更广泛的适应性，所以青铜的生产发展很快。青铜出现后，对提高社会生产力起了划时代的作用。

我国的青铜器时代为夏、商、西周和春秋战国时代。最早的青铜器发现于河南偃师二里头遗址中，其所处年代在公元前2100年至公元前1700年，相当于史籍所载夏王朝的时代，是奴隶制国家建立时期。商代已是高度发达的青铜器时代。我国的青铜器时代结束于春秋时期，至战国时期始被铁器时代所取代，基本贯穿于奴隶制社会始终。这一时代，农业、手工业有较快的发展并出现了文字，国家政权建设逐步完善。

公元前2000年，成都平原形成了真正意义上的大型城市：三星堆。公元前1700年左右，以三星堆文化为代表的古蜀文明已跨入青铜器时代。三星堆考古发现：古蜀的青铜器不仅发端时间早、青铜器金属成分及制造方法别具一格，而且在青铜器的形制和工艺方面，充分显示出三星堆青铜文化的奇特内涵，从多方面展示了三星堆青铜文明奇迹。

青铜器时代既然是从新石器时代发展而来的，就摆脱不了新石器时代的文化痕迹。青铜器时代早期的器具，在形制上几乎无不模仿陶、石、竹、木、角等实用器物。但随着青铜文明的进步，到了青铜器时代的高级阶段，青铜器的形制最终脱离了模仿其他器物的模式，创新地发展出符合人们审美需要的各种器形。

从发展与创新观点来看，三星堆遗址出土的青铜器，已脱离模仿其他原料器物的初级阶段。三星堆青铜器在造型技术上，诸如大型青铜立人，各种青铜人头、面具、神树等，其工艺之复杂，远远超出其他任何质料所做器物的技术难度，具有很高的艺术价值。就器物性质和用途来看，多数为礼仪性器物非实用器。这些都是青铜器时代高级阶段的显著标志。

金沙遗址是中国进入21世纪第一项重大考古发现，是民工在进行蜀风花园城小区道路工程作业时首先发现的，在沉睡了三千年之后被发掘出来。遗址所清理出的珍贵文物多达千余件，包括：金器三十余件、玉器和铜器各四百余件、石器一百七十件、象牙器四十余件，出土象牙总重量近一吨，此外还有大量的陶器出土。

金沙遗址的文物，绝大部分为商代（约前1700～前1100）晚期和西周（约前1100～前771）早期的，少部分为春秋时期（前770～前476）的。金沙遗址的出土文物，在风格上既与三星堆出土文物相似，也存在某种差异，表明该遗址与三星堆有着较为密切的渊源关系。

经过对金沙遗址出土文物的综合研究，考古人员认为遗址年代大致在商代晚期至春秋早期（约前1200～前650），而商代晚期至西周中期是其最繁盛的时期，这一时期，金沙应是古蜀国的都城所在地。

综合三星堆遗址和金沙遗址的出土文物，没有发现铁器。从科技史上看，巴蜀大地大约在公元前1700年至公元前476年都处于青铜器时代，而且巴蜀青铜器的设计和制造水平达到了极高程度。

巴蜀大地上，以三星堆遗址出土的青铜器为代表的青铜冶制技术，展示了青铜器时代将技术与艺术高度融合的独特水平，在世界科技史上无疑是一个奇迹。

为什么拥有如此高的青铜器制造水平，却没有较早地跨入铁器时代呢？这是一个有待进一步探索的问题。

我们在这里提出一个假设：在大约公元前1000年（距今三千多年以前），四川曾发生特大地震，地震之后形成堰塞湖，堰塞湖溃堤引起的次生大洪水，几乎完全冲毁了三星堆和金沙古城，从而使高度发达的青铜器文明突然中断。仅仅是地震不可能完全摧毁古代人类的生命基础，往往是大地震引起的次生大洪水，可能给古代的城市和居民以致命的打击。

2008年，四川发生"5·12"汶川特大地震向我们展示：大地震之后形成的堰塞湖一旦溃坝，将给下游大面积地区造成毁灭性破坏。从地质勘探发现，在距今三千年左右，成都平原边沿的龙门山断裂地的确发生过特大地震。

自然灾害中断了巴蜀大地灿烂的青铜文化，从而使巴蜀大地的铁器时代姗姗来迟。从历史发展看，极大可能是在公元前316年秦灭蜀，蜀归并于秦之后，巴蜀大地才普遍开始使用铁器。

（三）铁器时代

铁器时代是考古学对于早期人类历史分期的第三个时代。世界史上最早认定的铁器时代，约始于公元前1400年人类开始锻造铁器制造工具。中华大地上，普遍使用铁器在春秋时期（前770～前476）。

中国在公元前6世纪已出现了生铁制品。1972年，在河北附近发掘出一把镀铁的青铜战斧，经考证后认为约公元前1400年所制。

铁器时代是人类发展史上一个极为重要的时代。人们最早知道的铁是陨石中的铁，古代埃及人称之为神物。在很早以前，人们就曾用这种天然铁制作过刀刃和饰物，这是人类使用铁的最早情况。地球上的天然铁是少见的，所以铁的冶炼和铁器的制造经历了一段很长的时期。当人们在冶炼青铜的基础上逐渐掌握了冶炼铁的技术之后，铁器时代就到来了。

铁器时代是以能够冶铁和制造铁器为标志。公元前1400年，位于小亚细亚半岛的赫梯王国最早锻造出铁器。中国冶铁业出现的时间虽晚于西亚等地，但是却发展迅速，在相当长的一段时间内一直处于世界冶金技术的前列。铁器的使用，促进了生产力的发展和社会变革，加速了奴隶制社会的瓦解。

约在公元前1000年，古希腊和古罗马开始普遍使用铁制的工具和兵器。中国最早关于使用铁制工具的文字记载，是《左传》所载：晋国铸铁鼎。在春秋时期（前770～前476），中国已经在农业、手工业生产上广泛使用铁器。约在公元前500年，欧洲大陆也已普遍使用铁器。中国古代与欧洲大陆普遍使用铁器的时代比较接近。

巴蜀大地何时进入铁器时代，需要有考古的新发现来确定。我们认为，巴蜀大地是在春秋时期（前770～前476）进入铁器时代。而中国的战国时代（前475～前221），冶铁已经有较高的发展水平，已能较好地掌握高温液体还原法的生铁冶铸技术，锻打出用于剑身的高碳钢，铸铁柔化术开始出现。

早在公元前316年，秦灭蜀，蜀归并于秦之后，水利的兴修、铁器的使用和牛耕的推广大大加快。巴蜀大地很可能在公元前316年以后开始普遍使用铁器。

战国时期，最有实力的诸侯国是齐、楚、燕、韩、赵、魏、秦"战国七雄"。古代蜀国不能与之抗衡，凭借蜀道天险也抵挡不住秦国进入，在战国时期，蜀国就被秦国"不战而胜"。虽然在青铜器时代，古代蜀国曾经创造了科技和艺术上的奇迹，但是，三星堆和金沙文明的突然中断，在一定程度上影响了巴蜀科技的发展。公元前316年秦并蜀之后，大大加速了巴蜀地区的发展。

虽然各地区进入铁器时代的时间不尽相同，亦难以准确地标示年份，但铁器时代与之前时代的区别仍是十分明显的。铁器时代是指已经能运用很复杂的金属加工来生产铁器。因铁的高硬度、高熔点与铁矿的高蕴含量，使得铁相对青铜来说较为便宜及可在各方面运用，所以其需求很快便远超青铜。

铁器时代是在青铜器时代之后人类社会发展的较长的阶段。实际上，我们所指的铁器时代是指人类社会发展的早期阶段，而晚期各国都已经进入了有文字记载的文明时代，也就多以各国的朝代来称呼了。但以科技史的观点，从使用的物质材料将人类社会分为石器时代、青铜器时代、铁器时代……这样分期简单而且明确。

（四）机器时代（蒸汽机、内燃机、电机）

人类历史上的第一种机器是蒸汽机。蒸汽机从发明、改进到普遍应用，有一百多年的历程。什么是机器？如果认为机器不仅能够提供动力，有自动的控制系统，而且通常是用钢铁和其他金属制造的，那么，满足这一条件的，最早的机器就是蒸汽机。1769年，詹姆斯·瓦特（James Watt）制造了早期的工业蒸汽机。可以说，从1769年开始，英国进入机器时代。

詹姆斯·瓦特的一系列重大的发明和改进，使瓦特蒸汽机配套齐全、性能优良、切合实用。很快，瓦特蒸汽机在纺织、采矿、冶炼和交通运输等方面得到了广泛应用，极大地推动了英国和欧洲的第一次工业革命，使英国进入了蒸汽机时代。

1807年，美国人罗伯特·富尔顿（Robert Fulton）第一个成功地用蒸汽机来驱动轮船。

1814年，英国人乔治·斯蒂芬孙（George Stephenson）研制成功第一辆蒸汽机车（火车）。

以瓦特改进和制造蒸汽机为标志，从1769年开始，英国进入机器时代。中国是在一百年之后，清朝政府开展洋务运动方才步入机器时代。中国进入机器时代的道路曲折而艰辛。

洋务运动开始于清咸丰十一年（1861），终止于清光绪二十年（1894），历时三十余年。这是清朝政府内的洋务派在全国各地掀起的"师夷之长技以自强"的改良运动。1865年洋务派开始创办江南制造局，1867年后开始制造舰船；1866年创办福州船政局，以制造大小战舰为主。

洋务企业引进了西方先进的机器和工艺，在生产技术方面发生了空前的大变革，中国出现了现代工业文明的一线曙光。无论是军事工业还是民用工业，其主导产业为钢铁、矿产、铁路和棉纺织业，即当时所谓"机器矿路"。这符合工业发展的规律，为中国迈入现代化奠定了一定基础。

在洋务运动的潮流中，1877年在成都建立了"四川机器总局"。这是四川第一个近代兵工厂和机械制造厂，由清洋务派官员、四川总督丁宝桢所创设，宣统元年（1909）更名为四川兵工厂。这可以视为四川进入机器时代的开始。1947年四川兵工厂改名为中正实验厂，1952年改名为四川省国营成都机械厂，1961年改名为国营南光机器厂。南光机器厂的历史是四川进入机器时代发展历程的一个缩影。

1911年，四川人民要求自办铁路，反抗清朝政府卖国、卖路的罪恶行径，反对帝国主义掠夺中国铁路主权，发起四川保路运动，揭开了辛亥革命的序幕，直接促进了辛亥革命首役武昌起义的成功。四川保路运动，表达了四川人民积极要求进入机器时代的现代诉求。

1911年6月17日，成都各团体两千余人在中国商办川汉铁路股东大会上组织"四川保路同志会"，掀起轰轰烈烈的四川保路运动。全川各族人民浴血奋战，反清斗争如燎原之势，造成四川反清起义的有利形势。9月25日，同盟会会员吴玉章、王天杰领导荣县独立，建立了辛亥革命时期第一个县级革命政权。四川同志军起义使清廷震恐，急调端方率鄂军入川镇压，全国革命党人加紧活动，革命一触即发。鄂军入川，武昌空虚，终于在1911年（农历辛亥年）10月10日，革命党人成功地发动了具有划时代意义的武昌起义。起义的胜利，逐步使清朝走向灭亡。

1949年中华人民共和国成立，中国人民终于摆脱战争，重获安宁，怀着民族的雄心和自信，进入了自力更生的年代。1950年6月15日，成渝铁路开工。1952年7月1日，成渝铁路全线通车。从成都到重庆的这条铁路是中国西南地区第一条铁路干线。20世纪80年代末，成渝铁路实现了电气化。

1952年底，山东四方机车车辆厂生产出第一台国产蒸汽机车——解放型2121号。这台按日本"天皇型"机车仿制的机车，一时成为国家的骄傲。同年，日本宣布停止生产蒸汽机车，稍后，美国和苏联也分别在1953年和1957年宣布不再生产蒸汽机车。

从四川的历史看，1952年7月1日成渝铁路全线通车，标志着四川真正进入机器时代。比之于英美等发达国家，四川落后了一百多年。

机器时代所指的机器，例如，蒸汽机、内燃机、汽轮机、火箭、发电机、电动机等，主要与物质和能量有关，一般并不能对信息进行加工，而电子计算机（电脑）的主要功能是进行信息加工。物质、能量、信息，是科学技术重要的三大范畴。所以，人类制造和使用电子计算机，是对于机器时代的超越。

（五）电脑时代

电脑的学术名称为电子计算机。早期的电子计算机主要功能的确是计算，所以称为电子计算机。电子计算机的快速发展，其结构与功能已经远远超越了计算。称为电脑，既简单又贴切。电脑的主要功能是对大量信息进行快速储存、加工、处理、输入、输出、检索、交流等。电脑除了在知识创新方面不及人脑之外，在加工信息方面的速度远远超过人脑。

机器的使用，大大扩充了人的体力；电脑的使用，则大大提升了人的智力。人类现在已经进入电脑时代，即信息时代。电脑的普遍使用，使人类这一宇宙中的智慧生命的生活方式、生产方式、学习方式、交流方式大大改观。从科技史看，人类进入了一个崭新的时代。

1945年，美国生产了第一台全自动电子数字计算机"埃尼阿克"（Electronic Numerical Integrator and Calculator，英文缩写为ENIAC，中文意思是"电子数字积分器和计算器"）。它是美国奥伯丁武器试验场为了满足计算弹道需要而研制的。主要发明人是电气工程师普雷斯波·埃克特（J. Prespen Eckert）和物理学家约翰·莫奇勒（John W. Mauchly）。这台计算机1946年2月交付使用，共服役九年。它采用电子管作为计算机的基本元件，每秒可进行五千次加减运算。它使用了一万八千只电子管、一万只电容、七千只电阻，体积三千立方英尺，占地一百七十平方米，重量三十吨，耗电一百四十至一百五十千瓦，是个名副其实的庞然大物。

"埃尼阿克"的问世具有划时代意义，表明计算机时代的到来，在以后的五十多年里，计算机技术发展异常迅速。在人类科技史上，还没有一种技术的发展可以与电子计算机的发展速度相提并论。

自"埃尼阿克"问世以来，计算机发展经历了四个阶段：

第一代是电子管计算机（1946~1957）；

第二代是晶体管计算机（1958~1964）；

第三代是中小规模集成电路计算机（1965~1971）；

第四代是大规模、超大规模集成电路计算机（1971年至今）。

电脑正朝着多媒体化、网络化、智能化、系统化、标准化、巨型化、微型化、量子化的方向发展。其中,最重要的成果是国际互联网的建立和普遍使用。

从世界科技发展历史看,美国生产了第一台全自动电子数字计算机"埃尼阿克"并于1946年使用,这标志着美国进入电脑时代。

1953年,四川籍科学家夏培肃提出研制国产计算机。夏培肃是我国计算机事业的奠基人之一,参与我国第一个计算技术研究所的筹建。1960年,夏培肃设计制造了中国第一台有自主知识产权的通用电子数字计算机,被命名为107计算机,这标志着中国进入电脑时代。

1958年中国的103计算机研制成功,但103计算机主要是根据从苏联购买的计算机图纸和资料仿制的电子计算机。

107计算机是一台小型的串行通用电子管数字计算机,其安装在中国科学技术大学,是我国高等学校的第一台电子计算机。107计算机共有各种程序一百多个,包括检查程序、错误诊断程序、标准子程序、标准程序和各种应用程序等。开始时,用机器语言手编程序,后改为代真码符号程序。中国科学技术大学以107计算机为基础,编写了计算机原理和程序设计讲义,作为该校计算机专业、力学系、自动化系、地球物理系等的教材。

除了为教学服务外,107计算机还接受外单位的计算任务,包括潮汐预报计算、原子核反应堆射线能量分布计算、隧道二极管特性计算、爆破波传播计算、自动控制中的最佳控制计算、建筑工程中的震动曲线计算等。

当时的第一机械工业部第一研究所按照107计算机的图纸复制了一台,用于弹道计算。107计算机工作稳定,其稳定工作时间比当时按照从苏联购买的图纸而加工的103计算机长几十倍,这主要得益于夏培肃精心设计的在计算机中起关键作用的触发器很稳定。

20世纪60年代中期,中国研制成功一批晶体管计算机,并配制了ALGOL等语言的编译程序和其他系统软件。20世纪60年代后期,中国开始研究集成电路计算机。20世纪70年代,中国批量生产小型集成电路计算机。20世纪80年代以后,中国开始重点研制微型计算机系统并推广应用;在大型计算机特别是巨型计算机技术方面也取得了重要进展;建立了计算机服务业,逐步健全了计算机产业结构。

在计算机科学与技术的研究方面,中国在有限元计算方法、数学定理的机器证明、汉字信息处理、计算机系统结构和软件等方面都有所建树。在计算机应用方面，中国在科学计算与工程设计领域取得了显著成就。在有关经营管理和过程控制等方面，计算机应用研究和实践也日益广泛。

四川籍科学家夏培肃设计制造了中国第一台有自主知识产权的通用电子数字计算机，既是中国进入电脑时代的标志，也是四川进入电脑时代的标志。

四川在机器时代起步较晚，但在电脑时代起步较早，又有雄厚的科技教育做基础，必将在电脑时代大显身手。

第一章

上古巴蜀的科技成就

三星堆遗址是迄今为止四川盆地发现的规模最大、遗存最丰富、保存最完好的一处先秦文化遗址。三星堆的发现是20世纪中国考古学的重大发现之一。对三星堆遗址的发掘和研究，极大地改变了人们对巴蜀文化的传统观念，也为重新认识上古时期巴蜀地区的科技发展状况提供了新的线索和可靠资料。

　　成都金沙遗址是继三星堆遗址之后商周时期古蜀文化的又一重大考古发现，被誉为"21世纪中国目前最重大的考古发现"[①]。如果说三星堆遗址的璀璨文物揭开了古蜀文明的神秘面纱，那么金沙遗址的发现则使我们更加清晰地看到了古蜀王国的真实面貌，其中包含了丰富的有关巴蜀科学技术发展状况的实物，为我们提供了深入研究巴蜀科学技术史的可能。

　　除了前面介绍的三星堆和金沙两处著名的古蜀文化遗址外，在巴蜀地区还先后发现和发掘了多处遗址。其中较重要的有：忠县哨棚嘴遗址、奉节县老关庙遗址、绵阳市边堆山遗址、新津县宝墩遗址、郫县古城村遗址、都江堰市芒城遗址、温江县鱼凫村遗址以及成都羊子山土台、新繁水观音遗址、十二桥遗址等。这些遗址的相继出土，为研究古代巴蜀科技文化提供了丰富、新颖的实证资料。

第一节　三星堆遗址中的巴蜀科技

一、三星堆遗址的发现和发掘

　　1929年春，广汉县太平场（今广汉市南兴镇）农民燕道诚同他儿子燕保青在马牧河北岸的月亮湾挖水沟时，意外地发现了一块色彩斑斓的玉石器。随后几天连续挖掘，竟挖出玉璧、玉璋、玉瑗、玉镯等珍贵文物四百多件。一年之后，燕家人将这些玉器陆续卖出。精美的玉器流传于世，引起众多文物商人和收藏者云集广汉，引起了四川文博界的关注。文博专家通过对一些玉器的分

[①] 肖平：《古蜀文明与三星堆文化》，四川人民出版社2010年版，第1页。

广汉三星堆二号祭祀坑

析,敏锐地感觉到这些玉器所带来的文物信息。1934年春,华西协合大学博物馆馆长、美籍教授葛维汉和他的助手林名钧带领考古队在燕家人发现玉器的地方进行了为期十天的调查发掘,并以"汉州发掘简报"为题,将这次考古发掘的情况在《华西边疆研究学会杂志》第六卷(1936)上公开发表,同时还首次提出了"广汉文化"的概念,并将该文化的年代上限推定在金石并用时代(新石器时代晚期),下限推定在周代初年。

1934年后,三星堆遗址的勘察、发掘工作停顿了近二十年,直到20世纪50年代这一工作才得以恢复。1956~1963年,西南博物院院长冯汉骥、四川省博物馆和四川大学历史系考古教研组的研究人员先后对三星堆开展了四次较大规模的调查发掘工作,清理了几座房址和墓葬,复原了一批陶器,使三星堆遗址的基本面貌得以初步展现。然而,这一工作因"文化大革命"而被迫停止。

对三星堆遗址的大规模考古发掘直到20世纪80年代才展开。1980~1986年,考古工作者对三星堆遗址连续进行了四次大规模发掘,基本探明三星堆遗址的分布范围和文物状况,并根据文物地层叠压关系将三星堆遗址分为四期:第一期为新石器时代晚期文化,年代距今约四千八百至四千年;第二、三、四期为蜀文化,年代从夏代到西周早期,基本掌握了三星堆遗址发展演变的全过程。

三星堆遗址东起回龙村,西至大堰村,南迄米花村,北抵鸭子河,总面积约十二平方公里。在四次考古发掘中,发现了相当于中原夏、商时期的房屋基址四十余座、陶窑一座、灰坑一百多个、小型墓葬四座、大型器物坑两座,发掘出陶器、玉石器、青铜器、金器、象牙、海贝等稀世珍品上万件,同时还发现和确认了三星堆城墙遗址。

三星堆遗址的发现和发掘,震撼了中外学术界,彻底改变了人们对古蜀历史和文化的传统看法。1986年8月23日,新华社一则简短的电讯将三星堆遗址祭祀坑的重大发现公告于世:"考古工作者发掘广汉三星堆遗址,是目前所知四川境内面积最大的早期蜀文化遗址……过去发现的有关巴蜀文化的考古材料仅限于春秋战国时期,这次发掘,把巴蜀早期历史推前了一千年,即距今四千五百至三千年左右。从出土的精美器物和房屋布局，说明当时已有发达的农业、畜牧业、手工业、建筑业，显示出已达到文明社会阶段。"①

三星堆遗址使人们第一次认识到，夏商时代的古蜀王国已经是一个拥有灿烂青铜文化的文明古国，它不但是中国西部长江上游的古代文明中心，而且是中国古代文明的主要起源地之一，是中国古代文明不可分割的重要组成部分。

二、古蜀青铜冶金技术的发端

青铜器作为人类进入文明社会的主要标志之一，在早期人类文明中占有重要地位。冶铜业的出现是新石器时代的一项突出成就。最初，人们只知使用以纯粹形式存在于自然界中的金属铜（红铜），后来发现孔雀石之类的矿石也能炼出铜，于是开始了金属冶炼的历史。红铜具有延展性，容易冷锻成形，比石器优越；但红铜质地柔软，制成的工具不及石器坚硬，所以还无法取代石器在生产中的主导地位，这一时期被称为金石并用时代。在冶炼红铜的过程中，人们发现红铜加上少量的锡，既易熔化，冷却后又比红铜坚硬，打制成形也较容易，于是青铜器应运而生。在相当长时间里，青铜成为制造各种工具、器皿和武器的重要材料。所以，真正的金属时代是从冶炼和使用青铜器开始的。公元前3500年左右，居住在两河流域的苏美尔人已经掌握了青铜的冶炼技术。

距今四千年前，中国即开始使用青铜制造器物，自殷代开始大量使用青铜器。从殷墟出土的青铜器大都是铸造精美的祭祀用具，到殷代中期已采用铸造和锻造法加工青铜器，对一些精巧的铸品则采用了失蜡法，而且对铜锡合金比例与硬度（适合做什么器物）有了研究。成书于春秋末年齐国的《周礼·考工记》中记载了六种青铜器的铜锡比例。

古蜀地区是中华青铜冶金技术的独立发祥地之一。1986年，考古人员在三星堆遗址内相继发现了两个盛装着大量青铜器（包括青铜大立人、青铜人头像、青铜人面像、青铜神树、青铜兽面具等）、玉石器、黄金器（包括黄金面罩、黄金权杖等）等器物的大型土坑。由于坑内出土的器物大多被认为与宗教祭祀有关，所以人们称之为祭祀坑。据初步测算，三星堆两个祭祀坑出土的青铜器总重量近一吨。如此之多的青铜器聚集在大坑里，这在四川考古史上还是第一次。

从冶炼工艺看，古蜀国的青铜器无论在选料还是熔炼技术方面，都具有鲜

---

① 周新华：《三星耀天府：三星堆文化和巴蜀文明》，浙江大学出版社2004年版，第53页。

广汉三星堆遗址出土的青铜大立人

广汉三星堆遗址出土的青铜人头像

明的地域特色，显示出相当的独立发展性质，表明古蜀地区是中华青铜冶金技术的独立发祥地之一。

古蜀地区为什么会成为青铜冶金技术的发祥地之一？古蜀冶金技术是如何产生和发展起来的？与世界其他地区相似，巴蜀青铜冶金技术的产生与制陶技术的进步紧密相关。新石器时代最高级的制作加工技术就是制陶技术。一般说来，冶炼金属矿石所需要的高温，只有在制陶技术高度发展、能够提供足够高的加热温度后才能实现。三星堆遗址出土的各种陶器以及大量厚胎夹砂坩埚和翻模铸造的泥芯表明，三星堆时代的蜀人已经掌握了相当成熟的高温加热技术，足以为金属冶铸提供温度条件。因此，可以说古蜀冶金技术的兴起是制陶技术发展的必然结果。

在三星堆祭祀坑发现的骨渣中，夹杂着大量竹木灰烬、泥芯和铜熔渣，并且坑内填土中也含有以上成分。据此推断，当时的蜀人采用的是火法冶铜，以铜矿石为原料，以木炭为燃料和还原剂，同炉而冶，获得金属铜。

古蜀地区之所以成为青铜技术发源地之一，还与该地区良好的自然环境有密切关系。在古蜀国辽阔的土地上，蕴藏着丰富的铜、锡、铅以及其他有色金属资源，为古蜀国青铜冶铸技术的发展提供了比中原地区更优越的原料资源。据《汉书·地理志》《续汉书·郡国志》等史籍记载，蜀地铜矿主要分布在金沙江、青衣江流域和成都平原边缘地带，如邛都（今四川西昌）、灵关（今四川芦山）、徙（今四川天全）、严道（今四川荥经）、青衣（今四川雅安）、朱提（今四川宜宾至云南昭通）等地。

蜀人用于炼铜的矿石，除自然铜外，空青是主要矿料之一。空青，又称曾青、石青，即蓝铜矿，是一种含铜量为55.3%的次生氧化矿物。《华阳国志·蜀志》记载蜀地矿产富于"空青"①。《本草纲目》卷十引陶弘景《名医别录》:"空青,生益州山谷及越西山有铜处,铜精熏则生空青,其腹中空,三月中采,亦无时。能化铜铁铅锡作金。"蜀人以本地富产的空青为炼铜的主要矿料,与华北地区主要以孔雀石为主要矿料的做法有所不同。

三星堆祭祀坑出土的青铜熔渣结核、泥芯(内范)和坩埚,表明当地拥有大型铸铜作坊。因为古代即使选用最富的矿石,每炼五十公斤铜也需要一百五十至二百公斤或更多的矿石。②这意味着,三星堆铸造青铜器所需的铜、锡等原料,首先是在矿石产地或其附近的作坊炼出金属铜、锡后,然后输送到三星堆熔铸成合金,最后制作成器的。这一方面说明蜀国冶金工业布局的科学性,另一方面则说明商代晚期蜀国的冶金技术已脱离直接从矿石混合冶炼获取青铜的初级阶段,达到先分别炼出铜、锡,再将铜、锡同炉而冶,熔炼成为青铜的高级阶段。

在熔炼出青铜后,古代蜀人主要采用范铸法来制造各种器物并运用铜焊、锻打等技术,制造出形制复杂、精美华丽的各种大型青铜器(如青铜鸟)。蜀人应用范铸法和铜焊技术的时间远远早于中原诸夏和东方的楚国。三星堆青铜器绝大多数是用陶范铸造的,石范的实例极少。通过对出土器物内残留的泥芯的分析和对青铜器的观察,可以得知当时对陶范有一套严格的制作方法,其采用陶范合模铸造铜器的过程,大致可以分为制作陶范(外范和内范)、烧制定型、合范、熔化铜液、浇铸、修整加工等工序。制范时,工匠们要在外范上雕刻精美的花纹图案,不仅工作量大,而且需要相当高的艺术造诣和技术水平。

从铸造时留下的铸痕分析,三星堆时期青铜器的范铸技术主要有浑铸法、分铸法和嵌铸法。

浑铸法即多范合铸,一次成形。三星堆所出青铜人头、小型青铜面具、小型铜人、铜太阳轮器等均采用此法制作。

分铸法是在浑铸法的基础上发展起来的,也是商代华北地区广泛采用的一种先进的范铸技术,其中又有先铸法和后铸法之分。先铸法是先铸造器物的附件,再将附件置于铸造器身的范中,与器身结合成一体。后铸法是先铸造器身,再在其上造范,浇铸附件。这些方法在三星堆青铜器上都得到广泛运用。

---

① 段渝:《四川通史》卷一,四川人民出版社2010年版,第220页。
② 北京钢铁学院《中国古代冶金》编写组:《中国古代冶金》,文物出版社1978年版,第23页。

如铜人和像座是采用自上而下三次浇铸才成形的，粗大的双手是后来才浇铸上去的。铜罍、铜尊、大型铜面具也是采用此法铸造的。分铸法是殷商时期中原地区广泛使用的一种铸造技术，三星堆出土的铜器显示，古代蜀人对这项技术的掌握，同样达到了炉火纯青的程度。

嵌铸法主要用于尊、罍的兽头装饰和铜面具上突出的双眼等。

以上几种范铸方法时常结合运用，如人像的铸造就采用了浑铸法和分铸法结合浇铸的方法。

三星堆青铜器的加工工艺主要有焊、铆、热补等技术。如三星堆一号祭祀坑出土的青铜爬龙柱形器身上的龙及其他装饰，就是先铸成形，再施以铜焊，或用铜铆钉予以焊接。热补技术主要用于器物铸造时发生的某些裂痕和缺陷。

与同时期华北地区青铜器相比较，三星堆青铜器在制作技术上有两个特点[①]：一是三星堆已大量运用先铸法，而商周时期华北地区青铜器一直以榫卯式后铸法为主流，到春秋时期才转变为以先铸法为主；二是三星堆时期古蜀人已熟练掌握铜焊技术，较之中原诸夏和东方江淮流域诸族要早数百年。

三、城市规划和城市建筑

城市是人类文明发展史的耀眼标志。1988年以来，四川省文物考古所对三星堆遗址东、西、南三面的土埂进行了全面调查和发掘，发现了三星堆古城墙，为古蜀都城的确认提供了可靠的实物证据。

对三星堆城墙的进一步探测、研究表明，三星堆遗址曾经历过新石器时代，大约在四千年前，即在中原夏代之时，三星堆古城即已形成，辽阔的成都平原上悄然矗立起一座真正意义上的大型都市。

与其他古城的城墙相比，三星堆古城墙高高耸立，坚固而厚实，城墙之外掘有深深的壕沟。城墙横断面为梯形，墙基宽四十多米，顶部宽二十余米。墙体由主城墙、内侧墙和外侧墙三部分组成，在主城墙的局部地方大量使用了土坯砖作为建筑材料，这是我国城墙建筑史上迄今发现的使用年代最早的土坯筑垒城墙的实物例证。城墙的建筑方法与华北地区明显相异，未使用中原地区常见的版筑法。城墙所围范围东西长一千六至二千一百米，南北宽一千四百米，总面积约三点五平方千米。这一面积超过当时中原地区最具代表性的古城——

---

① 段渝、邹一清：《三星堆文明：长江上游古代文明中心》，四川人民出版社2006年版，第74页。

郑州商城。三星堆古城墙始筑于夏代，其年代之早、墙体之厚、城圈之大、建筑技术之高，在当时全中国范围内实属罕见。

在三星堆遗址内分布着密集的建筑群。已发掘的二十七座房址，全部是地面木构建筑，平面有圆、方、长方形等三种形式，多数为长方形。房间面积多在十四至三十五平方米之间，个别房间面积达六十平方米，多是五六间连成一组。建筑材料多采用土、木、竹等。建筑结构多为以榫卯和分段搭接技术为主的穿斗式和抬梁式骨架，墙体为木骨泥墙。

广汉三星堆城墙遗迹（局部）

在总面积约三点五平方千米的三星堆古城内，规则地分布着功能较为齐全的建筑区，反映出三千至四千年前古蜀人在城市规划布局及城市管理方面所达到的水平。三星堆古城是以中轴线为核心展开布局的。在中轴线上，分布着古蜀国的宫殿

广汉三星堆出土的房屋遗址

区、宗教圣区、作坊区和生活区。考古人员发现的盛满大量青铜器物和玉石、黄金器物的一个玉器坑和两个大型祭祀坑，分别位于宫殿区和宗教活动区内；作坊区内则出土了大量生产工具、陶窑以及陶坩埚、铸造用泥芯等文物，表明这里曾有过大的铸铜作坊存在；生活区内房屋密布，既有面积仅十平方米左右的木骨泥墙小房舍，也有面积超过一百平方米的穿斗式结构大房舍和抬梁式厅堂，甚至还有面积达二百平方米的超大型房屋。生活区内纵横交错的排水通道，反映了城市基础设施的状况。

由三星堆古城庞大的规模以及其他相关考古资料可以想见，当时的三星堆古城内聚集着相当数量的人口，这些人口已经基本形成了较明确的专业分工，手工业蓬勃发展，商业贸易兴旺发达，呈现出一幅生动的城市文明图景。

四、农业和手工业技术

原始农业的进步是古代文明产生和发展的基础，而农业的发展往往又直接

受制于农业生产工具的水平及其改进状况。一般说来，磨制石器是适应农业耕作的需要而产生的，当人类从原始的粗耕农业进入锄耕农业阶段，各种磨制石器也会随之广泛地发展起来。

三星堆遗址出土的农业生产工具，绝大多数是磨制工具，不少工具通体磨光，加工精整，半透明。经归类分析，三星堆时代石器农具已呈现出专门化、成套化的特点，由此也反映出古蜀地区农作物品种的多样化和农业生产所达到的较高水平。

考古资料表明，三星堆时代成都平原出土的主要粮食作物有菽、稻、稷、黍等，而且当时人们可能已经有了双季栽培的耕作水平。

三星堆遗址出土的网坠、动物牙齿及家养动物陶铸像等，表明古蜀时期已有了渔业和家畜养殖业，不过那时还只是农业的补充。

三星堆出土的大量酒器，包括酿酒器具、盛酒器具和饮酒器，既有陶质的，也有铜质的，反映了当时古蜀国酿酒业兴旺发达的情景。从相关资料分析，酒在古蜀地区已不只是单纯的饮料，而且是巴蜀文化的一个重要方面，在古蜀人的社会活动包括庙堂祭祀活动中占有重要地位。

除了前面已谈到的青铜器制造外，古蜀地区的制陶、制玉、丝绸织造、黄金加工以及漆器、木器等手工业都十分发达，其中尤以丝绸织造最为著名。

古蜀是中国丝绸的早期起源地之一。成都平原养蚕、织丝的历史从蚕丛氏开始，而源头在嫘祖。蚕丛氏将养蚕、织丝的技术从岷江上游带到成都平原，有传说认为蚕丛氏就是凭着教民养蚕受到人们拥戴而成为蜀王的。到三星堆时代，古蜀地区的丝绸业已达到相当水平。三星堆遗址二号祭祀坑出土的一尊青铜大立人像，头戴花冠，身着内外三重衣衫，外衣长及小腿，胸襟和后背有异形龙纹和各种花纹。学术界认为青铜大立人像头戴的花冠，身着的长襟衣服上所饰的有起伏的各种花纹，表明其冠、服为蜀锦和蜀绣。古蜀丝绸沿着南方丝绸之路输往南亚、中亚和西方，为古蜀地区赢得了很高的声誉。

五、文字的发明和建筑

文字是人类进入文明时代的又一重要标志。三星堆遗址祭祀坑的发掘，让一个世所罕见的高度发达的古代文明展现在世人面前。辉煌的青铜器、发达的礼制，彻底否定了"蜀无礼乐"的旧说，考古发现更进一步证实了古蜀文字的存在。

三星堆出土了大量的陶器，在有些陶器上出现了一些刻画的符号，同一符号往往刻画在不同的器物上，这表明这些符号及其含义已经固定，是早期文字的孑遗。

在三星堆二号坑出土的一块石牙璋山图案上，可以看到在两山中间刻有一个符号。从其结构看，由上下两部分组成，下部的口像器皿，上部像器中所盛物之形。可以肯定这是一个字，而不是一般的刻画符号。这表明，古蜀文字已具有表意文字即方块字的特征。

三星堆文物中发现的文字符号基本否定了"蜀无文字"的旧说，让我们知道了古蜀拥有表意和象形文字两套文字体系。三星堆文字的确认，从另一侧面证实了古蜀王国文明发达的程度。有关巴蜀符号的问题，学术界有不同见解，尚须进一步深入研究。

三星堆遗址发掘出四十多座相当于夏、商时期的房屋遗址，通过对这些房屋遗址的研究，可以大体了解当时的建筑样式和技术水平。

蜀地的居民建筑主要以木构建筑和干栏式建筑为主。古蜀的木构建筑有长方形、方形和圆形三种形式。墙体为木骨泥墙，房顶为榫卯和分段搭接的穿斗式和抬梁式。这种房屋是成都平原常见的民居类型，也是宫殿建筑的主要形式。

干栏式房屋是我国南方滨水而居的各族群的一种主要居住形式。成都平原早期民居多属此类。早期的干栏，仅仅是为了抬高居住面以隔潮湿，后来逐渐以楼上住人、楼下养牲畜的方式为主，综合利用其高大的空间。

第二节　金沙遗址中的巴蜀科技

一、金沙遗址的发现和发掘

2001年2月，中房集团成都房地产开发公司在成都摸底河畔苏坡乡金沙村进行蜀风花园城小区道路的工程作业时，从挖出的泥土中发现了大量的白色骨状物和古代玉石器遗存。获知这一消息后，成都文物考古研究所的研究人员立即在金沙村一带开展了考古勘察、遗址确认工作，并随即开始了考古发掘。经过十个月紧张的勘探和发掘，基本确认和掌握了遗址范围和文物分布情况。

金沙遗址占地总面积约三百万平方米，遗址范围内地势平坦，相对高差不超过五米；遗址内及周围河流较多，南面有清水河，北侧是郫江古道，摸底河由西向东穿过将遗址分成南北两部分，南为金沙村，北为黄忠村。遗址内包括房屋、陶窑、墓葬、窖穴、灰坑、象牙堆积坑、石器及猪牙等文物分布区。先后共清理出金器、玉器、铜器、石器、骨器、象牙等各种珍贵文物一千三百多件，其中金器三十多件、铜器约五百件、玉器约五百件、石器二百五十多件。在象牙坑中，大量的象牙呈层层堆积之状。此外还发现了大面积的陶器、石器以及野猪獠牙和鹿角等。

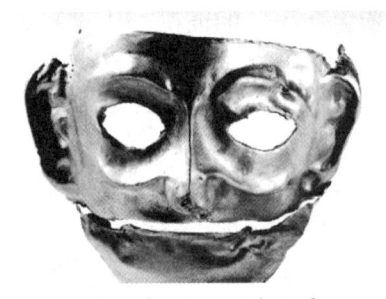

金沙遗址出土的金面罩

在这些出土文物中，有许多堪称国家级的文物，如金器中的金面罩、金冠带、太阳神鸟金箔饰、蛙形金箔饰、金喇叭形器、金盒等；铜器中的青铜立人像、青铜立鸟、青铜牛头、青铜兽面、青铜三鸟纹有领璧形器、青铜眼形器等；玉器中的神面纹青玉琮、兽面纹玉斧形器、玉人头像、玉剑鞘、玉璋、玉璧、玉戈、玉矛、玉剑、玉锛、玉凿、玉镯、玉贝、玉牌形器等；石器中的石跪人像、石虎、石蛇像等。这些器物展现了生动别致的造型、精湛高超的制作工艺、绚丽多彩的文化内涵，具有极其珍贵的价值。

金沙遗址清理出土的大量文物，其中有些器物造型与三星堆遗址出土器物非常相似，如金面具、青铜立人像、玉人石像、青铜立鸟、青铜牛头、玉璋、玉璧、玉戈以及大量象牙等，说明二者之间有密切关系。同时，金沙遗址出土的许多器物与三星堆遗址出土的器物又有明显的差异，如神面纹玉琮、金冠带上的图案；更有一些器物是从未有过的发现，如太阳神鸟金箔饰、金箔蛙形饰、金喇叭形器、金盒、玉剑鞘、玉牌形器等。

从已经出土的大量文物中，可以窥见金沙遗址应是古蜀文化的一个中心遗址，很可能是商周时期古蜀王国的都邑所在。其年代略晚于三星堆遗址的年代。金沙遗址出土文物与三星堆遗址出土文物在文化内涵、造型艺术、制作技艺方面，既有许多相似之处，又有各自的一些鲜明特色。金沙遗址为我们重现了古蜀文化发展鼎盛时期的情景，它和三星堆遗址仿佛是古蜀文化中的两座相互对峙的山峰，打破了以前三星堆遗址孤峰耸立、一骑绝尘的尴尬局面，从而为研究古蜀文化的辉煌时段展现了广阔的前景。

金沙遗址东部的梅苑发掘区，共发掘出金器、铜器、玉器、象牙、石器、骨器等重要文物一千三百多件，发现了三处重要遗迹：堆积大量象牙并伴有玉器和铜器的象牙堆积坑；面积达三百平方米的石璧形器、石斧形器半成品分布区；面积约三百平方米的野猪獠牙、鹿角、象牙、陶器和美石集中分布区。

金沙遗址中南部的兰苑发掘区内发掘出大量的房屋建筑遗迹和窑穴、墓葬遗迹（包括陶窑一座、墓葬八十余座、灰坑四百余个），还出土了数以万计的陶器、陶片和少量的玉器、铜器和金器，年代约为商代晚期。

金沙遗址中部的体育公园发掘区内发现了房屋建筑遗迹和十五座墓葬，其中三座有随葬陶器及玉石器，年代约为西周时期。

另外在此前不久已发掘的位于金沙遗址北部的黄忠村区域内，也发现了许多年代与上述文物基本相同（从商周到春秋战国）的陶器、窑址、墓葬及灰坑。

尽管围绕金沙遗址的历史地位及其与其他重要文化遗址（如三星堆遗址和下文要提到的成都十二桥遗址）之间的关系等问题，目前学术界还存在争议，但根据目前所发现的文物和遗迹，可以肯定金沙遗址是商代晚期至春秋时期古蜀国都邑的重要组成部分。

二、城市规划和城市建筑

从金沙遗址发掘情况看，其出土的不同遗迹、不同质地的文物表现出明显的功能分区：贵重的玉器、金器、象牙、铜器以及石器半成品主要出自梅苑发掘区；房屋、窑穴、灰坑主要集中在兰苑发掘区和黄忠村发掘区；墓葬主要集中在体育公园发掘区。据此，专家推测，金沙遗址具有明确的规划布局：金沙遗址东部的梅苑一带很可能是宗教礼仪活动区域；中南部的兰苑一带主要是人们的生活区；中部的体育公园区域主要为集中墓葬区；东北部的黄忠村一带则很可能是大型宫殿建筑区的一部分。

金沙遗址发现的房屋建筑遗迹有一般住房和可能为宫殿的大型建筑。一般住房多为挖基槽的木（竹）骨泥墙式建筑。房

金沙遗址出土的大型建筑基址

址面积较小的建筑，基槽内仅有密集的小柱洞；面积较大的建筑，基槽内除有密集的小柱洞外，还在间隔一米左右处有一个大柱洞。在黄忠村一带发现的可能为宫殿的建筑共有五处房址，均为大型排房建筑，长度在二十米以上。最大的一处房址宽八米，长五十四点八米，面积达四百三十平方米。五处房址的布局显示出它们似为一组建筑。其布局颇类似后来的四合院形式。这一建筑群很可能是商代晚期至西周（前1046～前771）早期金沙遗址的宫殿建筑。这些均表明金沙遗址时期蜀人的建筑技术已经达到了相当高的水平。

三、青铜冶炼和制玉技术

金沙遗址出土的青铜器有近千件，与三星堆出土的青铜器相比，种类少、体形小，三星堆出土的大青铜人头像、跪坐人像、神树、太阳形器、神殿形器、鸟、龙、虎等在金沙遗址都未见到。三星堆遗址出土了精致的金杖，而金沙遗址只发现了金冠，而且金冠的纹饰远不如金杖精美，制作工艺亦不如金杖精致。三星堆遗址出土的青铜器以祭器为主，金沙遗址出土的青铜器则以礼器为主，这种差异似乎反映出不同的政治和文化背景（按有的专家的说法，三星堆文化时期属神权政体，金沙文化时期属王权政体）。

然而，金沙遗址仍然有一些造型相当复杂的青铜器，如象征太阳神崇拜的青铜立人像，其身躯修长，神情肃穆，头上戴着一道环形帽圈，帽圈上有十三道弧形芒状饰呈反时针旋转，恰如太阳的光芒，显示出制作者不凡的技术，表明当时的青铜铸造工艺已达到很高水平。此外，金器的制作水平也明显比三星堆时期高超成熟。

虽然金沙遗址出土的青铜祭器比三星堆遗址的小而粗糙，但金沙遗址出土的玉器比三星堆遗址的玉器更加丰富多彩。金沙遗址出土最多的文物就是玉器。那些用上等玉料雕琢的色彩艳丽的玉器包括玉琮、玉璋、玉剑、玉戈等十余个品种，总数达五百多件。不仅其数量超过三星堆遗址，而且有一些玉器是三星堆遗址所没有的。

这些玉器虽然在制作工艺、技法方面与三星堆遗址的玉器基本相似，但在制作质量和雕刻水平上已有明显的发展。尤其值得称道的是，一件堪称国宝的翡

成都金沙遗址出土的青铜小立人

翠绿玉琮被完整地保留下来。该玉琮高约二十二厘米，上面有着极其精细华丽的微雕，细若发丝的花纹和一个人形图案在光洁的绿玉上若隐若现，栩栩如生。

此外，金沙遗址还出土了大量形制与三星堆遗址陶器大不相同的器物，如尖底盏、尖底杯、高颈罐、圈足罐等陶器，表现出比三星堆遗址的陶器在制作工艺上的明显进步。

第三节　其他考古发现中的巴蜀科技

一、宝墩文化遗址群

宝墩文化是迄今为止成都平原能够追溯到的最早的考古学文化，它以20世纪90年代以来在成都平原相继发现的新津宝墩村（龙马古城）、都江堰芒城村、崇州双河村和紫竹村、郫县古城村、温江鱼凫村、大邑县盐店村和高山村八座史前遗址为代表。

宝墩村遗址位于新津县西北约五公里的西河与铁溪河交汇处，地属龙马乡宝墩村。遗址四周保留着明显的夯土城墙遗迹，当地人称"孟获城"，又称"龙马古城"。1995～1996年，考古人员先后两次对该遗址进行了较详细的勘察发掘，查明该古城城垣范围为南北长一千米，东西宽六百米，总面积六十万平方米，在成都平原新发现的几座龙山时代古城中范围最大。2009年考古结果则显示，宝墩古城的面积达三百万平方米。

宝墩古城大约修筑于距今三千七百至四千五百年前[①]。宝墩文化时期的古蜀地区仍处于新石器时代，人们的生产工具主要是石器，已能够制作质地较好的陶器，绳纹花边罐、敞口圈足尊、盘口圈足尊、喇叭口高领罐、宽沿平底尊等都是宝墩文化陶器的典型器形。

都江堰芒城村遗址位于都江堰市以南约十二千米的青城山芒城村。该遗址地处成都平原西部边缘，西距青城山支脉药王山二点五千米，东距泊江河一点四千米。整个城址呈长方形，总面积约十万平方米，修筑有内外两道城墙。目前内城墙保存完好，南北长约三百米，东西宽约二百四十米，城墙厚

---

① 肖平：《古蜀文明与三星堆文化》，四川人民出版社2010年版，第129页。

五至十米，高一至三米。内外城墙之间距离约二十米，中间是低洼的城壕。1996~1998年，考古人员对遗址进行了详细的调查和发掘，发现大量的灰坑、房屋基址、陶片和石器，其文化特征与宝墩遗址晚期相一致。

温江鱼凫村遗址位于温江区城区以北约五千米的万春镇鱼凫村，传说为古蜀王鱼凫的国都所在。该遗址地处成都平原的腹心地带。1996~1997年，考古人员对该遗址进行了详细调查和发掘，发现鱼凫古城的城墙形状与宝墩时期的其他几座古城（呈长方形或接近方形）都不一样，呈规则的六边形。复原后的城垣全长约二千一百米，城址总面积约四十万平方米。

郫县古城村遗址位于郫县县城以北约九千米的三道堰古城村，地处成都平原腹心地带。古城位于蒲阳河和柏条河之间的冲积平原上。城垣呈长方形，长六百三十七米，宽四百八十七米，总面积约三十一万平方米。在宝墩时期的几座古城中，该遗址是保存最为完整的一座。1996~1998年，考古人员对该遗址进行了大范围发掘，发现房屋基址十二座、墓葬一座，另外还发现了绳纹花边口罐、敞口圈足尊、盘口圈足尊和喇叭口高领罐等大量陶器。

成都平原早期城址群的发现和宝墩文化的确认，被认为找到了三星堆文化的直接渊源。研究人员确信，三星堆文明乃是植根于宝墩文化，并吸收了其他一些因素发展起来而成为中华文明中一颗耀眼的明珠。①

根据出土陶器的变化，可以将宝墩文化分为四期：

位于新津县龙马乡的宝墩古城遗址

第一期以宝墩遗址早期为代表。这一时期泥质陶器居多，次为夹砂陶。泥质陶中以灰白陶和灰黄陶为主，少量褐陶。夹砂陶中灰陶占绝大多数，少量褐陶和外褐内灰陶。主要器型有绳纹花边口罐、敞口圈足尊、盘口圈足尊、喇叭口高领罐和宽沿平底尊等。

第二期以芒城遗址和宝墩遗址晚期为代表。泥质陶仍多于夹砂陶，但比例下降。夹砂陶分灰、褐和外褐内灰三种。泥质陶中以灰黄陶为主，灰白陶减少。主要器型与第一期差不多，新出现深腹平底罐。

---

① 周新华：《三星耀天府：三星堆文化和巴蜀文明》，浙江大学出版社2004年版，第155页。

第三期以郫县古城遗址的早、中期和鱼凫村遗址早期为代表,夹砂陶进一步增多,泥质陶减少。泥质陶以橙衣灰陶和黑衣陶为主。夹砂陶中以外褐内灰和褐陶为主。主要器型与第二期基本相同,新出现有窄沿罐、曲沿罐、曲腹钵、窄沿盆等。

第四期以鱼凫村遗址晚期和古城遗址晚期为代表。与前期相比有较大变化,夹砂褐陶成为最主要的陶系,泥质陶有灰陶、褐陶和黑衣陶。在器型上沿袭了第三期晚段的窄沿罐、曲沿罐、窄沿盆、曲腹钵等,新出现有矮领圆肩罐、敛口瓮、敛口罐、折腹钵等,圈足变得更高直。

宝墩文化前后发展约八百年,即距今四千五百至三千七百年左右。从年代上,宝墩文化的下限与三星堆文化正好衔接。

三星堆文化的年代上限约在距今三千七百年左右,这从考古学上为宝墩文化是三星堆文化的渊源提供了直接依据。[①]

根据三星堆遗址出土的陶器分析,三星堆遗址一期年代跨度较长,很可能包含了宝墩文化一至四期,在三星堆遗址中可以找到宝墩文化分期的直接层位依据。宝墩文化第三期晚段,夹砂陶数量增多,成为最主要的陶系。器型上绳纹花边罐已很少见,新出现有窄沿罐、曲沿罐、窄沿盆、钵等。由此可见,宝墩文化的典型因素如大量的泥质灰白陶和灰黄陶,发达的纹饰以绳纹花边口罐、敞口圈足尊等为代表的典型器物群正在日渐减少,而一种新的文化因素,以窄沿罐、窄沿盆、钵为代表的器物正在孕育发展之中。到宝墩文化第四期之时,宝墩文化的典型因素已很少见,夹砂陶数量继续增加,褐陶成为最主要的陶系。三星堆文化秉承其后,夹砂陶占据绝对主导地位。宝墩文化中盛行的小平底和圈足的陶器传统亦为三星堆文化所继承。由此我们可以看到一个宝墩文化的典型因素日趋消失、三星堆文化典型因素逐渐孕育形成和发展的过程。

宝墩时期已经具有高超的石器加工技术,使用磨制精细的小型石器,以加工工具的斧(楔)、锛、凿最为常见,还有少量的刀、铲、钺、箭镞和矛。斧平面多为顶窄刃宽的长条形,是几种工具中最大的一类,长度多在六至十厘米。锛比斧小,磨制比斧精细,形制比较单一,直刃弧顶,刃明显宽于顶。石凿磨制更为精细而规整,石质也较好,个别似玉质,有扁平长条形、圭形和刃

---

① 近年来的考古发掘揭示,宝墩文化来源于岷江上游的营盘山文化(距今大约五千五百至五千年)。这一点恰好与关于古蜀历史的传说相印证。

口内凹的窄长形，还有一端为圭形、一端为直刃的双端刃形。此时人们已掌握了钻孔技术，铲、刀、钺均钻孔，为单面钻孔，推测为管钻技术。另有大量带切割痕迹的石器，为线切割技术。宝墩文化这种以斧、锛、凿为主的小型手工工具的传统为三星堆文化所继承。三星堆文化发现大量这样小型的斧、锛、凿等手工工具，其形制与宝墩文化相比几乎没有什么变化。更为重要的是三星堆的大量玉石器，其钻孔和线切割技术与宝墩文化完全相同。三星堆文化有着发达的玉石器加工工业，正是秉承了宝墩文化已有的石器加工技术成就。

宝墩时期人们使用的生活用器主要是陶器。这一时期人们已经熟练地掌握了制陶技术。根据器物的不同功能，其质地和火候有所不同。陶质分夹砂和泥质两大类，它们极有可能是分窑烧的。陶器的制作方法为手制加慢轮修整。宝墩时期陶器盛行小平底和圈足，这一传统对后期产生了很大的影响，三星堆文化就继承了这种以小平底和圈足为主的风格传统，泥条盘筑的制陶技术在成都平原遗址保留着，甚至到十二桥文化时期及战国时期，某些陶器仍采用此方法。宝墩时期已有的许多技术成就为三星堆文明的形成奠定了坚实的物质基础，不仅如此，宝墩时期的社会发展也为三星堆文明的出现孕育了一些重要的文明因素。

成都平原现已发现的这几座古城遗址，不仅面积大（宝墩古城约三百万平方米，鱼凫村、古城村在三十万平方米以上，芒城村、双河村、紫竹村面积十万至二十万平方米），而且城垣高大、坚厚、绵长。宝墩、鱼凫、古城三座遗址的城墙墙体底部宽度都在二十米以上，顶宽七至十九米，高三至四米，尤其是宝墩遗址城垣周长达三千二百米，宽八至三十一米，高度超过四米，初步推算土方量在二十五万立方米以上。高大坚厚的城墙的修筑，从一个重要侧面反映了当时成都平原社会文化的发展水平。大范围集中劳动性质的大型建筑工程，说明了当时集中化权力中心的存在；巨大土方量的开掘，加上土方运输、工具制作、城墙设计、城垣施工、食物供给、组织调度、监督指挥等一系列必需的庞大配套系统，表明多样化的专门化分工、足够支配的人口和劳动力资源以及各座古城统治者对各自地域内丰富的自然资源的占有和控制。

通过对成都平原史前城址群的考察可以看出，四千多年前的成都平原不但不是白纸一张，而且相当热闹繁华、欣欣向荣。

二、十二桥文化遗址群

在三星堆文化三期以后,成都平原的古文化又经历了某种变化。陶器在原有小平底和圈足的传统基础上,出现了大量的尖底器,与前几期文化相比,给人以耳目一新之感,这就是脱胎于三星堆文化发展而来的"十二桥文化"。

对十二桥文化有一个逐渐发现和认识的过程。最早发现的属于十二桥文化的遗址是成都羊子山土台。1953～1956年在成都金沙村背面的羊子山出土了一座大型土台,在台址上还出土了大量的石器和陶器。据测算,这座土台建筑年代不晚于殷末周初,该土台高十米以上,总面积约一万平方米,用土量在七万立方米以上。在一望无际的成都平原,这座土台显得格外高大巍峨。土台形制为三级四方,与三星堆二号祭祀坑所出青铜大立人的基座形制相似,土台的方向也与三星堆祭祀坑一致。这里显然是一个大型城市的礼仪中心之所在。

1956年,在新繁水观音又发现了一处重要的属于十二桥文化阶段的遗址,出土遗物有盉、大量的尖底器和圜底器,另有磨制和打制石器,并清理出墓葬七座。

几乎就在三星堆祭祀坑发现的前后,1985～1987年在成都市区的十二桥路一带发现了一处十分重要的遗址,即以该区域名字命名的遗址——十二桥文化遗址。在该遗址进行了两次较大规模的发掘,发现了大面积的木结构干栏式建筑遗迹,并出土了大量商周时期的遗物。该遗址占地面积在一点五万平方米以上,其中有大型地梁式宫殿建筑的部分遗迹。在主体建筑的周围还发现了小型干栏式建筑的遗迹,是大型木结构宫殿的附属建筑群,房顶、梁架、墙体、桩基、地梁等基本保存完好。建筑材料主要有圆木、方木、木板、圆竹、竹篾、茅草等。构件结合方法主要有竹篾绑扎、原始榫卯与竹篾绑扎相结合、榫卯连接等三种。建筑基础有地梁式和桩柱式两种。地梁式用于大型建筑,有可能是宫殿建筑的廊庑部分的基础。桩柱式用于小型建筑,这种在密集的木桩上的长方形建筑基础,使居住面略微抬高,建筑的下部架空,属于干栏式的结构。小型房屋的墙体结构是木骨竹编泥墙,房顶呈两面坡形式。建筑布局,开间小的房间约十平方米,中型的一组桩基房屋面积共达一百多平方米。大型主体建筑与小型附属建筑群相互连接,错落有致,浑然一体,形成规模庞大的建筑群体。

十二桥商代木结构建筑群遗址,揭示出蜀人因地制宜,就地取材,采用打桩法、竹篾绑扎法、榫卯连接法所创造的一种具有独特风格的建筑形式。大型建筑的地梁，柱洞纵横对应整齐，推测上部已形成较为规矩的梁架。就结构而言，较之中原地区同一时期的大型建筑所用的纵向梁架先进。

1990年在该遗址内又发掘出堆积达四米以上的文化层，发现了纵横交错的房屋构件二十多根，并发现了一批商代至春秋战国时期的陶器、石器和青铜器；在以十二桥遗址为中心、沿郫江故道向南北延伸约三千米的地带上，考古人员还发现了密集的商周时期遗址群，出土了极为丰富的陶器，文化面貌与十二桥文化遗址相同。

三星堆文化伴随着三星堆古城的衰落而逐渐被十二桥文化所替代，在这种文化巨变的背后是王朝的更迭和政治中心的转移。十二桥文化在继承三星堆文化的一些传统因素的基础上，又有所创新和发展。比如在房屋建筑方面，十二桥文化既继承了三星堆文化的传统形式，即挖墙基槽埋竹（木）骨做竹骨泥墙的方式，同时又有了一些变化。十二桥遗址发现的木结构建筑，小型房屋为打密集木桩，桩上绑扎圆木形成网状，其上铺木板形成居住面，这样居住面相对抬高，以利防潮。除小型房屋外，还发现有大型的地梁基础，地梁上有对称的圆形和方形卯孔，可能是大型的带廊庑式的宫殿建筑。

十二桥遗址和羊子山土台遗址揭示出，在商周时期成都平原已经形成了一个拥有相当集中化权力的政治中心在支配着大批手工业者、建筑者、运输者以及掌握着知识和技术的专门人员，已具备了早期城市形成所必备的社会条件。

20世纪80年代以十二桥遗址为代表的一系列考古发现，有力地证明了成都至迟在商代晚期就已形成一座当之无愧的早期城市，并初步揭示了成都作为一座历史文明古城形成和发展的脉络。据历史文献记载，战国时期蜀开明王朝的第五代君王迁都成都后，成都从此成为成都平原及四川盆地的政治中心，但考古发现却表明成都至迟在商代晚期（前1300年左右）就已成为一座名副其实的城市，而在西周时期则成为蜀王杜宇统治的一大中心城市。成都城市的形成从西北部开始，并逐渐向东南部扩展，在唐代末期才拓展至两江交汇之处，形成两江环抱锦绣成都的格局和风貌。金沙遗址、十二桥遗址（商代），蜀开明王城（战国），大城、少城（秦汉），罗城（唐末），成都，就是成都城市孕育、形成、发展的一个个里程碑。

第二章 巴蜀的天文学成就

在中国科学技术发展过程中，最先发展的是天文学、数学、农学、医学。中国进入农业社会之后，人们从实践中体会到农作物的耕种必须遵循季节气候，必须按照季节的变化来安排农业的耕作。要知道季节变化的规律，就需要发展天文学和数学。

在古代的巴蜀，农业发展较早，因而，天文学和数学也就发展较早。正如三星堆和金沙遗址出土的文物一样，巴蜀大地的先民们不仅在艺术上有自主创新，在科学上同样有自主创新。特别是在天文学和数学方面的自主创新，正渐渐地得到世界的公认。

发展农业需要了解一年四季春夏秋冬的变化，天文历法不可或缺。在汉武帝改革历法之前中国古代有六种历法：黄帝历、颛顼历、夏历、殷历、周历、鲁历。之所以有不同的名称，或因行用的地区不同，或因采用的岁首不同，大概都是战国时期创制的。[1]

中国古代有六种历法，在春秋战国时期，巴蜀大地采用的是哪种历法尚没有文献记载。这六种历法的共同点是"四分历"，即一年为三百六十五又四分之一日。一天的四分之一，为历法时间的最小单位。

在中国古史系统里，蜀的早期历史与黄帝及其元妃嫘祖，以及昌意和帝颛顼都有极为深厚的关系。《吕氏春秋·古乐篇》写道："帝颛顼生自若水。"若水即雅砻江，纵贯四川的西部，东与岷山（蜀山）相近。简言之，颛顼是四川人。[2]

《山海经·海内经》也说："黄帝妻嫘祖生昌意，昌意降处若水，生韩流。韩流……取淖子，曰阿女，生帝颛顼。"春秋战国时期，巴蜀大地采用颛顼历的可能性较大。巴蜀人对于这几种古代历法有何贡献，是一个需要进一步研究的课题。

---

[1] 《中国大百科全书·天文学》"中国天文学史"条目，中国大百科全书出版社1980年版，第564页。

[2] 段渝：《四川通史》卷一，四川人民出版社2010年版，第43~48页。

公元前316年，秦攻占巴蜀。在当时，秦和巴蜀可能都使用的颛顼历。

秦统一中国之后，在全国颁行统一的历法：颛顼历。颛顼历以十月为岁首，岁终置润。秦统一天下时间不长，从公元前221年到公元前206年。秦始皇和秦二世还来不及制定一统天下之后的秦朝的新历法，秦朝就被汉朝取而代之。

汉武帝于元封七年（前104）五月颁行落下闳等人创制的《太初历》。这是中国第一部有文字记载的完整历法。《太初历》的历法模式，在中国影响了以后的一百多种历法，一直到《授时历》（1644），可谓影响深远。《太初历》以一天的八十一分之一为历法时间的最小单位。包含了辗转相除求渐近分数等数学原理。

中国制定的历法包含了天文学的大部分内容：天文观测，天文计算，二十四节气，二十八宿，恒星的位置观测，五大行星（水星、金星、火星、木星、土星）的运行，太阳的视运动，月亮的运行，宇宙的结构等。

国家一旦统一，历法就必须全国统一。中国历史从秦、汉、隋、唐、两宋，一直到元、明、清、中华民国、中华人民共和国，国家统一的时间大大多于分裂的时间。

中国发展天文学的主要地点是在国家的核心地——京城（首都）。有关巴蜀天文学的成就，先秦时代的历史文献不多，尚待从考古研究中发现新线索。

先秦时代结束之后，中国基本上不存在地方意义上的天文学。中国的天文学基本是国家体制下的天文学。本章所述巴蜀天文学的成就，主要指巴蜀学者对于中国天文学的贡献。

春秋末年，周大夫，蜀人苌弘是当时的著名天文学家。《史记·天官书》称他为"昔之传天数者"。《淮南子·氾论篇》说："昔者苌弘，周之执数者也。天地之气，日月之行，风雨之变，律历之数，无所不通。"

汉代，落下闳之后，扬雄（前53～18）在宇宙结构论方面先同意"盖天说"，后来被桓谭说服，转而成为"浑天说"的大家，对于我国古代宇宙论的发展起了重要作用。其中，影响很大的名篇是《难盖天八事》。[①]

唐朝开元年间，梁令瓒（生卒年不详）与僧一行一起合作制造两种大型天文仪器——黄道游仪、浑天铜仪，结构精巧，使用方便，功能较全，精度高，有不少创新。梁令瓒是我国天文学发展史上承前启后的一位重要天文学家。

---

① 陈久金：《中国古代天文学家》，中国科学技术出版社2008年版，第57页。

宋代，张思训在梁令瓒改进的浑天仪基础上，又进一步对其动力进行了改进，用水银代替水做动力来运转浑天仪。用水银做动力不会因春夏秋冬四季的寒暑温差而产生差异，既相对准确，又更加方便，是一项大的进步。

宋代，黄裳在1190年制成《天文图》《太极图》，后来，由王致远将《天文图》摹刻在苏州文庙的石碑上。全图以北极为中心，绘有三个同心圆，分别代表北极、南极恒隐圈和赤道，还有黄道、银河，二十八条辐射线表示二十八宿距度，有一千四百三十颗星，内容相当丰富，标识相当清楚。《天文图》被译为英、法、德、日、俄多国文字，受到当今科学家的高度评价。

杰出的数学家秦九韶在天文学方面有重要贡献，他解决了一系列重要的天文历法问题。他的经典之作《数书九章》有八十一个问题，其中，有五个数学问题就是有关天文和历法的计算问题。

近现代，著名天文学家李珩长期从事教学和天文学研究工作，曾主编《宇宙》《天文学报》，著有《造父变星统计研究》《红巨星的模型》《五个银河星团的照相研究》《天文简史》《宇宙体系论》《理论力学纲要》和《人造卫星》等，还出版译著《普通天体物理学》《宇宙体系论》《大众天文学》《天文学简史》等。

在《中国大百科全书·天文学》（中国大百科全书出版社1980年版）中，单列条目的中国天文学家有四十二位，其中四川出生的天文学家有三位：落下闳、梁令瓒、李珩。

2008年，由中国科学技术出版社出版的"中国天文学史大系"中的《中国古代天文学家》专著，一共列有五十八位天文学家，其中四川出生的天文学家有三位：扬雄、梁令瓒、秦九韶。

第一节　中国天文学史的分期

一、《中国大百科全书》的分期方案

《中国大百科全书·天文学》（1980年版）对中国天文学史的分期如下：
1. 中国古代天文学的萌芽：从远古到西周末（前770年以前）；
2. 体系形成时期：从春秋到秦汉（前770～220）；
3. 繁荣发展时期：从三国到五代（220～960）；

4. 由鼎盛到衰落：从宋初到明末（960～1600）；

5. 中西天文学的融合：从明末到鸦片战争（1600～1840）；

6. 近代现代天文学的发展：从鸦片战争到现在（1840～1979）。

二、中国天文学史分期的新方案

在研究了《中国天文学史》之后，我们提出：以"杰出天文学家"及其天文学的经典著作来进行中国天文学史的分期。

1. 中国天文学的第一时期：天文学的萌芽时期（前5000～前2400）

从公元前5000年的仰韶文化（中国黄河中游的新石器时代文化），到公元前2400年尧帝时代，是中国天文学的萌芽时期，历时二千六百年。

2. 中国天文学的第二时期：落下闳与《太初历》（前2400～前104）

从公元前2400年尧帝时代，到公元前104年（元封七年，也是太初元年），邓平、落下闳等人创制《太初历》，是中国天文学的形成时期，历时一千三百九十六年。

3. 中国天文学的第三时期：张衡与《浑天仪》（前104～129）

从公元前104年的《太初历》，到东汉张衡（78～139）时期。张衡大约在129年改进制作浑天仪并写作说明书《浑天仪》，是中国天文学的发展时期，历时二百三十三年。

4. 中国天文学的第四时期：李淳风与《麟德历》（129～665）

从公元129年张衡提出"浑天说"，到唐代李淳风于633年制成浑天黄道仪和665年颁行《麟德历》，是中国天文学的繁荣时期，历时五百二十六年。

5. 中国天文学的第五时期：郭守敬与《授时历》（665～1280）

从公元665年颁行《麟德历》，到1280年郭守敬编成《授时历》，中国天文学达到鼎盛时期，历时六百一十五年。

6. 中国天文学的第六时期：徐光启与《历象考成》（1280～1722）

从公元1280年郭守敬编成《授时历》，到1722年徐光启在《西洋新法历书》的基础上编成《历象考成》，是中国传统天文学与西方天文学的融合时期，历时422年。

7. 中国天文学的第七时期：《中国天文学会会报》问世（1722～1924）

从公元1722年由徐光启编成《历象考成》，到1924年中国天文学会创刊《中国天文学会会报》，是中国传统天文学逐渐走向全面吸收西方天文学成就的时期。

8. 中国天文学的第八时期：中国天文学研究走向世界（1924年至今）

从1924年中国天文学会创刊《中国天文学会会报》至今九十余年的时间，是中国天文学研究走向世界的时期。中国天文学家在继承中国天文学的优秀传统基础上，充分吸收世界其他国家天文学的成就，做出了一些有世界影响的工作。这时期杰出的天文学家有：戴文赛、李珩、王绶琯等。

三、从中国天文学史分期看巴蜀的贡献

论述巴蜀天文学，其一，要研究秦统一中国之前的巴蜀天文学；其二，要研究秦统一中国之后，巴蜀学者对于中国天文学的贡献。从上述中国天文学史分期的新方案中，可以看到：秦统一中国之前，巴蜀天文学已经有了相当大的发展，才有"天数在蜀"的概括；秦统一中国之后，在"中国天文学的第二时期"，由于巴蜀天文学家落下闳创立"太初历"，制作"浑天仪"和"浑天象"，对中国天文学做出了突出贡献。

依据扬雄的论述可知，落下闳是最早研制"浑天仪"的天文学家。同时，扬雄自己在天文学方面也有很深的研究。在汉代，巴蜀学者落下闳、扬雄对中国天文学的贡献，得到学术界的认同。

唐代的梁令瓒，宋代的张思训、黄裳、秦九韶，近现代天文学家之中的李珩，对中国天文学的贡献也非常突出。

吕子方所著《中国科学技术史论文集》中《天数在蜀》一文，列出了二十五位出生于四川的天文学家，其中有：谯周，字允南，巴西西充国人，《三国志·蜀志》中称他"颇晓天文"，著有《古史考》《五经论》等书。任文公，巴郡阆中人，《后汉书》中对其有描述："父文孙，明晓天官风角秘要。文公少修父术，州辟从事。"他们父子都是天文学家。

第二节　先秦巴蜀的天文学成就

一、太阳神鸟与巴蜀天文

在成都金沙遗址出土的"太阳神鸟"被确定为"中国文化遗产"的标志。"太阳神鸟"是追求光明、理想、和谐、智慧、生机勃勃、开拓创新、与时俱

太阳神鸟金箔

进的时代精神的象征，是艺术与科学的完美结晶。

"太阳神鸟"被确定为"中国文化遗产"标志，有四大理由：

首先，"太阳神鸟"图案寓意深远，构图严谨，线条流畅，极富美感，是古代人民"天人合一"的哲学思想、丰富的想象力、非凡的艺术创造力和精湛的工艺水平的完美结合。其造型精练、简洁，具有较好的徽记特征。

其次，"太阳神鸟"图案是中华先民崇拜太阳艺术表现形式的杰出代表之作，以此作为中国文化遗产的标志，体现了中华民族传统文化强大的凝聚力和向心力，表现了中华民族自强不息、昂扬向上的精神风貌。

再次，"太阳神鸟"金饰2001年出土于成都金沙遗址，是21世纪我国考古的一个重大发现，体现了中国文物保护工作的成果。"太阳神鸟"图案所表达的追求光明、团结奋进、和谐包容的精神寓意，彰显了中国政府和人民保护祖国文化遗产的强烈责任心和神圣使命感。

最后，图案中向四周喷射出十二道光芒的太阳，呈现出强烈的动感，象征着光明、生命和永恒。十二道太阳光芒与四只鸟的"十二"与"四"，表达了先民们对自然规律的深刻认识。"太阳神鸟"金饰生动地反映了古蜀的历法，外层四只逆向飞行的鸟，每只鸟对应三个月牙，表示每只鸟代表一个季节（三个月），四只飞行的神鸟代表着春夏秋冬四季轮回。同时也说明古蜀人已经掌握四时的知识，能够根据四时的不同特点而适时地安排农活。内层的十二道旋涡状光芒，既像一道道火苗，也像一轮弯月，表示一年十二个月周而复始，说明古蜀人已经掌握了岁、时、月的概念以及形成的规律和原因，已经知道"岁"与太阳运行有关，"月"与月亮运行有关。一年有十二个月，使用的是阴阳历。

这使我们联想到中国天文学在后来的发展。

公元前8世纪至公元前5世纪的《尚书·尧典》中就写道："日中星鸟，以殷仲春。日永星火，以正仲夏。宵中星虚，以殷仲秋。宵永星昴，以正仲冬。"这即是以日与二十八宿的恒星来判定春夏秋冬四季，具体说就是以四组恒星黄昏时在正南方天空出现来定季节。当黄昏时见到鸟星升到中天，即仲春，此时，昼夜长度相等（春分）；当大火升到正南方天空，即仲夏，此时，白昼时间最长（夏至）；当虚宿出现在中天时，即仲秋，此时，昼夜长度又相等（秋分）；当昴星团出现在正南方天空，即仲冬，此时，白昼时间最短（冬至）。《月令》中已记载了一年十二月中，日处在二十八宿的哪一颗恒星的位置上。《尚书·尧典》《月令》的记载，同"太阳神鸟"的象征是一致的，前后相承。

二、苌弘对天文学的贡献

吕子方教授在他的著作《中国科学技术史论文集》《天数在蜀》篇中指出：巴蜀的天文学是有渊源的，又有广泛的基础，因此这里成为天文学人才荟萃的地区，天文学者像灿烂的群星，从周朝的苌弘起，历代都一批批地涌现出来。这些学有专长的天文学家，在我国天文学发展史上，都做出过不同的贡献，这些都是有文献可考的。吕子方列出了二十五位有较大影响的天文学家，其中第一位是苌弘，成果最突出的是汉代的天文学家落下闳。

根据对二十多条历史文献的考证，吕子方认为：苌弘为四川人，死于四川。是我国春秋末叶的天文学家、历法家。他既精通天文、历法、气象，还懂得地震知识。

第三节 汉代巴蜀的天文历法成就

一、落下闳创制《太初历》

《史记·历书》《汉书·律历志》《新唐书·天文志》《太平御览》《隋书·天文志》《宋史·天文志》等，在我国重要的历史文献中，都记载了落下闳的经历及其在天文、历法上的重要贡献。记载的文字虽然不多，但是比较具体。特别是由他"运算转历"而制定的《太初历》，完整保存至今，为研究他在天文学领域的贡献提供了一个可供分析的样本。

落下闳是中国西汉民间天文学家，字长公，巴郡阆中（今四川阆中）人。出生在"文翁兴学"（前141）前约十五年。他正值"十五而志于学"的年龄，就遇上了"巴、汉亦立文学"。因他的家乡兴办学校,他直接受到了"文翁兴学"的影响。

汉武帝元封年间(前110~前104)为了改革历法,征聘天文学家,经同乡谯隆推荐,落下闳由故乡来到京城长安。

在天文学家中,落下闳是很奇特的。他是一位来自民间的天文学家。他参与制定《太初历》,负责数学计算;研制浑天仪和浑天象,测定二十八宿相距度数;他为浑天说奠定了基础。因他在天文学上做出重大贡献,汉武帝封他为"侍中",他"不受",要"归去来兮"。落下闳"来自民间,回到民间",大有中国道家学者风范:上善若水,为而不争。

作为一位科学家,落下闳是幸运的。由落下闳负责计算推演的《太初历》,以《三统历》之名,完整地保存于中国官方的史书——《汉书·律历志》中。这成为中国特色天文历法的"楷模",为以后的一百多种天文历法提供了样板。

在《太初历》中确定的"孟春正月为岁首""以无中气之月置闰"等,一直应用到近代。

《太初历》科学地规定了"以没有中气的月份为闰月",使二十四节气这一周期的变化与春夏秋冬四个季节的变化协调配合起来。"落下闳系统"的这一规定,将二十四节气这一有关农业气象的周期系统与日月星辰运行的天文周期系统统一了起来。从汉太初元年一直到明末,应用了近两千年。根据历法,可较准确地预告季节,以便安排农业生产。因此二十四节气系统的科学设置,有极重要的经济意义。

落下闳在"运算转历"中应用的数学方法,及他建立《太初历》体系的方法论,至今仍受关注。落下闳的老师,很可能是一位隐士,落下闳效法他的老师也成为一名隐士。汉代以来,落下闳的故乡——四川阆中,成为中国天文学家、数学家"朝圣"的地方。例如,唐初著名的天文学家、数学家李淳风(602~670)等,晚年就住在阆中,直至去世。

李约瑟的《中国科学技术史》英文版第Ⅲ卷有一张"东西方天文学发展对照表"[①],仅在这个表上,就有三处内容直接同落下闳有关。这三处是:

---

① [英]李约瑟:《中国科学技术史》第Ⅲ卷(英文版),英国剑桥大学出版社1979年版,第459页。

1．记述落下闳直接参与制定的《太初历》。其基本内容完整地记录于《汉书·律历志》中，即《三统历》。

2．记述了落下闳研制的浑天仪和浑天象，并说明张衡等天文学家的成果是以落下闳研制的浑天仪为基础发展起来的。

3．记述落下闳研制的浑天仪和浑天象既是"浑天说"的"物化"，又为"浑天说"的发展提供了"模型"，认为落下闳是"浑天说"最早的代表人物。

在中国天文学家中，落下闳的贡献和创新是十分突出的，概括起来有以下六点：[①]

1．落下闳是浑天说的创始人之一，经他改进的赤道式浑天仪，在中国应用了两千多年。落下闳制造的浑天仪和浑天象在测天学上起了推动作用。研制浑天仪和浑天象，提出浑天说，将天文观测与宇宙理论融为一体。

2．落下闳测定的二十八宿赤道距度（赤经差），一直应用到唐开元十三年（725），才由一行重新测过。落下闳奠定了测二十八宿的基础。

3．落下闳第一次提出交食周期，以一百三十五个月为"朔望之会"，即认为十一年应发生二十三次日食。

4．落下闳参与制定的《太初历》是一个比较完整系统的、粗具规模的历法，其采用的八十一分法是结合日食周期，在理论上极为优良的历法。

5．将二十四节气纳入中国历法的体系之中，使农学、天文、数学融合为一体。

6．发明"通其率"的算法，用辗转相除法求渐近分数，为历法计算提供了有力的工具。这与代数学中连分数计算的程序是一样的。[②]

总之，从多方面看，落下闳的创新是十分突出的，对天文学、数学、农学的贡献是卓越的，影响深远，贡献巨大。

二、我国第一部有完整记载的历法

《太初历》（《三统历》）是我国第一部有完整文字和数字记载的历法。实质上《太初历》展现了中国古代关于宇宙图像的"代数结构"，意义远非通常理解的历法。在《汉书·律历志》上称"闳运算转历"，即由落下闳承担了

---

① 《中国大百科全书·天文学》，中国大百科全书出版社1980年版，第223页。
② 查有梁：《世界杰出天文学家落下闳》，四川辞书出版社2001年版，第5页。

历法的计算,"观新星度、日月行,更以算推"。根据史书记载是由落下闳研制浑天仪进行天文实测,由落下闳研制浑象仪用来演示,以验证推算。

落下闳在天文实测的基础上进行计算而提出"八十一分法""与邓平所治同",即落下闳与邓平都提出采用"八十一分法"。所以,《太初历》创制者的署名为"邓平、落下闳"。由于邓平被任命为"太史丞",是重要官员,而落下闳是来自民间的天文学家,后又辞官归隐,因而,邓平署名在前,甚至只说邓平,例如"乃诏迁用邓平所造八十一分律历",这是"官本位"现象。史书上对邓平到底做了哪些具体贡献缺少记载,在近现代的《中国科学技术史》中称《太初历》为落下闳所创制(如李约瑟、吕子方等学者),这是合理的,也许更符合历史的本来面目。

《太初历》比之于中国古代的"古六历"(黄帝历、颛顼历、夏历、殷历、周历、鲁历),有以下划时代的巨大进步。

(一)观测准确,建构理论

在《太初历》(《三统历》)中采用了135个月为交食周期。这是实测统计的结果。1交食周期中太阳通过黄白交点23次,2次为1食年,根据《太初历》:

$$1食年 = \frac{135 \times 29.5308}{23} \times 2 = 346.66日$$

现今实测的1食年为346.62日,落下闳当时的实测比现今实测仅大0.04日。日本近代学者新城新藏在《中国上古天文》一书中写道:

"《太初历》之八十一分法,其实采用数值,几同四分历法,盖其相差仅为日之零数,更因以分数表示此零数,考虑及交点月之周期,故于理论上极为优良之历法。"即对于《太初历》中引入实测的日食周期为一百三十五个月,对此给予了高度评价。在实用上,这为预测日食提供了科学根据。在中国天文学史上是第一次明确地测算出日食周期为一百三十五个月。根据历法可对日食进行预测,同时,根据已发生的日食,又可对历法上的"朔望"进行调整。这是了不起的进步。

(二)有测有算,系统完整

《太初历》在天文观测数据的基础上进行推算,形成了一个完整的系统。这个系统是以"地球为中心"的"宇宙周期系统",是定性与定量相统一的系统,可称为"落下闳系统"。作为基本的周期有:回归年周期、置闰周期、日食周期、干支年周期、干支日周期、木星会合周期、火星会合周期、土星会合周期、金星会合周期、水星会合周期。

在时间周期方面，《太初历》确定了"以孟春正月为岁首"的历法制度，使国家历史、政治上的年度与人民生产、生活的年度协调统一起来，改变了秦和汉初"以冬十月到次年九月作为一个政治年度"的历法制度；《太初历》科学地规定了"以没有中气的月份为闰月"，使二十四节气这一周期的变化与春夏秋冬四个季节的变化协调配合起来。

在空间周期方面，落下闳系统包括日月及五大行星运行的"空间恒星背景"，即"二十八宿"。

《月令》中记载了一年十二月中，日处在二十八宿的哪一颗恒星的位置上。落下闳研制浑天仪，重要的任务即是要测定二十八宿在赤道上彼此相隔的度数。正如《新唐书·历志》所记载："古星历度，及汉落下闳等所测，其星距远近不同，然二十八宿之体不异。"

《旧唐书·律历志》中载："周天二十八宿相距三百六十五度。前汉唐都以浑仪赤道所量，其数常定。"

上述记载表明，落下闳研制浑天仪，并同唐都等人一起实测二十八宿。只有首先准确观测到日在二十八宿"背景"上的位置，进而推算，才可能制定一个较好历法。正因为秦朝和汉初使用的日历与"天象"不合，所以才促使落下闳参与"改历"。"改历"的基础工作，即是对二十八宿进行较精密的测定。落下闳成功地完成了这一任务，由落下闳所测定的二十八宿的二十八个基本点一直传到现代，为中国天文学的二十八宿体系奠定了基础。

（三）规范算法，影响深远

《太初历》提出了一套"算法"体系，大大促进了中国数学的发展。

中国现代天文学家朱文鑫（1883~1938）在《历法通志》（1934）中写道：

"观《汉书·三统历》，共分七节：一统母、二纪母、三五步、四统术、五纪术、六岁术、七世经。统以步日月，纪以步五星，为此历之根本。母者立法之源，术者推算之法也。五步者实测五星，以验其法。岁术者，推岁星之所在。世经者，考古之纪年，以证其数也。提纲挈领，条理井然。"

在"统母""纪母""五步"中给出了一系列完整的观测数据和推算数据，在"统术""纪术""岁术"中给出了一系列推算，将加、减、乘、除所进行的大量整数和分数运算结果具体列了出来。有些数据并未给出计算程序，例如：

"日法八十一。"

"汉历太初元年，距上元十四万三千一百二十七岁。"

"五星会终，触类而长之，以乘章岁，为二百六十二万六千五百六十，而与日月会。三会为七百八十七万九千六百八十，而与三统会。三统二千三百六十三万九千四十，而复于太极上元。"

为什么要"日法八十一"呢？即为什么把每日的八十一分之一作为历法的最小单位呢？吕子方研究的结果是，这里应用了辗转相除法，得到一种近似分数——渐近分数，其计算程序与近代的"连分数的渐近分数"是一致的。由此发展出后来的"求强弱术"和"调日法"等近似分数算法。

为什么《太初历》的"上元积年"为143127年呢？上元，又称历元，是一部历法所规定的起点，由上元到所求年累计的年数称为"上元积年"。《太初历》规定上元起于冬至、朔旦、甲子日夜半。《太初历》中，日、月、甲子的最小公倍数为4617年。测得太初元年（前104）前11月冬至、朔旦、甲子会合，则《太初历》的"上元积年"应为4617年的整数倍。应用不定方程，或一次同余式，或"求一术"，或"通其率"法，可得"上元积年"为 $4617 \times 31 = 143127$（年）。

为什么"太极上元"为23639040年呢？应用辗转相除法，得出一系列近似分数——渐近分数，取日月会岁、五星会终这一系列周期的最小公倍数，即可推算出"太极上元"为23639040年。

《太初历》的推算的一整套算法体系，大大推动了中国数学的发展。其中秦九韶从求解"上元积年"中，进一步得出"大衍求一术"，使中国数学家在求解"一次同余式问题"方面领先于世界。世界数学史上称秦九韶的这一方法为"中国剩余定理"。

由于历法计算的实际需要，使中国的数学发展具有两大特色：其一是构造性；其二是机械化。吴文俊院士指出了这两大特色，并认为中国的算筹算盘，即是当时使用的没有存储设备的简易计算机。

总括起来，落下闳研制浑天仪与浑天象，开创"浑天说"，制定《太初历》，构建了中国古代关于"宇宙图像"的"代数结构"。落下闳系统是一个可与托勒密系统比美的宇宙系统。

2004年9月16日，经国际天文学联合会小天体提名委员会批准，中国科学院国家天文台将一颗国际永久编号为16757的小行星命名为"落下闳星"，以此纪念中国古代杰出的天文学家落下闳。

三、《太初历》确定"春节"为岁首

在中国人的生活中，春节是最主要的节日。落下闳与春节的关系十分密切，他被称为"春节老人""春节先祖"。

中国农历年的岁首称为春节。春节是中国人民隆重迎接新年的传统节日，是象征团结、兴旺、吉祥、喜庆、和谐、和平，以及对未来寄托新的希望的佳节。上亿的中国人在春节之前，常常奔波千万里与家人团聚；占世界五分之一人口的全球华人，在世界各地一起辞旧迎新，辞冬迎春，体现了中国人有礼节、讲仁爱、奉忠孝、爱和平、拜天地、敬生命的人文精神。

古代中国以"农业立国"。"立春"这一节气的前后，正是农闲的时候，选择这个时候过节，正体现了"顺应自然""天人合一"的思想。

在中国古代的夏、商、周以及统一了各国的秦朝，每年的第一个月，即"元月"的日期并不一致：夏朝用孟春的元月为正月，商朝用腊月（十二月）为正月，秦始皇统一六国后以十月为正月，汉朝初期沿用秦历。这就是说，元月与春节，并不完全一致，元月是元月，春节是春节，迎接新年与迎接春天，两者不是合在一起的。真正从历法上规定"元月即春节"，将"迎接新年"与"迎接春天"直接联系、法定统一起来的，是汉武帝刘彻颁布的《太初历》。

中国古代是"观象授时"，历法非常重要，历法必须要与"天象"相合。汉武帝刘彻感到历纪太乱，就命令大臣公孙卿和司马迁组织编造"新历"。司马迁采取开放的办法，从民间招聘天文学家，破格用人。先后从全国各地招来二十多人，落下闳就是其中之一。

落下闳与唐都等人合作，制成《太初历》。《太初历》优越于同时提出的其他十七种历法，经组织专家鉴定后，为汉武帝采纳，于元封七年（前104）五月公布正式实行，并定此年为太初元年。《太初历》为中国以后的一百多种农历的历法提供了样板。《太初历》中各种天文观测的数字以及各种推算的数字，至今仍完整保存在《汉书·律历志》中。

《太初历》确定了"以孟春正月为岁首"的历法制度，"孟春"是春季的第一个月，规定"以孟春正月为岁首"，即是规定春季的第一个月，就是新

年的第一个月，以正月初一为一年的第一天，就是"元旦"。按照中国人的风俗，从大年初一到大年十五，都在"过年"。通过"闰月"的规定，"二十四节气"的第一个节气"立春"总会在大年初一到大年十五之间。所以，人们称这一时期为"春节"。

由于《太初历》的制定，中国人迎接新年与迎接春天便"法定"合二为一了。落下闳是一位来自民间的天文学家，他深知"春节"在民间的重要性。此后，中国的农历一直沿用"以孟春正月为岁首"，直到当代。

《太初历》科学地规定了"以没有中气的月份为闰月"。在二十四节气中，奇数项称为"节气"，偶数项称为"中气"。例如，"立春"是"节气"，"雨水"是"中气"，以此类推。农历月份的名称按照"中气"而定，如含"雨水"的月份叫正月。在农历中，十九年有七次闰月。"以没有中气的月份为闰月"使二十四节气这一周期的变化与春夏秋冬四个季节的变化协调配合起来。

1949年9月27日，中国人民政治协商会议第一届全体会议决定在成立中华人民共和国的同时，采用世界通用的公元纪年。公元纪年的历法，在中国称为"阳历"。"阳历"的"新年"与"春天"没有直接联系。因一年二十四节气的"立春"恰在农历年的前后，为了区分阳历和农历两个"年"，故把阳历一月一日称为"元旦"，农历正月初一称为"春节"。

第四节　落下闳与"浑天说"

一、落下闳研制浑仪和浑象

在现今保存的历史文献中，最早提到"浑天"这个词的，是西汉末年的扬雄。扬雄在《法言·重黎》中写道："或问浑天，曰落下闳营之，鲜于妄人度之，耿中丞象之。"

这里的"浑天"即指"浑天仪"。"浑"字有圆球的意思，"立圆为浑"。浑仪是由许多同心圆环组成的天文观测仪，整体上看像是包在一个圆球里，又称圆仪。浑象则是一个真正的圆球。浑天仪和浑天象都是反映"浑天说"的仪器，在早期常统称为"浑天仪"。

由扬雄的论述可知，落下闳是最早研制浑天仪的天文学家。

《新唐书·天文志》中写道："汉落下闳作浑仪，其后贾逵、张衡等亦各有之，而推验七曜，并循赤道，按冬至极南，夏至极北，而赤道常定于中国，无南北之异。"

《新唐书·历志》中写道："古历星度，及汉落下闳等所测，其星距远近不同，然二十八宿之体不异。"

这说明落下闳研制的是赤道式浑天仪，并且落下闳等人用此仪器测定二十八宿的星度。

《史记·历书》中写道："至今上即位，招致方士唐都，分其天部；而巴落下闳运算转历。"

此文下的注解是："《益部耆旧传》云：'闳字长公，明晓天文，隐于落下，武帝征待诏太史，于地中转浑天，改《颛顼历》作《太初历》，拜侍中不受。'"

吕子方研究认为："落下闳在地中转动的当然是浑天象，这就是我们现在所称的天球仪，这种仪器是拿来作示范的。""如果说这是一种实测天的仪器，就应当摆在地面上去，为什么却反而摆在地下呢？""因此，我认为浑天象也是落下闳造的，只是后来张衡又加以改进罢了。"①

当时，落下闳作为"民间治历者"而被招募进京。《汉书·律历志》写道："姓等奏不能为算，愿募治历者。"历本之验在于天，历法必须与天象相符合，故落下闳必须研究浑天仪以观察天象。但进一步要解决的问题是计算，这个任务完全落到落下闳身上。"而闳运算转历""于是皆观新星度、日月行，更以推算"。推算出的结果，需要加以说明或演示，这就有必要研制浑天象。浑天象在西方称为"天球仪"。"浑象"是指演示用浑仪。

李约瑟认为："既然石申和甘德测定恒星位置的时期早于伊巴谷两个世纪，那么，认为秦代或西汉时代不会制成实体球式的'浑天象'，便是没有根据的。"② 吕子方的研究表明，落下闳不仅研制了"浑天仪"，而且研究了"浑象仪"。落下闳在中国天文学史上的贡献，无疑有划时代意义。

---

① 吕子方：《中国科学技术史论文集》上册，四川人民出版社1983年版，第240~241页。
② ［英］李约瑟：《中国科学技术史》第Ⅲ卷（英文版），英国剑桥大学出版社1979年版，第382~383页。

二、盖天说、浑天说、宣夜说

中国古代的宇宙学说有三家：盖天说、浑天说、宣夜说。①

盖天说最早以"天圆地方"而著称。后以《周髀算经》作为代表。《周髀算经》是中国古代保存至今最早的数学和天文学的经典著作。《周髀算经》的"卷上之一：商高定理"完成时间在西周初期，约公元前11世纪。"卷上之二：陈子模型"完成时间在公元前5至前4世纪。"卷上之三：七衡六间"以及"卷下之一：盖天模型""卷下之二：天体测量""卷下之三：日月历法"，其成型不晚于公元前100年。②盖天说有一个发展过程。盖天说的天地模型认为：天盖与大地是彼此平行的拱形曲面，它们分别以北极与北极下地为其最高点。在公元前1世纪，盖天说建立了一个描述天体视运动的较完整而定量的体系。

浑天说的开创者是落下闳，完善者是张衡。浑天说比盖天说进了一大步，认为天不是半球形，而是一个完整的圆球，地球在其中。《中国科技史话》中写道："浑天说经由西汉天文学家落下闳、鲜于妄人、耿寿昌和扬雄等人的努力，逐渐确立了自己的地位。特别是扬雄提出《难盖天八事》给盖天说以很大打击。"③总之，浑天说的创立与发展，四川天文学家落下闳和扬雄的贡献很大。张衡在落下闳研制的基础上改进了"浑仪"。张衡在《浑天仪》中所阐述的"浑天如鸡子。天体圆如弹丸，地如鸡子中黄，孤居于天内，天大而地小。天表里有水，天之包地，犹壳之裹黄"④，对浑天说给出了简要的文字说明。

宣夜说是中国古代一种朴素的无限宇宙观。《庄子·逍遥游》就对宇宙无限观提出了猜测："天之苍苍其正色邪？其远而无所至极邪？"宣夜说是由东汉前期的天文学家郗萌加以总结和表述的。郗萌写道："天了无质，仰而瞻之，高远无极。"认为天是无形、无体、无色、无边、无际的广袤空间；日月星辰在广阔无垠的空间中的分布和运动是随其自然的，它们并不附着在任何有形质的东西上面，而且依各自的特性，在气的作用下，于空中悬浮和运动。这些论述打破了盖天说、浑天说关于存在"天壳"的概念，描绘了日月星辰在物

---

① 郑文光、席泽宗：《中国历史上的宇宙理论》，人民出版社1975年版。
② 曲安京：《〈周髀算经〉新议》，陕西人民出版社2002年版，第8页。
③ 杨文衡、杜石然、成美东、金秋鹏、廖育群：《中国科技史话》上册，中国科学技术出版社1988年版，第129页。
④ 根据《开元占经》卷一的记述。

质的无限空间中运动的宇宙图像。

盖天说由于有《周髀算经》的数学模型，从古至今，一直有学者研究它，对于数学应用和应用数学很有启发性。浑天说由于有浑天仪和浑天象的观测仪器和演示仪器，可以让人目睹，于是得到普及和留传。宣夜说没有提出对天体坐标及其运动量度的方法，它的哲学意义胜过科学意义。

三、落下闳开创"浑天说"

落下闳在他开创的浑天说的理论基础上，研制出浑天仪和浑天象的观测仪器和天球模型，为人们理解"浑天说"提供了直观证明。李约瑟写道："浑天说最早的代表人物是西汉的落下闳（前140～前104左右著称）。"[1]

张衡在《灵宪》中写道："昔在先王，将步天路，用定灵轨，寻绪本元，先准之于浑体，是为正仪立度，而皇极有建也，枢运有稽也。及建乃稽，斯经天常。圣人无心，因兹以生心。"

四川学者鲁子健在《落下闳与天文学》一文中，将上述文言解译为："我们前辈的天文学家，为了探寻宇宙的秘密，查明各个天体的运行和万物的本源，于是便创制了科学的观测仪器——浑天仪。通过校正仪器，确立了度数，就可以定出北极的位置。一切天体都是沿着一定轨道绕天轴而运转的，因而对它们是可以通过观测研究而认识的。创制浑天仪并经过对天象的观测后，验证了一切天体的运行出没都有其规律性。前辈天文学家对浑天说理论的提出和对仪器的发明创造，并非凭自己的主观臆测，而是通过科学实践得出来的。"[2]

上述解译与李约瑟将《灵宪》引文翻译成英语，意思是完全一致的。张衡这段话表明，张衡提出的浑天说是继承了落下闳开创的浑天说。

扬雄是古代巴蜀的一位杰出全才，既是文学家、哲学家、语言学家，同时也是一位杰出的天文学家。他模仿《论语》作《法言》，模仿《易经》作《太玄》，还著有《輶轩使者绝代语释别国方言》（简称《方言》）。在古典文献中，扬雄最先在《法言》中提到"浑天"，明确地指出是"落下闳营之"。扬雄生活的时代与落下闳生活的时代十分接近，又都是巴蜀人，扬雄的记载是可

---

[1] ［英］李约瑟：《中国科学技术史》第Ⅲ卷（英文版），英国剑桥大学出版社1979年版，第216页。
[2] 鲁子健：《落下闳与天文学》，《自然辩证法学术研究》1982年第1期，中国科学院成都分院自然辩证法研究室编。

靠的。扬雄原来相信"盖天说",在与桓谭辩论后才接受浑天说,并成为浑天说的坚定支持者。他根据浑天说的观点,提出了对盖天说的八点诘难。《隋书·天文志》写道:"汉末,扬子云难盖天八事,以通浑天。"从上述历史的发展可以确信,落下闳是开创"浑天说"最早的代表人物。

落下闳开创的浑天说,是采用球面坐标系,用赤道坐标系来量度天体的位置,计量天体的运动。浑天说既是一种观测和测量天体视运动的计算体系,又必然在此基础上形成一种宇宙结构的图像,而上升为一种宇宙学说。盖天说发展到浑天说,宣夜说借用了"浑天说"的观测数据。中国古代的三种宇宙学说,各有特色。

四、落下闳系统与托勒密系统

托勒密(Claudius Ptolemy,约90~168),提出了"地球中心说"的几何体系,可称为"托勒密系统",成为古代希腊天文学集大成者。他的一本巨著叫《天文学大成》。比托勒密更早约二百年的落下闳,在他所制定的《太初历》中,提出了一个"地球中心说"的"代数体系",可称为"落下闳系统",其天文观察之精密,逻辑体系之完整,堪称古代中国天文学集大成者。

横向与当时世界各国比较,落下闳的成就仍是非常杰出的。落下闳系统(Lohsia Hung's System),简称L系统;托勒密系统(Ptolemy's System),简称T系统。将两者进行比较,可以明显地看出古代中国的天文学与古代希腊的天文学的异同。

(一)两大系统的异同之一

首先,L系统与T系统都是以地球为中心的系统,这是相同的,但是L系统与T系统所采用的坐标系是不同的。L系统采用的是赤道坐标系,T系统采用的是黄道坐标系。由于落下闳选择的是赤道坐标系,这一坐标系不可能将日、月、五星(水星、金星、火星、木星、土星)描述在二维的平面内,而是三维的;托勒密选择的是黄道坐标系,所以,这一坐标系能近似地将日、月、五星描述在一个二维的平面内。从天文观测的实践可知,同时对太阳和其他恒星的观测是不可能的,于是就有冲日法和偕日法两种方法加以选择。L系统采用赤道坐标系,北极星和子午线是重要的背景,选择冲日法;T系统采用黄道坐标系,以黄道附近恒星在日出前或日没后的位置为重要背景,选择偕日法。

在现代,世界各国采用的是赤道坐标系。欧洲从第谷开始才抛弃黄道坐标系。李约瑟曾指出:"中国人坚持使用后来通行世界的赤道坐标系,因而我们不能不思考一下,究竟是哪些影响促使第谷抛弃那种作为希腊—阿拉伯—欧洲天文学的特点的黄道坐标系。"① 从理论上看,赤道坐标系与黄道坐标系是等价的,两个坐标系之间可以转化。但是,从天文观测的实际看,赤道坐标系优越于黄道坐标系。L系统的赤道坐标系是以时间作为计量,是平均的和周日的;T系统的黄道坐标系是以角度作为计量,是真实的和周年的。

我们不能以当今世界都采用赤道坐标系,而全盘否定托勒密的黄道坐标系。事实上,正因为托勒密采用了黄道坐标系,才可能建构古希腊天文学的几何结构。因为,在黄道坐标系中,日、月、五星近似地在一平面内,便于简化为本轮—均轮系统。这也就不难理解,落下闳系统为什么不是一个几何结构,而是一个代数结构。因为在赤道坐标系中,日、月、五星的运行轨道很复杂,只能观察和计算它们的各种会合周期。将L系统与T系统相比较,可以得知L系统是深刻的、代数的,T系统是简明的、几何的。

(二)两大系统的异同之二

落下闳与托勒密都研制了天文观测仪,对天体运行进行实际观测。

落下闳研制了浑天仪和浑天象,托勒密也研制了浑天仪和天球仪。由于落下闳是采用赤道坐标式的浑仪,而托勒密是采用黄道坐标式的浑仪,因而,L系统中的浑仪和T系统中的浑仪是有明显差异的。李约瑟写道:"是什么原因使得第谷在16世纪放弃古老的希腊—阿拉伯黄道坐标和黄道浑仪,而采用中国人一向使用的赤道坐标呢?赤道浑仪曾被认为是欧洲文艺复兴时期天文学方面的主要进步之一,而中国人却早已使用。"②

第谷指出是一个"技术上的原因"使他宁愿选用赤道浑仪。这一转变的原因尚须进行多方面的研究。落下闳与托勒密由于研制浑仪,实际上是做出了一个天体运行的"物理模型",在理论上必有建树。落下闳创立"浑天说",而托勒密则完善了"地心说",两人都做出了重大贡献。

(三)两大系统的异同之三

L系统和T系统都建立了一个较完整的"定量系统"。

---

① [英]李约瑟:《中国科学技术史》第Ⅲ卷(英文版),英国剑桥大学出版社1979年版,第372页。
② [英]李约瑟:《中国科学技术史》第Ⅲ卷(英文版),英国剑桥大学出版社1979年版,第378~379页。

L系统中应用时间作为单位,并人为规定了"六十甲子系统",即以六十天、六十年作为时间计量单位;T系统中应用角度作为单位,采用六十进位系统。

L系统发展了连分数的渐近分数的近似分数计算法,强调天体运行的各种周期的观测与推算,较为抽象,建立了天体运行的"代数结构";T系统发展了三角计算、球面几何、数学表等数学方法,强调天体运行的各种轨道(本轮、均轮)及组合,较为直观,建立了天体运行的"几何结构"。

从美学上看,L系统力求使各种周期谐和,取最小公倍数,计算出宇宙大周期——太极上元,具有"代数美";T系统力求使各本轮、均轮协调,形成简明的几何模型,具有"几何美"。从数学方法看,L系统的计算方法较抽象,难掌握,但较深刻;T系统的计算方法较直观,易掌握,容易传播。

(四)两大系统的异同之四

L系统充分继承了前人的成就并加以完善和改进,包括二十四节气系统和二十八宿的恒星系统,把天文、历法、气象、农业有机结合起来,对社会经济、文化的发展起了持续而重大的影响。

T系统中也制作了"恒星表",在黄经黄纬上定了四十八个星座,为历法作依据,也有一些有关气象的说明,但没有L系统的二十四节气系统那样完善。从对天文学、物理学的发展看,T系统产生了十分重大的影响。

(五)两大系统的异同之五

L系统深受中国道家和自然主义思想的影响,重视整体综合,建立的系统是多体的周期系统。落下闳还明确认识到他所建立的系统是"近似的",而不是"决定论"的,认为把各种周期化为整数才完美。这些思想方法,较为接近量子力学的方法。

T系统深受柏拉图和亚里士多德的影响,重视部分分析,建立的是"二体"的组合系统,认为用天体的轨道组成系统才完美。这些思想方法,较为接近牛顿力学的方法。

我们将上述对L系统和T系统的比较列成一张表加以对比说明。

表2-1 落下闳系统与托勒密系统的比较

落下闳系统（L）	托勒密系统（T）
采用赤道坐标 以地球为中心的系统 北极星是一个基准 应用冲日法	采用黄道坐标 以地球为中心的系统 恒星的偕日出没是基准 应用偕日法
制造浑天仪和浑天象等 用观测仪器进行观察 创立浑天说	制造浑仪和天球仪等 用观测仪器进行观察 完善地心说
应用时间作单位（六十甲子系统），发展了连分数的渐近分数等分数计量法。强调周期的数值，建立了天体运行的代数结构，力求使各周期谐和，具有代数美。计算宇宙的大周期——太极上元	应用角度作单位（六十进位系统），发展了球面几何、三角计算、数学表等方法。强调轨道的大小，建立了天体运行的几何结构，力求使几何模型简单，具有几何美
包括二十四节气、二十八宿，把天文、历法、气象、农业有机地结合起来	制作恒星表，在黄经黄纬上定了四十八个星座。为历法作依据，有关于气象的说明
受道家和自然主义的影响，重视整体综合，是多体的周期系统。明确认识到所建立的系统是近似的，认为把各种周期化为整数是完美的	受柏拉图和亚里士多德的影响，重视部分分析，是"二体"的组合系统，认为用球和圆轨道组成的系统是完美的

从以上比较表可以看到，无论从哪一方面看，落下闳系统绝不比托勒密系统逊色。落下闳比托勒密约早三百年就制定出了如此精密完整的天文历法系统，这是很值得深入研究的。从天文、历法、农业、气象、数学、仪器、观测、哲学、美学等多方面看，落下闳系统在科学史上的意义是不容否定的。

第五节　扬雄对天文学的贡献

扬雄是古代巴蜀的一位杰出全才，既是文学家、哲学家、语言学家，同时也是一位杰出的天文学家。

扬雄批判盖天说的天文学论著《难盖天八事》记载于《隋书·天文志》中。

《难盖天八事》的第二条曰："春、秋分之日正出在卯，入在酉，而昼漏五十刻。既天盖转，夜当倍昼，今夜亦五十刻，何也？"

这段话的意思是：按照"盖天说"的盖图计算，春分、秋分之日夜长应约为昼长的二倍；但是，实际上春分、秋分之日夜长与昼长是一样的、均分的。盖天说明显不符合观测的实际。

《难盖天八事》的第五条曰："周天二十八宿，以盖图视天，星见者少，不见者当多。今见与不见者等，何？出入无冬夏，而两宿十四星当见，不以日长短故见有多少，何也？"

这段话的意思是：按照"盖天说"的盖图观测天空，在一个特定的观测点，能见的星宿不到一半，看不见的星宿超过一半。实际上，夜间同时都可以看到那半个赤道带上的二十八宿中的十四宿。在任何季节都如此，这跟昼夜长短无关。盖天说明显不符合观测的实际。

《难盖天八事》的第六条曰："天至高也，地至卑也。日托天而旋，可谓至高矣。纵人目可夺，水与影不可夺也。今从山上以水望日，日出水下，影上行，何也？"

这段话的意思是：按照盖天说，太阳在天上运转，总是高出地面之上，但是，为什么在高山上观看日出，太阳总是从地平线下升起呢？盖天说关于日出日入的解释是错误的。扬雄指出了盖天说的要害。

《难盖天八事》的第七条曰："视物近则大，远则小。今日与北斗近我而小，远我而大，何也？"

这段话的意思是：根据"视物近则大，远则小"的物理原理，太阳和北斗运行到正南方时，离人最近，故应最大；太阳和北斗运行到正北方时，离人最远，故应最小。但观测到的事实却恰恰相反，盖天说明显不符合观测的实际。

盖天说的经典著作《周髀算经》成于公元前100年。落下闳制定的《太初历》是在公元前104年颁行的。扬雄研究过盖天说的经典著作《周髀算经》，他在《法言·重黎》中写道："盖哉盖哉，应难未几也。"意思是：盖天说啊盖天说，对许多问题解决不了！

《难盖天八事》使我们了解到，扬雄深入钻研过天文学问题，由支持盖天说到批判盖天说，有力地肯定了浑天说，推动了中国古代天文学的进展。[①]

[①] 陈久金：《中国古代天文学家》，中国科学技术出版社2008年版，第65页。

第六节　汉以后巴蜀对天文学的贡献

一、唐代天文学家梁令瓒

唐朝开元年间，四川人梁令瓒与僧一行一起从事天文工作，并合作制造出两种大型天文仪器——黄道游仪、浑天铜仪，其结构精巧，使用方便，功能较全，精度尚高，有不少创新。梁令瓒是一位杰出的天文仪器制造家，在合作制造时起了相当重要的作用。

《唐书·律历志》写道："开元中，僧一行精诸家历法，言《麟德历》行用既久，晷伟渐差，宰相张说言之。玄宗召见，令造新历。遂与星官梁令瓒，先造《黄道游仪图》，考校七曜行度，准《周易》大衍之数，别成一法，行用垂五十年。"

梁令瓒还是一位画家。现珍藏在日本大阪市立美术馆的《五星二十八宿神形图卷》中的岁星神像的题字："奉义郎守龙州别驾集贤院待制仍太史臣梁令瓒上"，提供了梁令瓒当时所任官职的确实资料。梁令瓒主持过太史监工作。在编制《大衍历》时，显露出他在天文学方面的才华。随后梁令瓒便进入太史监，担任星官的职务，以后又任太史令。①

吕子方根据古代历史文献考证，认为梁令瓒制造黄道游仪、水转浑天仪，所测二十八宿中外官有几十条与古经记载不同，有力地说明了梁令瓒在天文历法上的重大贡献。梁令瓒的成就在落下闳制造的浑天仪、浑天象以及运算转历、实测天星的基础上，大大前进了一步。同时，也对李淳风天文历法加以改进提高。梁令瓒的天文历法成就为宋代的韩显符所继承发展。

二、宋代天文学家张思训和黄裳

宋代人张思训在梁令瓒改进的浑天仪基础上又进一步对其动力作了改进：用水银代替水做动力来运转浑天仪。

在宋代，四川人黄裳在1190年制成《天文图》《太极图》，后来，由王致远将共有一千四百三十颗星的《天文图》摹刻在苏州文庙的石碑上。全图以北极为中心，绘有三个同心圆，分别代表北极、南极恒隐圈和赤道，还有

---

① 陈久金：《中国古代天文学家》，中国科学技术出版社2008年版，第252页。

黄道、银河，二十八条辐射线表示二十八宿距度，内容相当丰富，标识相当清楚。《天文图》被译为英、法、德、日、俄多国文字，受到当今科学家的高度评价。

三、秦九韶对天文学的贡献

南宋数学家秦九韶（1208~1268），字道古，普州安岳（今四川省安岳县）人。青少年时代饱经战争忧患，成年后被迫离开四川，在湖北、安徽、江苏、浙江等地做官。晚年，他受贾似道打击，被贬于梅州，"在梅治政不辍"，死于任所。秦九韶自称年轻时在杭州"访习于太史，又尝从隐君子受数学"。他知识渊博，人们称他"性极机巧，星象、音律、算术以至营造等事无不精究"。

秦九韶论述了数学在计算日月五星位置、改革历法、测量雨雪、度量田域、测高求远、军事部署、财政管理、建筑工程以及商业贸易等中的巨大作用，认为不进行计算会造成"财蠹力伤"的后果，若计算不准确，将"差之毫厘，谬乃千百"，于私于公都没有好处。因此他注意搜求生产、生活、交易以及战争中的数学问题，"设为问答以拟于用"，终于在1247年写成数学名著《数书九章》。①

在《数书九章》中，秦九韶提出和解决了八十一个问题。其中，有五个问题是天文历法中比较艰深的数学问题。

第一章"大衍类"，秦九韶发现和建构了"大衍求一术"，成功解决了"一次同余式组解法"的数学问题；包括天文历法之中的"古历会积"，推导出古代历法中的"上元积年"。历法计时的起点称为"上元"。即那一时刻应是冬至、朔旦（初一）、甲子日半夜。上元到制定某一历法当年所积累的时间，即"上元积年"。

第二章"天时类"，其中有四个问题是天文历法的问题："推气治历""治历推闰""治历演纪""缀术推星"。

"推气治历"：指已知某两年的冬至节气的具体时刻，由此推算这两年之间的某一年的冬至时刻，以及这一年的回归年时间与三百六十日的差数等历法问题。

---

① 《中国大百科全书·数学》，中国大百科全书出版社1988年版，第535页。

"治历推闰"：指根据某一历法上甲子年的冬至发生时刻等条件，推算实际的回归年时间与该历法纪年时间之差。这个差，又叫"闰"。

"治历演纪"：指根据某历法的回归年和朔望月的数据，以及某年甲子日后冬至发生时刻，朔望月发生在甲子日后的时间等，推演出一系列历法的重要数据（共有二十三个）。

"缀术推星"：指根据对木星运行在"合伏段"和"顺行段"的时间和度数的观测数据，应用逼近方法（即"缀术"），计算木星视运动的初速度、末速度及平均速率等。[①]

《中国古代天文学家》一书对秦九韶的评价是："在高次方程的数值解法和一次同余式组的解法上取得极其卓越的成就，并用于天文历法的计算问题，在中国数学史和中国天文学史上都做出了贡献。"[②]

四、当代天文学家李珩

李珩（1898~1989），四川成都人，著名天文学家。历任山东大学教授、华西大学教授兼理学院院长、四川大学教授兼物理系主任、昆明凤凰山天文台和南京紫金山天文台研究员等。20世纪50年代起出任中国科学院上海天文台台长、中国天文学会副理事长和上海分会理事长。

李珩长期从事教学和天文学研究工作，曾主编《天文学报》《宇宙》，专著有《造父变星统计研究》《红巨星的模型》《五个银河星团的照相研究》《天文简史》《宇宙体系论》《理论力学纲要》和《人造卫星》等。译著有《普通天体物理学》《宇宙体系论》《大众天文学》《天文学简史》等。李珩一系列有创新的研究专著，奠定了他成为杰出天文学家的地位。

李珩在天文学的科学普及方面也做了大量卓有成效的工作。他翻译了法国著名天文学家弗拉马利翁写的科普读物《大众天文学》，由科学出版社分三册出版。《大众天文学》以精美的图片、有趣的传说、流畅的译文，深入浅出地讲述了天文学方面的故事，深深吸引了中国广大天文爱好者，对于普及天文学知识起了重要的推动作用。

---

① 查有梁等：《杰出数学家秦九韶》，科学出版社2003年版，第19~21页、第127~138页。
② 陈久金：《中国古代天文学家》，中国科学技术出版社2008年版，第378~388页。

第三章 巴蜀的数学成就

本书所指巴蜀的数学成就，主要是指在巴蜀出生的数学家的数学成就，以及在巴蜀的大学和研究单位内的数学家的数学成就。

我们的研究途径是：首先从整体上了解中国数学史，要了解中国数学史，又要先了解中国数学史的分期及数学发展的历史过程中的数学家及其经典著作。

在中国数学史上，标志性的数学家和经典著作有：商高、陈子与《周髀算经》，刘歆与《九章算术》，刘徽与《九章算术注》，李淳风与"十部算经"，秦九韶与《数书九章》，康熙、梅瑴成与《数理精蕴》，等等。这些数学家及其著作，占了中国数学史的大部分篇幅。

在三星堆文明和金沙文明时，巴蜀的先民对于数与形已经有相当深刻的认知。秦统一中国之前，巴蜀数学已经有了相当大的发展。

秦统一中国之后，中国数学的发展以《九章算术》的出现作为标志。在这一时期，在巴蜀出生的天文学家落下闳在数学方面发明"通其率"的算法，其计算程序与"连分数"是一致的，但在《九章算术》中没有反映。一直到20世纪，吕子方才全面论述了落下闳在运算《太初历》时所用的"通其率"算法的具体程序与"连分数"是一致的。

三国时期，魏人刘徽的《九章算术注》对《九章算术》做出杰出贡献，深刻地影响着中国数学的发展。刘徽的《九章算术注》完成于曹魏景元四年（263）。

校订和注释"十部算经"的李淳风，其老师是袁天罡，而袁天罡是唐初益州成都（今四川成都）人。李淳风晚年住在四川阆中，因而与四川有较为密切的关系。

南宋时期，在巴蜀出生的数学家秦九韶发表经典著作《数书九章》，对于中国数学做出了重要贡献。在13世纪，秦九韶有多项数学成果在世界上处于领先地位。

对现代巴蜀数学史而言，一些重要学术单位，特别是四川大学、四川师范大学和中国科学院成都分院对数学的发展做出了一定贡献。

第一节　中国数学史的分期

当代，有许多学者研究中国数学史的分期问题，提出过许多方案。李俨在《中国数学大纲》（1933）中提出一个方案，钱宝琮在《中国数学史》（1964）中提出一个方案，梁巨宗在《世界数学史简编》（1980）中提出一个方案，李迪在《中国数学史简编》（1984）中提出一个方案，英国学者李约瑟在《中国科学技术史》数学分册（1978）中提出一个方案，日本学者三上义夫在《中国算学之特色》（1929）中提出一个方案。这些方案都各有特点。

一、《中国数学史大系》的分期方案

吴文俊主编的《中国数学史大系》第一卷（1998），分析了上述方案之后，又提出了一个新方案。其特点是：主要根据数学本身的矛盾运动来作为中国数学史分期的标准。

其方案如下：①

1. 中国数学发展的第一时期（中国传统数学的形成期）：这一历史时期最长，大约有几万年，再早因为没有资料不好下结论，最后终结于西汉末期。

2. 中国数学发展的第二时期（中国传统数学的发展期）：从东汉初期到元朝前期，即约从1世纪初期到1303年，约一千三百年。

3. 中国数学发展的第三时期（由中国传统数学向西方数学的转变期，或称"过渡期"）：即1304年到1936年，约六百三十年，相当于从元朝中期到民国中期。

4. 中国数学发展的第四时期：1937年到现在，已有整整半个世纪的历史。何时进入第五时期，目前还看不出来。

吴文俊主编的《中国数学史大系》一共八卷，每卷约五百页。其中评述《九章算术》一书的内容就有五百一十三页，评述数学家刘徽的内容有三百八十二页，评述李淳风校注的"十部算经"（后来成为《算经十书》）的内容有二百五十页，评述秦九韶及《数书九章》的内容有四百三十八页，评述康熙及《数理精蕴》的内容有一百二十四页。

---

① 吴文俊：《中国数学史大系》第一卷，北京师范大学出版社1998年版，第56~62页。

二、中国数学史分期的新方案

我们研究了《中国数学史大系》之后，提出以杰出数学家及其数学经典著作来进行中国数学史的分期。

（一）中国数学的第一时期：商高、陈子与《周髀算经》

从公元前5000年的仰韶文化（中国黄河中游的新石器时代文化）到公元前2400年尧帝时代，是中国数学的萌芽时期，历时二千六百年。在这一时期之后，杰出的数学家商高在公元前1100年发现商高定理；公元前500年左右，有杰出的数学家陈子及其提出的陈子模型。其间，在公元前100年定型的《周髀算经》既是数学著作，又是天文学著作。

（二）中国数学的第二时期：刘歆与《九章算术》

这一时期从公元前1100年开始，《周髀算经》的第一部分已经完成，一直到公元元年，以刘歆为代表的数学家将《九章算术》整理为一本数学著作为止，是中国数学的形成时期，历时一千一百年。

山东龙山文化是中国黄河下游地区新石器时代晚期的文化。从龙山出土的陶器可以看到，中国古代先民已经对"数"与"形"有了初步认识。甲骨文、金文以及先秦诸子百家的古籍中，都记载了许多数学知识、数学思想。

20世纪80年代，从中国湖北省江陵县张家山遗迹出土的竹简《算术书》，是在中国发现的最早的数学专著。《算术书》是一部含六十余个标题、八十多个问题，由"问、答、术"三部分组成的"问题集"。《算术书》尚未成为定本，是《九章算术》的母本之一。根据出土文物的考证，《算术书》成书于西汉吕后二年（前186）之前。

在《算术书》等母本的基础上，约二百年后，经多位学者充实、提炼、整理和集体创作，最后，由刘歆于公元元年前后编写出《九章算术》，成为《九章算术》最早的定型本。该书共有二百四十六个数学问题，由"问、答、术"三部分组成。

根据《汉书》卷三六《楚元王传第六·刘歆》的记载，在西汉哀帝（前25～前1）时，刘歆"复颂《五经》，卒父前业。歆乃集六艺群书，种别《七略》"。王莽篡位后的新始建国元年（9）正月，刘歆被封为国师。虽然，历史上没有明确记载刘歆是《九章算术》的定型人，但是从历史文献的记载看，《九章算术》定型的时代，能精通数学又能接触官简的只有刘歆。1956年，李迪提出刘歆是《九章算术》的定型人。从《汉书》的记载，取其下限可以认定《九章算术》由刘歆定型成书于公元元年。

（三）中国数学的第三时期：刘徽与《九章算术注》

从公元元年刘歆将《九章算术》定型成书，到263年刘徽为《九章算术》作注，是中国数学的发展时期，历时二百六十三年。可以看到，中国数学的发展很快，并取得后来为国际公认的许多学术成就。

从公元元年到263年，刘徽完成《九章算术注》，使《九章算术》成为一本完善的数学教科书。

（四）中国数学的第四时期：李淳风与"十部算经"

从263年刘徽完成《九章算术注》，到656年唐朝的数学家李淳风校订和注释"十部算经"，是中国传统数学的繁荣时期，历时三百九十三年。

（五）中国数学的第五时期：秦九韶与《数书九章》

从656年李淳风完成校注"十部算经"，到1247年南宋杰出的数学家秦九韶完成《数书九章》，是中国传统数学由形成、发展、繁荣到鼎盛的时期，历时五百九十一年。秦九韶的《数书九章》中有多项当时在国际上领先的数学成果。

（六）中国数学的第六时期：康熙、梅珏成与《数理精蕴》

从1247年秦九韶完成《数书九章》，到康熙六十年（1721），由康熙提议并指导，梅珏成任汇编（相当于主编）的《数理精蕴》完成，是中国传统数学从鼎盛期走向与西方数学相互融合的时期，历时四百七十四年。

（七）中国数学的第七时期：苏步青与《中国数学学报》问世

从1721年《数理精蕴》完成，到1936年中国数学学会主办的学术刊物、苏步青任主编的《中国数学学报》问世，是中国传统数学逐渐走向全面吸收西方数学成就的时期，历时二百一十五年。

（八）中国数学的第八时期：华罗庚与中国数学研究走向世界

从1936年《中国数学学报》问世到如今，约八十年的时间，中国数学家在中国传统数学与西方数学的基础上，做出了一些有世界影响的工作，出现了华罗庚、吴文俊等一大批有创新成果的数学家。中国数学的这一时期还在持续发展。

我们预计，待出现几位世界公认的大数学家，有其传世的数学名著，方能进入中国数学的第九时期。

中国数学史的新分期，启示我们要高度重视杰出数学家及其创新的、传世的经典著作。

第二节 巴蜀古代的数学成就

一、三星堆时代的数学成就

四川广汉的三星堆遗址是一处距今五千至三千年左右的古蜀文化遗址，面积达十二平方千米，是中国20世纪重大的考古发现之一。金沙遗址是位于四川省成都市苏坡乡金沙村的一处商周时代遗址。从出土文物的时代看，绝大部分约为商代（约前17世纪初～前11世纪）晚期和西周（约前11世纪～前771）早期，少部分为春秋时期（前770～前476）。

数学是研究数与形的科学。从广汉三星堆遗址和成都金沙遗址出土的许多祭祀的礼器中，可以发现巴蜀古代的先民已经对于数与形有了一定的了解，并能设计和创制一些包含数与形的基本概念的玉器、金器、青铜器。

学术界至今没有对广汉三星堆遗址和成都金沙遗址出土的许多祭祀的礼器，从数学方面进行系统研究。

广汉三星堆遗址出土的"青铜太阳轮"，又称"青铜太阳形器"，表明巴蜀的先民对于圆以及对于圆的五等分，已经有了很好的掌握。说明在三星堆时代时，巴蜀的先民在数学方面已达到较高水平。

有专家分析：青铜太阳轮可能隐含有天文历法和数学方面的信息。我们仔细研究青铜太阳轮后发现：假如用线段把轮形器的五道芒的顶端连接起来，便组成一个内接于轮形器外圆的正五边形，每两道芒和正五边形的一条边组成一个等腰三角形，其顶角为七十二度，过顶点作底边的垂线，这条垂线便是顶角的角平分线，也是

三星堆遗址出土的青铜太阳轮

等腰三角形的高，它把顶角平分成两个三十六度角。三十六度角！这太神奇了！三星堆所在地在冬至那一天正午的太阳高度角几乎就等于三十六度。

古蜀三星堆人可能已经把测量冬至日和夏至日的太阳高度角、表长、影长都固化在青铜太阳轮中了,且精确度非常之高,这该是多么先进的天文测量仪器!

这只是一种分析和猜测。三星堆遗址的出土文物中包含丰富的数学内容,有待进一步研究。

二、金沙文明的数学成就

广汉三星堆遗址和成都金沙遗址出土的各种玉琮,是外方内圆的方柱体。玉琮是古代巴蜀的先民在祭祀活动中的重要礼器,体现了巴蜀先民"天圆地方""四面八方"的宇宙图像。玉琮的设计与制造,包含丰富的数与形的内容。

金沙遗址出土的四节玉琮

金沙遗址出土的四节玉琮,高十六点五厘米,宽十一厘米;灰白玉,表面呈现黄、黑、褐等多色沁斑和一些青白色筋条状斑。四节玉琮呈方柱体,外方内圆,中空,分四节,每节刻画九道平行直线纹,三道为一组,平行直线纹平直而规整,线条纤细而流畅。四节玉琮通体打磨光洁,内壁异常光滑平整,未见使用痕迹。此四节玉琮在形式上区别于以往所出的三节玉琮,较多地保留了良渚文化晚期玉琮体形高大、分节分槽的风格,制作上又带有明显的商式玉琮简朴平实的风格。金沙遗址出土的四节玉琮是由一块质地细密的上佳整玉琢磨而成,器表色彩缤纷,整体厚重,气势不凡,制作规整,加工精细,无论从重量大小还是制作的精细程度上看,它都是目前所见商周玉琮中的精品。

中国保持至今最早的一本数学和天文学的书是《周髀算经》。《周髀算经》的《卷上之一:商高定理》完成时间在西周初期,约公元前11世纪,与金沙遗址出土的玉琮时代接近。《周髀算经》"商高定理"一开始就写道:

"昔者周公问于商高曰:'窃闻乎大夫善数也。请问古者包牺立周天历度。夫天不可阶而升,地不可得尺寸而度,请问数安从出?'商高曰:'数之法出于圆方,圆出于方,方出于矩,矩出于九九八十一。故折矩,以为勾广三,股修四,径隅五。既方之外,半其一矩,环而共盘,得成三四五,两矩共长二十有五,是谓积矩。故禹之所以治天下者,此数之所生也'。"

这一段话的意思是:过去周公问商高,听说有学问的人善于数学,古代计算天文历法,没有梯子能够升到天上,地上也没有尺子可以量,请问怎么得到那些数字的?商高回答,数学来自对圆形和方形的计算,圆的计算方法可以用正方形代替,正方形又可以用长方形(矩形)代替,长方形可划分成小的面积积累起来。例如,面积是边长的平方(比如9×9=81)来计算。而长方形折成三角形,就有勾股定理,中国古代称直角三角形的直角边为勾和股,斜边为弦。比如三角形直角边分别是3、4,那么斜边就是5。三角形面积是长方形的一半。

程贞一教授这样分析:中国古代几何学的最早成就出现在《周髀算经》中的"商高篇"。[①] "商高篇"记载了中国西周时代数学家商高大夫的数学成就。[②] 商高的思维与欧几里得的思维有特质上的区别。回答周公问数之法,商高说:"数之法出于圆方,圆出于方,方出于矩,矩出于九九八十一。"在这短短的回答中,商高说明了数学的通类性。他认为数学的新知识可利用不同数学知识来启发,来帮助演理推导。他说到圆的方法可由方的数理特质推导,方的方法可由矩的直角数理特质推导,矩的方法可由乘法运算原理推导。在这段叙述中,商高透露出他通类推导的思维。这种思维有利于中国古代几何学和代数学互助互补的发展。商高最重要的数学成就之一是"方圆法",这是建立在通类推导思维上的一个以方求圆的方法。

---

① "商高篇"即《周髀算经》卷一"周公问商高"的对话。参见程贞一和闻人军《周髀算经译注》,上海古籍出版社2010年版。
② 商高生平不详。赵爽注:"商高,周时贤大夫,善算者也。"与"周公问商高"的对话原文符合,但是赵爽没有说明其来源。《中国方志丛书·商南县志》卷八"人物志"曰:"(周)商高,黄帝之昆孙,以地得姓。周初封子男于商,精数学。"李继闵认为"商高生平早见载于明末以前《州志》大概是不成问题的"(参阅李继闵《商高定理辨证》)。无论如何,商高年代早于陈子。虽然"周公问商高"的对话记载出现于周公和商高之后,但是目前没有任何证据否认周公和商高不是同一时代的人物。从"商高篇"文字的结构和用词来看,"商高篇"早于任何现存数学史籍记载。根据"周公问商高"的对话记载,商高是西周大夫,和周公是同一时代人物。

根据现存资料，商高是最早从数学家的角度重视通类思维并提出"方数为典，以方出圆"的通类推导"方圆法"的人。商高"方圆法"的原文和图解因收入《周髀算经》而得以保存下来。根据现存最早版本——南宋嘉定六年（1213）刊本，原文和图解复制于下：

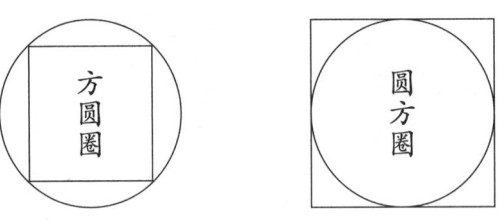

此方圆之法

三、落下闳的"通其率"算法

我国著名数学家吴文俊院士在他主编的《〈九章算术〉与刘徽》一书的序言中写道：

《九章算术》是我国数学方面流传至今最早也是最重要的一部经典著作。它承前启后，一方面总结了秦汉以前的数学成就，另一方面又成为汉代以来两千年之久数学研究与创造的源泉。特别是三国时期魏刘徽的《九章算术注》，对数学理论多所阐发，影响深远。总之，《九章算术》与刘徽《九章算术注》，在数学发展史上的崇高地位，足可与古希腊的《欧几里得几何原本》东西辉映，各具特色。

《九章算术》与刘徽《九章算术注》源远流长，不仅对我国古代数学的发展，即使对整个世界数学的发展也有巨大影响，《九章算术》第八"方程章"的线性联立方程组解法与正负数概念的引入，只是比较显著的一例而已。要把《九章算术》在世界数学中的地位，与世界其他地域数学发展的关系及影响的来龙去脉弄清，还需做大量细致的研究调查工作。

最早的《九章算术》是在春秋时代成书的，是集体创作，不知道第一作者。在《九章算术》中，有哪些内容是巴蜀先民的贡献？不得而知。

《九章算术》有九大内容：第一，方田，田地面积计算问题。第二，粟米，谷米等比例计算问题。第三，衰分，按一定比率分配问题。第四，少广，由面积、体积求边长问题。第五，商功，推算各种工程问题。第六，均输，赋税、徭役摊派问题。第七，盈不足，应用假设、推理解问题。第八，方程，解一次方程组问题。第九，勾股，解直角三角形问题。

落下闳在他制定的《太初历》中，熟练运用了分数逼近法，通过辗转相除得到渐进分数，中国古代称之为"通其率"。落下闳在推算《太初历》时，已广泛应用"通其率"算法，以后又发展为"调日法"等分数逼近法。"渐进分数法、近似分数法"，这是在《九章算术》里没有明确提出的，其运算的程序与"连分数—渐进分数法"是一致的。可以说，"通其率"的数学方法是落下闳对数学的一大贡献。在吴文俊主编的《中国数学史大系》的第一卷第四编中，第二章《〈三统历〉中的近似分数计算法》，以及第三章《汉历法中的不定分析——上元积年的推算》，一共有四十页，都是介绍落下闳在制定《太初历》（即《三统历》）中所应用的数学方法。[①]

中国古代的第一部数学经典《九章算术》，没有将"通其率"的数学方法以及不定分析法写入。从《汉书》的记载可知，刘歆不理解"通其率"的数学方法。《汉书·律历志》中，第一章的第一句话是"日法八十一"。为什么要将一天分为八十一分？这是由落下闳应用"通其率"的数学方法得到的。但是，由于刘歆不理解"通其率"的数学方法，于是他在将《太初历》修订为《三统历》时解释为"元始黄钟初九自乘"，即音乐里的黄钟数是九，九九相乘得八十一。这是明显的牵强附会。[②]

如果说《九章算术》是由刘歆定型成书于公元元年，那么，刘歆没有将"通其率"的数学方法写进《九章算术》，这是可以理解的。但是，正因如此，大大影响了"通其率"数学方法的广泛传播而只有少数天文学家了解。

四、唐代李淳风与"十部算经"

唐朝大数学家李淳风校订和注释了"十部算经"，这是中国传统数学繁荣的重要标志。

---

① 吴文俊：《中国数学史大系》第一卷，北京师范大学出版社1998年版，第407~447页。
② 吕子方：《中国科学技术史论文集》上册，四川人民出版社1983年版，第93页。

李淳风校订和注释的"十部算经"是：1.《九章算术》（刘徽注，李淳风等注）；2.《周髀算经》（赵君卿注，甄鸾述，李淳风等注）；3.《缀术》（祖冲之、神啎撰）；4.《五曹算经》（甄鸾撰）；5.《海岛算经》（刘徽著，李淳风等注）；6.《孙子算经》；7.《张丘建算经》（刘孝孙演本，李淳风等注）；8.《五经算经》（甄鸾撰，李淳风等注）；9.《夏侯阳算经》；10.《缉古算经》（王孝通撰，李淳风等注）。

北宋元丰七年（1084）印行的"十部算经"中，因为《缀术》失传，只余九部。南宋翻刻本则用《数术记遗》（徐岳著，甄鸾注）代替《缀术》，也是"十部算经"。

"十部算经"又统称为《算经十书》，先后收入《永乐大典》《四库全书》，一直流传至今。1963年，由中华书局出版了钱宝琮点校的《算经十书》。

第三节　南宋秦九韶对数学的贡献

秦九韶于1247年完成杰出的数学著作《数书九章》。此书提出了八十一个问题，"设为问答，以拟于用"。《数书九章》内容分为："大衍""天时""田域""测望""赋役""钱谷""营建""军旅""市易"。秦九韶知识渊博，思想活跃，不仅学识渊博，而且有实践精神和创新精神。他从自然科学到社会科学，从技术到文学，从游戏到武术无不通晓，实为当时我国不可多得的通才。

秦九韶是一位"超越时代"的大数学家。与他同时代的人虽然称赞他，但不可能有我们现在这种认识水平；加之秦九韶的官职不高，一直是地方小官，《宋史》没有为他立传。所以，甚至连他的生卒年代也不确知。下面，根据有关史料及钱宝琮、严敦杰、李迪等前辈学者的考证，综合列出较为简明的秦九韶生平年表。

一、秦九韶生平

表3-1 秦九韶生平年表

年代、年龄	地点、时间	重大事件
1208~1220（1~12岁）	普州（今四川安岳）-巴州（今四川巴中）	出生于普州，后至巴州。其父秦季栖于嘉定十二年（1219）任巴州太守
1220~1225（12~17岁）	临安（今浙江杭州）-潼川（今四川三台）	随父前往临安。向朝廷天文历法家、建筑师、军事家、文学家学习，并受教于隐君子，学习数学；17岁随父到潼川
1226年 18岁	涪州（今重庆涪陵）	随父到涪州观赏石鱼。有石刻"新潼川守秦季栖宏文，季栖之子道古同来游"
1226~1237（18~29岁）	潼川郪县（今四川三台）	18岁任潼川郪县"义兵首"，21岁由义兵首升为潼川郪县县尉
1237~1238（29~30岁）	蕲州（今湖北蕲春）-和州（今安徽和县）	29岁蒙古军入侵，潼川失守，离开四川。担任蕲州副职通判和州长官
1238~1241（30~33岁）	临安（今杭州）一年-湖州（今浙江湖州）两年	1238年其父去世，回到临安丁父忧。义务设计"西溪桥"（今名"道古桥"），回湖州改建父亲曾经居住的老住舍
1241~1244（33~36岁）	和州（今安徽和县）-建康（今江苏南京）	续任和州长官，以通直郎为建康通判
1244~1247（36~39岁）	湖州（今浙江湖州）-临安（今杭州）	1244年其母病故，辞官离任，回到湖州丁母忧。1247年《数术大略》成书（明末改为《数书九章》）
1248~1257（40~49岁）	湖州（今浙江湖州）-临安（今杭州）	成书后得到宋理宗接见，并有《奏稿》受左丞相吴潜重用，并担任吴潜幕僚
1257~1258（49~50岁）	琼州（今海南）	右丞相贾似道任命秦九韶出任琼州代理知州
1258~1261（50~53岁）	江南东路、平江（今江苏苏州）	左丞相吴潜推荐，先后任命秦九韶于江南东路、平江等地任职
1261~1268（53~61岁）	梅州（今广东梅县）	梅州任职，"在梅治政不辍"，政绩卓越，卒于任所

从以上信息可知，秦九韶出身于"高级知识分子"的家庭。其父秦季栖，进士出身，为四川普州安岳（今四川安岳）人。但秦九韶自称他的原籍是"鲁郡"（今山东曲阜），这一方面说明他不忘祖籍，另一方面说明秦九韶尊重鲁国人孔子，他为祖辈生长于鲁郡而自豪。按照现在的划分，秦九韶的出生地是四川普州（今四川安岳），籍贯是四川安岳。

秦九韶的父亲秦季栖，于1222年在南宋朝廷中任工部郎中。1223年，秦季栖以工部郎中的职衔担任国家大考的"考试官"和"点检试卷"的工作。1224年，秦季栖升为五品秘书少监。秦季栖重视对儿子秦九韶的教育。在《数书九章》中，秦九韶自序："早岁侍亲中都。"即他早年随父母去了南宋京城临安（今浙江杭州）。在京城临安期间，由于父亲的关系，他认识了很多朝廷的天文历法家、建筑师和著名学者等，又"尝从隐君子受数学"，学到了许多科学技术和人文知识，为他以后写作《数书九章》打下了坚实的基础。

秦季栖任四川潼川府知府之后，于1226年带着他的儿子秦九韶到四川涪州（今四川涪陵），与涪州太守李王禹等人在长江边观"石鱼"，并刻石题名："宝庆二年正月郡守李王禹公玉，新潼川守秦季栖宏文，季栖之子九韶道古同来游。"（《八琼室金石补正》卷八十三）还有题名："石鱼闰八年不出，今方了然，大为丰年之祥，此不可不书。"这是秦季栖在史料上的最后一次记载，也是秦九韶在史料上的最早一次记载。这表明了秦九韶的确有一位"学问高深，待人友好，善于教子"的父亲。秦九韶的成才与家庭教育关系密切。

总结秦九韶的成才之道，与其他杰出人才的成才之道一样，都遵从了三个规律：学习律、发展律、整合律。

秦九韶大约在二十三岁到四十二岁近二十年间，相继在四川、湖北、江苏等地任地方官吏。同时，业余从事有关数学问题的研究，积累了不少资料。1244年，秦九韶的母亲去世，秦九韶回到湖州（今浙江吴兴）为母亲守孝三年。这三年使他能集中精力从事数学研究，守孝期满之时，也是《数书九章》完成之时（1247）。由上述可知，秦九韶经过近二十年的努力学习，又经过近二十年的业余研究，经三年"集中研究整理"，写成了世界水平的数学名著《数书九章》。

秦九韶的创新集中反映在《数书九章》一书之中。他将他学习研究的各种问题，整合为八十一个问题。每问一"术"，则有八十一术。术者，方法也，模式也。要解决一个数学问题，总要构建数学模式。《数书九章》构建了九类大的数学模式，每一大的数学模式之下，又有九个子模式，一共八十一个数学模式。

数学，就是研究各种量化模式的科学。秦九韶是"数学建模"这门学科的重要奠基人。秦九韶的《数书九章》的第一个"数学模式"是"大衍求一术"，分为九问：第一问，蓍卦发微；第二问，古历会积；第三问，推计土功；第四问，推库额钱；第五问，分粜推原；第六问，程行计地；第七问，行程相及；第八问，积尺寻源；第九问，余米推数。这九个问题性质非常不同，但解决问题的程序都归结为"大衍求一术"，即一次同余式组解法。秦九韶是站在"数学建模"的高度来研究各类数学问题的。这是一个重要的创新，对数学的发展贡献极大。秦九韶将他研究的各类问题都转化为"数学模式"，从而写出了世界数学名著《数书九章》，创造了超越时代的伟业。

二、中国古代数学集大成者

秦九韶是中国古代数学集大成者。是否为"数学集大成者"，可从三方面去看。其一，看他是否继承了中国古代数学的精华，并加以大大发展和开拓；其二，看他的数学观或数学思想是否有新的创见和突破；其三，看他对世界数学发展的贡献大小。

在中国数学史和世界数学史中，数学家秦九韶的贡献非常突出，这已被举世公认。下面举出三条加以说明。

其一，吴文俊院士在《秦九韶与〈数书九章〉》一书的序言中这样写道：

出现在秦汉之际的《九章算术》，是一部综合当时数学成就的经典巨著。自此以迄宋代，虽历代皆有著作，其中未遭散佚幸存至今者或则创见不多，或则仅及一隅（如《缉古算经》）。论述全面而富有创造性成就，能与《九章算术》相比美者厥唯秦九韶《数书九章》一书。秦书之大衍求一术与增乘开方术，都已成为经典。夫'术'虽有时也代表公式或定理，但在大多数场合即犹今之'算法'。我国古算往往寓理于算，而以机械化的思想方法为其特色。求一算法与开方算法，即为体现这种思想方法的两大辉煌成就。这与西方数学之以演绎推理为主的公理化体系正相对照而互相辉映。秦汉之《九章》与宋代之《九章》，正是综述这种机械化思想体系所获成就的两大巨著。为复兴我国固有的传统数学，继承发扬其特色，以振兴我国未来的数学事业，有识之士正可从其中吸取力量。

其二，当代著名数学史家、比利时鲁文（Leuven）大学数学教授李倍始（U.Libbrecht），于1973年出版第一本用英文写作的专题研究《数书九章》的论著《十三世纪中国数学》，由美国麻省理工学院出版社出版。[①]这本专著表明，秦九韶当之无愧是一位有世界影响的中国数学家。

美国科学史家萨顿评价秦九韶，是"他那个民族、他那个时代，并且确实也是所有时代最伟大的数学家之一"。

其三，对一位数学家的贡献，不仅要从当时的社会状况和科学水平去评价，更要看他超越时代的创造。1979年，高等教育出版社出版的《数学手册》在代数方程中的实根近似解法中，就首先列出了"秦九韶法"，并在注释中写道："我国古代数学家秦九韶在他所著的《数书九章》（1247）中，给出一个求代数方程的根的近似值方法，这个方法一般书上都称为和纳法。实际上和纳在1819年才提出这个方法，比秦九韶晚五百多年。"

秦九韶的《数书九章》对世界数学的发展做出了突出贡献，至今仍有重要意义的方法，可以列举以下五条：第一，大衍求一术——一次同余式组解法；第二，正负开方术——高次方程数值解法；第三，互乘相消法——线性方程组之解法；第四，秦九韶公式——与海伦公式等价；第五，秦九韶的"缀术推星"——逼近法。

因此，从上述几点可以得出结论：秦九韶是一位有世界影响的杰出的中国数学家，是中国古代数学集大成者。

三、从《九章算术》到《数书九章》

从内容上看，《数书九章》不仅包括了《九章算术》的主要部分，而且均有所发展，例如，将《九章算术》中的开方术发展为求解高次方程正根的一般解法。同时，"大衍类"和"天时类"是《数书九章》新增的内容。特别是大衍类，成功地解决了一次同余式组的解法，取得了领先世界的成果。

《数书九章》也包括九大内容：第一，大衍，一次同余式组问题；第二，天时，天文、历法、气象等问题；第三，田域，田地面积计算问题；第四，测

---

① U.Libbrecht: *Chinese Mathematics in the Thirteenth Century*, MIT, 1973.

望、勾股、重差、测量问题；第五，赋役，田赋、税收问题；第六，钱谷，粮谷转运和仓库问题；第七，营建，建筑施工问题；第八，军旅，兵营布置及供应问题；第九，市易，商品交易和利息问题。

秦九韶十分重视应用"数学建模"的综合方法。他在《数书九章》中写道："独大衍法不载九章，未有能推之者。历家演法颇用之，以为方程者误也。且天下之事多矣，古之人先事而计，计定而行。仰观俯察，人谋鬼谋，无所不用其谨。是以不愆于成，载籍章章可覆也。"

这段话的意思是：唯独大衍术没有载于《九章算术》之中，没有见到有人能将大衍术的算法程序推演出来。历算家在制定历法时，应用大衍术进行计算的颇多，如果以为它是方程术，那就谬误了。宇宙人世间的事情太多了，古代的人为解决某一问题，先进行策划，再确定方法程序，然后按程序实施行动。他们仰观天文，俯察地理，应用感官，应用直觉，谨慎地采用各种方法。为了让他们取得的成果不致被埋没，便使用文字将这些成果记载下来，一代一代留传后世。

《数书九章》中，秦九韶最突出的创新是发明"大衍求一术"。他将《周易》中记载的"蓍草占卜"的过程，抽象为数学模式然后进行一般性的求解。《数书九章》中的第一章大衍类九个问题，第二章天时类的治历演纪，都是应用大衍术这一数学模式，去解决不同的各类问题。

数学建模是应用数学的一种综合方法，虽然是现代才提出来的，但在秦九韶的《数书九章》中，已充分显示出了数学建模的方法论。

中国古代的经典著作《周易》，就是从观察天上日月星辰的现象，观察大地高下卑显的情状，观察鸟兽羽毛的文采，观察山川水土的地利，就近取象于人的一身，远的取象于宇宙万物。于是抽象出八卦，又两两组合成六十四卦。用现代的话语说，就是抽象出六十四个图像模式，然后用语言文字加以解释，成为相应的六十四个语义模式。而原始八卦这八种模式都是与实物有关：乾（☰，象天）、坤（☷，象地）、震（☳，象雷）、巽（☴，象风）、坎（☵，象水）、离（☲，象火）、艮（☶，象山）、兑（☱，象泽）。这原始的八卦是代表八种实物模式。《周易》中的记数法是二进制的数学模式。总之，《周易》已充分说明中国古代先辈早就熟悉"建构模式"的方法，善于进行模式思维。秦九韶深受《周易》的影响，且又能有所创新。所以，在《数书九章》中，秦九韶强调数学建模的方法论是有其缘由的。

模式是一种重要的科学操作与科学思维的方法。它是为解决特定的问题，在一定的抽象、简化、假设条件下，再现原型客体的某种本质特性；作为中介，它是更好地认识和改造原型客体、构建新型客体的一种科学方法。从实践出发，经概括、归纳、综合，可以提出各种模式，模式一经被证实，即有可能形成理论；也可以从理论出发，经类比、演绎、分析，提出各种模式，从而促进实践发展。模式是客观实物的相似模拟（实物模式），是真实世界的数量抽象描写（数学模式），是思想观念的形象显示（图像模式和语义模式）。

从《数书九章》可以看出，秦九韶是数学建模的先驱者。

（一）数学："问答术草图"的思维模式

从推理形式上看，《九章算术》是按照如下过程论述的：问→答→术，即：问题→答案→程序（模式）。

秦九韶在《数书九章》中进一步发展为如下过程：问→答→术→草→图，即：问题→答案→模式→算草→图示。

秦九韶重视问、答、术、草、图五位一体的思维模式。他写道："信知夫物莫不有数也。乃肆意其间，旁诹方能，探索杳渺，粗若有得焉。所谓通神明，顺性命，固肤末于见；若其小者，窃尝设为问答，以拟于用。积多而惜其弃，因取八十一题，厘为九类，立术具草，间以图发之。"①意思是：我坚信，世间万物都与数学相关。于是，我很有兴趣地钻在数学之中，向学者、能人求教，深入探索数学之精微，初步取得一些成果。对于数学的大的方面，认识自然，理解人生，我并没有什么发现；但在数学的小的方面，对于经营事务，分类万物，却有所得。我尝试以问答形式，拟出若干应用问题。历经多年，积累渐增，我怕一旦丢失甚为可惜，于是就取八十一个问题，分为九类，写出解题方法及运算程序，有的问题还在其中作图以示之。

《数书九章》的八十一个问题都是按照"问题→答案→解法→算草→图示"论述的。

其中，一般"解法"，即是一种数学模式；算草，即是写出运算过程，现代称之为程序。秦九韶说"间以图发之"，即是在论述中间，为了清楚明了，还作图表示。大多数图示是运算过程（筹算）的实际记录。秦九韶《数书九章》的逻辑思维结构即为：提出问题→给出答案→建构模式→写出程序→间以

---

① （宋）秦九韶：《数书九章》，商务印书馆1936年版。

图示。

采用这种逻辑思维结构最大的优点是：1. 从问题出发，生动具体，容易明白；2. 给出答案，目标落实，可资应用；3. 论述解法，建构模式，举一反三；4. 写出程序，过程清晰，不易失传；5. 作出图示，一目了然，便于思维。用秦九韶的原话说就是："设以问答""以拟于用""立术具草""以图发之"。这是秦九韶数学方法论的几个关键词。

秦九韶在处境恶劣的情况下，深入钻研数学，实在难能可贵。秦九韶写道："际时狄患，历岁遥塞，不自意于矢石间。尝险罹忧，荏苒十祀，心槁气落。"意思是：那时，元人军队入侵四川，长年路途阻塞，自己不得不长期处于战乱之中。尝尽艰险，历经忧患，就这样转辗度过了十年光阴，使人心力枯竭，元气失落。但接着，秦九韶说："信知夫物莫不有数也。乃肆意其间，旁诹方能，探索杳渺，粗若有得焉。"可见，他对研究数学有高度的兴趣，而兴趣是重要的动力。

（二）数学："内算"与"外算"的统一性

秦九韶还强调了"内算"与"外算"的统一性。他写道："今数术之书，尚三十余家。天象历度，谓之缀术；太乙、壬、甲，谓之三式，皆曰内算，言其秘也。九章所载，即周官九数，系于方圆者为术，皆曰外算，对内而言也。其用相通，不可歧二。"①意思是：当今数学之书，计有三十余部。天象历法的计算方法，称为"缀术"（"逼近之术"）；应用于占卜术中的计算有"太乙、六壬、遁甲"，称为"三式"，这些都统称为"内算"，它们的算法是保密的，内传而不外传。《九章算术》所载的内容，就是《周礼》中的"九数"；（《九章算术》的九章是：方田、粟米、衰分、少广、商功、均输、盈不足、方程、勾股）有关测量方位，地形之高、深、远、近的方法，这些都统称为"外算"，它们的算法是公开的。"外算"是相对于"内算"而言的。"外算"与"内算"在应用上是彼此相通的，不应该视为两种截然不同的算法。

秦九韶将南宋时代的三十多部数学之书分为两大类："外算"与"内算"。以《九章算术》等为代表的数学之书大多是数学的应用，算法简单，寓理于算，不证自明，算法是公开的，显示了数学的工具性；而"天象历变，谓之缀术"等，算法复杂，虽然同样寓理于算，但是并非一目了然。"内算"的

---

① （宋）秦九韶：《数书九章》，商务印书馆1936年版。

程序较繁，难于把握。这些算法是保密的，内传而不外传，显示了数学的神秘性——实际表明了数学的文化性。

我们的研究表明："缀术"即"逼近之术"。"缀术"可能包含以下内容：

1. 分数逼近。通过辗转相除得到渐进分数，中国古代称为"通其率"。汉代天文学家落下闳在推算《太初历》时，已广泛应用"通其率"算法，以后发展成为"调日法"等分数逼近法。①

2. 几何逼近。以中国古代广泛应用的"出入相补原理"为其代表。

3. 代数—几何逼近。以刘徽的"割圆术"为代表。

4. 函数逼近。包括内插法、外推法，中国古代数学称为"招差术"，现代称为"有限差分法"。②

5. 祖冲之的"缀术求 π"。祖冲之的"缀术求 π"，就是在刘徽"割圆术"（代数—几何逼近）的基础上，又应用了"函数逼近"（外推法）而得到的。③

由此看来，天象历法的计算方法，称为"缀术"，是程序复杂的计算方法。其中有的算法保密，内传而不外传。但是，这些算法总还是要往后代传。当然有可能只传算法，其算理却未传下来，就慢慢有失传的危险。祖冲之的《缀术》一书，就可能是这样失传了。"官学莫能究其深奥，是故废而不理。"④后人不得不重新发现其算法、算理。

当秦九韶发现大衍求一术的算法、算理后，写道："数理精微，不易窥识。穷年致志，感于梦寐。幸而得知，谨不敢隐。"这段话的意思是：数学的原理非常精巧微妙，不容易发现其中的奥秘。我多年来有志于发现数学原理，甚至做梦时都在思索。终于有幸发现了这些原理，我谨慎地写下来，将它公开，不敢隐瞒。

秦九韶发现数学中的"外算""内算"是完全是一致的、相通的："外算"表现了数学的工具性，有外在应用，逻辑较简单；"内算"则表现了数学的文化性，有思维的内在完备，逻辑较复杂。所以，他说"外算"与"内

---

① 李继闵：《关于"调日法"的数学原理》，《西北大学学报》1985年第2期。
② 李俨：《中算家的内插法研究》，科学出版社1957年版。
③ 查有梁：《缀术求 π 新解》，《大自然探索》1986年第5期。
④ 《隋书·律历志》上卷一六。

算","其用相通,不可歧二"。这是秦九韶的数学方法论要点之一。

秦九韶主张数学原理一旦发现,必须公开。秦九韶认识到不外传的"内算"容易失传,不利于数学的发展。因此,他主张一旦发现某一数学原理,应当公开,不要隐瞒。这样便能打破对数学的神秘感,有利于数学的发展,也有利于让更多的人掌握数学方法。

正是基于这种思想,所以,对《数书九章》中的每一个问题,秦九韶都写出解法,写出运算过程,他称之为"立术具草"。作为一位数学家,不隐瞒自己的思想,具体地说出思维过程,这有利于学术思想的传播与发展。《数书九章》于1247年成书,至今已七百六十多年,之所以得以流传,与秦九韶这种"幸而得知,谨不敢隐"的思想是密切相关的。

每一位从事科学研究的学者,若有创新都应当效法秦九韶,让大家都能分享智慧的成果。科学家不应该隐瞒自己的思想,尤其是不应该隐瞒自己在重大发现时的原始思想,这才有利于科学的发展。

四、秦九韶的世界影响

20世纪以来,对秦九韶及其《数书九章》的研究,愈来愈受到人们的重视。有很高学术价值且有国际影响的论著,我们可以列举以下三本:

其一,钱宝琮主编的《宋元数学史论文集》(科学出版社1966年版)。

在该论文集中,钱宝琮先生撰写的《秦九韶〈数书九章〉研究》,是一篇内容很丰富的论文。

其二,吴文俊主编的《秦九韶与〈数书九章〉》(北京师范大学出版社1987年版)。

这本书的主要作者是:吴文俊、白尚恕、沈康身、李迪、李继闵、莫绍揆等。其中,西北大学数学系教授李继闵(四川成都人,出生于1938年)贡献突出。吴文俊院士在书中写道:"特别值得一提的是李继闵同志的看法:我国古代数学往往寓理于算,不证自明。"此书收入了李继闵的七篇论文,每篇论文均有深度。

其三,李倍始(U.Libbrecht)所著《十三世纪中国数学》(美国麻省理工学院出版社1973年版)。

此书是美国科学与艺术研究院院士席文(N.Sivin)主编的"东亚科学丛书"的第一集,原文为英文。书名为 *Chinese Mathematics in The Thirteenth*

Century。作者李倍始系比利时鲁文（Leuven）大学的数学教授。此书在国际学术界有较大影响，让我们看到了一位西方学者是如何认识和评价中国的传统数学的。

横比中外，纵观古今，我们都可以说秦九韶是一位富于创新、在世界数学史上占有一席之地的中国杰出数学家。

李倍始在他的专著《十三世纪中国数学》第二十一章中，从国际数学的发展历史角度比较，对秦九韶的大衍求一术作了分析。白尚恕、沈康身在《李倍始〈十三世纪中国数学〉述评》一文中，认为李倍始对求一术作的国际比较是客观的。在第二十一章中，李倍始用大量可靠材料对秦九韶关于大衍求一术的发明作出客观分析，他由浅入深地对一次同余式组解法提出十种高度：

1. 提出问题，附特解，未述解法。
2. 零散设题，算法限于一些特殊数据。
3. 限于一套数据的某种算法。
4. 限于特例的证明。
5. 两两互素模的一般算法，未解。
6. 两两互素模的一般算法，有解。
7. 两两不互素模的一般算法，未证。
8. 两两不互素模的一般算法，并给出有解的条件。
9. 给出第五点的证明。
10. 给出第七点的证明。

按照时间先后看，秦九韶达到六和七项的高度时，西方经过三百多年才达到；秦九韶达到第八项的高度时，西方经过四百多年才达到。由此看出，秦九韶的求一术在数学史上占有不可动摇的领先地位。

第四节　秦九韶的数学思想

秦九韶的《数书九章》是13世纪最杰出的数学名著，有多项成就领先于世界。秦九韶的成就与他的数学思想密切相关。本节从四个方面论述秦九韶的数学思想：一、数学应用的普遍性；二、数学与哲学的一致性；三、继承与发展的必要性；四、数学与文学的高度整合。上述思想至今仍有重要意义。

秦九韶的《数书九章》于1247年成书。此书流传至今，产生了重大影响，并将产生更大影响。《数书九章》在世界数学史上的地位已获公认。为什么秦九韶的《数书九章》会取得如此重大的成就？这是与秦九韶的方法论密切相关的。秦九韶的方法论，至今仍具有启发性。

自然观、科学观、方法论，三者是一致的。有什么样的自然观、科学观，就有与之相应的方法论。秦九韶的数学观是"广义的数学观"，相应的方法论则是"一般的方法论"。我们也模仿秦九韶，从下面几个方面分别论述秦九韶的方法论。这种一般的方法论，不仅适用于数学，也适用于更为广泛的领域，因此，可以说它是思想方法论。其中的引文，取自秦九韶《数书九章》的自序。

一、数学应用的普遍性

秦九韶强调数学应用的普遍性。他写道：

周教六艺，数实成之。学士大夫，所从来尚矣。其用本太虚生一，而周流无穷。大则可以通神明，顺性命；小则可以经世务，类万物。诋容以浅近窥哉？若昔推策以迎日，定律而知气。髀矩浚川，土圭度晷。天地之大，囿焉而不能外，况其间总总者乎？[①]

这段话的意思是：周代的教育内容有"六艺"（礼、乐、射、御、书、数），数学是其中之一。学者和官员们，历来重视、崇尚数学这门学问。人们基于要认识世界的规律，而产生了数学。数学具有广泛的应用性。从大的方面说，数学可以理解神秘的宇宙，认识生命的过程；从小的方面说，数学可以经营事务，分类万物。难道容许将数学视为一门浅近的学问吗？过去，历算家们用筹算推演，制定天文历法，发现自然规律，预测季节变化。用"髀""矩"测山高河深，用"圭表"量日影长短，以定时刻与节气。宇宙如此之大，尚且不能置于数学之外，那么，宇宙之中的各种各样的事物，难道能离开数学吗？

对于上述秦九韶《数书九章》序的第一段，美籍华裔学者程贞一的英译文是：

---

① （宋）秦九韶：《数书九章》，商务印书馆1936年版。

The teaching of the six arts of the Zhōu [dynasty] can be considered as being complete due largely to the inclusion of mathematics. Mathematics has long been Regarded highly by scholars and high officials. The function of mathematics originated from the tài-xū -shēng-yī 太虚生一（i.e. the unity generated by tài-xū 太虚）and found unlimited applications. To its full extent, mathematics can be used to comprehend the miraculous universe and to understand the process of life. To a less extent, mathematics can be used to manage business and to analyse various things. How can one bear to let mathematics be viewed as plain and shallow？①

程贞一将秦九韶原文的"通神明，顺性命"，意译为"认识神奇的宇宙，理解生命的过程"。这样的翻译是恰当的。秦九韶对《易经》有深入研究，《易经·系辞下传》写道："古者包牺氏之王天下也，仰则观象于天，俯则观法于地，观鸟兽之文，与地之宜，近取诸身，远取诸物，于是始作八卦，以通神明之德，以类万物之情。"②上述观点是说：《易经》的八卦是来源于自然，又反过来用以认识自然的。这里的"通神明，类万物"，正是指认识自然。秦九韶认为，数学的作用可以与《易经》的八卦相比拟，"大则可以通神明，顺性命；小则可以经世务，类万物"。由此，我将上述原文意译为："从大的方面说，数学可以认识自然，理解人生；从小的方面说，数学可以经营事务，分类万物。"

秦九韶原文中的"太虚生一"，应当与后面附诗中的"道本虚一"两者结合起来理解。《道德经》中写道："道生一，一生二，二生三，三生万物。""人法地，地法天，天法道，道法自然。"③

这里的"道"可以理解为规律。老子认为，"道"是无形、无名，混而为一，无法用语言表述的存在。老子说："道可道，非常道；名可名，非常名。""一"可以理解为包含和代表了数学。一生二，二生三，数学也由此产生。因此，"道本虚一"，意思是包含有世界规律的本原在于数学。"太虚生一"中的"太虚"有"道"的含义，即是"道生一"。因此，"其用本太虚生

---

① ［美］Chen Cheng-Yih：*Early Chinese work in Natural Science*，Hong Kong University Press，1996.P.223.
② 《易经·系辞下传》第二章。
③ 老子：《道德经》第四十二章、第二十五章。

一"，意思是为了应用，人们要认识世界的规律，因而产生了数学。"昆仑旁礴，道本虚一。"意译为诗句："巍巍昆仑，气势磅礴；世界本原，在于数学。"将《数书九章》书中的序文前后联系，可以看出，秦九韶十分强调数学应用的普遍性。

二、数学与哲学的一致性

秦九韶强调数学与哲学的一致性。他写道：

爰自河图、洛书，闿发秘奥；八卦、九畴，错综精微；极而至于大衍、皇极之用。而人事之变无不该，鬼神之情莫能隐矣。圣人神之，言而遗其粗；常人昧之，由而莫之觉。要其归，则数与道非二本也。[①]

这段话的意思是：自"河图""洛书"开创发现数学的奥秘；《周易》"八卦"、《九章算术》，在解决错综复杂问题时，显示了数学的精妙细微；"大衍术"在历法计算以及解诸多问题中的应用，使数学的精微作用发挥极大。数学对于认识人世间各类事物的变化无所不包。自然界中物质运动的聚散，也不能隐匿于数学之外。古代的圣贤学者很高明，了解许多数学的精微之处，留下的文字却十分简略；使一般人难于明白，难于领悟其中之奥秘。探究其原因，是因为"数学"与"哲学"同样深奥，本质一致，并不是两回事。

从秦九韶的《数书九章》中可以看出，秦九韶对《周易》有深入研究。《周易》，现代通常称为《易经》。因为此书产生于西周时代，所以历代常称为《周易》。"易"即变易，从甲骨文中发现，"易"是象形字：上为日，下为月。《周易》是中国古代的一本阐述宇宙、社会、人事变化的哲学著作。哲学是关于自然、社会、人类思维发展的一般规律的一门学科。《周易》包含有广泛的内容。我们祖先伏羲开始创作八卦，描述了五千年前先辈观察宇宙万物而提炼出的图像；周文王演绎八卦，丰富了《周易》的内容；孔子将《周易》加以阐释，列为"六经"之一，成为中国古代主要的哲学教材。

孔子编《诗经》，删《尚书》，订《礼》《乐》，作《春秋》，释《周易》。《诗》《书》《礼》《乐》《易》《春秋》这"六经"中，《周易》

---

① （宋）秦九韶：《数书九章》，商务印书馆1936年版。

是最深奥的。孔子说:"加我数年,五十以学易,可以无大过矣。"①孔子都说,到五十岁时去学习《周易》,便可以没有大过错了。可见,《周易》是很深奥的哲学著作。

秦九韶对《周易》中包含的数学内容有创造性的发展,即他用大衍求一术深入地解释了《周易》中所包含的深邃的数学原理,这是秦九韶的一项重大创新。在秦九韶看来,哲学(道)是深奥的,有普遍的应用;数学也是深奥的,有普遍的应用。所以,秦九韶得出结论:"数与道非二本也。"

秦九韶在论述数学的功能时写道:"而人事之变无不该,鬼神之情莫能隐矣。"其中"鬼神"二字如何理解呢?中国古代的经典文献《管子》中提出"精气说"。认为精气下生五谷,上为众星,流于天地之间谓之鬼神,是构成天地万物最基本的元素。这一思想一直流传下来,在汉代形成"元气说"。所以,我们将上述一句话翻译为:数学对于认识人世间各类事物的变化,无所不包。自然界中物质运动的聚散("气"的聚散),也不能隐匿于数学之外。从数学的功能也可以看到,数学与哲学是一致的。

三、继承与发展的必要性

秦九韶强调继承与发展的必要性。他写道:

汉去古未远,有张苍、许商、乘马延年、耿寿昌、郑玄、张衡、刘洪之伦,或明天道,而法传于后;或计功策,而效验于时。后世学者自高,鄙之不讲,此学殆绝。惟治历畴人,能为乘除,而弗通于开方衍变。若官府会事,则府史一二系之。算家位置,素所不识,上之人亦委而听焉。持算者惟若人,则鄙之也宜矣。呜呼!乐有制氏,仅记铿锵,而谓与天地同和者止于是,可乎?②

这段话的意思是:汉代离上古并不很远,但有张苍、许商、乘马延年、耿寿昌、郑玄、郑众、张衡、刘洪等一批数学家和历算家,他们之中,有的精通天文历法,将算理算法传于后世;有的长于筹策运算,计算结果当时就能得到检验。后世的一些学者,把自己看得太高,鄙视前人的成就,不虚心学习,

---

① 《论语·述而篇第七》。
② (宋)秦九韶:《数书九章》,商务印书馆1936年版。

不继承发展，使数学中有的内容几乎断绝失传。只有懂历法的历算家会乘除运算，但对高深的"开方术""大衍术"，就不通晓了。他们认为，官府的会计事务，只需少数人懂得加减计算就行了。数学家的地位和作用从不被人们所认识，当权人士对此状况也听之任之。持算家是这么一帮人，数学这门学问遭到鄙视，也就理所当然了。

秦九韶的《数学九章》在中国古代数学经典《九章算术》的基础上，加以继承并发扬光大。秦九韶的《数书九章》，在形式上传承《九章算术》，在内容上则将创新放在首位。《数书九章》第一章的大衍类，就是《九章算术》中所没有的。在继承的基础上发展，在包容的基础上创新，在学习的基础上扬弃——这是重要的方法论原理。

秦九韶认为，数学不仅是"制造乐器"这种"硬件"性的、工具性的工作，更是"谱写乐曲"这种"软件"性的、创造性的研究。所以，他才深有感触地写道："呜呼！乐有制氏，仅记铿锵，而谓与天地同和者止于是，可乎？"

四、数学与文学的高度整合

秦九韶重视数学与文学的高度整合。

在《数书九章·序》的后半部，秦九韶附上了他写的九首四言诗，用文学的精练语言概述《数书九章》每一章的内容。每一首诗的开头两句，大多用"比"和"兴"的艺术手法，然后用"赋"的艺术手法，直言陈述。其间，又不时抒发作者的情感。且看九首诗中的第四首：[1]

> 莫高匪山，莫浚匪川。
> 神禹奠之，积矩攸传。
> 智创巧述，重差夕桀。
> 求之既详，揆之罔越。
> 崇深广远，度则靡容。
> 形格势禁，寇垒仇墉。
> 欲知其数，先望以表。
> 因差施术，坐悉微渺。

---

[1] 查有梁：《〈数书九章·序〉今译》，《中华文化论坛》2005年第1期。

述测望第四。

翻译如下：

　　山之不高，莫称高山，
　　水之不深，莫称大川。
　　大禹治水时，测定山川，
　　使用的矩尺才得以后传。

　　智慧的创造，巧妙的论述，
　　用"重差术"进行测算。
　　求解之法，详尽而又周全，
　　测量的对象总是变化多端。

　　又高、又深、又广、又远，
　　进行测量绝不容易简单。
　　有时是形势险要，进之不去，
　　有时是敌方营垒，不能着边。

　　要求出未知数，怎么办？
　　先后两次用"表"测量。
　　用两次测量之差进行计算，
　　远离其境也可知高深广远。
　　此章称为《测望》，列为九首四言诗第四。

再看九首诗中的第六首：

　　物等敛赋，式时府庾。
　　粒粟寸丝，褐夫红女。
　　商征边籴，后世多端。
　　吏缘为欺，上下俱殚。

我闻理财，如智治水。
澄源浚流，维其深矣。
彼昧弗察，惨急烦刑。
去理益远，吁嗟不仁。
述钱谷第六。

翻译如下：

纳粮上税，要看等级，
粮食入库，要看时节。
一粒粒粟，一寸寸丝，
都是男男女女的劳动所得。

官府要向人民征粮收税，
后世的腐败之风频频发生。
达官贵人相互攀附，欺诈百姓，
这些大小贪官污吏，用尽心机。

我曾听说治理财政，
理当犹如智者治水。
正本清源，有条不紊，
治标治本，消除隐患。

那些愚蠢贪官视而不见，
人民悲惨，还用刑不断。
这是离开理智愈来愈远，
为官不仁啊！可叹可叹！
此章称为《钱谷》，列为九首四言诗第六。

重视将数学与文学高度整合起来，这是秦九韶在《数书九章》中一以贯之的方法论。

第四章 巴蜀地学与蜀道开发的成就

《山海经》作为先秦古籍,已有关于巴蜀的记述。《山经·中次九经》的山系为岷山——巴山,其中包括邛崃山、岷山、剑门山、大巴山直至神农架。

巴蜀是丝绸的发祥地,又是丝绸的盛产地。历史上著名的丝绸之路,同巴蜀有密切关系。中国的"丝绸之路",既有"西北丝绸之路""海上丝绸之路",也有"南方丝绸之路"。南方丝绸之路,也称"蜀身毒道"。"身毒"是印度的古称,"蜀身毒道"即蜀印度道,是一条起于现今中国四川成都,经云南,到达印度的通商孔道。其总长大约有两千千米,是中国最古老的国际通道之一。早在距今两千多年的西汉时期就已开发。它以四川成都为起点,经雅安、芦山、西昌、攀枝花到云南的昭通、曲靖、大理、保山、腾冲,从德宏出境;进入缅甸、泰国,最后到达印度和中东。与西北"丝绸之路"一样,"南方丝绸之路"对世界文明做出了伟大的贡献。

20世纪60年代和70年代,任乃强、邓少琴等曾提出中国丝绸最早出在巴蜀的看法;任乃强又于20世纪80年代论述了中国西南通印度、阿富汗的"蜀布之路",认为年代远远早于北方丝绸之路。童恩正也研究了从成都经云南、缅甸、印度、巴基斯坦到达中亚商道的大概情况,认为战国时代已初步开通。日本学者藤泽义美,我国港台学者桑秀云、饶宗颐,云南学者方国瑜、陈茜、张增祺,均对这条由四川经云南西行印度的古老商路进行了研究。

第一节　《山海经》与地理发现

一、《山海经》简介

先秦古籍《山海经》是一部富于神话传说的最古老的地理书,它主要记述古代地理、物产、神话、巫术、宗教等,也包括古史、医药、民俗、民族等方面的内容。除此之外,《山海经》还以流水账方式记载了一些奇怪的事件,对这些事件至今仍然存在较大的争论。全书十八篇,约三万一千字。其中,《五藏山经》五篇、《海外经》四篇、《海内经》五篇、《大荒经》四篇。《汉书·艺文志》十三篇，未把《大荒经》和《海内经》计算在内。全书内容，以《五藏山经》五篇和《海外经》四篇作为一组，《海内经》四篇作为一组，《大荒经》四篇以及书末《海内经》一篇又作为一组。每组的组织结构，自具首尾，前后贯串，有纲有目。《五藏山经》的一组，依南、西、北、东、中的方位次序分篇，每篇又分若干节，前一节和后一节用有关联的语句相承接，使篇节间的关系表现得非常清楚。

《山海经》按照地区把这些事物一一记录。所记事物大部分由南开始，然后向西，再向北，最后到达大陆（九州）中部。九州四围被东海、西海、南海、北海所包围。古代中国也一直把《山海经》看作历史，是中国各代史家的必备参考书。

二、《山海经》的特点

《山海经》是中华民族最古老的奇书之一。它有如下几个特点：

（一）《山海经》为述图之书

在《全像山海经图比较》一书的序言中，刘锡城指出："东晋诗人陶渊明的'流观山海图'（《读山海经十三首》）、学者郭璞的'图亦作牛形'和'在畏兽画中'的记载和论述，说明早在两千多年前的战国时代，曾有《山海图》流行于世。而且据说《海经》部分是图在先、文后出，因而'以图叙事'的叙事方式，至少在战国时代就已形成一种文化传统。"马倡议也认为："《山海经》的母本可能有图，它（或其中一些主要部分）是一部据图为文（先有图后有文）的书，古图佚散了，文字却流传了下来，这就是我们所见到的《山海经》。"刘宗迪写道："《海经》的荒诞色彩和神话色彩，与这本书的特殊来历息息相关。这本书的来历在古代典籍中是独一无二的，简单地讲，这本书是述图之作，也就是说，我们今天看到的《海经》，先有图，后有书，书中的内容是对一幅图画中内容的写照。《山海经》中的文字多静态的刻画，而少动态的叙述，多记空间方位，而少时间进程，其述图特点可谓一目了然。其实，前人早就注意到了这一点，最早指出这一点的是宋代学者朱熹，但前人在这一点上都有同一个误解，即认为整部《山海经》包括《山经》都是有述图的。实际上，像《山经》那样包罗万象的博物学知识是不可能在图中画出来的，更何况其中还记载了很多动物的声音、习性等，这些内容又如何能用图画表现出来呢？除非古时候已经有了现在这样的多媒体技术。不过，《海经》所凭借的图画早就佚散了，我们今天看到的《山海经》中都有插图，怪怪奇奇，琳琅满目，那只是后人根据书中的内容想象增补的，与我说的古图完全不是一回事。"

（二）《山海经》保留了大量远古时期的史料

《山海经》历来被大多数人认为荒诞不经。连敢于打破《尚书》束缚，将中国上古史推至炎黄二帝的史学家司马迁都说："至《禹本纪》《山海经》所有怪物，余不敢言之也。"形成这种看法的原因似乎与《山海经》由图到文字的成书过程有关。例如《海外东经》记载："工虫在其北，各有两首。一曰在君子国北。"根据《山海经》先有图后有书的成书过程推测，《山海经图》上在君子国的北方画有一个彩虹的"虹"字，表示该地经常见到彩虹。当时的图像文字应该类似甲骨文的"虹"字，是彩虹的图像，两端有首（见熊国英著《图示古汉字》）。而后来古人根据《山海经图》著《山海经》时，时间已经过了几百年，而著者并不见得一定是文字学家，这时彩虹的"虹"字已经成为"工虫"的样子，因此将彩虹描述为工虫，并望文生义将其描述为"各有两首"，使后人无法知道到底叙述的是天边的彩虹呢，还是描写一只有两个头的怪物。所以，就连司马迁也说"余不敢言之也"。

也正因为《山海经》的所谓荒诞不经，几千年来该书既不为正史所载，也不为诸子所传，因而也很少被后人改动，在很大程度上保留了原书的风貌和许多珍贵的远古资料和信息。

（三）《山海经》与东方夷族有关

金荣权在《帝俊及其神系考略》一文中指出："帝俊在中国古代神话中是一个谜一般的神性人物，他的事迹既不为正史所载，也不为诸子所传，只见于《山海经》之中，尤其集中反映在《大荒》《海内》两经之中。究其神系渊源与脉络，显不属于炎帝世系，也不隶属于黄帝世系，是与炎、黄两大神系并存的第三神系。""关于帝俊在中国古代诸神中的地位，今天众说纷纭，然一般认为帝俊当是上古时代东方民族的祖先神，这种看法是一致的，因为《山海经》记载的帝俊活动地及其子孙之国大多在东方。"

徐旭生说："帝俊这个人物，在《山海经》里面，可以说是第一显赫的了。里面载他的事，多至十六（在《经》里面只有帝颛顼多至十七事，可是他与九嫔葬处一事三见，那只剩下十五事。此外黄帝十事，炎帝四事，帝喾三事，帝尧二事，帝舜九见八事，帝丹朱二事，帝江一事，帝鸿一事。其余的人没有帝称）。"

西汉刘向、刘歆在《上〈山海经〉表》中说："《山海经》者，出于唐虞之际，……禹别九州，任土作贡，而益等类物善恶，著《山海经》。"后人大多从其说。清毕沅《〈山海经〉新校正序》称《山海经》相传"作于禹益，述于周秦"。但后人研究认为，《山海经》非一人所作，有出自周人、齐人、楚人之说。而刘宗迪认为，"古人关于禹益作《山海经》的说法虽不可信，但可能也不是空穴来风"。自古以来，"神不歆非类，民不祀非族"，《山海经》中的某些史料特别是反映帝俊神系事迹的人文历史地理资料来自东夷伯益或者伯益的族团应该无大误。

（四）《山海经》由两部分组成

顾颉刚认为："《山海经》至今流传，其中《山经》和《海经》各成一体；《海经》又可分为两组，一组为《海外四经》与《海内四经》，一组为《大荒四经》与《海内经》。这两组的记载是大略相同的，它们共就一种图画作为说明书，所以可以说是一件东西的两种记载。"现代研究同意这一观点，王宁在《〈山海经〉的分篇问题》中说"《大荒四经》其实就是另一个版本的《海外四经》"。因此，在考证《山海经》地望时，《大荒东经》和《海外东经》可以相互印证。

（五）《山海经》描写的地理顺序与现实不同

《山海经》的顺序是南、西、北、东，这可能与古人"天南地北"的习俗有关。也就是说，古《山海经图》与现在的地理图在方位上不同。以《海外东经》的汤谷地望为例："黑齿国在其北，为人黑，食稻啖蛇，一赤一青，在其旁。一曰在竖亥北，为人黑首，食稻使蛇，其一蛇赤。"清郝懿行云："黑下当脱齿字。"东汉《王逸注楚辞·招魂》云："黑齿，齿牙尽黑。"东汉高诱注《淮南子·坠形训》云："其人黑齿，食稻啖蛇，在汤谷上。"是古本有"齿"字之证。"下有汤谷。汤谷上有扶桑，十日所浴，在黑齿北。居水中，有大木，九日居下枝，一日居上枝。"

三、《山海经》中的古代巴蜀

关于巴蜀的记述，《山海经》所载仅及四川盆地的西侧和北侧，再向南就没有了，也不涉及居民部族等情况。在《海经》之末（具体地说是在《海内东经》之末）附有《水经》一卷，述及巴蜀之水，有岷三江、漾水、白水等。

《海经》《荒经》产生于楚地，所记述的巴蜀资料主要集中在《海经》的《海内南经》《海内西经》以及《荒经》内与之相当的《海内经》中。《海经》各篇，俱言明叙述方向，其次序与《山经》完全不同，是站在荆楚的位置环顾"四海"，内圈是"海内"，以外则为"海外"。内圈自《海内南经》而《西经》而《北经》而《东经》，依顺时针方向逐一叙述；外圈则《海外西经》《海外北经》为顺时针方向，其余为逆时针方向。

先来看《海内南经》，它是由东而西依次叙述：从瓯、闽说到湘水、蓊梧，"帝舜葬于阳"，然后有"狌狌"（猩猩），是"在舜葬西"，再过来则"狌狌西北有犀牛"。猩猩、犀牛皆是以图腾名部族。然后就到了巴："夏后启之臣曰孟涂，是司神于巴。"但后文还有一条应在此之前："巴蛇食象，三岁而出其骨。……其为蛇青黄赤黑。一曰黑蛇青首。在犀牛西。"此条说巴蛇"在犀牛西"，显然应接在"狌狌西北有犀牛"之后，而不接孟涂司神于巴，这是绝对不会错的。在现存的《山海经》中，此条因错简而列到"氐人国"之后。下文接着说到孟涂"司神于巴"的地望"在丹山西，丹山在丹阳南"。丹阳是楚旧都，在今秭归境，这就到三峡地区了。再向西，就到了蜀："寞窳龙首，居弱水中。"寞窳，又写作寞㺄，是一图腾形象呈龙首状的部族。《海内经》也有此条，作"寞窳龙首，是食人"。此弱水实即洛水，今沱江上游之石亭江，亦泛指沱江。接着是："有木，其状如牛，引之有皮，若缨黄蛇。有叶如罗，其实如栾，其木若箖，其名曰建木。在寞窳西弱水上。""建木"亦见《淮南子·地形训》："建木在都广，众帝之所上下。"这里"都广"是个大地名，包括成都平原及其周边地区。建木既是众神上下于天的地方，自然应在高处。《海内经》亦有相应的一条，可以互为补充："有九丘，以水络之。……有木，青叶紫茎，玄华黄实，名曰建木，百仞无枝，……大皞爰过，黄帝所为。"然后是："氐人国在建木西，其为人人面而鱼身，无足。"

《荒经》中的相应内容在《大荒西经》中："有互人之国。""互"字是"氐"字伪，因古篆"氐"字写法形似"互"。《华阳国志·蜀志》南安县"雷坻"（《水经注》作"垒坻"）误作"雷垣"，也是相同原因。紧接前面"氐人国"的是《海内西经》："后稷之葬，山水环文，在氐国西。"《荒经·海内经》中与此相应的内容是："西南黑水之间，有都广之野，后稷葬焉。爰有膏菽、膏稻、膏黍、膏稷，百谷自生，冬夏播琴。鸾鸟自歌，凤鸟自舞；灵寿实华，草木所聚；爰有百兽，相群爰处。"这真是一块丰饶美丽的好地方，可见天府之国，由来已久。

其后，《海内经》载："南海之外，黑水青水之间，有木名曰若木，若水出焉。"黑水即泸水。"卢"为黑色，故黑土称为垆土，黑水称为泸水，即雅砻江。若水即大渡河（西汉以后则以雅砻江为若水，以大渡河为沫水），青水即青衣江。而前文还有一条，在青衣江之东，《海内西经》中则没有："华山青水之东，有山名曰肇山，有人名曰柏高，柏高上下于此，至于天。"这一条很重要，后当再论。《海内西经》在"后稷葬"之后（西），有一个"流黄酆氏之国"至此便不再往西说了。转而向北，便是"海内昆仑之虚"，然后便接《海内北经》，出巴蜀范围。此"昆仑之虚"是"帝之下都""百神之所在"，有赤水、河水、洋水、黑水、弱水、青水出其周围，有"开明兽"为其守护神。蒙文通以为是岷山，最为得之。这里除了它的地理位置、地形特点外，应该是蜀地部落联盟盟主之所在，才有如此崇高地位。透过内圈再向外看，就是《海外经》或《大荒经》的范畴。因为本是相邻的，所以也有一些有关的或重复的内容。如前面已经举出的《大荒西经》的"互人之国"；还有："有鱼偏枯，名曰鱼妇。颛顼死即复苏。风道北来，天乃大水泉，蛇乃化为鱼，是为鱼妇。"《海外南经》有一条与此有关："南山在其东南，自此山来，虫为蛇，蛇号为鱼。"

《淮南子·地形训》中也有与此相关的内容可互为印证："后稷垅在建木西，其人死复苏其半，鱼在其间。"《海外西经》还有一条："巫咸国在女丑北，右手操青蛇，左手操赤蛇，在登葆山，群巫所从上下也。"这一条应即《荒经·海内经》中"柏高上下于此，至于天"的肇山在《海经》中的相应内容。"登葆"快读，音近于"肇"。从《海外南经》和《西经》还可看出，在蜀的南邻和西邻，有不少鸟图腾部族，如比翼鸟、羽民国、毕方鸟、灭蒙鸟等。在灭蒙鸟之北，有高三百仞的大运山，然后便是夏后启"舞九代"的"大乐之野"（在《大荒西经》中作"天穆之野"），那已是羌族之祖居、青海境内了。

对于《海经》《荒经》时代的巴蜀，可以看到有以下主要方国和重要地段：

1. 在三峡至沱江之间主要有巴国。巴族是一古老而强大的部族。《海内经》说："西南有巴国，大皞生咸鸟，咸鸟生乘厘，乘厘生后照，后照是始为巴人。""大皞"又写作"太昊"，即伏羲。说明巴族是伏羲之后。现在，西南各少数民族仍多有伏羲、女娲是大洪水后人类再生始祖的传说。伏羲的形象是人首蛇身，巴族也是以蛇为图腾，他们曾吞并象部族，故有"巴蛇食象"之说。

2. 在沱江流域有一方国称为寰窳，是以一种长着龙头的怪物作图腾的部族，传说中已被人面蛇身的式负之名危的臣所消灭。《海内西经》："寰窳者，蛇身人面式负臣所杀也。"前人或在"蛇身人面"下点断，便成寰窳是人面蛇身，与"龙首"矛盾。其实这里"蛇身人面"是状式负，《海内北经》也说："式负神在其（鬼国）东，为物人面蛇身。"式负族来自北方，《海内北经》还说："贰负之尸在大行伯东。"大行即"太行"，大行伯应在太行山地区。此亦可见早在西周以前蜀与北方部族之间即有交往和争战。三星堆遗址正当寰窳族活动区域，其出土文物有一件被称为龙爬柱或龙护柱的青铜器，或许就是寰窳的图腾形象。

3. 在此区内有一处高地，上有一株神树，称为建木，是可以登天的地方。其似为龙泉山。

4. 都广之野，前人多认为即广都之野，也就是成都平原，从地望来看，大体近之。但据《海经》《荒经》所述，其地理及居民情况，范围应该扩大到周边山区。"都广"者，大广也。正如"都江"即大江。古南音读"大"为"都"，今吴音犹如此读。都广之野有后稷葬所，后稷之族必是此区主要部族之一。《大荒西经》说："帝俊生后稷。"在《山海经》中帝俊是好多部族之共祖，后稷播百谷，其侄叫叔均，始作牛耕，是"西周之国"之始祖。

5. 这里还有氐人国。《海内南经》说"氐人国在建木西"，又说后稷之葬"在氐国西"。那么氐人国应在建木与后稷葬所之间，大概也在"都广之野"中。如前所述，氐人国也就是《大荒西经》中的"互人之国""炎帝之孙名曰灵恝，灵恝生互人，是能上下于天"。说明氐族是炎帝之后裔。"上下于天"当是凭借建木，必离建木不远。

6. 在成都平原之西、青衣江之东，《海内经》说那里有一座肇山，也是一处传说中可登天的地方："有一人名曰柏高，上下于此，至于天。"揆其地望，考其地名，此山应即今之邛崃天台山。天台山东段雄踞岷江水系的火井河与金龙河之间，西段分别向北西和正南延伸，尤为高峻，乃主峰所在（海拔一千八百一十二米），是青衣江流域与成都平原岷江流域的分山岭。前已指出，肇山在《海外西经》称登葆山，是"群巫所从上下"。而天台山西段又称中保山或中宝山，显然，中保（宝）即登葆之异写，肇山即中保之快读。文中说的柏高，已经上了天了，是叙述已经发生过的事情。《海经》《荒经》中的人物，都是部族代表，没有游离于部族之外独来独往的"仙人"。柏高当也是代表一个部族，应即柏灌。高、灌同纽互转。柏灌是传说中的古蜀王，时代在蚕丛之后、鱼凫之前。在有的古籍中，柏灌又写作柏濩，是古篆形近致误。古籍中"灌"字误写作"濩"的不乏其例，《山海经》中即有数处。如《南山经》："有鸟焉，其状如鸠，其音若呵，名曰灌灌。"郭璞注："或作濩濩。"《西山经》："松果之山，濩水出焉，北流注于渭。"《水经注》引作灌水，王念孙、毕沅均校改作灌。故此蜀王名亦当以柏灌为是。

7．鱼妇族。根据《淮南子·地形训》，其活动地区也在"后稷垅"所在的都广之野，他们是在一次大洪水后迁来的。《大荒西经》所谓"天乃大水泉，蛇乃化为鱼，是为鱼妇"。此可与《海外内经》"自此山来，虫为蛇，蛇号为鱼"相印证，似乎是说此族本是由蛇图腾部族分化而来。所谓"有鱼偏枯，名曰鱼妇，颛顼死即复苏"，与《淮南子》"其人死复苏其半"可相印证。其意为大灾之后，从死亡中逃出来的一半人（"偏枯"并不是指某个人患了半身不遂，更不是指某条鱼）称为鱼妇族，是以他们原来所居之地得名。说"颛顼死即复苏"，表明此族出自颛顼。颛顼本是荆楚民族祖神，即屈原《离骚》"帝高阳之苗裔兮"中的高阳。《山海经》中崇蛇部族甚多，不一定就是巴人。但其原居地应在荆楚，实相邻近。《海外北经》说："务隅之山，帝颛顼葬于阳。"《海内东经》末所附之《水经》说："汉水出鲋鱼之山，帝颛顼葬于阳。"这应是颛顼之族初居之地，在汉水流域。鱼妇族应即传说中取代了柏灌的古蜀王鱼凫之族。鱼妇、鱼凫，还有写作鱼复、鱼涪的，都是记音，和其原居地"务隅""鲋鱼"，《大荒北经》中的"附禺"，是上下字颠倒，其实一也。

8．在这些方国西北，便是称为"海内昆仑之虚"的岷山。这里住着强大的羌系部族，蜀地的某些部族本也是从这里分支出去的，因而成为蜀地部落联盟的盟主（到秦汉时仍留居此处的被称为"冉""駹"）。加上此山的高大，是蜀地方国所共同崇拜的神山，便被认为是天帝的"下都"。《山经·西次三经》中"昆仑之丘"亦指此。

这样，我们可以大致了解到《海经》《荒经》时代的巴蜀情况，并可与古蜀史前传说相互印证，也可以根据其中某些线索略知其来龙去脉。前已说过，《海经》《荒经》资料来源甚早，成书时代也不晚于西周、春秋之际。《蜀王本纪》载："蜀王之先名蚕丛，后者名曰柏濩，又后者名鱼凫，此三代各数百岁，皆神化不死。"《海经》《荒经》的时代大概就在柏灌之后、鱼凫之初，还在杜宇、鳖灵以前。柏灌是古蜀王中传说资料最少的一代，几乎是个空白。柏灌如何被鱼凫取代，更无踪迹可寻。解读《山海经》却可以捕捉到一点线索。

按前所述，柏灌即《山海经》里的柏高，据说他是从肇山即邛崃天台山升天的。这与天台山传说颇相暗合。天台山民间传说称此山原是登天之台，上有天梯，远古时是人神交往之通道。后因下界出现一条大蟒，欲犯天庭，天帝遂下令砍断天梯。当时，滞留下界之神俱急急赶回。有一神醉卧惊起，拔腿就跑，慌忙中掉了一只靴子，倒插在山间，就是现在的"倒靴石"。此传说实有古老来源。远古各民族多有"绝地天通"的传说，《国语·楚语》说颛顼为免人神混杂，使重、黎二人"绝地天通"。现代少数民族中流传的类似传说还不少，如广西仡佬族神话说古时天地本相通，后因地上被污染得太臭了，玉帝下令把天升高，从此天地隔绝。天台山传说则是因为一条大蟒作乱，使天帝断绝了与下界的交通。大蟒者，蛇图腾部族也。鱼凫族正是蛇图腾部族，他们被洪水所迫迁来蜀地，夺取了柏灌族原有地盘。逃回天界的柏灌实是被鱼凫族所战败驱逐，退入邛崃山区。上了天即所谓"神化不死"，也许柏灌是从山里来，回山里去（他原来"上下于此"），也许兵败身亡了。还有一个窫窳国，在《海经》成书时，已被叫作式负的部族（及其支系危）所消灭，而式负来自北方，不属蜀地部落联盟，又被自称代表天帝、作为蜀地部落盟主的岷山（昆仑虚）部落所打败。《海内西经》讲了这么一段故事：窫窳被杀后，天帝把他送上昆仑虚，集合群巫之力，用不死药救他，同时处死了式负并囚禁了危。前已指出，三星堆遗址即是在窫窳活动范围内，时代亦相合。这是不是讲的三星堆的故事呢？在《海经》《荒经》以后的事情也可以从中推测出一些端倪：岷山羌系部族之一支在鱼凫之后曾经进入成都平原，便是杜宇之族。《蜀王本纪》："后有一男子，名曰杜宇，从天堕，止朱提。"从天堕，即指从作为"帝之下都"的岷山下来；朱提，过去一般释为云南昭通，远在千里之外，于理不合。其实朱提即"朱亭"。《水经注》说文井江"有朱亭，亭南有青城山"。在当时是一个有名的地方。蜀地古音，"堤"读如"亭"。司马相如《上林赋》："亭皋千里，靡不被筑。"扬雄《蜀都赋》："禹治其江，淳皋弥望。"此处亭皋、淳皋本是一词，若依字面解释，则完全成了两回事，而且都很勉强。其实，亭者，淳者，皆"堤"之音转。杜宇族来自岷山，从青城山、文井江一带发展壮大，成为蜀王。部落联盟的中心也随之转移，此族以杜鹃为图腾。在蜀的外围，"海外"还有不少鸟图腾部族，原属羌系分支，杜宇族当是其中之一。昆仑之虚的守护神为开明兽，从来久远，本与后来的"荆人"鳖灵无涉。《海经》成书之时，尚无杜宇，遑论鳖灵，而鳖灵号开明氏，想系入蜀后取代了杜宇，为了慑服蜀人，便假托自己是开明之族吧。

第二节 古代巴蜀的地图制作

《平江图》是南宋绍定二年（1229）郡守李寿明主持刻绘在石碑上的地图。该图以中国传统流行的平面与立体形象相结合的地图画法，描绘了城市的布局及各种建筑物，是我国现存的最完整的一幅古代城市规划图。图上表示的城郭、道路、河道、桥梁和重要建筑物以及城外山湖风光的布局等，与现在的苏州城对照，其位置是比较准确的。

北宋沈括编制了"二寸折百里"的《天下州县图》二十幅，是当时最好的全国地图。除此之外，他还在根治汴渠时进行过八百四十余里的水准测量，利用木屑、糨糊、熔蜡及木刻等制作地形立体模型，并在长期实践中发现了磁针偏角现象，是一个博学多才的科学家。

元代的地图成就，主要是扎马鲁丁的地球仪，及朱思本的《舆地图》。《舆地图》的绘制在当时形成朱思本地图体系。

扎马鲁丁是少数民族科学家，元至元四年（1267）撰万年历，在北京建立观象台，制造天文观测仪器七种。其中，他制造的"地球仪"是我国最早的地球仪作品。据《元史·西域仪象》记载，"其制以木为球，七分为水，其色绿；三分为土，其色白。画江河湖海、脉络贯于其中。画作小方井，以计幅员之广袤，道里之远近"，对中国地图学的发展做出了重要贡献。

朱思本是元代地图学家，曾于1311～1320年间完成长宽各七尺的全国《舆地图》二卷。他以"计里画方"之法绘制各地分图，然后汇编成全国地图，制图非常严谨，内容丰富翔实，是重要的制图作品。流传至明代，经罗洪先增补修编成《广舆图》，又以"画方易以编简"的道理，将大幅地图分绘成小幅，制成了我国最早的综合性地图集。

裴秀以后千余年间，由于不同历史时期的社会需要，地图被广泛应用于土地管理、外交活动和军事斗争等各个方面，尤其在唐、宋两代，官府的制图事业曾盛极一时，裴秀的"制图六体"得到了广泛应用与发展。

明代的郑和是我国著名的航海家，在1405～1433年的二十八年间七次下西洋，历经三十余个国家，最南到了爪哇，最西到了非洲东岸的蒙巴萨，并绘制了一卷《郑和航海图》。该图原名为《自宝船厂开船从龙江关出水直抵外国诸番图》，载于《武备志》。原图二十四页，序一页，地图二十页，《过洋牵星图》二页，空白一页。原图按自左而右展开绘制。地图上详细记录了开船时间、停泊地点、浅滩、礁石和五百余个地名，其中外域地名达三百余个。

《郑和航海图》的绘制没有采用传统的"计里画方"法，而是用形象的"对景图"。山形及具方位意义的地物，按其特征形象绘制。此图各处的比例虽不甚准确，方位也有差误，但不能忽视郑和是我国最早的航海图的制图学家和他在中国地图学史上的伟大贡献。

在国外，古代地图发展较显著时期是在埃及的尼罗河沿岸开始有了农业的时候。为了重新确定丈量被河水淹没的土地，于是产生了具有数学意义的用图形表示土地轮廓和数量的地图。到了希腊、罗马时代，由于手工业的发达，开始了海上贸易和战争，需要绘制大范围、高精度的地图，于是测量经纬度，研究地图投影，编制小比例尺的航海图和世界地图就成为必要。公元前3世纪古希腊埃拉托色尼（Eratosthenes，约前275～前194）著有《地理学》一书，内附世界地图，第一次计算了地球的曲率、周长，并把经纬线表示在地图上，图上的山脉是以"毛毛虫"的符号表示的。纪元后在地图史上著名的代表人物是希腊的托勒密，著有《地理学指南》八卷，除了论述地球形状、大小、经纬度的测定方法，还选定经过大西洋中的费罗岛的子午线为本初子午线，并一直沿用到1884年。这部《地理学指南》实际上是地图学理论、方法和资料的汇编。书中附有世界地图和分区图。托勒密是首先使用简单圆锥投影绘制世界地图的人，虽然他错误地否认希腊人关于陆地是被海洋包围着的岛屿状的观点，认为陆地面积大于海洋，但他的地图作品仍然具有划时代的意义。

从4世纪到13世纪一千年左右的时间里，西方受宗教的统治，神学代替了科学，处于历史上的黑暗时代。地图成果遭到摒弃，完全被宗教观所代替，地图蜕变为寰宇图，成为宗教的御用品，地球球形的概念代之以四边形或圆盘形。拜占庭人科斯马斯所著《基督教地形学》一书认为：世界是一个高平的矩形海岛，长为宽的二倍，并被矩形海洋包围；海洋深入陆地，形成罗马海、波斯湾、黑海和阿拉伯海；在海洋彼岸的东方有一个在洪水后面形成的极乐世界，从极乐世界流出四条神河——尼罗河、底格里斯河、幼发拉底河和恒河；在地球上衬有穹隆状透明的天空，可以看见下层天空、太阳、月亮和恒星等的运动；人们看到的天空星球的移动并非地球旋转，而是星球自身的运动而引起等。另外流传很广的是"T-O"地图，该地图把耶路撒冷绘于中心，尼罗河、多瑙河、地中海和顿河绘成T字形，分割成欧、亚、非三洲。

当欧洲还处在黑暗时代时，东方的阿拉伯人由于航海的需要汲取了希腊的地图知识，并结合天文学、数学、几何学方面的进展，促进了地图的发展。阿拉伯人的地图把世界绘制成圆形，外面为大海包围。比托勒密地图进步的是，阿拉伯人的地图已表现出亚洲最大，非洲较小。这阶段的著名作品是1154年埃锥西绘制的世界地图，该图绘制的亚洲较详细，地图的上方为南，与现在地图方向相反。[①]

我国的地图学起源甚早，《周礼》谓职方氏掌"天下之图，以掌天下之地"。表明有了地图，就有了管辖权。相传夏王朝铸造的九鼎，其上就绘有地图与风物。而九鼎是以一鼎表示一州，州以下的城池，也有地图的绘制。在《史记·蔺相如传》中，秦国许赵国以十五城易和氏璧，但当赵国的和氏璧运抵秦国后，秦国却不交出十五城的图籍。这既说明州以下有地图，又说明了有图才能掌权。1973年，长沙马王堆汉墓出土的三幅地图再次证明这一点。

不仅全国和地方要绘制地图，同样也要绘制国外的地图。《汉书·张骞传》称张骞从西域返国后，汉武帝刘彻曾查阅古图书。

一、四川古地图

在秦灭巴蜀以前，四川有无地图绘制已不可知，即便有，也只能以《禹贡》中的梁州充数。而秦灭巴蜀以后，按州以下有地图这一原则，四川就应有舆图，但见诸文献的四川地图始于汉末，史称张松献的四川地图，固是明证。而下到三国时期，不仅有用丹青绘制的四川地图，而且出现了刺绣的四川地图。《拾遗记》卷八载："吴主赵夫人，丞相达之妹，善画，巧妙无双，能于指间以彩丝织云霄龙蛇之锦，大则盈尺，小则方寸，宫中谓之'机绝'。孙权常叹魏、蜀末夷，军旅之隙，思得善画者使图山川地势军阵之像。达乃进其

[①] http://www.mdv.com.cn/res/seniorgeo/consult/book/011/index.htm.

妹，权使写九州方岳之势，夫人曰：'丹青之色，甚易歇灭，不可久宝，妾能刺绣，列国方帛之上，写以五岳、河海、城邑、行阵之形。'既成，乃进于吴主，时人谓之'针绝'。"从文中"写以五岳、河海、城邑、行阵之形"，表明马王堆出土的地形图、驻军图、城邑图三幅乃是整套，缺一则不全。故赵夫人所作的四川图也应是三幅。

二、唐代四川地图

唐朝时，四川位居与吐蕃、南诏交兵的前沿，为了赢得战争胜利，朝廷派李德裕任剑南西川节度使。李德裕到成都后，修建了一座"筹边楼"，在楼壁上绘制了与吐蕃、南诏争夺的沿边地图。《唐书·李德裕传》载："乃建筹边楼，按南道山川与蛮相出入者图之左，西道与吐蕃接者图之右。其部落众寡，馈运远迩，曲折咸具。乃召习边事者与之指画商订，凡虏之情伪尽知之……于是二边浸惧，南诏请还所俘掠四千人，吐蕃维州将悉怛谋以城降。维距成都四百里，因山为固，东北䜣索丛岭而下二百里，地无险，走长川不三千里，直吐蕃之牙。"

李德裕在筹边楼所绘南道与西道地图今已无存，据前引《拾遗记》与马王堆出土文物结合来看，他所绘的图应该是整套图，即地形图、驻军图、城邑图三种，本着这一原则可推测其图之概略。按《本传》说："清溪关前大路三条，小径无数。"这是指地形图而言的。又《唐书·地理志》说：黎州有"和孤、飞越、定蕃三镇兵"。这指的当是驻军图。而州所辖的台登，则是唐室与吐蕃、南诏争夺之处，因而必须对州、登台作出详细的图解，自应绘有城邑图。南道如此绘图，西道也应同样如此绘图，对维州、索丛岭、长川等地，也应绘出。

三、五代四川地图

李德裕在筹边楼所绘的地图，因战争需要，仅绘有川西及川南部分。至于川东方面的地图，据文献所记，五代时才出现。《旧五代史·明宗纪》载："房州奏新开四百里，南通夔州，图以献。"这张图虽是以湖北房州至四川夔州的路线为主，也不能不绘制沿线的一切情况，最小限度是一张地形图。按房州治所在今房山，辖有竹山、竹溪、保康等县，《四川通志》卷二十八说："大宁县萧家坡，在县东北二百三十里，四围背山，惟一径通湖北竹溪县界，以地系萧家之业故名。"《四川通志》又说:"红坪在大宁县东北一百八十里,与湖北房县接。"据此知房州通夔州的路线有两条,取竹溪则里程多而路途险,如直接从房县行进,则是捷径,唯两线均须在大宁合路。疑后唐明宗所修筑的房州夔州路,就是这两条路线或其一。

房州入川之路,无论哪一条都须通过神农架边缘。虽系边缘,但原始森林仍遍布沿途,在行进中极易迷路。故《蜀中名胜记》谓赵匡胤取蜀时,曾派一支人马,从襄阳取陆路,准备偷袭夔州,在途中就曾迷路。而襄阳往夔州,必经房州、大宁,其迷路的原因,无疑是走进了神农架的原始森林。其后张献忠起义,攻夔州、开县,也是从这条线或其支线入川的。追本溯源,房州入川之路,是五代以后才辟为通途的。

《春明梦余录》卷四十三说:"襄东夔北入汉,始略为金州,险阻平旷之交也。西安,商州与襄阳上津县,止隔金州鹘岭。"这一段话,令人不甚明了,疑有讹字,唯文中两次提到金州,道破了金州有路通四川。考《北梦琐言》称唐末棋手滑能欲从金州路入蜀赴成都,说明金州入蜀一线,在唐朝前就已存在。金州即今陕西安康县,从那里进川,只有取道紫阳、万源,即唐人所称的"大竹路"。有关大竹路的情形,《太平广记》卷三九七"大竹路"条引《玉堂闲话》说:"兴元(汉中)之南有大竹路,通于巴州。其路则深溪峭岩,扪萝摸石,一上三日而达于顶,行人止宿,则以分恒蔓系腰,萦树而寝,不然,则堕于深涧,若沉黄泉也。复登措大岭,盖有稍似平处,路人徐步而进,若儒者之步伐也。其绝顶谓之孤云两角,淮阴侯庙在焉。王仁裕尝佐褒梁帅王思同南伐巴人,旆返登陟,亦留题于淮阴庙。"

正因为作者王仁裕往来于此线,以致把米仓道所经的淮阴侯祠,误为大竹路也有淮阴祠,实际上,米仓道乃唐时的大巴路,而大竹路则是小巴路。

四、宋代四川地图学

宋代的地图学不仅吸取了魏晋时期裴秀的分率、准望、高下、道里、方邪、迂直及矩形网格等制图原则,而且还参照唐代贾耽以图一寸折百里之法,使地图学飞跃发展,是历史上的鼎盛期。《玉海》卷十四称宋真宗淳化四年(993),宫廷中用一百匹绢绘制了一幅《淳化天下图》,又诏翰林院遣画工分赴诸路,图山川形势,地理远近,纳枢密使。则这些全国图中,四川自应占一部分。

全国图乃是总图，因为总图取舍标准的不同，各地一些小的或较小的山川地理就不会收入总图。为了填补这一缺陷，当时各地又绘制了一些分图，如盛度的《河西陇右图》、李好文的《长安志图》以及现在保存于苏州的《平江府图》，这些区域城市地图的出现，对全国舆图省略了的地方都作了补充。

古今地名，往往随着时代的推移而称谓不同，甚而导致一些讹误，造成笑话。如唐王朝曾下令，叫湖南在芳州采杜若上贡，即其一例。所以下到宋代，就出现沿革地理的研究，以避免这种情况的发生。如程大昌《禹贡山川地理图》，及现保存于西安碑林的《禹迹图》《华夷图》都属于这一类型。

当时，四川并没有落后于其他各地，出现了苏东坡的《地理指掌图》。不过关于这部书，《梁溪漫志》却说是旁人所作，而托名苏轼，其卷六云："今世传地理指掌图，不知何人所作，其考究精详，诠次有法，上下数千百年一览而尽，非博学洽闻者不能为，自足以传远，何必托之东坡。"

考《玉海》卷十四载有税安礼《地理指掌图》，足证《梁溪漫志》的话十分可靠。然蜀人税氏，生平不详，其托名苏轼的原因也不可知晓。疑因税为东坡弟子或税作此书时，东坡曾予指导，所以此图才被误为东坡之作。

在宋代，四川对地图学这门学问的研究也蒸蒸日上，宋宣和三年（1121），四川荣县在石上刻了一幅《九域守令图》，石长宽各一米多，图中对山东半岛和海南岛的形状刻得极其相近，并对四川水系刻绘得相当详尽。《九域守令图》比例尺为1∶1800000左右，是以寸折百里地图。该图的特点是以行政等级作为居民地分级的标准，府、州、军为一级，监、县为二级，以不同大小字级来区分，总体反映的是政区情况，表示出京府4个、次府10个、州242个、军27个、监4个、县1118个，是已传世的地名最多、时间最早的全国政区地图。值得庆幸的是，此石刻现尚完好保存于当地，可与西安碑林的《华夷图》等相媲美。

第三节　蜀道难与蜀道的开发

一、古代蜀道

四川盆地四面高山环抱，历史上是有名的"四塞之国"，古代交通甚为困难，致使李白发出"蜀道之难，难于上青天"的感叹。这一封闭地形对作为农业文明的巴蜀文化必然带来较大影响。但正因为如此，又反过来激励巴蜀先民向外开拓、努力改善自身环境的决心和勇气。于是，环境与文化相交融，造就了巴蜀先民封闭中有开放、开放中有封闭的历史个性。随着时代的推移，开放和兼容终于成为巴蜀文化最大的特色。

巴蜀文化同中原和秦文化的沟通，最大的障碍是北方高山秦岭。但巴蜀先民以惊人的勇气创造了高超的栈道技术，打破了盆地地缘的封锁，克服了狭隘的封闭性。蜀王派遣五丁力士开道，迎接秦惠文王所送金牛和五个美女的神话故事，就是上古时代开山通道进行交流的生动体现。栈道是巴蜀人的一大发明。由于栈道的发明，终于使巴蜀变"四塞"为"栈道千里，无所不通"，从而突破了封闭而走向开放。

逢山必须开道，遇水必须造桥，古蜀先民为了突破封闭，在发明栈道的同时，又创造了笮桥。笮桥即绳桥，有多种类型，至今尚可见到的涉藏地区的溜索和编网的藤桥，岷山上的竹索桥，滇西北的编网箖桥，都江堰早期的珠浦桥以及攀枝花早期的铁索桥，都是巴蜀先民向外部世界开放的智慧体现。

远在三千多年前，巴蜀地区就开辟了几条从云南、贵州和两广分别通向沿海和缅甸、印度地区的通道。一些重要的考古发现，如广汉三星堆和成都金沙遗址等出土的海贝、象牙，茂县和重庆涂山出土的琉璃珠，都不是本地所产，而是来自印度洋北部地区和南海，这些都充分证明巴蜀先民与南方、世界的联系和交流。汉武帝时，张骞在大夏发现邛竹杖和蜀布的故事，说明从巴蜀到印度、中亚再到西亚，早就存在一条通道。这条通道，现代史学家沿用"丝绸之路"称呼的惯例称之为"南方丝绸之路"。

根据中、越历史文献资料，战国晚期，蜀王子安阳王率领兵将三万人沿着这条线路进入越南北部红河地区，建立了王国，越南历史上称之为"蜀朝"，对中国与东南亚的文化交流做出了贡献。

四川盆地虽为高山和高原所环抱，但山原之间的若干河谷却成为巴蜀得天独厚的对外交通走廊。

盆地的西部是岷江、雅砻江、大渡河和金沙江流域，它们穿行于横断山脉，其中可通行的河谷，成为古氐羌民族迁徙的南北走廊。盆地的东部有长江三峡作为出口。盆地北部既有剑门蜀道（金牛道）直通秦陇，又有嘉陵江河谷直通汉中。而盆地以东的清江流域又北与江汉平原相通，南与湘西山地相连。正是依据这样的地理特点，自古巴蜀先民就兼容了南、北、东、西文化，使四川盆地成为荟萃农耕、游牧文化的聚宝盆。

从先秦到魏晋南北朝时期，巴蜀文化主要与云南、贵州地区的南中文化、中原文化、长江中下游楚文化有着密切的往来交流和相互兼容。大量来源于南中地区的铜锡铅原料，为辉煌的三星堆青铜文明奠定了雄厚的物质基础，西南各民族密切的往来交融，为巴蜀古代文明中心的形成培育了深厚的文化温床。中原文化与巴蜀文化原本就是同一血脉，同源而异流，而巴蜀文化更多地接受了中原文化在礼制、风习、价值观和历史观等方面的影响。巴蜀与楚，江水上下，蜀风巴俗早与楚文化交流混融，"巴山楚水"成为历史上巴蜀文化与楚文化紧密联系的一个生动比喻和象征。

巴蜀文化具有很强的辐射能力，除与南中、中原、楚文化相互渗透影响之外，主要还表现在对滇中黔南文化的辐射，并远达东南亚大陆地区，在金属器、墓葬形式等方面对东南亚产生了深刻久远的影响。

汉唐以后，文化的交流更多地体现在人才的双向交流上。这一方面如明代学者杨慎所说"自古蜀之士大夫多卜居别乡"，一方面又如清代学者赵熙所说"从古诗人多入蜀"。这种双向交流不仅使巴蜀文化在保持其特色的基础上更多地推陈出新，而且使巴蜀文化在更多的方面走向全国，进一步推进了中华文化多元一体、水乳交融的历史步伐。

巴蜀文化兼容与辐射特色的形成，很大程度上与移民有关。从先秦时期起，巴蜀容纳了东西南北四方众多的移民。这种移民的特点，从历史记载看，主要是外地人单向移入四川，而很少有四川人大规模向外移出。秦汉时期向巴蜀的移民，主要是整合多元文化。蜀汉时期的移民特点是上层荆州士人集团的迁入，整合巴蜀文化，而下层少数民族流民的大量移入则使"户口于此而繁"，促进了民族融合和交流。唐宋移民主要是文化人入蜀流寓，还有客家人的迁入。清初至乾隆年间的"湖广填四川"则是垦荒和经商。历史上这几次大规模的移民活动，带来文化的大交流和大交融，形成"风俗舛杂"的文化特色，使巴蜀文化更加五光十色，灿烂夺目。

古代川北有三条蜀道：金牛道、阴平道和米仓道。最重要的金牛道就是剑门蜀道。三国蜀汉丞相诸葛亮在大剑山（剑门山）中段，依崖砌石为门，故名剑门关，并在大小剑山之间架筑飞梁阁道，剑阁也因此得名。剑门关峭壁如城墙，独路如门，一夫当关，万夫莫开，是历代兵家必争之地，也是古蜀道的咽喉。

从凤州到剑州的路段都是在悬崖绝壁上架成，而今已荡然无存。只是前些年在古剑门关的遗址上重新修建了一座城关，成为它身后千年古道的一个崭新标志。

数百里古蜀道上，峰峦叠嶂，峭壁摩云，雄奇险峻，壮丽多姿，构成了川陕交通的一大屏障。蜀道北起陕西汉中宁强县，南到四川成都，全长四百五十千米，入川经广元、剑阁、梓潼、绵阳、德阳等地。沿线地势险要，关隘众多，唐代李白有"蜀道难，难于上青天"的形容。

剑门是蜀道上最重要的关隘。这里山脉东西横亘百余千米，七十二峰绵延起伏，形若利剑，直插霄汉，素有"剑门天下雄"之说。进入关内长约五百米的幽深峡谷中，可见前人留下的"天下雄关""第一关""剑阁七十二峰"等碑刻。新建的剑门关楼，雄踞关口，气势恢宏。

翠云廊是从剑门关到剑阁县城古蜀道一段的美称。这里的古柏古称"皇柏""张飞柏"，曾有"三百余里官道，数千万株古柏"的壮观景象。现存古柏八千余株，主要分布在剑门关到剑阁县城一段，有的古柏穿插在川陕公路两侧，枝干参天，浓荫蔽日，繁茂苍翠，远远望去，蔚然如云，故而得名。现仍保留原来"驿道"的旧貌，古风盎然。历经千余年的雨雪风霜，更显雄浑苍凉，古道夕阳之中，令人横生"昔人已去，天地悠悠"的无尽感触。

二、古蜀道主要交通路线

（一）古蜀道北段（关中—汉中）

1. 嘉陵道

嘉陵道又名周道、故道、陈仓道，是联系关中与汉中进而通往巴蜀的最早古道之一。《通典》卷一七五说：从兴元府（汉中）去长安，驿路（即板道）一千二百二十三里。是由汉中去长安绕道最远但最平的一条路线。其途经方位如下：（北）宝鸡—大散关—黄牛铺—北星—红花铺—白石铺—双石铺—白水江—略阳——阳平关（南）。嘉陵道主要是利用嘉陵江穿过秦岭西缘，其北大散岭北面有渭河支流杜水（今名塔河）与之相对应。嘉陵道利用了这两条走向不同但又互相连接的河谷。在这两条河谷之间，即在大散岭上，有一重要关口——大散关，控制着这条交通枢纽。嘉陵道北段早期叫周道。西周早期，周人的政治、经济中心在周原一带，巴蜀与周的联系多利用此道。由周而秦，统治中心逐渐东移，褒斜道日益重要起来。汉代嘉陵道上修有栈道。

2. 褒斜道

沟通关中与巴蜀的主要交通路线之一，又名斜谷道，或写成褒余道、余谷道、石门道。长约二百三十五千米，途经方位如下：（南）汉中褒城褒谷—武兴驿—悬泉驿—江口镇—咀头镇—眉县斜谷。

关中、巴蜀之间横亘着巍巍秦岭山脉，褒斜道主要利用褒水、斜水这两条南北水源相对应的自然河道河床为道。褒水位于秦岭南坡，属汉江水系；斜水位于秦岭北坡，属渭河水系，二河以古衙岭山为分水岭，把褒水、斜水连接起来，绕开了秦岭主峰太白山（汉称太山，位于今眉县南方，海拔三千七百六十七米），上游唯阻隔一道南北纵横的凹形山梁，不甚高，易于翻越。

关于褒斜道的始筑时间，尚有歧义。应当经历了民间踏踩成路、民间维修、政府维修、拓宽的过程。

3. 子午道

沟通汉中与关中的山道之一，在地理条件上主要是利用了洵水、子午河谷为道。《舆地纪胜》卷一八三说：子午道全长一千零四十里。途经方位如下：（北）子午镇—（沿洵河）—（沿池河道而南）—池河—石泉—饶风—洋县—南郑（南）。

4. 傥骆道

沟通关中与汉中，进而通往巴蜀的大道之一。其道路所经如下：（北）咸阳—兴平—周至—骆谷—厚畛子—佛坪—青隆岭—华阳—洋县—城固—南郑（南）。傥骆道也是利用了傥、骆二条互相对应的河谷为道。

（二）古蜀道南段

1. 剑阁道（金牛道、石牛道）

由汉中入蜀的最大交通动脉。从南郑取金牛道、石牛道至沔阳—神宣驿—血水关—葭萌。从故道或从刚氏道也可至葭萌。至葭萌后，沿嘉陵江至阆中—南部—盐亭—三台可至绵阳。从汉阳场—剑阁—梓潼也可至绵阳，然后经广汉至成都。

2. 米仓道

沟通汉中与川东北一条较近的山道。该道在米仓山两坡，分别选择巴江与汉江支流的两条河谷为道。途经方位如下：南郑—（沿濂江谷而南）—南江—沙河子—马掌铺—巴中。

当时巴土物资外出，主要取长江水路。在政治方面的联系，主要是通过成都、雒等城邑受朝廷的统辖。此道地形险恶，限制了其发展。《魏书·贺若敦传》说：米仓道山路艰难，人迹罕至，敦身先士卒，攀木缘崖云云。《玉堂闲说》称：米仓道路深谷峭岩，扪萝摸石，行人止宿，则缏缠蔓系腰，萦树而寝，不然，则坠于深涧；又说此道危峰峻壑，猿径鸟道，路眠野宿，杜绝人烟，鸷鸟成群，食啖行旅。

3. 阴平道（左担道）

沟通古代陇、蜀的要道，系古代由四川盆地北出，唯一与秦岭无关的道路。途径如下：由武都和甸氏道皆可至阴平道。沿白龙江至碧口后有两条路：一条为景谷道，青川河谷—刚氏道（平武）—江油（南坝）；另一条为碧口—青川摩天岭（青岩关）—汉德阳亭—马阁山—江油南坝。

历史上，由陇入蜀多取阴平道。据《邓艾传》，阴平道从文县至南坝一段有"七百余里"（今四百余里）。阴平道比较险要，但又有正路和间道之分，正路相对好走一些，间道更险。

4. 嘉陵江水道

沟通古代川东与川北、古代巴郡内部联系的主要水上交通干线之一。嘉陵江古名西汉水、汉水。途径如下：杜水—葭萌—阆中—安汉（今南充市）—垫江—江州。

嘉陵江在垫江（今合川）接纳了涪水、潜水（今渠江）。从垫江至江州一段，又称涪水。

嘉陵江上游与杜水相对应，二河以大散关为分水岭。杜水是渭河的支流，秦汉时亦可通航。货物从嘉陵江上游上溯，取陆道越过大散关，便可转入杜水，继续水运。

第四节 不同时期的蜀道

在远古尧舜时，道路曾被称作"康衢"。西周时期，人们曾把可通行三辆马车的地方称作"路"，可通行两辆马车的地方称作"道"，可通行一辆马车的地方称作"途"。"畛"是老牛车行的路，"径"是仅能走牛马的乡间小道。秦始皇统一中国后，"车同轨"，兴路政，最宽敞的道路称为驰道，即天子驰车之道。唐朝时筑路五万里，称为驿道。后来，元朝将路称作"大道"，清朝称作"大路""小路"等。清朝末年,我国建成第一条可通行汽车的路,称作"汽车路",又称"公路",由此一直沿用至今。至于"马路",则是外来语。巷、坊、弄、胡同等,被认为是从唐朝沿用下来的旧称,系指大道以外的路。我们这里所说的道路,通常是指地面上供人或车马经常行走的那一部分。

一、先秦时期的蜀道

路是人走出来的。可以说自从人类诞生后,就开始了路的历史。早在大约五十万年至一百七十万年前,在亚洲东部古老的土地上,先后有了元谋人、蓝田人和北京人等原始人群生活。我们的祖先在极端恶劣的自然环境和十分低下的生产力条件下,为了生存和繁衍,在中华大地上开辟了最早的道路。

历史发展到原始社会传说中的黄帝、炎帝和尧、舜、禹担当部落首领的时候,各地的交通有了明显的进步。在公元前两千多年前,我国就已经有了可以行驶牛车和马车的古老道路。据《古史考》记载:"黄帝作车,任重致远。少昊时略加牛,禹时奚仲驾马。"《尚书·舜典》讲了这样一个故事:尧年纪大了,经过反复考验选择了舜为自己的接班人,并将帝位传让给了他。舜登位后办的第一件大事就是"辟四门,达四聪""明通四方耳目",二月巡泰山,五月去衡山,八月访华山,十一月到恒山。可见舜帝对发展交通、开辟道路是非常重视的。夏禹的事业,也是从"随山刊木,奠高山大川"(《尚书·禹贡》)入手的。他"陆行乘车,水行乘船,泥行乘橇,山行乘檋"(《史记·夏本纪》),足迹几乎遍及黄河、长江两大流域。商朝重视道路交通,古代文献中已经有商人修筑护养道路的记载。商汤的祖先"服牛乘马",远距离经商,揭开了以畜力为交通运输动力的历史。经过夏商两朝长期的开拓,到公元前1066年至公元前771年的西周时期,可以说我国的道路已经粗具规模。

周武王姬发灭商后,除都城镐京(今西安附近)外,还根据周公姬旦的建议,修建了东都洛邑(今洛阳),以便于控制东方新得到的大片疆土,对付殷商残余势力。为了有效发挥两京的政治、经济、文化中心的作用,在它们之间修建了一条宽阔平坦的大道,号称"周道",并以洛邑为中心,向东、向北、向南、向东南又修建成等级不同的、呈辐射状的道路。周道是西周王室的生命线,也是国家交通的中轴线。《诗经·大东》载:"周道如砥,其直如矢;君子所履,小人所视;眷言顾之,潸焉出涕!"意思是说在这条宽广平坦、笔直如矢的大路上，老百姓看到王公贵族掠走了他们辛勤劳动的成果，不能不伤心落泪。《诗经·大东》又载："维北有斗，西柄之揭。"是说天空北面有北斗，周道像一把朝西的勺柄，连接了七星。在我国古代交通发展史上，修建周道的重大意义是不可低估的。不仅周、秦、汉、唐的政治经济文化重心都在这条轴线上，而且在以后的宋、元、明、清时期，这条交通线也仍然是横贯东西的大动脉。周道在我国经济文化发展的历史上起了奠基性的作用。

东周时期，社会生产力空前发展，农业、手工业与商业都兴盛起来。春秋时期大国争霸，战国七雄对峙，大规模的经济文化交流、军事外交活动和人员物资聚散，都极大地推进了道路的建设。除周道继续发挥其中轴线的重要作用外，在其两侧还进一步完善了纵横交错的陆路干线和支线，再加上水运的发展，把黄河上下、淮河两岸和江汉流域有效地连接起来。这个时期修建的主要道路工程有许多，秦国修筑的著名的褒斜栈道就是其中重要的一条。秦惠王时，为了克服秦岭的阻隔，打通陕西到四川的道路，开始修筑褒斜栈道。这条栈道起自秦岭北麓眉县西南十五千米的斜水谷，到达秦岭南麓褒城县北五千米的褒水河谷，故称褒斜道。这条全长二百多千米的栈道是在峭岩陡壁上凿孔架木，并在其上铺板而成的。除了褒斜道外，以后几百年间还陆续开凿了金牛道、子午道和傥骆道等栈道。这些工程极其艰巨，人们首先是采用古老原始的"火焚水激"的方法开山破石，然后在崖壁上凿成三十厘米见方、五十厘米深的孔洞，分上、中、下三排，均插入木桩。接着在上排木桩上搭遮雨棚，中排木桩上铺板成路，下排木桩上支木为架。这样，我们远望栈道好像空中楼阁一般，煞是壮观。迄今，陕西太白县境内尚有多处清晰可辨的栈道遗迹。《史记·货殖列传》记载，"关中南则巴蜀，栈道千里，无所不通，唯褒斜道绾毂其口"，战略上为"蜀之咽喉"，历来为兵家必争之地。如公元前206年，著名的"明修栈道，暗度陈仓"的故事即发生于此。除了秦国的栈道外，其他主要的道路工程还有：楚国经营的从郢都通往新郑的重要通道，晋国打通的穿越太行山的东西孔道，齐鲁两国建设的四通八达的黄淮交通网络，燕国开辟的直达黄河下游和通往塞外的交通线等。至此，穿大袖宽袍的中原人、善射箭骑马的戎狄人、居云梦江汉的荆楚人、披长发嬉水的吴越人、喜椎髻歌舞的巴蜀人就连成一体了，为中华民族的进一步统一打下了基础。

二、秦汉时期的蜀道

中国全国陆上交通网的形成始于秦朝。早在秦国出兵扫灭六国的同时，秦王就着手平毁各地私筑的高墙壁垒，拆除妨碍交通运输的关卡。秦始皇统一中国后，实现了"车同轨"。全国车辆使用同一宽度的轨距，就意味着车上的主要零部件都有了统一标准，更换迅速方便。这种标准化的要求和方法是很先进的，它适应了秦朝全国土木工程和战争等方面长途运输的需要，对道路修建方面提出了更高的要求，具有巨大的经济价值和社会效益。

根据"车同轨"的要求，秦朝在把过去错杂的交通路线加以整修和连接的基础上，又耗费了难以数计的人力和物力，修筑了以驰道为主的全国交通干线。这项费时十年的工程，规模十分浩大，它以京师咸阳为中心，向四方辐射，将全国各郡和重要城市全部联通起来。

秦朝驰道有统一的质量标准：路面幅宽为五十步，约合七十米；路基要高出两侧地面，以利排水，并要用铁锤把路面夯实；每隔三丈种一株青松，为行道树；除路中央三丈为皇帝专用外，两边还开辟了人行旁道；每隔十里建一亭，作为区段的治安管理所、行人招呼站和邮传交接处。我们还是以北通九原的北方直道的国防工程为例，看看秦朝驰道的实际状况。据史书记载，公元前212年到公元前210年，秦始皇下令修筑一条长约一千四百千米的直道，命蒙恬、扶苏率二十万大军在驻守边关的同时修直道。这条大道沿途经过陕甘等省，穿过十四个县，直至九原郡（今内蒙古自治区包头市），仅仅用了两年半的时间就修建完毕。建成后的直道宽度一般都在六十米左右，可并排行驶十辆至十二辆大卡车。最宽处甚至可以当作现代化中型飞机起飞降落的跑道。其沿途各支线星罗棋布，每条支线都有容纳并排行驶两辆卡车到四辆卡车的宽度。这条直道正式使用以后，秦始皇的骑兵从他的军事指挥中心——云阳林光宫（今陕西淳化县梁武帝村）出发，三天三夜即可驰抵阴山脚下，出击匈奴。据考古发现，至今，内蒙古东胜县境内仍有九十里长的直道遗迹明显可见。汉朝时期，在秦原有道路上继续扩建延伸，构成了以京城为中心向四面辐射的交通网，如自西汉京城长安而东，出函谷关（今河南灵宝东北），经洛阳至定陶，以达临淄，为东路干线；自长安而北，直达九原郡（包头市），为北路干线；自长安向西，抵达陇西郡（今甘肃临洮），为西北干线。自公元前2世纪开通河西、西域后，这条干线可经由河西走廊延长到西域诸国。这就是闻名中外的"丝绸之路"。自蒲津（今山西永济西）渡黄河，经平阳（今临汾西北）、晋阳（今太原市南），以通平城（今大同市东），为河东干线。自长安向西南经汉中，以达成都，并远至云南，为西南干线。自长安向东南出武关，经南阳，以达江陵，并继续南进，为南路干线。此外，还有一些支线和水运干线通向全国。

三、著名的丝绸之路

丝绸的发明地在巴蜀，丝绸的盛产地也在巴蜀。著名的丝绸之路当然与巴蜀有密切关系。特别是"南方丝绸之路"，南方丝绸之路主要有两条线路：一条为西道，即"旄牛道"。从成都出发，经临邛（邛州）、青衣（名山）、严道（荥经）、旄牛（汉源）、阑县（越西）、邛都（西昌）、叶榆（大理）到永昌（保山），再到密支那或八莫，进入缅甸和东南亚。这条路最远可达"滇越"乘象国，可能到了印度和孟加拉地区。另一条是东道，称为"五尺道"。从成都出发，到僰道（宜宾市）、南广（高县）、朱提（昭通）、味县（曲靖）、谷昌（昆明），以后一途入越南，一途经大理与旄牛道重合。

在公元前2世纪至十三四世纪期间，丝绸之路是一条横贯亚洲的陆路交通干线，是中国同印度、古希腊、罗马以及埃及等国进行经济和文化交流的重要通道。

历史上有不少国家把中国称作"丝国"。在欧洲曾发现公元前5世纪以前的丝绸，表明那时中国的丝绸已进入欧洲。古代埃及和罗马都把中国的丝绸看作"光辉夺目，人巧几竭"的珍品。史书记载，罗马著名的恺撒大帝曾经穿过一件中国丝袍到剧场看戏，艳丽奢华，引起全场轰动。公元前后，由于丝绸的大量输入罗马，曾引起罗马货币的大量外流。

古代中国的丝绸主要是通过汉朝时开辟的"丝绸之路"运往西方的。在我国的汉朝和唐朝时期，东部山东和东南沿海江浙一带的大批质量上乘的丝绸从水路或陆路集中到长安城，有相当一部分通过陆路转运到西方去。由于在这条陆路上，丝绸的贸易占了很大比重，因此把它称为"丝绸之路"。

以后又开辟了经海洋通往西方的航线——"海上丝绸之路"，所以把这条陆路又称为"陆上丝绸之路"。一般认为，陆上丝绸之路最初东以中国长安（今西安）为起点，沿渭水西行，过了黄土高原，通过河西走廊到达敦煌。由敦煌西行则分成南北两条道路：南路出阳关，沿今塔里木盆地南沿、昆仑山北麓，经古楼兰（今新疆若羌一带）、且末、民丰、于阗（今新疆和田）、墨玉、皮山、叶城、莎车，到达喀什。北路出玉门关，沿今塔里木盆地北沿、天山南麓，经过吐鲁番、库尔勒、库车、拜城、阿克苏、巴楚到达喀什。南北两路在喀什会合后，继续往西，登上帕米尔高原，这是最难走的一段路。然后经过阿富汗、伊朗和中亚诸国，再过地中海，最后到达丝绸之路的终点：古罗马的首都罗马城和威尼斯。后来，又开辟了一条北新道，从敦煌经哈密，沿着天山以北的准噶尔盆地前进，渡伊犁河西行到古罗马帝国。

在古代交通工具简陋的条件下，中外商人和使者们行走在这条丝绸之路上，旅程是十分艰难的。一千七百年前东晋高僧法显去印度取经曾路过新疆罗布泊附近的险峻山丘雅丹地带，差一点送了性命。他以极为恐怖的笔调描写在这里的经历："沙河中多有恶鬼热风，遇则皆死，无一全者。上无飞鸟，下无走兽，遍望极目，欲求渡处，则莫知所以，唯以死人枯骨为标识耳。"唐代大诗人李白也描写了丝绸之路上的恶劣天气："五月天山雪，无花只有寒。"在这样极端艰难的条件下，我国古代的先驱者开拓了这条具有世界意义的通道。

在这条长达七千多千米的丝绸之路的开辟史中，有两位做出卓越贡献的杰出人物——张骞和班超。张骞是西汉武帝时人，他在公元前138年和公元前119年两次出使西域。当时的西域，是指现在甘肃玉门关以西包括新疆、中亚直到欧洲的广大地区。张骞第一次出使西域时，汉武帝命他联络西域的大月氏（在中亚地区和阿富汗一带），共同抵御北方的匈奴，从而打通中原往来西域的通路。他和部下一百多人刚出玉门关就被匈奴人捉住。匈奴人把他们扣留了十多年，最后只剩下一个匈奴族人堂邑父跟着张骞。两人凭着机智，在一天夜里偷偷离开匈奴军营，历尽千辛万苦，好不容易才逃出匈奴控制的地界。他们在西域辗转了一年多才回到长安（今西安），向汉武帝报告了西域各国的情况。几年以后，汉武帝第二次派张骞出使西域。这一次，张骞到了乌孙（今新疆伊宁南），和乌孙王结成很好的朋友。他还派同去的三百使者分别到大宛、康居（分别为中亚古国和古西域国）、大月氏、大夏（今阿富汗北部）、安息（今伊朗高原和两河流域）、身毒（今印度、巴基斯坦）和于阗（今新疆和田）。张骞和他的部下在西域各国受到了热烈欢迎。张骞回国时，乌孙王特送汉武帝良马数十匹。张骞出使西域后，西域和汉朝的来往越来越频繁，丝绸之路上每年都有大批使者来往，多则数百人，少则百余人，民间商队更是络绎不绝。至此，世界几大文明发祥地联结起来，古罗马、古埃及、古阿拉伯、古印度等，都和古代中国有了密切交往。张骞两次出使西域后不久，汉朝中央政府就在今新疆地区设置了军政机构，任命了西域都护，实行有效的政治治理和经济开发。新疆从此成为我国的神圣疆土，成为我国与西方世界通商联系的重要门户。

班超是东汉时人，他是一位非常果断、十分勇敢的武将。东汉明帝时，他被任命为行军司马。公元73年，班超带三十六人出使西域。那时，匈奴的势力又强大起来。龟兹（今新疆库车）国王倒向了匈奴，反对汉朝，并仗势欺负邻国疏勒（今新疆喀什），派人把疏勒国王杀死，而另立龟兹人兜题做疏勒王。班超在离疏勒城九十里的地方住下来，然后派部下到疏勒，趁兜题不备，突然闯上前把他捆绑起来。这一行动把兜题的手下都吓呆了，惊惶逃走。班超到疏勒以后，立即召集疏勒文武大臣说明来意，当众宣布仍立疏勒王室旧人为王，受到了疏勒人的拥护。班超还放了兜题。班超的这些正义行动，使他在西域的威望越来越高。后来汉朝政府要把他调回时，许多人都不肯放他走，甚至抱住马腿跪着挽留他。

"陆上丝绸之路"这条国际通道的开辟，有着极为深远的意义。它经过中亚、西亚，可与东南欧及北非的交通线相衔接，构成世界性的东西大商道。不仅在两汉时期，而且在其后的唐、宋、元、明时期始终发挥着重要作用，成为古代东西方文明联系的主要纽带。

"丝绸之路"这个名称是1877年德国地理学家李希霍芬（F.von Richthofen）提出的，用以指称中国丝绸西运罗马的交通道路，并用以泛称中西交通。长期以来，"丝绸之路"一直被认为是由长安出发，西经河西走廊，出西域，至中亚，然后进抵罗马帝国的唯一的中西交流道路。后来，中外学术界和联合国教科文组织又确认"丝绸之路"还包括长城以北的"草原丝绸之路"和由东海至南海经印度洋航行至红海的"海上丝绸之路"。这样，"丝绸之路"的外延大大扩展了。

"南方丝绸之路"的提出，是基于以巴蜀文化为重心，分布于云南至缅甸、印度的地区内，近年出土了大量相同文化因素，不仅有巴蜀文化因素，而且有印度乃至西亚的大量文化因素，其时代明显早于经中国西北出西域的丝绸之路。由于丝绸之路作为古代中西文化交流的代称已为中外学者所普遍接受，因此便称这条由巴蜀为起点，经云南出缅甸、印度、巴基斯坦至中、西亚的中西交通古道为"南方丝绸之路"。

三星堆遗址发掘后，学者们注意到其中明显的印度地区和西亚文明的文化因素集结，于是提出"南方丝绸之路"早在商代既已初步开通的新看法。段渝认为其年代可上溯到公元前15、14世纪（早于季羡林所提中印交通起于公元前4世纪、向达所提公元前5世纪、丁山所提公元前6世纪、日本藤田丰八所提公元前11世纪）。"南方丝绸之路"研究目前在学术界有多方面的共识，认为这是一条以商贸为主的多功能道路，国内的起点是成都，开辟年代在先秦。

四、唐代以后的蜀道

唐代是我国古代道路发展的极盛时期。当时，京城长安不仅有水路运河与东部地区相通，而且是国内与国际的陆路交通的枢纽，已经成为世界上最大的都市之一。唐代时长安城墙的规模是空前的。它周长三十六点七千米，南北长八千六百五十一米，东西宽九千七百二十一米，近似一个正方形。面积相当于今天西安城的十倍。城内有十一条南北大街、十四条东西大街，把全城划分为一百多个整齐的坊市。皇城中间的南北大街称为承天门大街，宽四百四十一米，视野开阔。连接十二座城门的有六条大街，其中朱雀大街是盛唐时期长安城一条贯穿南北的重要大街。它处于中轴线上，宽一百四十七米，把长安城划为东西两部分。街西管区叫长安县，街东管区叫万年县。各条大街车水马龙，熙熙攘攘，非常热闹。街道两侧多植树，加上错落其间的清池溪水、众多的园林、盛开的牡丹，使整个城市非常整齐美观。出了长安城，向东、向南、向西、向北，构成四通八达的陆路交通网。不仅通向全国各地，而且中外交通往来也比较频繁。此外，像洛阳、扬州、泉州和广州等城市，随着政治、经济和文化的发展，也相继成为国内外交通的重要中心。

到了宋和辽金时期，我国的道路建设进入一个新的发展阶段，特别是在城市道路建设与交通管理方面，与隋唐时代有着明显的区别。这一时期的城市建设，实现了街和市的有机结合。城内大道两旁，第一次成为百业汇聚之区。城里居民走出了周、秦、汉、唐那种以封闭分隔为特征的坊里高墙，投入空前活跃的城市生活；酒楼茶肆、勾栏瓦舍日夜经营，艺人商贩填街塞巷。北宋的都城汴京（今开封）经过改建，已成为人口超过百万的大都会，城中店铺达六千四百多家。汴京中心街道称作御街，宽两百步，路两边是御廊。北宋政府改变了周、秦、汉、唐时期居民不得向大街开门、不得在指定的市坊以外从事买卖活动的旧规矩，允许市民在御廊开店设铺和沿街做买卖。为活跃经济文化生活，还放宽了宵禁，城门关得很晚、开得很早。御街上每隔二三百步设一个军巡铺,铺中的防隅巡警,白天疏导人流车流,维持交通秩序;夜间警卫官府商宅、防盗、防火、防止意外事故。这恐怕是历史上最早的巡警了。唐代已有公共交通车,当时称为油壁车。到了南宋,京城临安(今杭州)这种油壁车有了新的改进。车身很长,上有车厢,厢壁有窗,窗有挂帘,装饰华美。车厢内铺有绸缎褥垫,很是讲究,可供六人乘坐观光。这是最早的公交车,临安在世界上也算是出现公交车最早的城市了。

元、明时期建成了以北京为中心的稠密的驿路交通网。驿路干线辐射到我国的四面八方。特别是元代,综合拓展了汉唐以来的大陆交通网,进一步覆盖了亚洲大陆的广阔地区,包括阿拉伯半岛。蒙古族各部在成吉思汗等统率下东征西略,兵锋所至,驿站随置,道路贯通,运输不绝。蒙古军军事势力的极盛时期,道路直通东欧多瑙河畔,南下攻灭金政权和南宋政权后,把南中国的大片疆土也纳入自己的版图。同汉唐时期的丝绸之路比较起来,元明时期道路规模更大,效率更高,发挥着更为直接的重要作用。

清朝是中国最后一个封建王朝,奠定了近代中国的基本疆域。虽然,就交通工具、交通设施、交通动力、交通管理来说,比起以前的朝代,除了量的变化外没有什么质的突破,但是经过清朝政府的多次整顿,全国道路布局比以往任何时候都更加合理而有效。清朝时把驿路分为三等:一是官马大路,由北京向各方辐射,主要通往各省城;二是大路,自省城通往地方重要城市;三是小路,自大路或各地重要城市通往各市镇的支线。官马大路是国家级官道,在京城东华门外设皇华驿,作为全国交通的总枢纽,管理北路、西路、南路、东路等官马大路干线系统。官马北路系统最重要的是通往大东北的干线,即从北京经山海关、盛京(今沈阳)分别延伸到雅克萨、庙屯(在黑龙江入海口)的官路和通往朝鲜半岛的国际通道。属于官马北路系统的还有分别到呼伦、恰克图的干线以及塞上的横向大通道。这些道路在清代开发北疆、捍卫北疆的斗争中发挥过重要的战略作用。官马西路系统包括兰州官路与四川官路的两大干线,前者从北京经保定、太原、西安、兰州,分别到青海、西藏和新疆,并通往中亚、西亚诸国;后者则是通往大西南的干线,从西安通往云南、贵州、四川,并向西延伸到西藏拉萨。在大清帝国创建和巩固的过程中,这个覆盖我国整个西部地区的官马西路系统起过十分重要的作用。官马南路系统,包括云南官路、桂林官路和广东官路三条干线。前两条干线均从太原南下过黄河到洛阳,然后分道到昆明或桂林,并延伸到印度支那半岛;第三条干线即广东官路的主干道，则是从北京出发经济南、徐州、合肥、南昌、赣州、韶关，直达广州。这是元明以来北京到广州纵贯中国南北的主要官道，历来当作"使节路"，而终点广州又曾是清代对外通商的唯一口岸，所以清政府对这条干线特别重视。官马东路的唯一干线就是福建官路，沿途经过天津、济南、徐州、南京、苏州、上海、杭州、福州等重要城市。它是清政府经济上赖以生存的重要通道。此外，还有横贯东西的长江官路等。清政府正是通过这些道路，实现了对全国各省各市各县各乡镇乃至自然村落的政治控制与经济榨取。全国各地各民族人民为了生存和发展，也通过这个庞大的交通网络，实现了经济、文化等各方面的交流。

我国古代的道路，都是砂石或泥土路，还没有用沥青或水泥铺成的道路。直至19世纪末期，我国才出现了铁路和公路。1876年，英帝国主义欺骗清政府，擅自修筑了吴淞到上海的铁路。这是在我国领土上的第一条铁路。而1881年建成的唐山到胥各庄的铁路，则是我国出资修建并延存下来的第一条铁路。我国最初的公路，是1908年苏元春驻守广西南部边防时兴建的龙州到那堪的公路，可惜没有全部完工。1913年，湖南兴建了长约五十千米的长沙到湘潭的公路。随着近代交通工具火车、轮船、汽车的相继兴起，铁路、公路、航线的不断开辟，我国古代的驿路交通系统终于完成历史使命，逐渐趋于瓦解和废弃。

第五章 巴蜀的农业科技成就

中国古代的科学技术成就，最突出的体现在农（农业）、医（中医）、天（天文）、算（数学）四个方面，巴蜀古代的科学技术成就是中国古代科学技术成就的一个缩影，最突出的也是体现在这四个方面，而农业的科学技术成就是第一位。"民以食为天"，人类要生存，首先要解决吃饭的问题。中医、天文、数学的发展都与农业科学技术发展的需要息息相关。天文学家落下闳创制的《太初历》，将二十四节气纳入历法。二十四节气系统是一项综合的科学技术成就，是天文观测、历法制定、农业生产、气象变化、数学推演的结合，主要包括农业科学技术的成就，以致中国历法一直俗称"农历"。

巴蜀农业历史悠久，进入农业文明时代已有数千年历史，大约在春秋时期，蜀王杜宇就已经在这里"教民务农"①。《华阳国志》记载：战国时期，蜀国"山林泽鱼，园囿瓜果，四代节熟，靡不有焉"，巴国"土植五谷，牲具六畜"，并出产鱼盐和茶蜜。当时巴国和蜀国的调味品已有卤水、岩盐、川椒、"阳朴之姜"。②1981年，凉山州西昌县礼州区发掘的新石器时期的炭化谷粒和对广汉三星堆遗址的研究，巴蜀水稻栽培历史可追溯到三千年至五千年前③。巴蜀地区早在先秦时期就已经是"有粳有稻"④。

"桑麻为衣，稻麦为食，二者兼备，丰衣足食，国泰民安。"⑤巴蜀的成都平原自秦汉以来就被称为"天府之国"⑥，因秦太守李冰在成都建成了举世闻名、万代受益的都江堰，使成都"水旱从人，不知饥馑"。秦汉以来，蜀郡

---

① （晋）常璩：《华阳国志·蜀志》。
② 段渝：《四川通史》第一册，四川大学出版社1993年版，第215页。
③ 黄培根：《四川省志·农业志》，四川辞书出版社1996年版，第110页。
④ （汉）扬雄：《益州牧箴》，《全蜀艺文志》卷四四上。转自李敬洵：《四川通史》卷三，四川人民出版社2010年版，第292页。
⑤ （五代）孟昶：《劝农诏》，《十国春秋》卷四九。
⑥ （晋）陈寿：《三国志·蜀书五·诸葛亮传》："益州险塞，沃野千里，天府之土，高祖因之以成帝业。"都江堰建成后，使三千五百平方千米的成都平原水旱无虞。《华阳国志》载：都江堰"灌溉三郡，开稻田，于是蜀沃野千里，号为'陆海'。旱则引水浸润；雨则杜塞水门。故记曰：'水旱从人，不知饥馑，时无荒年，天下谓之天府也。'"

的文化中心是在处于岷江流域的成都,而巴郡的文化中心是在处于嘉陵江流域的阆中。在汉武帝时代,阆中出现落下闳这样杰出的天文学家并不是偶然的。成都平原是全国农业最发达的地区之一,是全国著名的稻米生产基地,每年都有大批稻米运销外地,南宋时期更是川陕驻军粮饷供应之地。①

玉米,原产墨西哥,15世纪末由葡萄牙人传至爪哇,经印度、缅甸传至中国西南地区。红薯,原产于中美洲墨西哥与委内瑞拉之间的地区,明万历年间(16世纪末)传入中国。土豆,原产于南美洲秘鲁和玻利维亚交界处的高原盆地,18世纪传入中国。明清时期"湖广填四川",红薯、玉米、土豆的引入,全面缓解了全川人口食用、畜禽饲养用粮压力;同一时期,甘蔗、烟草、苎麻等农作物的引入,丰富了农业生产内容,促进了巴蜀农业的大发展。②

巴蜀农业的地理格局并不完全是从远古的巴蜀居民那里一脉相承发展而来的,主要是由明清时期特别是近代以来湖广及东南移民、官宦与宋末残存土著居民共同重新构造的,他们使近代巴蜀农业文化更深地带上了南方风格。③

民国前期,巴蜀地区局势长期陷于军阀混战,农业生产技术因循传统。20世纪30年代中期川政统一,农业生产才逐渐受到重视。中华人民共和国成立后,巴蜀十分重视农业生产技术的普及和提高。在继承和弘扬传统农业技术的基础上,兼收并蓄地区内外农业技术之长,使农业生产技术日臻完善。

农书是农业生产技术的科学总结,巴蜀地区现存农书明清以来的较多。科学技术是确保农业安全的基础支撑,是突破资源环境约束的必然选择,是加快现代农业建设的决定力量。明清农书基本记录总结了巴蜀地区的传统农业技术,中华人民共和国成立后又加快了发展现代农业技术,继续稳固巴蜀农业在全国的地位。

第一节 主要农业著作

巴蜀地区现存多少古农书,至今未见统计。据四川省图书馆1956年6月编印的《馆藏中国古农书目录》,收录农书四千多种(包括旧志涉农章节);重庆

---

① 贾大泉:《四川通史》卷四,四川人民出版社2010年版,第207页。
② 吴康零:《四川通史》卷六,四川人民出版社2010年版,第86页。
③ 郭声波:《四川历史农业地理》,四川人民出版社1993年版,第509页、513页。

图书馆（历史资料部）及北碚图书馆联合西南师范大学图书馆、西南农业大学图书馆、中国农业科学院柑橘研究所图书室在1989年8月编印的《重庆地区古农书联合目录》，收录所藏农书四百六十三种；北京农业大学王毓湖编著的《中国农学书录》（农业出版社1964年9月出版）收录十二种；山东省蚕业研究所华德公编著的《中国蚕桑书录》（农业出版社1990年9月版）收录专著二十种。

《三农纪》[①]是现存介绍巴蜀农业生产技术的大型综合类农书，《张文蠡农书》是巴蜀现存官方最早印发的综合性农书，《蚕桑说》（沈潜）、《蚕桑说》（劳世沅）、《蚕桑宝要》（周春溶）、《蚕桑须知》（叶世倬）、《吴兴蚕书》（高铨）、《裨农最要》（陈开沚）、《蚕桑说》（赵敬如）等属蚕桑类农书，《活兽慈舟》[②]《牛经切要》《猪经大全》《畜宝》属畜牧兽医类农书，现存还有宋代编印的《彰明附子记》《糖霜谱》《天彭牡丹谱》等。此外还有大足宝顶山大佛湾南岩中段一组以牧牛喻心的《牧牛图》禅宗造像，广元皇泽寺五佛亭南侧遗存的《蚕桑十二事图》碑刻。《四川省志·农林水利志》编辑组1962年印发的《关于发掘、整理四川农学遗产的意见》中记有《生计篇》（刘汉章）[③]和《老农笔记》（辜尚纶）。现将主要农书情况及其作者思想介绍如下。

一、《三农纪》（1760年成书）

农学巨著《三农纪》的作者张宗法，字师古，号未了翁，四川什邡人，《什邡县志》有他的传。张氏"性简傲"，但勤奋好学，"博闻强记"，擅长书法，其草书尤为时人所珍视。他一生清贫自守，是隐寓于农的知识分子。清乾隆二十五年（1760）付梓的《三农纪》二十四卷（一作十卷），三十三万多字，引证书目二百二十三种。一至五卷（占、课、月令、物产、水利）写天时地利；六卷（救灾）写灾荒和备荒救灾；七至十八卷（谷属、蓏属、蔬属、果

---

① 曲辰：《〈三农纪〉及其作者张宗法》，《四川农业科技》1981年第1期，第48页；曲辰：《张宗法和〈三农纪〉》，《四川日报》1962年7月18日；王永厚：《张宗法及其〈三农纪〉》，《四川图书馆学报》1982年第3期，第46~47页；张家文：《张宗法与〈三农纪〉》，《巴蜀文化研究通讯》2006年12月第7期（总第39期），第11~13页；张力：《农业与〈三农纪〉》，《清代四川文化拾零》，中国国际出版社2009年版，第211~215页。

② 郭光纪：《〈活兽慈舟〉介评》，《中国兽医杂志》1983年第8期，第50页；李德福：《〈活兽慈舟〉初探》，《中兽医医药杂志》1998年第1期，第38页。

③ 曲辰：《刘汉章和他的〈生计篇〉》，《四川农业科技》1981年第4期，第48页。

属、服属、油属、染属、叶属、植属、林属、草属、药属）介绍各种作物的栽培技术；十九至二十卷（畜属、虫属）谈畜牧兽医；二十一至二十四卷（宅舍、器物、谋生、养生）分述农村习俗杂事和农产品加工。（十卷本，卷一即占、课卷；卷二即月令、物产、水利、救灾卷；卷三即谷属、菽属卷；卷四即蔬属卷；卷五即果属卷；卷六即服属、油属、染属、叶属、植属卷；卷七即林属、草属、药属卷；卷八即畜属、虫属卷；卷九即宅舍、器物卷；卷十即谋生、养生卷）其内容之丰富，体系之完整，规模之宏大，仅次于同时代清乾隆皇帝命令朝廷五十位大学士、翰林、学者集体纂修的《授时通考》。

七至十八卷是全书的重点，涉及栽培植物一百八十五种。作者把谷、菽、蔬、果、服（编织用纤维作物）、油、染、叶（桑、茶等）、植、林（榆、柳、杉、松等）、草（苜蓿、灯草等）、药依次列为十二属，分别介绍了每种作物的名称、形态、性状、效方、物用和栽培管理技术。在论及作物栽培技术时，作者强调要因地制宜，不违农时。他说："各方之土宜物性，不可一概而论"，"菽种各有攸叙，能得时宜，不违先后之序，则相继以生盛"。在谷属（粮食作物）播种方法方面，书中介绍了耧种、点种、瓠种、区种和芽种五种方法，这比后魏（公元6世纪）贾思勰的《齐民要术》、明末徐光启的《农政全书》所记述的更系、更完备。更为突出的是，他在每种作物栽培技术之后，辟有"典故"一栏，分别搜记有关这项作物的古今传说，情节生动，故事性强，引人入胜。这在一定程度上改变了一般农书枯燥乏味的情况，增强了该书的通俗性和感染力，受到读者的欢迎。以这种体例写农书，可说是张宗法的创举。

清代道光、咸丰年间，有位农村知识分子在路过张宗法墓地时，写下这样一首诗："先生有著《三农纪》，千古田家不可无。安得田园学耕稼，闲闲聊作下农夫。"赞扬了《三农纪》对指导当时农业生产所起的作用。至今什邡、广汉、新都等县的不少老农，仍把《三农纪》当作"农师顾问"，在生产实践中加以借鉴。

《三农纪》这一书名体现了作者的大农业思想，他以"耕父耕田"代表大田耕种生产，以"农老艺亩"代表园林苗圃生产，以"牧童饭牛"代表动物的畜养生产。这三者的技艺各有特色，在现代农学院中，已分别形成多种学科，多种专业。社会在前进，《三农纪》是二百多年前的农学著作，虽或因地域有别，或因品种有较大的变化，或因传统技艺有所失传，但它所叙述的栽培技艺、畜养措施有许多还在沿用。现在的技术力量较二百多年前要强得多，可我们现在所施行和推广的部分技艺却不一定较古人所用的技艺先进，免耕法就是一个现实的例子。

以种树为例，我们现在植物的成活率远不如《三农纪》所记。原因在哪里？读一下《三农纪》植树要诀就可以知道，违反树木习性和植树技术规程是造成所植树木成活率低下的根源。《三农纪》也是巴蜀现存唯一的林业古籍，虽然古代没有林业概念和专项，但《三农纪》对包括桑茶、桢楠等二十六种树木"植艺"进行了介绍。我国是世界上采割和利用生漆最早的国家，《三农纪》卷十五"植属·漆"明确指出割漆不能环绕树皮，要留出一定宽度的营养带，否则树必枯死。即"野生者树大汁多，植者木至碗大方割。至秋霜降时，用利刀鏾皮，勿断，需留筋路，若割断，则木枯。收时先放木水，然后以竹管插入皮中，纳其汁。液须晒干生水收用。"由此看来，《三农纪》这本古农书不仅具有历史价值，而且至今还具有实用价值，并给我们以启迪，为现代大农业生产提供有益的技术手段。

《三农纪》自什邡富兴堂、绵竹福兴堂付梓①后经多次传刻，于今可见的原版本有文发堂十册十卷本（列入上海古籍出版社1994年发行的《中国古籍善本书目》）、宏道堂十册十卷本、桂林堂五册十卷本、善成堂十册十卷本、善成堂六册十卷本、青藜阁藏五册二十四卷本等，其中以青藜阁藏本错讹较少。现有农业出版社1989年发行的经邹介正等以青藜阁藏为本底本并参照其他版本整理的《三农纪校释》，河南教育出版社1994年发行的《中国科学技术典籍通汇·农学卷四》影印的是桂林堂十卷本，上海古籍出版社2002年发行的《续修四库全书·九七五子部·农家类》影印的是清乾隆刻本十卷。

二、《罗江农书》（1745年刊行）

《罗江农书》包括《农书》（张文麓）、《蚕桑说》（沈潜）和《农事说》（阚昌言）三种，因均出自清乾隆十年（1745）《直隶绵州罗江县志》而得名。《农书》撰者张文麓，浙江萧山人。清康熙五十三年（1714）举人。清

---

① 李思桢：《〈三农纪〉及其作者张师古》，见政协什邡县文史资料组1987年1月编印的《什邡文史选辑第二辑》，第47~55页；政协德阳市文史资料委员会1989年12月编印的《德阳市文史资料选辑第8辑》，第154~156页。

雍正六年（1728）任四川新都县知县，雍正九年（1731）调成都县知县。清乾隆二年（1737）擢升资州直隶州知州，又任成都府驻灌县水利同知。张文蘫深入农业生产第一线，体察民情，总结生产经验，于新都、成都知县任上写成具有重要价值的《农书》，得到四川布政使李如兰的赞赏，并奉命由官方"刊刻成书，饬发通属"学习参考。清乾隆九年（1744），罗江知县沈潜又为《农书》作序，并逐条加作按语，转刊入乾隆《直隶绵州罗江县志》。全书约二千三百字。沈潜在农书序中说："是书也，……言切事详，诚为农家之要务也。阅其书，我知其为国爱民之心深矣！……顾我民熟记而力行之，父传子受，定必户户丰盈，人人饱暖，子子孙孙永享利益于无穷也。"

《农书》①全文论述了"岁所宜谷""养谷种""播种之时""耕犁""疏耙""锄耘""粪壤""水利""牧牛"等九个有关农业生产技术的问题，可概括为五个部分：第一部分讲选种、养种与播种。第二部分讲耕作之法。第三部分讲粪壤之法。第四部分讲水利诸事。第五部分介绍牧牛之法。张文蘫家乡萧山县，是清代浙江有名的养牛区，该县人民具有丰富的养牛经验。而牧牛之法，正是张文蘫对这些经验的概括。

四川省社会科学院历史研究所王纲研究员在《清代四川史》中写道："张文蘫的《农书》是一部很有学术价值和实用意义的专业著作。它不仅继承我国古代有关农业生产技术的经验，而且结合四川农事特点有了新的发展。如所论耕作之法，早见于后魏贾思勰《齐民要术》，张文蘫在考察四川的具体耕作情况后提出了自己系统的见解。教民贮冬水，筑田埂保留冬水田的见解，实为张文蘫的创造发明。在四川历史上，《农书》为最早记载。从文中可知，清代顺康时期，四川农民还不知道冬水田的知识和耕作方法。这在四川农田改良技术上可以说是一重大进步和了不起的贡献。德阳知县阚昌言是贮冬水技术的积极实行者和推广者。直至今日，冬水田遍及全川，对提高农产品的产量和质量，

---

① 何金文：《研究清代四川经济的三种重要农书》，《四川史研究通讯》（四川省社会科学院历史研究所主编）1983年第1期，第25~28页；天川：《一部由三个知县编纂的农书》，《四川农业科技》1982年第2期，第37页；华德公：《中国蚕桑书录》，农业出版社1990年版，第37、39页；何金文：《四川方志考》，吉林省地方志编纂委员会、吉林省图书馆学会1985年6月版，第198~199页、第332~333页；王纲：《清代四川史》，成都科技大学出版社1991年版，第1178~1182页、第1189~1193页、第1182~1186页。

发展四川农业经济起了很大作用。"①

《蚕桑说》的撰者沈潜，字亦昭，浙江秀水人，监生。清乾隆三年（1738）出任四川大足县知县，乾隆七年（1742）调任罗江县知县，乾隆十年（1745）卒于任所。沈潜的《蚕桑说》主要记载的是浙江嘉兴一带的蚕桑技术，正如沈潜自序："潜系浙人，生长于蚕桑最佳之处，知之甚悉。因将树桑育蚕之法备述于后。若能依法为之，百无一失也。"全文约二千六百字，所述内容比较简单，除前言外只有五节，依次是：种桑树（培育桑秧）、养蚕（育蚕方法）、桑框蚕架、养蚕房屋、作茧（抽丝）。沈潜认为：桑树一身都是宝，甘辛而寒；皮作线可缝金疮；木能利关节；桑葚补肾，解酒乌须；经霜之叶，煮永洗目，益明，功用甚多，不可尽述。所以蚕吃了桑叶，作丝韧软而有光彩。蚕为天虫，又曰天财。秉性最爱清洁，获利也是最快的。当时，巴蜀因"兵戈之后，土著十无二三，多秦楚吴越之人，开垦佃耕……"②蜀中传统蚕桑业破坏很大，一时难于恢复。沈潜作此书以导之、励之，使其尽快恢复和发展。时任荥经县知县的劳世沅亦热心此事，将沈潜的《蚕桑说》附刻于他主修的清乾隆十年《荥经县志》中，并捐钱买桑秧千余株，植于城东观音阁旁荒园之中。同时又将《蚕桑说》刊本传谕，让桑民依法为之。劳世沅，字存斋，江南怀宁人，清雍正元年（1723）举人，雍正九年（1731）以后，历任（署）四川洪雅、宜宾、犍为等县知县。清乾隆九年（1744）调任荥经县知县。

《农事说》的撰者阚昌言，字尧俞，湖北安陆（一作孝感）人，清雍正八年（1730）进士。清乾隆五年（1740）出任德阳县知县，乾隆十年兼署罗江县知县。阚昌言是一位十分重视农业生产，且善于总结生产经验，改良技术，多有著述的地方官，如著有《农事说》《作堰蓄水说》《劝民蓄冬水》《劝农说》《劝民重蚕桑勤纺织以足衣说》《劝民尚勤说》《劝民崇俭说》等著作。阚昌言的《农事说》分"天时""地利""人力"三部分。一曰"因天之时"。他说："凡事皆当因时，而农尤甚。凡浸稻种，宜于清明节；播种，宜趁谷雨节；插秧，宜趁芒种节前后五日或十日内，将秧苗插遍，则禾稻正得五六月阳和之气，所种必丰。"二曰"尽地之力"。劝曰："下粪则田肥苗茂，禾多损坏。""川蜀多系青沙砾之地，而黄土亦间有之。青黑泥壤多肥，

---

① 王纲：《清代四川史》，成都科技大学出版社1991年版，第1182页。
② 清乾隆《罗江县志》卷七。

沙砾黄土多瘠，而高阜尤瘠。所以变瘠为肥者，惟在积粪酝酿而已。……则粪之当积于田者，自古已然。"三曰"尽人之力"。他认为："人为三才（即天、地、人）之一。农虽村庄之务，而尽人事以补天工，大有作为在焉。"只要在种田过程中，注意技术，讲求方法，尽了人之技力，就可以"化高为平，化瘠为肥，化旱为水，随所用力，皆可获两间之美利"。怎样才能充分发挥人的作用，争取丰收呢？他提出要多养猪牛以积肥，多种桑以育蚕，堰旁、沟畔、田头多种瓜、豆，多植棉和栽种树木等。"做得一件即有一件之利。勤则得之，怠则失之。"

据何金文《四川方志考》记载，《罗江农书》未见单行本，现存见清乾隆十年梓《直隶绵州罗江县志》中。《直隶绵州罗江县志》迄今见于北京图书馆、中国科学院图书馆、四川省图书馆藏，末为残本。

三、《活兽慈舟》（1873年刊行）

《活兽慈舟》撰者李南晖，字仲晦、迎旭，号青峰、西海云樵，甘肃通渭人，清乾隆年间任四川威远知县。原书共四册十六万余字，其中黄牛、水牛部分占全书篇幅的一半以上，其次为马、猪、羊、犬、猫等。对每种家畜均先述其饲养管理、外貌鉴定，然后按五脏五经论述病症与治法。全书收载各种家畜病证二百四十余种，药方七百余个，处方用药多以中草药并重，尤为重视引经用药；并载有针灸技术的配制、药条灸的烧药法、论针法和造药针法。按中兽医理、法、方、药分析，绝大多数是可仿行的，其中不少方药现在仍为川南广大农村所袭用。

全书共分四卷：

卷一主论旱（黄）牛的饲养、相法、生理、病理、诊法以及常见病证五十三种。开首"总论"论及牛的重要："往古来今，多所依赖，布帛菽粟，半助生成。"论中强调必须加强饲养管理时说："故豢养刍荄，必中乎节，凡蓄于水者，须察温凉之性，而蓄于山者，当知向背之情，暑湿温寒，四时宜顺其序，勤劳苦困，一日不可偶惜……""黄牛部论"中论述了牛的脏腑生理，以及牛体的入药部分和作用。"观毛色论""旱牛溅部论""旱牛骨骼论""口齿论"，各论均出自《牛经》，并有新的论点或见解。论述脏腑生理，如"五主""苗窍""五华""五恶""五信""五水""五位"，要理均本《内经》，强调人兽相同。"认牛病察形体法"多能阐述自己的观点："或曰，角冷无治,耳冷难疗,鼻无汗则弗医。此语尚未明确,须从舌底板上同参,方得真谛……"在论述病证时,则按脏腑分论,每证都详述病因,分析病机,辨证必据于理,论治必据于法,方药多有独到之处,方后附歌诀。言之成理,立论有据,并有个人见解。如"治舌部法"说:"舌病皆从心窍通,五样之证理相同,切休放血来消肿,勿用热药火上攻,泻心凉药当重用,泻胃邪火药佐同……"辨证论治颇有独到之处。

卷二是水牛专论。《相水牛部》《认牛齿法》《相角法》等篇,多属实践经验总结,间引自《牛经》。"水牛总论"言其认病方法:"至于认病,水牛与旱(黄)牛俱同,水牛尤多一法:凡看证先看民穴处,揭看尾根观察方知……若现红紫色点者,定是火证内热。如黑色与乌色,多是寒凝风感……""牧养惜牛篇"详论水牛的饲养方法:"人既赖牛以耕,当惜牛命之道,总在殷勤为佳。""亦当草料均匀,水浆合时方能使用。""……要除净牢内,切忌屎尿秽污。"强调预防要"常以细辛、皂角、苍术、甘松、葛蒲、雄黄为末,用黄纸裹捻成条,不时熏之,则牛难染疫症"。《论用药治病法》篇,论及用药按性味归经,"故用药治病,当从六脏六腑引经分治"。在"论脏腑"中谈道:"凡治病者,当知旱牛脏腑,虽受阳气发生,亦畏阴药,有证者不得不用,水牛其体属阴,更赖阳药以生扶。此皆疗医牛畜之真诀耳。"卷内还详细记载了八十四种水牛病的辨证论治,其中包括内、外、产科及瘟疫、伤寒等病。卷末还论述了水牛的配烧药法、针法、造药针法、造牛栏法、穿鼻法、买纳牛法、教犊法、牛胎孕占方、四季药方等。目前所知,本卷是关于水牛的饲养管理、脏腑生理病理、辨证施治、疫病预防等最全面的珍贵资料。

卷三是有关马的专论。其中有"马部""论牧养法""论乘习法"以及相马诸法等,其资料主要是来自《齐民要术》《司牧安骥集》《农政全书》《授时通考》等书。"审双凫脉应法""辨疗黄论"则采自《元亨疗马集》。在病证方面,共论及马病七十二种(不包括四季药方)。文辞简明,医理清楚。病因记载,病机分析,症状叙述,辨证用药,体现了作者丰富的理论知识和实践经验。

卷四论述了豕(猪)羊犬猫四畜。论述豕,主要是名称、分类、特性、饲养方法,全国各地猪的品种特点,猪体各部入药作用,功效主治以及认猪法、牧养法和猪的十四种常见病的辨证施治。论述羊,主要是羊的古代名称、特性、牧豢法,羊体药用部分的功效主治以及七种常见羊病的防治方法。对于犬、猫的论述内容及顺序大体上与豕、羊相同，记载有犬病九种、猫病七种。

《活兽慈舟》曾在四川自贡、乐山、内江等地民间流传，合德堂清同治十二年（1873）原版书现藏于四川省图书馆，已被列入《中国善本古籍书目》（上海古籍出版社1994年版）、《中国古籍善本总目》（线装书局2005年版），现流行本主要是原中国人民解放军兽医大学中兽医学教研室1978年5月《活兽慈舟》的原刊翻印本、四川人民出版社1980年8月出版的四川省畜牧兽医研究所《活兽慈舟校注》本。有关《活兽慈舟》撰者李南晖的简历被收入《通渭县志（1911~1985）》第二十一编"人物传"（兰州大学出版社1990年版，第681~682页）；《威远县志（1986~2002）》第二十五篇"人物传略"（中国文史出版社2010年版，第660~662页）。

四、《牛经切要》（1886年刊行）

《牛经切要》作者不详，书名不见于历代艺文或各家书录，由书末"光绪丙戌岁……双贤堂刻"字样推断于清光绪十二年（1886）刻印。前面的序文不知何人所作，文理很不通顺。书中前部讲"相牛法"，后部是治疗牛病的各种药方。刻工极为粗劣，但内容似是农民实践的记录。具体分三部分：第一部分为相牛总纲，第二部分为相牛各论，第三部分为牛病疗法三十一项。相牛部分言简意赅，但在有些问题上比《牛经》有关部分还要详明一些。牛病医疗部分所提到的多为常发病证，并就每一病证提供了医疗的处方。

"此书原来有四川民间流行的刻本，是光绪十二年（1886）刻的"①，四川省图书馆今有藏。现传本主要是农业出版社1962年出版的于船、张克家两位先生的点校本。点校本包括"目录、前言、牛经切要序、识认水黄牛二畜相形之条、居家或买或调相牛捷总妙法、相牛内外病证主治药方奇妙如神"内容。

笔者手中珍藏的是光绪丙戌新刻本，封面署"传家宝：牛经注讲，内附治症灵方（万顺堂家藏）"，正文又署"新镌切纂牛经注讲内附灵单相法全本（兴盛堂）"，原序名《牛经切要序》："尝闻自古流传以来，人生在世，耕种为本。皇王国土，与民勤耕而食。故所'国以民为本，民以食为先'，焉有不耕之理。其耕种者人之最苦也，故将世人借养牛畜用力而且耕。其牛者，自天生之耕种为首，生相其形不一，有贵有贱，能主凶吉之形堪称宜防，其人多有不识，能识之

---

① 王毓瑚：《中国农学书录》，农业出版社1964年版，第281页。

者不易，不识者难，空误入其中，受害而已。注明方知，以免受屈耳。再叙畜受四时之症，怎症调治后注救妙之方，叙诰之言，其纂指后。"

五、《猪经大全》（1891年刊行）

《猪经大全》作者不详，清末、民国年间主要流行于四川、重庆、贵州等地，原为一小册子，文字通俗易懂，无理论阐述。前有短序，后列五十症，每症之下有一至二个处方计六十三方（一说六十四方），原书刊刻后曾增补两次，李德华、李时华先增补十方，太医院李玉生又增补六方（结合两次刻本增至七十九方）。五十症中每症均绘有病象图，下列治法和处方一至二个。处方采用单方、简易效方和经典效方。其中经典效方过半，症方紧密结合，体现了"治病必求其本"的特色。四川省万县农业学校（今重庆三峡职业学院）董华农（1919～2003）在《重编校正猪经大全》中总结了该书六大优点：一是重视预防；二是重视早期综合治疗；三是注重移植人医方；四是不用人医方中的贵重药如人参；五是从解剖检查中确定诊断；六是重视通关散的喷嚏疗法、蜜油煎的通便法、下胎衣的比例剂量法。

从刻印时间上说，该书现存清光绪辛卯年（1891）、壬辰年（1892）、丙申年（1896）几种版本，如按刻印地来讲，有内江培文堂本、铜梁大庙本、合川云门镇刘双合本、梁平双桂堂本，现在流传的主要是农业出版社1960年出版的今贵州省畜牧兽医科学研究所前身贵州省兽医实验室《猪经大全》校印本；贵州人民出版社1979年出版的贵州省畜牧兽医科学研究所刘新淮研究员、江苏省农业科学院畜牧兽医研究所邹介正研究员联合注释的《猪经大全注释》本；四川科学技术出版社2008年出版的四川屏山县向春涛高级兽医师针对猪链球菌病、高致病性猪蓝耳病等疫病防控形势以农业出版社校勘本为底本、旁参贵州人民出版社注释本编著的《猪经大全新解》本。

从"壬辰年六月李德华、李时华敬录"推测，本书至少在清光绪十八年（1892）前成书。邹介正认为《猪经大全》的写作年代最迟在19世纪，在18世纪的可能性较大[①]；向春涛在《猪经大全新解》中根据《猪经大全》"猪瘟仙方"与《串雅外编》一样，推测《猪经大全》的上限当不早于《串雅外编》的乾隆二十四年（1759）成书时间。笔者在主编的《中兽医诊疗技术》（21世纪

---

① 邹介正：《谈谈〈猪经大全〉》，《中兽医科技资料》总第12期，1977年，第15~19页。

高职高专畜牧兽医类规划教材，河南科学技术出版社2009年出版）绪论中，明确《猪经大全》是四川人的作品，并引了刘新淮[①]、邹介正论述之参考文献："故友李容松1945年曾从五通桥购赠一本给笔者（邹介正），说本书在那里流传广泛。"

六、《禚农最要》（1897年刊行）

《禚农最要》撰者陈开沚，字宛溪，号愚溪，四川三台人，清同治秀才。先执教，后从事蚕桑实业，清光绪二十八年（1902）首创四川缫丝第一厂——三台万安禚农缫丝厂。接着，又分资乐山新建一处规模更大的华新丝厂。陈开沚深知振兴国家实业，非个人绵力所能及，于是奔走四方，组织蚕桑会，并立会规十则。清光绪二十三年（1897），编写《禚农最要》《蚕桑浅学》等科普读物，广为刊发，努力倡导蚕桑。一时各县工商人士纷纷前来三台，出现了"购取桑秧，载盈舟楫"的盛况。光绪二十八年（1902），陈开沚仿效日本模式，兴建禚农缫丝厂，引进国外设备千叶式煮茧机、缫丝车、复摇机等，分设缫丝、扬返等六个工场。1912年改木机为铁机，又购进意大利式铁质缫丝车一百四十部（后达三百零四部），英产锅炉三台442马力，德产发电机一台，年产生丝三百余担，最高达四百四十担。开全省铁机缫丝新纪元。工人最多时达二千余人。主缫9/11、11/13、13/15及20/22条份。甲级"金双鹿牌"丝畅销欧美。1916年和1920年"金双鹿牌"丝分别获巴拿马博览会和莱比锡博览会金奖。从建厂至1931年间，共缫出口丝七千八百零一担、内销丝一千一百零二担。其间，还派出技工到犍为、阆中、乐山开办新厂。陈开沚于1915年出任三台蚕桑局长，积历年经验撰《劝桑说》刊发民间。他赴江浙考察技术，延聘技术人员。注重企业管理，研究产品质量，将厂规厂纪及生产管理条例编成《丝厂俗歌》《妇女缫丝歌》，便于职工熟读熟背并遵守。"禚农"生丝优于日本丝，声誉特著，在中国蚕业史上占有重要地位。陈开沚是四川最早实行农、工、商结合的实业家，四川农政学堂校长祝鼎称赞道："先生（宛溪）洵可谓川省之唯一蚕丝实业大家哉，且不仅为四川省唯一蚕丝实业大家，直我中国之唯一蚕丝实业大家也。"

---

① 刘新淮：《〈猪经大全〉的评介及发掘整理经过》，《中兽医医药杂志》1985年第6期，第59~60页。

《豳农最要》是陈开沚根据自己的实践经验和平时见闻，以及《广蚕桑说》等书记载而写成。为什么如此命名，作者在"例言"中阐释说："自古农桑并重，衣食攸赖，未有务农而不务桑者。今人急于农而忽于桑，殆谓桑于农有妨尔。是编发明栽桑不占农之地，灌桑不分农之粪，以丝售钱，可补粮佃诸费，俱有裨农而不妨农之意。故名之曰豳农最要"，并在卷一首以"农桑兼资说"进行论述。《豳农最要》分三卷，卷一包括：农桑兼资说、蓄桑行恕说、祈蚕禽天说、以人例蚕说、凿洞储桑说、牛粪温蚕说、蚕德、蚕种、蚕色、蚕性、杂祭、禁饲、食料、火料、糁料、蓐料、簇料、切叶砧、布叶筛、蚕网、蚕室、立蚕母、养蚕总要、进火法、㧉体法、体蚕法、分蚕法、催眠减叶法、另选未眠法、加鲁桑饲法、计日备桑法；卷二包括：择种、种葚、插压传种、接桑、劈接、皮接、治地、治泥、治粪、乘时、移秧、栽桑、积粪、浇法、培壅、修桑、全砍、去水、治虫、桑间宜忌、采叶宜量树、采叶有次第、采叶有时刻、余桑宜采净、桑葚可做酒、冬桑宜广收；卷三包括：养种、捉种、选茧、选蛾、配蛾、上连、记连、夏浴、冬浴、发连、暖子、治屋、待时、下蚁、分蚁、称连、收连、停蚁、饲蚁、熟眠、眠未齐、头眠初起、头眠起齐、二眠、二眠起齐、大眠、大眠起齐、老蚕、捉老蚕、簇屋宜明通、扎山宜松散平稳、布蚕要匀、上山宜及时、山上加山、戒惊骇、定暗明、置火盆、晾棚、摘茧、别茧、晒茧、蒸茧、炕茧、收茧、煮茧、治茧、抽线、做绵、谢蚕神、妇女宜学缲丝。

现存版本有中华书局1956年原刻影印本，农业出版社1959年点句本。上海古籍出版社2002年出版的《续修四库全书·九七八子部·农家类》，是清光绪刻潼川府文明堂刻本影印。

七、《畜宝》（1915年刊行）

《畜宝》作者不详。原书封面题为《六畜中宝，分解相法》，书中又署有"六畜宝""畜宝"，根据内容定为此名。此书为笔者1993年11月21日偶然发现，书中详细介绍了牛、猪、猫、狗四畜常见疾病草药疗法，有些内容是目前其他书中少见的，可惜的是未著撰人及刊印时间。1994年4月，筠连县畜牧局成立了《畜宝》校注小组，完成了《畜宝重编校注》，重编校注本除序外分四篇，即《甲篇：增补牛经大全》《乙篇：猪经大全》《丙篇：狗经大全》和《丁篇：猫经大全》，部分内容已被于船、张克家主编的《中华兽医经典》

（中国农业大学出版社2003年版）、冯洪钱编著的《兽医本草补遗》（科学技术文献出版社1999年版）和《兽医本草拾遗》（科学技术文献出版社2002年版）摘入。

第二节　种植业

巴蜀农书记载的古代农业科技方法，有的今天还在沿用，有的已被先进的技术淘汰。还在沿用的，对今天巴蜀农业生产固然有参考价值；已被淘汰的，我们可以从中看出巴蜀农业科技发展的轨迹。本节以古农书为依据来叙述巴蜀农业技术的发展。因巴蜀农业技术状况，一是大多记载在古农书上面，二是农业技术各个要素的具体内容以古农书的记载较为详细。农业生产技术，主要是指大田的耕作、栽培和育种等技术，这是人类把自然生长的农作物转化为社会需要产品的重要措施。巴蜀地区的粮食作物，明清之前以黍、稷、粟、麦、稻为主（其中的黍和稷是商代的主要粮食作物），之后以稻、麦、玉米、红薯为主，稻分粳稻和糯稻两种，麦分小麦、大麦和燕麦三种。粮食生产是农业最基本的大项，国民维生所系，官民皆重于此。[1]现以清乾隆十年（1745）《农书》（张文薰）和乾隆二十五年（1760）《三农纪》记载为主重点选择介绍水稻、小麦粮食生产技术，而近现代农业生产技术情况，四川省地方志编纂委员会（黄培根主编）编纂《四川省志·农业志》（四川辞书出版社1996年版）有详细记载。本书选择介绍水稻、小麦。

一、《农书》农业生产技术

《农书》（张文薰）是《罗江农书》主要部分，重点介绍了水稻栽培技术，王纲研究员对此进行了解析[2]。

（一）选种养种与播种

"岁所宜谷"就是选种的方法。张文薰在书中说：选种要"以布囊盛谷种，平量之以冬至日埋于阴地，至五十日，发取量之，息最多者，即岁所宜也"。

养谷种"凡五谷、豆果、蔬菜之有种，犹人之有父也。地则母耳。母要

---

[1] 陈世松：《四川通史》卷五，四川人民出版社2010年版，第318页。
[2] 王纲：《清代四川史》，成都科技大学出版社1991年版，第1178~1182页。

肥，父要壮"。张文鳌认为，养谷种，首先要"仔细拣种。其法，量自己所种之地，约用种若干石；其种约用地若干亩，即于所种之地中，拣上好地若干亩。所种之物，或谷或豆等，即颗颗粒粒皆要选肥实光润者，方堪作种"。第二，育种子的土地，"粪力、耕锄俱要加倍，愈多愈妙"。下种行路也要宽数寸，遇旱汲水灌之。这样所长之苗与所结之子必定比所下之种更加饱满。第三，要注意防虫。其法是选谷种时，使马就食于谷堆之上，以马践踏过者为种，"则无好蛄等虫"。

对"养谷种"部分，沈潜作了按语，指出：一是土要深耕、加粪；二是种要多留，秧要多下，宁使有余，毋使不足；三是秧母田要多犁多耙，清除草根，保证水肥。种前一日以淡粪浇之，移种必根多苗壮。此外，对以马粪灭虫，沈潜说："川中马粪易得，留心收拾，晒干碾碎，俟苗长尺许，有风之日，从上风扬之，使苗尽沾些，则自不生虫。盖马粪性能杀虫故耳。"

关于播种，《农书》说："凡五谷，上旬种者全收，中旬中收，下旬下收。又，良田宜种晚，薄田宜种早。良田早亦无害，薄田晚不成实。"沈潜在按语中说："总要早耕早种，所获必多。若种晚，则吐秀迟，天气冷，不能成实矣。"

（二）耕作之法

耕田"初耕曰塌，再耕曰转。初耕欲深，转耕欲浅。初耕不深则土不熟，转耕不浅则动生土……南方人则云：田要冬耕。"

沈潜按："收割之后即深耕一遍，到正、二月间又犁一遍，下秧后又犁一遍，临栽时又耙二三遍，则土松细而滋润，地脉疏通，秧苗易于生，发生自然畅茂结实繁多矣。"

疏耙，是紧接耕犁之后的第一道耕作环节，《农书》说："今人只知犁深为功，不知疏耙为全功。耙功不到，则土粗不实，根苗与土不相著，不能耐旱，多有悬死、旱死、虫蛟诸病。耙功至，则土细，而立根在细实土中，根土相著，自能耐旱，不生诸病。"

锄耘，是提高产量，保证谷粒质量的重要手段。张文鳌说："谷必须锄，用可滋茂。盖锄则谷多、糠薄而粒绽。谚云：'谷锄八遍，饮杀豚犬。'为无糠也，故当周而复始，勿以无草而暂停。"他又说："耘治水田之法，必须审度形势，先于最上潴水，勿致走失，然后自下旋放旋耕云之，必遍以手排漉，务令稻根之旁液液然而后已。"

张文蘷还介绍了两种耘土方法：一是足耘法。他说，"又有足耘法，为一木如拐子，两手依之以用力，以趾塌拨泥土草秽，壅之苗根之下，则泥沃而苗兴，亦各以其便也"。另一种是四川农民以前未采用过的方法，叫"耘盗"。他说："今又有一器曰'耘盗'，以代手足，功过数倍。总之，耘锄遍数，愈多愈美，切勿惮劳。"

沈潜在按语中对"耘盗"，即荡板之法的使用技术作了介绍。他说："我浙（浙江）多用此工，所以收获独多。今已置有式样，可法。"

（三）粪壤之法

张文蘷首先强调了耕农之事"粪壤为急"。他说："田有良薄，地有肥硗。耕农之事，粪壤为急。粪壤者，所以变薄田为良田，化硗土为肥土。孟子曰：'上农夫，食九人。'以其粪多而力勤也。故曰：'惜粪如金。'又曰：'粪田胜如买田。'"可见粪肥对改良土壤、增加肥力、提高产量的重要性。

接着，他说明了所谓粪肥并非仅指人畜粪，还有更为广阔的粪源："凡黄豆、芝麻、菜饼、污泥、灰土、蚕沙、腐草、败叶、麻皮、谷壳等类，罨熟之，无不可以作粪。"

在这一部分，张文蘷还讲解了用粪肥田，要用得其中，不能盲目乱施，造成肥害。他说："然地各有所宜，而粪田之法，又须用得其中。若骤用生粪，及布粪过多，粪力峻热，反足为害。荆、扬治田之家，常于田头置窖，搬运积粪，熟而用之，不多不少，遂能变恶为美，化瘠为肥。农家急宜效此。"

沈潜在按语中还就广开肥源的问题作了进一步说明："嫩树叶、树皮、嫩草，皆可以浸烂为粪。老草根、谷草，俱可烧灰掺入牛马猪草粪，罨过为粪。街衢沟中泥、臭水，俱可为粪。即如堰塘中水草，连泥挥起罨烂，亦可为粪，皆肥田土之物也。"

（四）水利诸事

张文蘷首先强调了水利诸事中，人事是第一位的。他说："天时不如地利，地利不如人事；人事能修，则地利可得。此蓄水之法所当亟讲也。……至于多开堰塘，广浚沟渠，以及制造器车之事，则当依形傍势，因利乘便，尽人巧以夺天工，则机权在我，虽旱魃不能为实矣。"

接着，他讲了水利之法：一是利用自高而下的水势自然引流。他说："大抵水自高而下者，引流灌溉，颇易为力。"二是利用工具灌溉高于水势之田。他说："若田高而水下，则有翻车、筒轮、戽斗、桔槔之类。"三是引用远水灌溉农田。他说："如地势曲折而水远，则有槽架、连筒、阴沟、浚渠之类，皆可以挈而上之，引而达之也。"四是挖塘筑堤。他说："然必有水而后可以引达，则挖塘筑堤最为急务。"五是贮冬水。他说："每见农家当收获之时，将田水尽行放平。及至春夏，雨泽稀少，便束手无策，则何不坚筑塍堤，使冬水满贮，不论来年有雨无雨，俱可恃而无恐哉。"沈潜在按语中再次强调了"蓄冬水最要"，并介绍德阳知县阚昌言在该县教民蓄冬水并已有成效的事迹，说明办冬水田的重要作用。

（五）牧牛之法

牧牛主要讲喂养得法，使用得当。如说："每遇耕作之月，休即牧放，夜复饱饲，至五更初，乘日未出，天气凉而用之，则力倍于常，半日可胜一日之功。日高热喘，便令休息，勿竭其力，以致困乏。此南方昼耕之法也。"张文蘧家乡萧山县是清代浙江有名的养牛区，该县人民具有丰富的养牛经验。而牧牛之法，正是张文蘧对这些经验的概括，并将其介绍到四川。

二、《三农纪》谷属栽培技术

《三农纪》卷七《谷属》是粮食作物专卷，卷前"小引"指出"五谷为养"，"谷者，善也。谷以养人，较蔬为切要。"因各地土壤质地、气候不同，应"慎地必为之图，以齐其物，别其善恶，度其高下，利其坡沟，受其农时，修其等列，务其土实"。谷物的种类历代并不一致，该书介绍了麦、粱、豆、稻等二十九种谷属，其中的谷属、麦栽培通用技术如下：

（一）治田育秧

治好秧田。张宗法认为，要"拣肥腴土，于冬间锄起，引水冻过，去水则土脉活，来春易治。以灰粪水浇之，不生虫，不长草。浸后晒干耕翻，再耕耙浓熟方可，下种则子不陷，又易生发。或以青草，或以灰粪，厚铺于田内，沤烂治熟，方可下种。或于冬间，收干败叶，厚铺田中，趁日风焚之，则土暖而苗茂，又且少草"。他引用四川老农谚语"秧是半年春"，说明治好秧田是育好秧苗的关键，而育好了秧苗对争取丰收就大有希望了，"农业者岂可忽乎！"

浸好种。浸种要注意把握时间。"早稻宜清明，晚稻宜谷雨。"选种十分重要。"须取粒圆实纯者作种，簸去秕浮。"对"粒长色红杂者"要加以淘汰，不能作种。浸种的具体方法是："用瓦器盛，浸塘水。昼浸夜收，禁入流水。芽若未吐，以草篮之，浸三四日，微见白讯尖状，令长二三分，候天气晴明，抖松晾去水气，宜清晨水定风和，然后下种，盖以草灰。到八九日，秧青，引水浸之，毋令缺水。"

照田。待秧长至三四寸时，"宜于夜静，点藁草火照游田畔塍，焚其飞蛾，免致遗卵秧间"，造成虫患。

（二）稻田管理

张宗法认为，必须注意搞好以下六个环节的工作：

耕好稻田。他说："治田之法，各处土宜天候不一，总不过春暖花开，犁翻耙平，或上灰粪，或将田中去年秋种苗禾犁翻，或纳青草铺田间沤塌，至七八日俱腐，再耕耙者三，令水泥相合。"

注意插秧。张宗法认为，插秧，首先要注意适时栽插，"芒种前后三时内（按：所谓'三时'，共七天，即芒种日当天和前后各三天）插者为早"。其次，要掌握好拔秧、插秧等技术。拔秧"须轻手拔出，就水洗净，去根上泥，拣去稗草"。理齐须根叶片，用草束小把，用小箩筐量亩负于田间匀布。插秧要"乘耙浑水插之"，"田水勿清，清则土气冷落，苗久不发"。"插须得六茎为一丛、六棵为一行；宜浅不宜深，约离五六寸许。足不宜频挪，舒手只插六丛，脚挪一遍，遂旋插去，务整齐，以便耘薅。"

耥好禾苗。张宗法说："未插田曰秧，既插田曰禾。初插田，苗微黄萎，至数日变青。"此时，就要注意"以耙于禾棵插松禾根，苗易茂。取其耙断横根，则直根下行能盛。"在耥耙过程中，发现稀稗，随时拔去。

细耘稻田。耥后数日，要用灰粪或饼渣末匀撒田间，再"细细耘之"。并要作好"烤稻""搁稻""还水"三个环节的工作。所谓"烤稻"，也叫"晒田"。就是在近秋之时，放干田水。所谓"搁稻"，就是不给稻田进水，等候田土自干，其好处是避免徒长稻苗，使其稻秆粗壮。所谓"还水"，就是在"搁稻"到一定时间后，再"引水浸田……直至稻成熟，方可去水。若遇天旱，急将田锄一遍，勿令开裂，候天行云，臆其有雨，遍泼粪水待雨，勿令水缺，则禾发不歇"。

适时起禾。即"平日收灰于棚中，收便溺浸透，日晒干，仍治为灰。逢日晴，晨有露，清晨持灰遍撒于苗叶上，得雨洗下入禾丛中，苗即起"。

振禾。水稻将熟，薄田竖而不依；肥田偃如风推，在田间错综，收割不便，张宗法主张"宜以竿压顺伏"，这样就可免除"参差难刈之患"。

（三）收获留种

张宗法介绍了楚、蜀等地农民的水稻收获方法。主要是：

拌桶收获法。拌桶是将木板制成四方形的上阔下狭，口宽四尺余，高尺余的木制器具。稻谷黄时，"在田中旋芟旋拌收。……刈稻随把成行，过午一人执稻秆，拌向桶中。以箔围半，或两人合拌"。

圆桶收获法。可一人拌，但功缓；也可二人拌。其弊是子粒耗落多。

收来敲子法。河、洛一带农民常将稻谷刈穗束把收归放于场中，然后将谷敲落。谷草再另刈另束。

筑囤收获法。即先以木为架，"编荆为门式，深丈许，高六七尺。十月收稻积其上，夜间就内安卧，不惟暖可避寒，兼以夜能防警。逢春徐打落其实，入仓可以久留。"

如何留种，张宗法也作了具体论述，主要之点是：

拣选稻穗佳美圆实者留之。可将田中与土得宜佳美圆实之稻穗选摘下来。"每穗去头尾，存中间一节"，刮下，勿脱皮，勿过老，以免种变米易。

以竹木器贮藏。稻种选出后，须晒干治净，以竹木器贮藏。忌用瓦器，否则，来岁难生。"若泡湿，则苗出寻死。"

换种。张宗法引老农语："肥田不如换种"，说明换种十分重要，他说："将此色谷种植一季，又选彼色谷种植一季，年年换种，易田而植。不特稻也，诸谷皆然。"

（四）免耕播种

张宗法还对稻豆套种和粮肥套种的免耕播种经验进行了总结。他说："泥豆……早稻半黄时，漫种田中，经一宿，放水干，苗二三寸，刈稻留豆苗，去水耘锄，八九月熟。""苕子……稻初黄时，漫撒田中，至明年四五月收获。"从江西、湖南等地的稻豆套种情况看，这一经验显然是行之有效的。

三、《老农笔记》

民国初年，在成都木刻印刷出版了一本十分注重实用的农书《老农笔记》，作者是仁寿县清水铺的辜尚纶[①]。作者在"种谷法"里，写了十一种粮

---

① 曲辰：《注重实用的〈老农笔记〉》，《四川农业科技》1981年第6期，第48页；曲辰：《你了解辜尚纶吗？》，《四川日报》1962年9月2日。

食作物的栽培方法，对水稻写得特别详细。比如打谷，作者写道："打谷不可太早、太迟。太早，则子粒未曾长足，青米甚多，收数减少。太迟，则收割之时容易脱落，且米色无光，碎米甚重。故农人打谷，当在谷壳色黄，穗柄只有三四粒微带淡绿色为最好时期（种子则必须待全穗尽黄方可）。谚曰：'秋前十天无谷打，秋后十天满坝黄'；又曰：'青打三天，黄打三天，落打三天'，其言亦有至理也。"这种打谷经验至今还为川西平原农民广为采用。打谷子以后，要想吃到色好味美的大米，作者说："凡用桶打之谷，要将乱草去尽，晒以太阳，晒到将干未干时，又必积成大堆，使发微热，约经一二日，再取晒干，则米无青皮，颜色纯白。如不堆积发酵，立即晒干，则米多碎断，色亦不美。惟谷种不可施用此法。"对此我们曾请教有关部门，认为"这个办法很科学"。

作者在"种菜法"里，分根菜、叶菜、果菜三类，详细地记述了四川农民经常栽培的四十三种家常菜的生产技术，其中不少栽培技术，目前一些农民还在采用，是简单易行获得较好收成的经验。比如种蒜的技术，作者写道："以谷草为团，大如鹅卵，浸粪池中，十余日取起。将地用胡豆杵凿孔，每孔相离五寸，一孔先填草团一个，将蒜瓣栽上，以土壅之，留瓣尖分许于外，再以谷壳盖上。自此以后，但除草培土，永不下粪，结蒜肥大。又将蒜瓣剥壳栽之，则化为独子蒜；次年即以独蒜为种，再剥壳栽，则蒜大如拳，圆大而肥，惟茎叶细小；如剥壳连栽三次，则大如饭碗；更以拳大之蒜，不剥皮栽，则又化为极大之多瓣蒜。"1963年《四川省志·农林水利志》编辑组访问笔者家乡时，曾询问当地老农此项种蒜的经验如何，老农普遍反映："这样做，虽然不一定能够长出大如饭碗的大蒜来，但是确实能够长出大过娃娃拳头的大蒜来。"

四、《四川省志·农业志》

四川省地方志编纂委员会编纂的《四川省志·农业志》，详细记述了1911～1985年间巴蜀地区的农业发展及农业生产情况，对巴蜀地区古代农业生产技术也进行了扼要总结，以下以水稻、小麦为例。[①] 古语云："桑麻为衣，

---

① 黄培根主编：《四川省志·农业志》，四川辞书出版社1996年版，第110～128、129～135页。

稻麦为食，二者兼备，丰衣足食，国泰民安。"①

水稻是四川重要的粮食作物，常年产量占粮食总产量的百分之六十左右。水稻发源于东亚，中国是起源中心之一，迄今在云南、广西、海南等地仍能寻得到野生稻种。长江流域栽培历史可追溯到六千多年前。1981年，凉山州西昌县礼州区发掘的新石器时期的炭化谷粒和对广汉三星堆遗址的研究，四川栽培水稻历史可追溯到三千年至五千年前。都江堰水利工程建成，为成都平原水稻栽培提供了优越条件，稻田逐步向东南拓展。晋武帝时，朱提郡都尉文齐，"穿龙池，溉稻田"，山丘地区开始溉田种稻。

北宋中期，四川修堰工作不断发展，丘陵山区大量出现筑埝拦水开辟的梯田和蓄积秋雨以待来年栽秧的冬水田（其面积在1949年以前约占巴蜀地区稻田面积的百分之七十），推动了水稻向丘陵山区的发展。四川水稻的单产，在宋代已相当于闽、浙水稻的单产。宋代陈傅良的《止斋文集》记载："闽浙上田收米三石，次等二石，四川稻田亩产亦三石。"南宋初年，四川已有大米外调。南宋绍兴四年（1134），川陕宣抚使吴玠请调川米十五万斛至利州。明洪武二十六年（1393），全国征实米、麦一千九百四十三万石，其中四川征五百六十万石，仅次于太湖地区。明代民间已有留种田，生产种子，并实行粒选。留种田的株行距比生产田的大，施肥要多几倍。

明末清初，四川战乱频繁，水稻产量急剧下降。清政府鼓励外省移民四川垦殖。清康熙二十九年（1690），清廷颁布法令："四川民少而荒地多，凡流寓垦荒居住者，将地亩给为永业。"吸引了湖广、江浙的大量农民入川。清雍正六年（1728）又规定："各省入川民人，每户酌给水田三十亩，或旱田五十亩。"移民不仅带来开垦的劳动力，也带来了长江下游栽培水稻的先进技术，促进了四川水稻生产的恢复和发展。张宗法的《三农纪》总结记载了当时的种稻栽培技术："取粒圆而实纯者"作种，用水浸种，用草覆盖升温，催芽播种，轻手拔秧，插浅不插深，转青松禾蔸。还摸索出了水稻播种的物候。

清乾隆十八年（1753），清政府命令四川总督黄廷桂运稻米三十万石到江南各省赈灾。诏书上说："川省产米，素称饶裕，向经湖广一带贩运而下，东南各省均赖其利。"清乾隆五十一年（1786），四川总督保宁说，四

---

① （五代）孟昶：《劝农诏》，《十国春秋》卷四九。

川外来贩米，常年动计数百万石。1743～1806年的六十三年中，有史可查的官方外调大米计二百四十三万石，救济多达十六省区。清道光以后，西方现代农业科技知识传入，使巴蜀农业生产在育种、栽培、施肥、灌溉、防治病虫害诸方面增添了新的内容。民国前期，水稻生产技术因循传统。1933年，四川善后督办公署（设重庆）在巴县磁器口设立四川中心农事试验场征集国外水稻品种，进行试种示范。1935年，杨开渠教授开始双季稻研究。1937年，开展了再生稻研究。

中华人民共和国成立以来，水稻已逐渐处于粮食生产的突出地位。初期，水稻生产主要提倡精耕细作，摒弃粗放种植；按时下种，不违农时；增加犁耙次数，多施底肥；防治水稻螟虫，减少白穗；修复旧农具，推广简易新式农具；恢复和建立一批农药厂、肥料厂、农械厂，组织爱国丰产运动，提高水稻等主要作物的单位产量。1952年，总结"少秧密栽、好种壮秧、合理施肥"三大技术在四川推广。1953年冬，在长寿县进行修建塘库蓄水工程试点，历时八天建成可蓄水一万三千立方米的模范塘，并召开现场会予以推广。1954年，四川省农业厅正式在全省试种推广双季稻。1956年，按照《四川省实现全国农业发展纲要的简要规划》提出一系列包括水稻在内的农业生产技术措施。此后，水稻生产也逐步在良种、良法、良制上做了不少工作，取得了良好效果：推广优良品种（改高秆品种为矮秆品种、推广杂交稻）、改革育秧技术、发展双季稻、蓄留再生稻、改进栽培管理。1971年起，全省再次大规模推广种植双季稻。在普及矮秆水稻的基础上，从1975年开始试种杂交稻，1977年大面积推广。1979年后继续进行育秧改革，大力推广温室两段育秧、地膜育秧、半旱式栽培技术。水稻单产也从民国时期的一百五十至二百公斤亩产提高到1984年至1985年的四百一十至四百二十八公斤。

巴蜀地区小麦面积和产量仅次于水稻，居第二位。"麦味甘而气温"，《三农纪》将其列入谷属首位，并认为"麦者脉也，食之可能养其脉也"[①]。中国是世界小麦起源中心之一。在商周以前，长江下游已种植小麦。汉代，四川开始在小范围内零星试种。南宋以后，水旱轮作在四川盆地内开始扩展。山区梯田种稻，配合种麦。清雍正时，张文蘷的《农书》总结了群众经验，种植要"仔细拣种""母要肥"才能高产。推广"初耕欲深，转耕

---

① 《三农纪校释》，农业出版社1989年版，第197～201页。

（再耕）欲浅。初耕不深则土不熟，转耕不浅则动生土"的经验。阚昌言的《农事说》总结了"因天之时""尽地之力""尽人之力""尽人事以补天工"，劝导农民种五谷要不违农时；要施肥才田肥苗茂；要讲求方法，尽人的技力。他还提倡多养生猪积肥。张宗法在《三农纪》中记述了民间种麦"秋种夏获"（证明川西已是一年两作的冬麦区）。他还说"种有早中晚三等，品有芒无芒两种，色有白赤紫，粒有圆长扁，其类甚多"。他总结了民间养地种麦的"种塌法"，"先任地所喜，或种蚕豆、赤豆之属，候苗开花结角，犁翻入土，胜于着粪"。先种豆类作物，再种小麦，兼顾用地养地。但是，当时大面积生产上一般仍很粗放。从20世纪30年代起，小麦种植技术开始改进。1936年，省稻麦改进所从国内外征集品种筛选确定推广品种，负责提供技术资料。中华人民共和国成立后，巴蜀地区小麦品种先后经历了由南大2419到山农205，阿波到繁六、繁七到绵阳11号五次大更换。每更换一次，小麦产量大幅度上升一次。此外，增加密植程度、扩大间套复种、改进施肥技术等措施，也是提高小麦产量的重要保证。1985年，巴蜀小麦面积已达三千万亩，总产量六百二十五点六万吨。

第三节　栽桑养蚕

西汉《淮南子》记："人之情不能无衣食，衣食之道必始于耕织。"元刻《农桑辑要》中王磐所作序载："大哉农桑之业，真斯民之衣食之源，有国者富强之本。"清康熙《农桑论》说："盖农者，所以食也，桑者所以衣也。"《裨农最要》"例言"中也说："自古农桑并重，衣食攸赖，未有务农而不务桑者。"巴蜀地区自古是蚕丝主要产区，相传蜀人嫘祖是黄帝元妃，种桑养蚕的始祖[1]，蜀锦便是其代表。四川省地方志编纂委员会编纂《四川省志·丝绸志》专门对此进行了总结。[2]属于农业的蚕桑生产，除了《三农纪》有专节记述外，还有专门的蚕桑专著问世。据《中国蚕桑书录》（华德公编著，农业出版社1990年版）记载，该书收录的二百六十余种中，巴蜀地区就有二十种（见下表）：

---

[1] 段渝：《四川通史》卷一《先秦》，四川人民出版社2010年版，第6页。
[2] 李道盛：《四川省志·丝绸志》，四川科学技术出版社1998年版。

表5-1 巴蜀地区蚕桑书录一览表

书名	作者	付梓时间	地点	备注
蚕桑说	沈潜（秀水）	清乾隆七年（1742）	罗江	附刊清乾隆十年《罗江县志》
蚕桑说	劳世源（怀宁）	清乾隆十年（1745）	荥经	附刊清乾隆十年《荥经县志》
蚕桑宝要	周春溶（诸暨）	清道光前期	荣昌	清道光十九年（1839）遵义府翻刻
蚕桑须知	叶世倬（上元）	清同治七年（1868）	大足	罗廷权翻印
（增刻）蚕桑须知	王德嘉	清同治十一年（1872）	大足	知县王德嘉刊印
蚕桑实济（实际）	陈光熙（万县）	清同治十一年	夔州	知府蒯德模刊印
吴兴蚕书	高铨（归安）	清光绪十六年（1890）	新繁	沈锡周翻印
神农最要	陈开沚（三台）	清光绪二十三年（1897）	三台	
蚕桑简要录	饶敦秩（东湖）	清光绪二十八年（1902）	南溪	
蚕业白话	四川蚕桑公社	清光绪三十年（1904）	四川	
劝桑说	陈开沚（三台）	清光绪三十一年（1905）	三台	
山蚕演说	徐矩易	清光绪三十四年（1908）	叙永	介绍贵州柞蚕放养
蚕桑质说	饶敦秩（东湖）	清光绪末年	南溪	
蚕桑说	李君凤	清光绪后半期	四川	
蚕桑说	未署作者	未署时间	四川	
蚕桑琐说	不详	不详	云阳	鄢知县刊印
蚕桑浅说	卫杰（四川）	清光绪十八年（1892）	直隶	直隶蚕桑局
蚕桑萃编	卫杰（四川）	清光绪十八年	直隶	直隶蚕桑局
蚕桑图说	卫杰（四川）	清光绪二十一年（1895）	直隶	直隶蚕桑局
蚕桑说	李拔（犍为）		福州	专讲四川蚕桑技术，收入《皇朝经世文编》和《牧令书》

其中《蚕桑须知》《蚕桑琐说》《蚕桑实济》等专书系以清乾隆五年（1740）陕西《豳风广义》为基础撰成。此外，据记载[①]，属四川的还有太平

[①] 王毓瑚：农业出版社1964年版，第290页；中华书局2006年版，第290页。［日］天野元之助著，彭世奖、林广信译：《中国古农书考》，农业出版社1992年版，第356页。

县清光绪二十二年（1896）付梓的《蚕桑说》（赵敬如撰、知县黄某刊刻）一卷，但《中国古代养蚕技术史料选编》[1]认为该书可能属浙江的太平县。这些书录，收载并非都完整，如1948年《筠连县志》卷之一专录的详细介绍筠连县栽桑养蚕历程及相关技术的《筠连蚕桑概论》[2]就未见收载。清代后期和民国时期，巴蜀地区介绍蚕桑技术书籍较多，清光绪十六年（1890）《吴兴蚕书》（高铨）、清光绪二十三年（1897）《蚕桑说》（赵敬如）、《神农最要》（陈开沚）被收入上海古籍出版社2002年出版的《续修四库全书·九七八子部·农家类》，影印本均为清光绪刻本。因《神农最要》在前已述，故本节以沈潜的《蚕桑说》为主进行介绍。

一、沈潜《蚕桑说》技术

据清嘉庆《罗江县志》和沈潜的《蚕桑说》自序，《蚕桑说》的主要依据一是浙江养蚕种桑的经验。沈潜说："潜系浙江人，生长于蚕桑最佳之处，知之甚悉。因将树桑育蚕之法，备述于后。若能依法为之，百无一失也。"二是沈潜在罗江的实践总结。沈潜在罗江"著农桑书，制农桑器"。"此皆予之亲历深知熟悉之事。"全文分种桑树、养蚕、蚕筐蚕架、养蚕房屋、作茧、抽丝等六部分[3]。

（一）种桑树

沈潜认为，桑树一身都是宝，甘辛而寒。皮作线可缝金枪；木能利关节；桑葚补肾；解酒乌须；经霜之叶，煮水洗目，益明，功用甚多，不可尽述。所以蚕吃了桑叶，作丝韧软而有光彩。

种桑的方法，要先于三四月，桑葚成熟时，拣极大者收之。先垦极细熟地，用大粪预先灌好，将葚均匀撒于土上。如天气干燥，可用水浇，使之湿润。俟长成一年后，如筷子粗大，到正月和二月间挖起，即以其地，或别地，仍细细垦熟。每树一株，隔四五寸栽之。如遇天干，要经常浇淡粪水，并经常锄之，清去杂草。二三年后，长成如拇指粗，即移种于屋旁或田边等空隙之地。所种之地也要事先垦细挖深使熟。周围各隔五尺挖不深不浅之坑，先以大

---

[1] 章楷、余秀茹编注：《中国古代养蚕技术史料选编》，农业出版社1985年版，第185页。
[2] 廖涵秋：《筠连蚕桑概论点校本》，四川大学出版社2012年版，第77～111页。
[3] 王纲：《清代四川史》，成都科技大学出版社1991年版，第1189～1193页。

粪灌之，用细土将树苗填实。根旁壅土三四寸，即将其树齐土处剪去上节，用土封其头，干则浇水，诱其长发。但不可积水。如水浸，则烂根，树便枯死。到秋间，将旁枝除去，只拣粗大者留一本或二本即可。

对桑树要加强管理，每年要除草三四遍。春间未萌芽时，先用大粪浇一遍。摘叶后，将旁生小枝裁去，又用大粪浇一遍。到了秋间，还要搞一次裁除小枝或枯枝的工作。要时时照看，如生虫，即用铁线或斧凿挖去。一两年即茂盛成林。

沈潜认为，经过这样栽培管理的桑树，必然叶肥大滋润。吃了这种桑叶的蚕作出的茧，必然分外厚实，抽丝多而有光泽，价值当然比一般的蚕丝高了。

（二）养蚕

沈潜认为，蚕为天虫，又曰天财。秉性最爱清洁，获利也是最快的。因此，要特别注意饲养管理。其养育之法，先要注意选茧。将所选厚实肥大之茧，或平铺于筐，或装于线络，或用枯草粘之悬挂空中，以待出蛾。

出蛾时，清晨取而置于纸上。俟其撒去红水，略停片刻，即以雌雄相对。至日落之时拆开，将雄蛾弃去树草之中，以雌者置于纸上。俟撒去头几子，然后移置布上，任其撒至将完未完之时，见其子已细小单薄时，即去其蛾于树草中。这样天天如是，收完之后，将布穿线挂于房屋中间空处，无使见风、日、烟、火。到腊月间，取之铺于房屋之上。使经霜雪六七日，收回照前挂起。清明日采柳叶、桃头、荠菜、油菜、蔷薇等及葱、蒜叶少许煮汤，用瓦盆盛起候温，将种布泡半时取出晾干，照前悬挂。名曰"浴蚕种"。养蚕之家还要畜猫以防鼠食。

谷雨之后，桑叶已长大可食。取种布折叠好，置诸怀中，数日蚕生，用饭锅洗净擦干，以鹅翎将蚕刷下，先以扁浅小箩筐，用皮纸糊好，晒干，即将蚕置于筐中。拣摘桑树先长之叶，用新白布刷抹干净。细细剪碎，盛之瓷碗中，用竹筷子削尖挑匀饲喂。要特别注意，所食之叶一定要干净新鲜。

做好蚕窝，管好头、二、三眠和大眠。先以谷草去皮做窝。窝高宽各二尺许。或以箩筐、木桶，下用微火盆一个，中用竹棍或木棍三四根隔断，将蚕筐置上，上用衣服或布单盖之，保持不冷不热温度，勤添桑叶喂之，不要间断。四五日蚕眠，叫头眠。即住火。拣去筐中旧叶沙渣，用谷草烧灰，撒于蚕身上，仍置草窝内，如前喂养。一二日后，将桑叶水气刷净，细细扯破，均匀贴于蚕上供蚕食用。二三日后，蚕又眠，名二眠。仍拣去筐中旧叶沙渣，用草灰撒之，置窝中，亦去火，俟起眠时，以前法饲养，以待三眠，即拣蚕置筐，撒灰，置诸架上，又名出火。川中蚕不三眠，浙江也有此类种，食叶少，作茧薄。二眠后即可去火上筐架。自此时起，即不用藏于草窝中了。出火之后，食叶四五日又眠，谓之大眠。起而食叶，又四五日，则成熟作茧。收蚕之后，还要忌食煎炒膻腥油气臭秽之物。

（三）蚕筐蚕架

蚕出火后，必须置于筐中。其蚕筐制造方法如下：用寸厚木板，高二三寸、长四尺、宽三尺，镶成一筐。底用薄竹片编成竹笆，用竹片压于周围边上，钻眼钉住。俟蚕出火后即放于筐中。

筐用三足折叠木架支搁。其木架之制作方法是：用二寸过心之木，或方或圆均可。三柱高约六尺，上收二三寸，下放三四寸。先以二根，上下各留去一尺，中间每空六寸凿眼。又用一寸四五分之方木一根，长四尺五寸，两头作榫，横镶于柱上。如是作五六层镶好，即于所镶横木正中凿眼，用四五寸长、厚四五分木一块作榫镶住，外留长二寸，如舌样，再将柱一根，中间照前二柱之宽窄凿眼，亦用一寸四五分方木，长二尺，一头作榫，镶于柱眼之中，一头中间凿空，套于长二寸如舌样木上。中钻一大眼，用钉闩住，若铰链样。用则展开，将蚕筐层层架上，不用则收好。沈潜认为，如果这样精心饲养蚕，那就分外有益了。

（四）养蚕房屋

沈潜认为，养蚕房屋要讲究。一是房屋必须干燥，二是光线要明亮，三是不可透风。如果天气晴明，不妨开朗，一遇风雨，急宜关闭。蚕架周围要用衣、被或晒席围之，一定不能风吹湿浸，以致造成僵死烂死事故。如遇天气阴雨过寒，就要多用碎炭火盆置于蚕房中，使蚕得温和之气，不断食叶，易于成长，作茧坚实，抽丝多又光润。

（五）作茧

沈潜认为，蚕熟作茧时，要注意房屋的环境设置。一是房屋光线宜暗而不宜亮。二是四周围好，切忌风吹雨淋。三是要用苇子或细小荆条以细草绳编成帘子。在蚕房中离地三四尺，可通人行走处，用竹或木作架，将帘子铺平于上。又将青白谷草剥去外层皮壳，截去其梢，留中约一尺四五寸一节，分五十根为一把，中间缚紧，用时展开，竖排帘上，将蚕均匀撒于草上。四是倘遇天气寒冷，要用炭火盆置于蚕架下，来回移运烘之，增加温度，俟其上草作茧围身即止。五是注意亮茧。开始作茧三四日后,茧头已白,表示茧已作成,即应将门窗和一切围护之物撤去,名曰亮茧。如果按这样的程序做好作茧工作,则茧抽丝易,分外光润。

（六）抽丝

沈潜认为,蚕之作茧,好丑不一。必须做好分类。即挑选光润而坚结者为一起,将作细丝粗糙而浮松者为一起;作粗丝最下者作绵。若好茧混入粗茧之中,不但都成了粗丝,而且连好者也成丁绵筋,不能多抽丝。

作丝之灶火门必避烟气。沈潜说,根据他家乡浙江的经验,凡抽丝灶门,大概以隔壁开火门者,使烟气隔绝。这样,一则抽丝之人眼明易看,添茧粗细得匀;一则丝不沾染烟气,格外光彩。烧柴宜极干,切不可用松木,以免烟多。抽丝之水,以河水为第一。如用井水,就要选淡而无碱为上。还要在几天以前,汲贮于缸中。使用时,一天要易三四遍。

还须置炭火一盆,以供于轴头烘烤,使丝分外明亮。

摘下茧子,要剥去外绵,用筐摊开,使之透风,千万不要堆在一起,以致发热,难以抽丝。

二、《蚕桑十二事图》

位于四川广元皇泽寺五佛亭南侧的《蚕桑十二事图》[①]由十三块碑石组成,碑石整个画幅长四百七十厘米,高一百四十厘米,碑首一块为《蚕马图》（一说《马头娘》,取材于嫘祖与白马的传说）,由广元县令曾逢吉于清道光七年（1827）倡刻。

曾逢吉,楚北（湖北）京山人氏,举人出身,清嘉庆十七年（1812）,以军功授昭化县令,四年后调任广元县令。赴任后深入民间探索富民之道,号召县民植桑养蚕,下令在全县境内的驿道两旁栽桑,每里栽360株,共栽231639株,清道光七年（1827）他升任松潘知州（今松潘县）时,已"千里驿道,皆桑树成荫,胜过河阳桃花,江南柳色"。临行前,曾逢吉将栽桑、养蚕、缫丝的生产过程,由小楼氏采用平图阴刻手法赶绘了极似连环画的石刻《蚕桑十二事图》碑立于皇泽寺。除碑首外,依次题为《选桑葚》《种桑》《树桑》

[①] 翟峰：《清朝蚕桑十二事图轶闻》,《四川政协报》2009年4月14日;黄河：《广元皇泽寺蚕桑十二事图》,《北方蚕业》2000年第2期,第34页。

《条桑》《窝种》《体蚕》《馁蚕》《起眠》《上簇》《分茧》《腌种》《缫丝》，展现了培植桑树的情景及养蚕、缫丝、纺织的全过程，以告诫当地百姓及继任县令不要荒废了植桑养蚕造福百姓的事业。其石刻图碑的拓片已被原国家纺织工业部和上海丝绸博物馆收藏。

第四节 畜牧兽医

"马为兵甲之本""牛为庄稼之用""猪为肉食之源"。宋代羁縻马是茶马互市的主要物资，四川珙县僰人悬棺旁有许多反映当时马匹的岩画[①]；猪鬃是民国主要外汇物资，如今生猪也是巴蜀地区主要肉食来源。巴蜀地区是全国中兽医诊疗技术发展的摇篮之一，《活兽慈舟》是关于巴蜀地区中兽医发展的经典著作，《猪经大全》填补了中兽医在猪病诊疗方面的空白。

一、畜禽生产

相畜术在晚清以前，主要以马和黄牛为主，《三农纪》《活兽慈舟》等除了介绍黄牛相法，总结水牛相法外，还将传统的相猪术发展为按猪的外形长相优劣作为选择种猪标准[②]。

《三农纪》卷十九"豕·相法"云："（猪）喙短扁，鼻孔大，耳根急，额平正，腰背长，臁（胸）膛小，尾直垂，四蹄齐，后乳宽，毛稀者易养；作种者，生门向上易孕，乳头匀者产子匀。产后两月而思孕，不失其时，一岁而生其豚。"猪的劣相："喙长则牙多不善食，气膛大，食多难饱，生柔毛者难长。耳根软，不易肥；鼻孔小，翻食。首皱蹄曲，不易壮。前后不开，后乳相合者难长。三齿莫为种。白色三足者召咎。前后两足，白者少吉。黑肤白花、黑毛白胸，黑白杂嘴、杂足者，并勿畜。"《活兽慈舟》卷四"论认豕法"较《三农纪》详，如前开后开、嘴短身长、乳多而匀，皮薄毛疏等至今都是农村

---

① 崔陈：《悬棺岩画所画马匹释意》，《中国文物报》1991年11月3日；崔陈：《珙县悬棺岩画初探》，《四川文物》1993年第2期，第21~25页；曾水向：《僰人岩画》，珙县县委政协1990年10月《珙县文史资料（第四辑）》，第32~61页；曾水向：《悬棺与岩画》，四川美术出版社2003年版。

② 马孝驹、李群：《近代的畜牧科技》，引自郭文韬，曹隆恭主编：《中国近代农业科技史》，中国农业科技出版社1989年版，第443~458页。

选择优良种猪的条件。

《三农纪》卷十九"畜属"还对鸡鹅鸭的相法进行了总结，如"鸡"云："目如鹍（《校释本》改成'鹢'），喙若鸽，首小膺正，毛浅足细者佳。雄宜头昂，冠竖、翅束尾长、啼声悠扬者堪作种；雌宜头小眼大，颈细齝长，足矮者为种佳。"对鹅则要求"首方目圆，胸宽身长，翅束羽整，喙齐声远者良"。而鸭则是"口中五龄者生蛋多，三龄者次之。俗云：黑生千，麻生万，惟有白鸭不生蛋。形有大小、高矮，色有黑白黄苍褐花。有冠首，红嘴赤足者。雄者头毛光绿，尾有卷羽，鸣突声哑。雌者头小色暗，尾羽伸长，声高明亮"。

繁育术。《三农纪》卷十九"羊·牧刍"有"母羊生母羊，一年一千羊"的谚语，说明当时极其重视羊的高繁殖率。因"陆畜之利广者，毙吐于羊，致富五牸之首重者也。畜得其法，则蕃息茁壮，收利无穷"（北魏《齐民要术》引陶朱公曰"子欲速富，当畜五牸"。牛、马、猪、羊、驴五畜之牸。然畜牸则速富之术也）。猪有多胎高产的特性，《三农纪》"豕"记载猪不仅"生子颇多，窝约十数"，而且"一岁二生其豚"。就人工孵化的热源而言，《三农纪》"鸭·饲养"还记载了"炒糠孵伏""炒麦孵伏"和"马屎孵伏"三种。对于役用牛，《三农纪》"水牛·牧刍"记载了不同季节不同的饲养管理方法：春时，要净除牢内，勿致秽气蒸郁，且污汁浸蹄，易召外患，须夜夜以苍术、皂角焚之。春乃耕作之月，新草未茂，宜洁净藁草细挫，拌麦麸、豆饼、稻糠、棉子之属饱饲，方可下耕。夏耕甚急，天气炎热，人牛两困，已收放外，至夜复饥，饲至五更，或以水浸绿豆、蚕豆、豌豆，或小便浸苦荞、大麦，乘日未出，则凉而腹饱，力倍于常。先于五更饱饲，然后耕耤，当午，勿令热甚喘急，宜于阴凉处休息，勿因农忙，一时以竭其力。待息定，喂以草豆。旱牛须牵水浸其蹄，濯其角；水牛令浴于塘，助其精神，不致困乏。秋深，草盛耕缓，但多蚊虻，须清晨饱饲，至日昃将暮，蚊虫蛆蚋，苦于水草，日中或放水边，或放山坡，令闲游舒情。晚须牢内积草烟熏，以避蚊蠓。冬来天气寒凉，而将牛处温暖之所，毋令冻馁。宜牢内围护，或遣土室，或藏地窖，或披牛衣。宜煮粥以啖之，煮豆以饲之。又当预收豆、楮、桑、柘、薯叶捣碎，积米泔水，和挫草麸糠棉饼饲之。每日宜牵出外游，令动以舒活气血。《活兽慈舟》卷二"牧养可惜牛篇"也有四季牧养法记载。

肥育术。《三农纪》卷十九"豕·豢养"载："若广豢者，常造一大圈，上为蓬蔽，下用板棂中分小圈，止容一猪一槽，难于转换，易肥。俗云：喂猪莫巧，圈干食饱。若养数猪，饲须知法：一人持糟于圈外，每一槽着糟一勺，轮而复始，令极饱。若剩糟，复加麸糠，散于槽上，令食极净方止。善豢者六十日而肥。小者宜放牧，勿减食……一法，猪须得火麻子二升，炒捣为末，食盐一斤同煮，糟内和糠饲之，易肥（即西汉刘安《淮南子·万毕术》所载的'麻盐肥豚豕法'饲料添加剂配方）。又法，买贯众三斤、苍术四两、芝麻一升、黄豆一斗，炒熟，共末，和糟糠饲，饮以新汲水。如食不快，萝卜叶饲之。"《活兽慈舟》卷四"论壮膘添肉法"载："豕性虽贪食，多有肉少膘朒者，皆因所食糟糠未能醒脾，故肉少膘朒，豢养者遇此，先以酒醋、酒曲、童便合糠糟而饲，大能醒脾益胃，免致择食无膘。又：麻仁一升、酒曲四两、食盐半斤、陈皮一斤、砂仁一两，共为末，常与糟糠和匀喂饲。若能如此喂之，不十日而胃开膘起。催膘方：芝麻一升、炒黄豆三升、炒蓖麻一合去壳，同末，常与糟糠和匀喂饲，不一月而膘肥肉满矣。"《三农纪》卷十九还介绍了"栈鸡"的饲养："又法：择地四围环筑为屋，中分为两，垣墙下各置四大栖作休息所。法宜先左垣煮粥泼地，上覆草，旬日即化蛆，垣右亦然。驱鸡于左，食尽至右，如此轮转，则鸡易肥，生蛋不绝。又方：麻子和谷炒熟饲鸡，日日生蛋不伏。催肥法：以油和面，捻成指尖大块，日饲数十枚；或造便饭，同土硫黄，每次半钱许，喂数日即肥"。鸭也是"以土硫和谷喂，则生蛋不已"。

二、兽医诊疗

现存资料中介绍兽医知识的可见于后蜀韩宝升《重广英公本草》（简称《蜀本草》）[1]，该书不仅沿用了《神农本草经》《新修本草》"牛扁……杀牛虱小虫，又疗牛病""柳华……一名柳絮，叶主马疥痂疮""桐叶……华，傅猪疮，饲猪肥大三倍""梓白皮……华、叶捣敷猪疮，饲猪肥大，易养三倍"等记载，还新增了"硇砂……驴马药亦用之""胡桐泪：又主牛马急黄、马黑汗，水研二三两，灌之，立瘥""铜矿石……主丁肿恶疮，马驴有疮，臭脓""郁金……唐本注，生蜀地及西戎，马药用之""及己……主诸恶疮疥痂、瘘蚀，及牛马诸疮""松脂……唐本注云，松取枝烧其上，下承取汁名涪"，

---

[1] 李妍槿、谢文全：《重辑重广英公本草》，中国医学科学院药学研究所2000年6月；尚志钧辑释：《日华子本草·蜀本草》（辑复合刊本），安徽科学技术出版社2005年版。

主牛马疮疥为佳""鼠李……唐本注……子主牛马六畜疮中虫，或生捣敷之，或和脂涂皆效"等。此后各种版本的《证类本草》也沿用了上述记载，并有所发展。《证类本草》①，原名《经史证类备急本草》，后演化成《经史证类大观本草》《政和新修证类备用本草》《重修政和经史证类备用本草》等版本，全书三十卷，载药一千七百四十种，其中专门指明用于畜牧兽医的有四十七种之多。撰者唐慎微（约1066～1093），原为蜀州晋原（今成都市崇州）人，后迁居成都，世代行医。

近年抢救性发掘的成都市金牛区天回镇老官山汉墓，出土了一百八十四支关于马病治疗②的医简，其中简文举例如下：马医者，其口中上腭瘫，其食善如集，多吻，见食而鸣；尽入马鼻，（浸）出，（各）以药，灌鼻中；夕勿饮，旦灌，灌欲复之；马操，相之时，衣驾，驾□□（踊跃）前后跳，亟奉以列东，不可止。

在现存的《苏轼文集》卷七十三"杂记·医药"中还收录了几则属于兽医的方剂③：

治马肺法：马肺损，鼻中出脓，天厩医所不疗。云："肺药率用凉冷，须食上饮之，而肺痛畏草所刺，不敢食草。若不食饮凉药，是速其死也。故不医。"有老卒教予以芦菔根煮糯米为稠粥，入少许阿胶其中，啖之，马乃敢食。食已，用常肺药，入诃梨勒皮饮之。凉药为诃子所涩于肺上，必愈。用其言，信然。

治马背鬐法：仆有一相识，能治马背鬐。有富家翁买一马，直百余千，以有此病，故以四十千得之，已而置酒饮入，求治之。酒未三旬，而鬐已正，举座大笑。其方：用烹猪汤一味，暖令热，一浴其鬐，随手即正，不复回。良久，乃以少冷水洗之。此物兼能令马尾软细，及治尾焦秃。频以洗之，不月余，效极神良。秘之！秘之！

---

① 尚志钧校点：《证类本草（重修政和经史证类备用本草）》，华夏出版社1993年版；尚志钧点校：《大观本草》，安徽科学技术出版社2002年版；尚志钧校注：《绍兴本草校注》，中医古籍出版社2007年版。
② 成都文物考古研究所、荆州文物保护中心（执笔者：谢涛、武家璧、索德浩、刘祥宇）：成都市天回镇老官山汉墓，《考古》2014年第7期，第65页。
③ 孔凡礼点校：《苏轼文集》，中华书局1986年版，第2350～2351页。

在署名苏轼所撰《物类相感志》中，还摘记了《齐民要术》一些记载，如防治羊病传染的方法："于栏前作渎，深二尺，广四尺，羊往来跳过者，俱留圈中；不能过，入渎中行者，别养之，以免传染。"对于猪的催肥，则记有"赤豆煮粥食之，十日后宰，肥大加倍"。在《苏米谭史》中还记载了苏东坡夫人王润之用青蒿粥治疗牛痘斑一事。

明清是巴蜀地区中兽医发展较快的时期，虽然"无人学兽医久矣"（《猪经大全》序），但《三农纪》《活兽慈舟》《牛经切要》《猪经大全》《畜宝》等总结和发展了这一时期中兽医理论和中兽医经验，附有兽医内容的《农草合编》（清，佚名）在泸州、江安等地还流传过。[1]

《三农纪》除对马驴骡、牛羊豕、鸡鹅鸭、犬猫的饲养管理加以叙述外，还记载了疗马病药方十二个、疗牛病药方十三个、疗羊病药方三个、疗猪病药方三个、疗鸭鹅病药方六个、疗犬猫病药方六个。对中兽医基础理论也有不少精辟论述，如卷十九"马·疗治"谈到治马病时指出："治之者先识疾原，知其所犯以调护，然后议药必效。若中风者散之，感寒者表之，受湿者渗之，伤热者清之，凝者散之，散者敛之，结者消之，塞者通之，凉者温之，温者清之，太过者泻之，不及者补之，引之、导之、缓之、急之，治其外必兼其内，治其内必兼其外。不使阴阳偏薄，得气血调匀，荣卫畅和，不可不知也。"《三农纪》"水牛·疗治"指出："牛之病不一，治不过补泻寒温，药不过升降表利。结热则鼻汗而喘，宜主之以生利；积寒则鼻干而不喘，宜主之以发散；溺血则伤于热，宜伍之以凉血药；伤水者宜引导，结草者宜消磨。倘逢天行时疫，重加利剂，宜辟疫之药常熏栏中，或移藏他处。"对于传染病预防，《三农纪》也比较重视，特别强调饲养管理、使役不当与疾病发生的关系，认为家畜患病，多"（牛）由于平时水草失节，炎寒失措，劳苦失慎"所引起。在谈到传染病流行特点时指出："人疫染疫，畜疫染畜，染其形似者。豕疫可传牛，牛疫可传豕，当知避焉。"对于传染病预防除主张隔离病畜、避免健畜与病畜接触外，还列出了一些药物预防法，如："凡畜牛，宜制避瘟丹：乳香、苍术、细辛、甘松、川芎、降

---

[1] 李克琛：《四川中兽医发展概况》，引自四川畜牧兽医史料学组编：《四川畜牧兽医史料》四川省畜牧兽医学会1985年5月，第156~158页；四川畜牧兽医学会：《四川畜牧兽医发展简史》，四川科学技术出版社1989年版，第9~11页；中国畜牧兽医学会中兽医研究会：《中兽医学史略附中兽医名人录》，农业出版社1992年版，第53~55页。

真香,早晚于栏内烈火焚之,疫气远避。如邻疫,以逐邪散:川芎、藿香、藜芦、丹皮、元胡索、白芷、皂角、朱砂、雄黄、麝香,为末吹鼻,日三,令嚏三五次,秒染者可愈,未染者可却。尝以赤小豆入水令牛饮,或啖苦参汁,秒……如诸药不效者,巴豆去壳五钱,大黄四两,共为末,蚯蚓二两,研和,用急流水啖之";"(豕)染症以梓叶食之。宜常采切碎,入糟粕中饲,不特治症,亦易长。遇疫,以川芎、藿香、藜芦、丹皮、虎头骨、元胡索、细辛、白芷、苍术、朱砂,共末吹鼻内,令嚏三五次,病者可愈,未病不染。或以红砒、胡椒为末,饭丸如梧子大,刺耳入丸,肿腐效";20世纪三四十年代,双流县名兽医孙良臣的"白砒卡耳"、南川县名兽医王槐青的"红砒药线卡耳"等都是据上方发展而来。

《活兽慈舟》除叙述牛(旱牛、水牛)马豕羊犬猫的外貌鉴定、饲养管理外,还罗列了这些家畜二百三十八个病证载方七百零五首[①],其中黄牛病证四十八个,方剂八十八首;水牛病证八十二个,方剂三百三十二首;马病证七十二个,方剂一百八十八首;猪病证十三个,方剂四十三首;羊病证七个,方剂八首;犬病证九个,方剂三十首;猫病证七个,方剂十六首。对家畜疾病辨证施治,不仅理法方药精当,书中还有不少独到见解。对预防传染病的认识,《活兽慈舟》超出了前人的认识水平,丰富了中兽医预防科学的理论,其中有许多思想和方法都是首次提出的。如运用比较贴切的术语"瘟疫""疫疠""疫证"来表示不同性质的传染病,用"疫气"来表示传染病菌、病毒,用"染"来表示被传染,用"染疫"来表示患传染病,用"流行"来表示传染病的发生,用"传染"来表示传染病的流行,用"避"来表示隔离。同时指出"瘟疫流行,乃天地四时不正之杂气为殃。始则少之,久则秽气作疠,传染为害也。然马骡驴畜虽少,如牛有患,马难免殃……瘟疫流行,传染乡井市镇,或瘟人染畜,俱当避之。牛马染症,豕当避焉。"该书认为黄牛与水牛由于品种和生活习性的不同,其饲养管理和疾病治疗均有差异,特别指出:"旱(黄)牛与水牛各异。旱牛放牧于高岗,务知山陵之情性,须识草木之荣枯,故多能任重道远而不喜水浴;水牛蓄养于平地,当晓地势之高下,宜明水性之

[①] 和文龙:《近代的兽医科技》,引自郭文韬,曹隆恭:《中国近代农业科技史》中国农业科技出版社1989年版,第503~507页;徐旺生:《中国近代兽医科学技术》,引自白鹤文,杜富全,闵宗殿:《中国近代农业科技史稿》,中国农业科技出版社1996年版,第283~285页。

温凉，故能耕田而喜水浴，盖常浴之，则其体舒畅无灾矣。""凡治病者，当知旱牛脏腑虽受阳气发生，亦畏阴药，有证者不得不用；水牛其体属阴，更赖阳药以生扶，此皆疗医牛畜之真诀耳。"在牛病诊疗上的这种同中求异的做法，是其他兽医古籍中少见的。

对于少数民族兽医发展，藏兽医历史悠久，在涉藏地区流传的《论马宝珠》《医马论》《四部医典》（藏文名为《据悉》，全名《甘露精华八支秘诀串》）等经典总结了马病诊疗技术，《论马宝珠》《医马论》等论述了藏兽医三要素学说，《四部医典》收录论述了三十多种马病的藏兽医诊疗，并绘有各种病马图。彝兽医发展缓慢，现存仅凉山彝族自治州甘洛县清代中叶成书的《此木都齐》（意为"造药治病书"）收载药方八个[①]，即：

羊、狗生癞疮，人生疥疮（俗称干疮子），用"羊不吃"草捣烂后，泡水洗（一种黄泥土成红色，也可泡水洗治上述病）。

牲畜眼生白内障的，用熊油涂抹，每日一次，二三次可愈。

耕牛得劳伤的用苦参熬汤喂。

鸡下炞蛋的可喂猪油。

耕牛肩搭处疼者，用稀泥敷疼处。

人、畜的疮等愈后复发，小鸡突然无缘尖叫等，可烧海椒鱼骨熏之。

马因疾羸弱不堪收，可用枇杷叶煮汤灌之。

耕牛受伤（跌打）的生喂陈猪油。

第五节 玉米、红薯的传入及其影响

玉米、红薯（番薯）的传入和丘陵、山区的普遍种植，是影响深远的重大事件。没有推广，明清时代耕地的扩大和单产的提高都会受到很大限制。在川人所著著作如《四川通史》第五卷（陈世松主编，四川大学出版社1993年版）、《清代四川史》（王纲著，成都科技大学出版社1991年版）、《清代前期的移民填四川》（孙晓芬编著，四川大学出版社1997年版）、《跨出封闭的世界：长江上游区域社会研究（1644～1911）》（王笛编著，中华书局2001年

---

① 倪国平：《浅谈彝族医药及"此木都齐"》，引自《凉山彝族自治州甘洛文史资料选辑（第1辑）》，甘洛县政协文史资料委员会1989年7月编印，第223～224、233～253页。

版)、《清代四川农村社会经济史》(彭朝贵、王炎主编,天地出版社2001年版)、《清代四川文化拾零》(张力编著,中国国际出版社2009年版)、《四川通史》卷六(吴康零主编,四川人民出版社2010年版)中均有阐述。玉米、红薯不仅都是高产作物,而且都是耐旱作物,在巴蜀大地普遍种植后,不仅解决了历代未能解决的粮食增产低于人口增长的问题,而且推动了农业商业化和农产品市场化的发展。三百余年来,这些高产农作物一直是巴蜀地区粮食生产的重要组成部分①。

一、玉米的引进与普遍种植

玉米在巴蜀地区种植自清至今仅次于稻、麦,对巴蜀人民的生活生产都产生了广泛的影响。刊于清道光二十八年(1848)的《植物名实图考》(清吴其濬著)曾说:"川陕两湖,凡山田皆种之,俗呼包谷。山农之粮,视其丰歉;酿酒磨粉,用均米麦;瓤煮以饲豕,秆子以供炊,无弃物。"②

玉米又称"玉麦""御麦""玉蜀黍""包谷""番麦",原产墨西哥,15世纪末由葡萄牙人传至爪哇,一路经印度、缅甸传至中国西南地区;一路经菲律宾传到中国东南福建。巴蜀地区引种玉米大约是在明末清初,最早的记载见于清康熙二十五年(1686)的《成都府志》,时称"御麦",早于台湾、贵州、安徽等省区(万国鼎《五谷史话》)。清光绪版《奉节县志》说:"包谷、洋芋、红薯三种古书不载,乾嘉以来,渐有此物,今则栽种遍野。"在相当长的时间里,玉米种植进度缓慢,直到清道光十八年(1838)四川四府十四州厅县发生特大夏旱秋涝灾害后,因几乎所有传统杂粮皆不足以济荒,而玉米以其易种、耐瘠、产量大、耐储、耐饥等优点引起广泛重视,其种植得以迅速推广,种植面积日益扩大,并逐渐成为一些山地居民的主要粮食。③

民国时期,四川玉米的种植面积和产量起伏不定,常和水稻种植面积互为增减。雨水适宜,则水稻种植面积增加;如遇干旱,水稻不能大量栽插,则增加玉米种植面积。20世纪30年代,玉米商品量仅次于大米和稻谷。新中国成立

---

① 孙晓芬:《清代前期的移民填四川》,四川大学出版社1997年版,第62~68页;彭朝贵,王炎:《清代四川农村社会经济史》,天地出版社2001年版,第110~112页;陈世松:《四川通史》卷五,四川人民出版社2010年版,第302~325页。
② 黄培根:《四川省志·农业志》,四川辞书出版社1996年版,第141~151页。
③ 彭朝贵,王炎:《清代四川农村社会经济史》,天地出版社2001年版,第20~21页。

后,由于四川旱地较多,在粮食生产计划中玉米占有重要地位。1985年,巴蜀玉米种植面积已达2375万亩,总产量578万吨。

玉米种植技术,巴蜀地区最早见于《三农纪》。玉米选种办法,清代陈启谦的《农话》载:"采种于丰收之田,择完好之穗十分成熟者,去其首尾,采中部之粒藏之。"有用盐水、木灰水选种的,有用青矾水浸种的。也有"玉米种之既久,收获渐不如前,即另换新种"的。在栽培方面,《三农纪》说:玉米"植艺山土,三月点种,每颗须三尺许,种二三粒,苗出六七寸,薅其草,去其苗弱者,留壮者一株。三月莳,八九月获。获归苞以木架,透风令干。宜在室中闭户塞窗敲之,不致耗溅,再晒干收储。"《农话》又载:"下种时用牛马粪、猪粪、鸟粪一大握,和种子并纳穴中。""发芽后,去细弱者,择肥壮之秆留之。"出苗后,"用锄松土,去草约二次或四次,至开花乃已"。民国时期,玉米栽培技术多沿袭清代。抗日战争期间,除四次对玉米品种培育作了一些改进外,在栽培技术上仍沿用传统经验。科研方面,杨允奎教授1936年开始了玉米品种改进,1945年选育的458、411、452、404等四个双交种,是四川最早采用现代技术培育的玉米品种。新中国成立后,四川不仅继续选育推广玉米成双1号、川农双交1号、中单2号、雅玉等杂交良种,还总结推广了追肥、密植、治虫技术、育苗移栽技术、"隔行去雄,辅助授粉"技术、抗灾高产综合栽培技术、地膜覆盖栽培技术等。

二、红薯的引进与普遍种植

红薯,又称"番薯""甘薯"①,巴蜀地区称"红苕",原产中美洲墨西哥与委内瑞拉之间的地区。明万历年间(16世纪末)传入我国,引进的路线有两条:一是从吕宋(菲律宾)传入福建,另一是从越南传入两广。红薯传入后,恰遇福建因台风灾害发生饥荒,红薯被用作救荒作物种植,救活了许多人,从此人们对它刮目相看。

巴蜀引种红薯的史实,最早见于清雍正十一年(1733)(《四川通志》卷三十八)。红薯引入四川后,由于繁殖力强,产量高,营养丰富,受到农民欢迎,很快得到传播。引种红薯与闽、粤移民入籍巴蜀有着密切的关系,清嘉庆《资州志》记载了移民至资州的"闽粤来者始嗜之"。红薯"脊土沙土皆可

---

① 黄培根:《四川省志·农业志》,四川辞书出版社1996年版,第152~160页。

种。先是资民自闽粤来者始嗜之，今则土人多种以备荒"。《江津县志》记载，清乾隆三十年（1765）广东人曾受一任江津知事，从广东带来红薯种，教民种植。清乾隆三十五年（1770），黔江知县翁若梅得到《金薯传习录》（清陈世元著），当即向百姓宣讲此书，"告以种植之法与种植之利"。① 此后，各地纷纷刊印《金薯传耳录》，"广劝栽种甘薯，以为救荒之备"②。1786年，清代把红薯作为"救荒作物"。四川省许多州县大量种植红薯，清嘉庆、道光年间普及全省，成为四川人民的主要口粮。民国以后，旱地多的地方，红薯、玉米是农民的主要口粮。新中国成立后，很长一段时间，红薯一直是丘陵山区群众的"半年粮"。

有关红薯栽培技术，《三农纪》卷七"蓏属·薯"分"植艺"和"用地""藏种"进行介绍，其中"植艺"较为详细，其部分技术源于《金薯传习录》和民间经验。

清代至民国后期，红薯生产向来采用育苗移栽。1750年陆耀所著《甘薯录》说："俟蔓生既盛，苗长一丈，留二尺作老茎，余剪三节为段，掩入土中。每栽苗相距一尺，大约二分入土，一分留外，即又生蔓，随长随剪随种随生。"红薯繁殖分有性、无性两种。四川红薯一般不能开花结子，故除育种外，生产上均采用无性繁殖方法。在栽培上，栽插方式一般采用起垄作畦，栽插红薯。《三农纪》说，种红薯"宜高土沙地，熟耕，以土起畦，作垄二三尺，以根栽脊间。遇旱，汲浇以水，遇涝，急引沟水。苗蔓延垄，加土粪掩之，每生薯根"。历代都比较重视红薯栽插要理厢。栽插技术也在演变发展，《群芳谱》有"直插法"，《农政全书》有"波状插法"，《金薯传习录》有"斜插法"，《农话》有"船底插法"。这些栽插方法，有的至今仍在沿用。

翻蔓技术由来已久。《齐民要术》说："蔓缘塍，隔三五日即翻覆辫之，毋令着土丝根，致瘦芋本。"《金薯传习录》说："若雨多，则将蔓缀町上，毋令浮根布地。"《双溪物产疏》（1814）说："蔓须隔日一翻，否则根多而实小。"清代人对翻蔓技术都持肯定态度。1938~1939年省农改所试验，证明翻蔓有害，多翻早翻减产更甚。20世纪80年代以后，农民基本不翻蔓。

一般选留薯块做种，也有用藤蔓做种的。《群芳谱》说："于八月中拣近

---

① 清光绪《黔江县志》卷三。
② 清同治《酉阳直隶州总志》。

根老藤七八寸，每七八根作一小束。耕地作畦，将藤束栽畦内，如栽韭菜法。过月余，每条下生小卵如蒜头状，冬月畏寒，稍用草覆盖，至来春分种。"这和20世纪70年代四川推广的"苕尖越冬作种"相似。薯块留种，掘薯块要"拣近根先生者，毋令损伤"的作种。

民间种薯，重视施用基肥。《三农纪》说："壅宜大粪，春分后下种，若非沙地，须柴灰和牛马粪入土中，使土脉散缓。"贮藏薯种，"八月拣近根卵坚实者阴干，以软草裹之，置无风和暖处，毋令冰冻"。明确种薯越冬必须保暖防冻。何时收薯块最适宜，《群芳谱》说：甘薯"卵八九月（旧历）始生，冬至乃止。始生便可食。若未须者勿顿掘，令居土中，日渐大，至冬至须尽掘出，否则败烂"。《金薯传习录》也说："冬至当掘尽，不尽亦不能大。"

民国时期，省稻种改进所于1936年向省内征集红薯品种进行观察和试验，并于1940年引入南瑞苕，后成为红薯生产的主要品种。新中国成立后，红薯生产不仅种植面积有突破，而且种植技术日趋完善：新法育苗，早栽避旱；抽厢传土，加厚土层；推广良种，提纯复壮；施足底肥，促分枝早结薯；推广高温大屋窖，安全贮藏鲜红薯。

土豆，又称"马铃薯"，巴蜀地区称"洋芋"[①]。原产南美洲秘鲁和玻利维亚交界处的高原盆地。传至中国晚于红薯，先在台湾种植，然后进入大陆，也有从俄国引种到我国北方的，大陆最早见于清康熙三十九年（1700）《松溪县志》[②]。《三省边防备览》卷九记载，清乾隆时期江淮移民开始进入鄂、陕、川一带，开发老林，以种植玉米、马铃薯为生。据此，马铃薯传入巴蜀地区，首先应是夔州府、太平厅、保宁府一带的巴山老林。清道光二十四年（1844）《城口厅志》卷十八载"厅境嘉庆十二三年（1807～1808）始有之，贫民悉以为食"。马铃薯种植范围虽没有红薯广，但至今仍是一些贫瘠冷凉山区的主要粮食作物。

三、明清移民对巴蜀农业科技的影响

巴蜀和全国其他地区一样，传统农业体系的各个部分到了明清时代都得到了很好的完善，水稻、小麦、玉米、高粱、谷子、红薯和马铃薯主要粮食作

[①] 黄培根：《四川省志·农业志》，四川辞书出版社1996年版，第161页。
[②] 董恺忱，范楚玉：《中国科学技术史·农学卷》，科学出版社2000年版，第697～698页。

物依次形成格局在清代就基本形成了，清乾隆《涪州志》形象地记述这种"田种禾稻，山种杂粮，相资为用"的粮食种植新景象。巴蜀农业的地理格局并不完全是从远古的巴蜀居民那里一脉相承发展而来的，而主要是由明清时期特别是近代以来湖广及东南移民、官宦与宋末残存土著居民共同重新构造的，他们使近代巴蜀农业文化更深地带上了南方风格。此观点，暨南大学历史地理研究中心教授郭声波在其博士论文《四川历史农业地理》（四川人民出版社1993年版，第509页、第513页）有专门的阐述，进一步总结肯定了明清时期"湖广填四川"运动对巴蜀地区农业科学技术发展的促进影响作用。

第六章

巴蜀的中医药成就

巴蜀之地孕育了数千年光辉灿烂的巴蜀文化，其中，中医药文化是巴蜀文化中一颗独具特色的璀璨明珠。巴蜀境内的医事活动起源甚早，反映新石器时代文化的巫山大溪文化遗址出土了两枚骨针，说明至少在公元前四千年，古代巴蜀人就已经使用针刺的方法治疗疾病。

据学者考证，我国现存最古老的文献之一《山海经》，大部分是古代蜀国和巴国的作品，其中记载的医药内容，应当是中医药学产生的源头。《山海经·海内西经》说："海内昆仑之虚，在西北，帝之下都。昆仑之虚，方八百里，高万仞。上有木禾，长五寻，大五围。面有九井，以玉为槛。有九门，门有开明兽守之，百神之所在……开明东有巫彭、巫抵、巫阳、巫履、巫凡、巫相，夹窫窳之尸，皆操不死之药。"据多位学者考证，《山海经》中所说的昆仑，即位于四川西部的岷山。其所说的"开明兽"，当与古蜀国丛帝开明王朝有关。《山海经·大荒西经》说："有灵山，巫咸、巫即、巫盼、巫彭、巫姑、巫真、巫礼、巫抵、巫谢、巫罗十巫从此升降，百药爰在。"灵山，即位于四川东部之巫山。同时，《山海经》中还记载了大量的药物，据统计有一百三十多种，包括植物、动物和矿物类药。《说文解字》"医"字条下亦说："巫彭初作医。"可见，巴蜀地区是中医药文化重要的发源地。

巴蜀地区具有得天独厚的自然环境：既有雄奇险峻的高山峡谷和高低起伏的深丘浅丘，又有沃野千里的广袤平原；既有终年积雪的凛冽之地，又有四季如春的温暖之乡。地形地貌和气候条件的多样化，造就了物产的丰富与品类的繁多，所以自古巴蜀就有天然药库之称。丰富的药物资源也促进了巴蜀中药文化的发展，历代巴蜀本草著作的编撰，构筑成蔚为大观的巴蜀中药文化宝库。

在数千年中医药文化发展的历史长河中，巴蜀名医辈出，著述宏富。古今巴蜀医家以睿智的眼光观察自然、人体、疾病，在防病治病的实践基础上提炼出了丰富而精深的医学思想。这些医学思想对中医药文化的发展产生了重要影响，同时也成为我国中医药文化宝库的重要组成部分。

从有明确文献记载可考：早在汉代，就有涪翁著《针经》，这是我国最早的针灸学专书。

唐代，成都人昝殷著《产宝》，这是我国现存最早的妇产科专书。三台人李珣著《海药本草》，这是现存最早收载众多外来药物的本草专书。

五代时期，后蜀翰林学士韩保升等编成《蜀本草》，这是较早期的国家药典。

宋代，仁寿人虞庶注《难经》，成为最早对《难经》进行注解的医家。成都人唐慎微著《经史证类备急本草》，此书问世之后到李时珍《本草纲目》问世之前，一直是最具权威的本草专书，也是李时珍编写《本草纲目》所依据的蓝本。峨眉山人为丞相之子进行人痘接种，为天花的治疗开辟了新的途径。青神人杨子建著《十产论》，最早提出了胎位不正、难产等的处理方法。三台人杨天惠著《彰明附子传》，开创了专书论述单味药材的著作体例。成都人史崧献家藏旧本《灵枢》并作音释，使这部已经亡佚的十分重要的中医经典得以重新流传。

明清时期，较有影响的医著有：泸州人韩懋的《韩氏医通》，新都人杨凤庭的《失血大法》，兴文人齐秉慧的《齐氏医书四种》，万县人王文选的《医学切要全集》，郫县人姜国伊的《姜氏医学丛书》，什邡人罗绍芳的《医学考辨》，双流人刘仕廉的《医学集成》等。邛崃名医郑寿全撰《医理真传》《医法圆通》及《伤寒恒论》，强调人体阳气的重要性，并擅长使用大剂量温热药，成为四川"火神派"的开山。彭县名医唐宗海著《中西医汇通医书五种》，是在理论上探讨中西医汇通的先驱；他的另一著作《血证论》详细论述了阴阳水火气血的关系，分析了血证的病因病机，制订了治则治法，为后世医家所推崇并广泛遵循。清光绪年间，华阳女医家曾懿著有《医学篇》二卷行世，这在我国封建时代是十分少见的。这一时期，还有几部颇具影响的草药专书，专门收载本草不录而民间习用的草药，如合川人刘善述的《草木便方一元集》，作者佚名的《天宝本草》《分类草药性》等，至今仍是民间草药医的用药指南。

民国时期，有井研人廖平撰《六译馆丛书·医类》共二十七种，以经学家的眼光诠释中医经典。双流人张骥撰《汲古医学丛书》共二十四种，以独特的视角解读中医古籍，并辑复了古籍《雷公炮炙论》，使这部亡佚已久的药物炮制专书得以重新问世。这一时期，四川中医药界开始在各地建立学会、协会；开办中医学校，编写中医教材；创办中医刊物，传播中医文化；成立中医研究机构，开始利用现代方法研究中医。1929年，南京国民政府曾通过"废止旧医"提案，此事最终以废除提案而告终，证明代表中华传统文化精髓之中医药文化已深深扎根于中国人民的心中，中医药非但不会被废止，反而激起了有志之士学习、研究、传播中医文化的热情与信心。1929年至新中国成立，仅四川各地开办的各类规模不等的中医学校就达三十余所。中医从业人员的数量居于全国各省前列。许多技艺超群的医家，走出盆地，或北上京城，或南赴滇昆，或顺江而下，东至淞沪。有的悬壶济世，有的办学讲习，有的著书立说，为中医学术的发展和中医文化的交流做出了重要贡献。

新中国成立以来，中医药文化得到了更为广泛的传播，中医药事业更是有了空前的发展。1956年，国务院批准成立了成都、北京、上海、广州等四所中医学院，从此，中医药这一古老的文化进入了高等教育的殿堂。四川各市地，如成都、重庆（现重庆直辖市）、达州、万县、泸州、绵阳等，相继成立了中医药中等专科学校。今天，仅成都中医药大学就从当时每年招生不到一百名发展成了在校学生近三万名的综合性中医药大学，学历教育涵盖了从专科、本科、硕士、博士到博士后各个层次。政府主持兴办了各级中医医院，到20世纪末，四川已经实现了县县有中医院的目标。

巴蜀历来是名医辈出之地，20世纪50年代中期，由于建立中国中医研究院、北京中医学院等机构急需人才，四川一大批名中医进京，如冉雪峰、蒲辅周、杜自明、李重人、沈仲圭、王伯岳、王朴诚、叶清心、龚志贤、任应秋、方岳中等，他们以渊博的学识、良好的医德、高超的医技和出色的成绩捍卫了蜀医的地位。

1984年，四川省委、省政府在成都召开振兴中医药大会，做出《关于振兴四川中医事业的决定》，提出振兴中医的八条措施，为四川省中医药事业的发展提供了政策支撑。1986年12月成立四川省中医药管理局，逐步建立和完善了中医行业管理的行政体系。1997年2月21日，四川省第八届人大常委会第二十五次会议通过了《四川省中医条例》，使四川省中医药事业的发展有了法律的保障。

第一节　北宋前医家著述及医学思想

一、老官山汉墓医简与针灸模型

2012年，成都文物考古队在老官山汉墓发掘中发现大量医学文物，包括竹简九百二十余枚（含残简）和一座经穴髹漆人，简书全部为医学内容，经初步识读，暂定名为：《敝昔医论》《五色脉诊》《脉死候》《六十病方》《尺简》《病源》《经脉书》《诸病症候》《脉数》《医马书》十种。依据出土文物及墓葬形制，初步判定老官山墓葬的时代为西汉武帝时期。此次出土的竹简不仅是四川地区首次发现，也是我国出土数量最大、内容最丰富的医学简书。

老官山汉墓出土医简，其文物价值自不待言，其文献价值亦弥足珍贵。刘歆《七略》著录的西汉以前医书有医经七种，经方十一种，均亡佚殆尽，现仅有被后人指为《黄帝内经》的《素问》与《灵枢》传世。今本《内经》经后人多次整理，其面貌已非其旧，所以，关于《内经》的成书年代及其源流，关于究竟有无扁鹊、白氏其人其书等问题，众说纷纭，莫衷一是。随着对老官山汉墓出土医简的深入研究，必能将西汉时期的医学文献展现于学界，提供给众多学者研究参考，澄清当前存在的诸多疑问。此外，《医马书》的出土是首次发现的兽医文献。

西汉时期是我国学术文化发展的重要时期，国家稳定，科技发展，文化繁荣，对先秦学术进行了全面总结。中医学术的发展也不例外，西汉时期应是中医理论成熟的时期，但由于文献阙如，故后世对这一时期中医学术的发展认识不统一，存在不同说法。一般认为中医理论成熟于东汉末，以《伤寒论》成书为标志，至此时才将理论与临床紧密结合，即南齐褚澄所说："自汉而上，有说无方，自汉而下，有方无说。"这一观点一直为中医学界所接受。老官山西汉医简比《伤寒论》早三百年，既有理论，又有临床各科，随着研究的深入，定能找出有力的证据，弄清中医学术发展史的许多问题。

在老官山汉墓发掘中，首次发现了扁鹊医书，有数支竹简明确记录了"扁鹊曰"。如编号为29号的竹简："敝昔（扁鹊）曰：白乘白，病自已。所谓白乘白者……"编号为32号的竹简："敝昔（扁鹊）曰：人有九徼（窍）五藏十二节，皆朝于……"中医理论已较为成熟，有许多论述与《内经》相近似，如有关人与自然的关系，四时变化与五脏相应，经脉循行，察五色辨死生与预后等。已有相关疾病症候的病因病机分析，如编号为582号的竹简："肠瘅，食多善饥而少气，得之饥。"编号为592号的竹简："膏瘅，饮少而弱（溺）多，得之酒。"所记录的病症名众多，包括内、妇、儿、外各科病症。方剂完整，配伍、修治、煎服法均全。另有膏摩、熏洗等外治法。如编号为174号的竹简："廿二，治目多泣，取□羊角、少辛，相半屑之，以方寸匕取药，直□酒中饮之，取鲤鱼胆□□其中，阴干之，傅之……"

此次发掘的人体经穴髹漆人是我国发现的最早刻有经脉线和穴位的人体经穴模型，共刻有四十八条经脉线和一百一十七个穴位；而1993年在四川绵阳永兴镇双包山出土的西汉人体经脉漆人只刻有十九条经脉，无穴位。故此，无论从内容、数量、时代上看，老官山汉墓发掘的汉代医学文献文物具有不可替代的珍贵价值。绵阳双包山木胎髹漆经脉漆人，裸体直立，高二十八点一厘米，体表上绘有十九根纵行红线，与人体手三阳脉、手三阴脉、足三阳脉九条经脉和督脉相应，经脉从肢端走向头部，不分顺逆，大部分经脉在头部联络，但未交接，也不联络体内脏腑，但有由本脉分出的五条支脉。其将人体针灸模型的历史从宋代针灸铜人提前了一千余年，成为世界上最早的人体经脉模型，但其缺少足三阴经，同时无穴位，也无铭文，左手右足还存在一定缺损。老官山汉墓出土的木胎髹漆经穴漆人，裸体直立，高十四厘米，完整精致，与绵阳双包山汉墓出土人体经脉漆人造型和结构一脉相承，体表刻有四十八条经脉线和一百一十七个穴位位置的显著标识，躯干部位还阴刻"心""肺""肾""盆"等文字，其经脉数量、循行径路和交汇信息等均较绵阳汉墓经脉漆人更为丰富复杂。

二、涪翁的《针经》《诊脉法》

《后汉书·方术列传》载："初，有老父不知何出，常渔钓于涪水，因号涪翁。乞食人间，见有疾者，时下针石，辄应时而效。乃著《针经》《诊脉法》传于世。"清同治《彰明县志》谓其"避王莽乱，隐其姓名……人以涪翁称之"。涪翁的医疗活动大约在西汉与东汉之交，姓氏里籍已不可考，因其避乱入蜀，应是有来头的人。他擅长脉法及针灸，治疗效果很好。著有《针经》《诊脉法》二书，可惜均已亡佚。现存最早的针灸专书是西晋皇甫谧的《甲乙经》，在《甲乙经》之前尚有三国时吕广的《一匮针经》、晋张子存的《赤乌神针经》、僧匡的《针灸经》，均已亡佚，但时代均晚于涪翁的《针经》。所以，涪翁的《针经》是我国最早的针灸专书。其书虽已亡佚，但其内容随其弟子口耳相传，保存于后世的针灸专著之中。涪翁的《针经》在我国针灸学的发展史上无疑具有重要的地位。涪翁的另一著作《诊脉法》，是我国最早的诊脉专书。西晋王叔和的《脉经》，是我国现存最早的诊脉专书，而涪翁的《诊脉法》至少要早三百年。

三、昝殷的《产宝》

昝殷，唐代四川成都人。唐大中六年（852），时任剑南西川节度使的白敏中因家族中有妇人难产而死，遂命属下寻访名医良方，时人举荐昝殷。白敏中向其询问救治产妇良方，昝殷一一剖析，令白敏中深以为然。后白氏家族中又有产妇病情危急，延请昝殷救疗，即刻转危为安。白敏中极力鼓动昝殷将自己的医疗经验编撰成书，以广流传。昝殷遂潜心编写，经数年时间完成了书稿，白氏建议将其命名为《产宝》。

《产宝》一书因年代久远已亡佚，后世流传的称《经效产宝》，已非原书旧貌，但是现存最早的妇科专书。《经效产宝》共三卷四十一论，收集了有关经闭、带下、妊娠、坐月难产、产后诸证等备验药方三百七十八条。编写体例带有唐代行文的朴素风格，书中所载处方和议论，简单明了，实用性强。如对胎动不安（即流产先兆），指出原因有二：一是孕妇有病，因而胎动流产；二是胎儿先天发育不良，引起流产。对胞衣不出的分析、对难产的治法等，至今仍具指导意义。该书保存了唐以及唐以前的妇产科知识及治疗经验，一定程度上反映了唐代妇产科的水平和成就，对后世妇产科的发展具有深远的影响。

昝殷尚著有《食医心鉴》三卷、《导养方》三卷，均已亡佚。

四、李珣的《海药本草》

李珣，字德润，五代时的文学家、药学家。祖籍波斯，其先人李苏沙，唐初从波斯来到长安，随国姓为李，之后定居于长安，经营香药。唐中和元年（881）为避战乱，逃到四川，定居于梓州（今三台县）。其家素以经营香药为业，因而他对香药有广泛的研究。香药大多来自海外，因此他把自己的著作称为《海药本草》。

《海药本草》对我国古代研究外来药做出了重大贡献。全书共六卷，今存佚文中含药一百二十四种。李珣为编写这部著作，曾亲自东下，搜集大量资料，从五十余种中药文献中引述有关海药（海外及南方药）的资料，记述药物形态、真伪优劣、性味主治、附方服法、制药方法、禁忌畏恶等，使这部著作的内容更加充实和完善。全书涉及四十余处产地名称，以岭南及海外地名居多。所述药物中海桐皮、天竺桂等十六种为新增药物。另如丁香、肉豆蔻、降真香等药物，隋以前已引入我国，但记载简略，影响甚微。李珣填补了这些药材的资料，被医学界所使用。

《海药本草》是我国第一部海药专著，别具一格。虽然原书已佚，但宋代唐慎微的《经史证类备急本草》（简称《证类本草》）和明代李时珍的《本草纲目》保存其佚文很多，使其基本内容保存了下来。

五、韩保升的《蜀本草》

韩保升，五代后蜀人，约生活于公元10世纪，生平里籍史书无载。后蜀主孟昶在位时（934~965），韩保升任翰林学士。他精通医学，并深知药性，因而施药辄有效，声名颇著。后蜀主孟昶令其与蜀中诸医工编撰本草，撰成《蜀重广英公本草》，即《蜀本草》。该书取《新修本草》并《图经》相与校正，详察药品形态，精究药物功效，稍增注释，由孟昶作序，刊行于世。共二十卷，由《新修本草》的全文、《新修本草·图经》的部分内容、韩保升等增广注释的内容三部分组成。原书已佚，但在《嘉祐本草》中"蜀本云"和《证类本草》中"唐本余"可见该书佚文。这是继《新修本草》之后，又一部由朝廷颁布的国家药典。韩保升在此书中首次阐释了"本草"一词："按，药有玉石、草木、虫兽，而直云本草者，为诸药中草类最众也。"

第二节 北宋以来医家著述及医学思想

一、唐慎微的《证类本草》

唐慎微，字审元，蜀州晋原（今成都崇州）人，北宋蜀中名医，药物学家。出身于世医家庭，对经方深有研究，知名一时。宋元祐年间（1086~1094）应蜀帅李端伯之召，至成都行医，居于华阳，疗疾如神，百不失一。据同乡宇文虚中跋《重修政和经史证类备急本草》记载，他"貌寝陋，举措语言朴讷，而中极明敏"。他不但医术高明，而且医德高尚。外出治病，"不以贵贱，有所召必往，寒暑雨雪不避"。他医不重酬，但以名方秘录为请，从而积累了丰富的医药学资料。为了把所掌握的医药学知识贡献给社会，他在《补注神农本草》《图经本草》等书的基础上，广泛采集医家常用和民间习用的验方单方，又从经史百家文献中整理出大量有关医药学资料，结合自己丰富的实践经验进行研究，于1082~1083年间，编写刊印了药物学巨著《证类本草》。

《证类本草》分三十二卷，六十多万字，是集宋以前本草学之大成的著作。该书问世后，历朝修刊，并数次作为国家法定本草颁布，沿用近五百年之久。明代李时珍编撰《本草纲目》，就是以此书为蓝本加以增补考证而成。

该书囊括了上自《神农本草经》，下到北宋《嘉祐本草》以前的历代医药文献精华，内容丰富广泛，理论性强，记载详备，体例严谨，层次分明，是后世学者考察本草学发展史，辑佚古本草、古医方书籍的重要文献源泉，也是我国现存年代最早、内容最完整的一部划时代的本草学名著。此书出版不久，很快传入朝鲜、日本等国，受到重视。李约瑟的《中国科学技术史》称此书"要比15世纪和16世纪早期欧洲的植物学著作高明得多"。

《证类本草》中保存了宋以前的大量医药文献，唐慎微旁征博引，精研考证，不仅收录集成宋以前各家医药经典名著，还收辑了经史外传、佛书道藏等书中有关医药的资料，引用书籍达二百四十六种。尤其难得的是，在引用资料时，唐氏均注明了原始出处，且采用"原文照录"方式，这对文献的保存、原著的研究是极其重要的。《证类本草》的这一优点，正是《本草纲目》之不足，所以在考察已佚的宋以前医药著作时，《证类本草》是不可多得的工具书。李时珍亦言："使诸家本草及各药单方，垂之千古不致沦没者，皆其功也。"

该书收载医方，首创"方药对照"研究。宋以前本草，一般只简单记载药物功能主治，并不附方，医家在学习和使用时，必须得重新检阅方书，造成一定的不便。有鉴于此，唐慎微辑录《伤寒论》《金匮要略》等经典医书中的方剂以及历代名医的方论，还大量收集了当时医家常用和民间习用的单方验方，再加上自己临床验证行之有效的处方，共三千余条，分别载入有关药物项下，使学者开卷后即能一览用途用法。唐氏创立的这种"方药对照"编写方法，为临床应用及学习提供了很大的方便，此后，很多药物书都沿用这种体例。

二、杨子建的《十产论》

杨康侯，字子建，北宋眉州青神（今四川青神县）人。他自幼苦研医技，以为活人济世之业。他著有《通神论》《护命论》等书，今未见，所著《十产论》保留至今。该书成于宋元符年间（1098~1100），重点对异常分娩作了详细论述，同时也讲述了如何使胎位转正的各种外科手法，讨论了正产、伤产、催产、冻产、热产、横产、倒产、偏产、碍产、坐产、盘肠产等十一个问题。如论述横产时说："儿先露手，或先露臂，此由产母未当用力而用之过也。儿身未顺，用力一逼，遂至身横，不能生下。当令产母安然仰卧，后令看生之人，先推其手令入，直上渐渐逼身，以中指摩其肩，推上而正之，或以指攀其耳而正之。须是产母仰卧，然后推儿直上，徐徐正之，候其身正，煎催生药一盏吃了，方可用力，令儿下生。"他对分娩和难产的分析，都具有很好的临床价值，而非纸上谈兵。例如对倒产、偏产、碍产等胎位或胎式异常而导致难产的论述，早于16世纪法国医生阿姆布鲁斯·巴累所创转胎手法，其成就领先西欧五百年。

三、韩愗的《韩氏医通》《杨梅疮论治方》

韩愗，明代医家、道士。字天爵，号飞霞道人，曾易名为白自虚人，人称白飞霞。四川泸州人。少为诸生，博览群书，能诗善文。因屡试不第，而改习医，先后师从表舅华恒岍、金华王山人、武夷仙翁黄后鹤等。云游时，复得峨眉高人陈斗南教授，数年实践，医术日益精湛，医人无数，在当时享有很高的威望。明正德年间（1505～1521）曾至京师，受明武宗召见，并赐号"抱一守正真人"，后返蜀，卒于成都。

韩愗著有《韩氏医通》二卷（1522），上卷分绪论、六法兼施、脉诀、处方、家庭医案等，下卷分悬壶医案、药性裁成、方诀无隐、同类无药等。本书是一本兼顾理、法、方、药，对临床有重大实用价值的综合性医书。该书强调四诊合参以鉴别病证，提倡"六法兼施"的医案格式。六法是指：望形式、闻声音、问情状、切脉理、论病原、治方术六个部分。其曰："六法者，首填某地、某时，审风土时令也。然后切脉、论断、处方，得其真也。各各填注，庶几病者，持循持续，不为临敌易将之失，而医之心思既竭，百发百中矣。""六法兼施"对病历格式的发展起了很大的影响，为后世循用。另外，韩愗创制了很多简捷使用的良方。例如，"三子养亲汤"，该方药物组成只有三味，其功用可降气快膈、化痰消食，专治痰阻气滞喘咳，至今仍为临床常用之方。

梅毒是一种危险的性病，于1493年传入欧洲，在几年内便广泛传播，被人们视为一种瘟疫，有"大天花"之称。葡萄牙商人将该病带到了亚洲。1502年传到我国广州。从广州开始，由南到北传播，日渐盛行，引起当时医家普遍关注。俞弁的《续医说》（1545）指出："弘治末年，民间患恶疮自广东人始，吴人不识，呼为广疮，又以其形似，谓之杨梅疮。"众医家对杨梅疮进行了研究和治疗，韩愁的《杨梅疮论治方》即是治疗杨梅疮的最早专著。遗憾的是，该书已佚。另外，韩氏已佚的著作还有《方外奇方》《滇壶简易方》《韩氏有效方》等。

四、"火神派"鼻祖郑钦安

郑钦安，名寿全，原籍安徽，其祖游宦四川，遂寓居邛崃。五岁即从父读，稍长，博览群书，年十六已读完"四书五经"，随父亲从邛崃迁居省城成都。其父因屡次科考失败，痛恨官场压抑人才，毅然令其子拜成都德高望重的一代通儒兼名医刘芷塘为师专心医学。在老师的教导下，郑钦安熟读《内经》《周易》《伤寒论》诸书，尤精于《伤寒论》。他于二十四岁开始行医，以自己独特的医学思维方式治愈多种疑难杂症而名噪蓉城。

郑钦安强调元阳真气在人体生命活动中的重要作用，所以治病立法重在扶阳，用药多为大剂姜、附、桂等辛温之品，人称"姜附先生""郑火神"。他认为"万病皆损于阳"，因而这种扶阳的思想贯穿于他的临床辨证施方当中。例如他辨鼻衄症认为：有由火旺而逼出，定有火形可征，如口渴饮冷、大小便不利之类，法宜清火攻下，如大小承气、犀角地黄汤、导赤散之类。有由元阳久虚，不能镇纳僭上阴血，阴血外越，亦鼻血不止（不仅鼻血一端，如吐血、齿缝血、耳血、毛孔血、便血等），其人定无火形可征，二便自利，唇舌淡白，人困无神，法宜扶阳收纳，如潜阳、封髓、甘草干姜或加安桂、吴萸之类。

他在师承刘芷塘的医学理论基础上，博览古今医书七十余种，取其所长，不断在医疗中总结经验。于1869年著《伤寒恒论》十卷，释方辨脉，颇切实际；《医理真传》四卷，论乾坤坎离、五行、四诊、辨阳虚阴虚、杂病内外虚实及经方时方之要。1874年又撰《医法圆通》四卷，内含妇儿科杂病以及伤寒温病百余种病症，如咳嗽、呕吐、泄泻、腰痛、头痛、唇口红肿、齿牙肿痛、口臭、喉蛾、臂痛、痉挛、心痛、胃痛、二便不利、淋证、失眠、健忘、胀满、中风、淋浊、痿躄……门类遍及于五脏六腑、外感内伤。

五、中西医会通的先驱唐宗海

唐宗海，字容川，四川彭州人。唐氏幼年好读书，知识渊博，经史书画样样精通。少时业儒，清光绪年间举进士。早年又潜心医学，精习方书，有很高明的医疗技术，后以行医为业。唐氏主张兼取众家之长，"好古而不迷信古人，博学而能取长舍短"。著有《中西汇通医书五种》，包括《中西汇通医经精义》《伤寒论浅注补正》《金匮要略浅注补正》《血证论》《本草问对》等。其中，《血证论》《中西汇通医经精义》为其代表著作。

《血证论》一书共八卷，对于血的生理功能以及运行情况的论述，从阴阳水火气血立论，说明气血既相互对峙，又相互维系。对血证病机的研究，重视脏腑，抓住气滞、血瘀、火热之间的关系。在脏腑病机中，除结合气滞、气逆、血瘀、火热之外，又重视气虚不摄，将血证病机归纳得十分得当，为该病的正确治疗奠定了基础。摸索出血证治疗的四大法则，即"止血""消瘀""宁血""补血"。其血证治疗的经验和原则，至今仍有很重要的实践价值。唐宗海主张中西汇通，是中西汇通医家的代表人物之一。他认为，世界科学文化相互交流，医学也应当取长补短，使其更加尽善尽美。他指出：医学发展应"不存疆域异同之见，但求折中归于一是"。

六、女中医曾懿

中医有数千年的历史，而女中医却是极为罕见的，尤其是像曾懿这样有医名且有著作传世的女医家就更是寥若晨星了。

曾懿，字伯渊，又名朗秋，生于清道光十七年（1837）一官绅家庭，四川华阳人，是一位既通晓医理，又有行医救国思想的晚清蜀中女名医。从小就在其母左（锡嘉）夫人的教诲下，研读经史，擅长丹青、文辞。曾懿学医大约是在清同治年间（1862～1874）。其时川西平原瘟疫流行，许多患者由于医治无效而丧生。曾懿既怜乡民之无辜，更恨庸医不识寒温，泥执古方之无能，因而苦读家藏医药典籍，上始汉唐，下迄清末，凡精辟之论述，严谨之方剂，都一一摘录下来，悉心钻研。而后，她给亲友们治病，不几年，居然正式行医。由于她医技精湛，医德高尚，前来求医者门庭若市，在群众中享有极高的声誉。

由于她曾得过四次温病，以及目睹瘟疫肆虐、荼毒乡民的惨状，根据著名温病医家吴鞠通的理论指导临床疗效卓著，很多验方能转危为安。至此提倡医者不可一概泥于古方古法，而应"潜心体察，掇其精英，摘其所偏，自能豁然贯通，变化无穷"。而吴鞠通《温病条辨》深得她推崇，她称此书"妙在顾人津液,不专攻伐"。且吴鞠通和叶天士这些医家能大胆创新,"皆能运化古方,以治今人之病"。她临床施方时,特别认真谨慎,例如治疗温病,她不单重视温病伤津,而且也考虑到病后伤阳(气)。她指出:"温病愈后,面色萎黄,舌淡,不欲饮水……不食,阳气虚也,小建中汤主之。"温热病毒之邪属火、属阳,伤阴的后果是显而易见的,但病后阳虚却往往被医生忽视。由此可见,曾懿对温病治疗的认识是很全面的。经过三十九年的刻苦钻研,曾懿对伤寒和温病的病证及其治法有了十分深刻的体会,所以掇其精英,摘其所偏,就成了《医学篇》的主要内容。该书分四卷,对伤寒和温病进行了深刻的辨析介绍。将《温病条辨》《温病经纬》诸书各方摘录成帖,明澈显要。并将她临床所得医效古方、时方以及她自己的验方,筛选其疗效卓著者,分成伤寒、温病、杂症、妇科、幼科、外科等,附于书中,便于学者研读。该书问世后,引起当时医者的极大关注,影响甚广。

第三节 医事活动及其影响

一、郭玉"医意说"

《华阳国志》卷十注:"郭玉,字通直,新都人也。明方术,伎妙用针,作《经方颂说》。官至太医丞、校尉。"《后汉书·方术列传》载:"郭玉者,广汉雒人也。初,老父不知何出,常渔钓于涪水,因号涪翁……弟子程高,寻求积年,翁乃授之。高亦隐迹不仕,玉少师事高。"

郭玉,字通直,四川广汉(一说新都)人,在针灸、脉学等方面有很深的造诣。据《后汉书》记载,郭玉为太医丞应召入宫,汉和帝有意要考一下他诊脉的技艺,隔着帷幔让郭玉为宫女诊脉,在宫女中间夹杂太监。郭玉诊到太监时说,此脉不是妇人之脉,和帝感叹称善。郭玉为穷人治病,疗效显著,为达官贵人治病,却间或不愈。汉和帝召见郭玉责问其故,郭玉说:"医之为言意也",就是说医生对病人必须全心全意,病人必须让医生能做到专心致意,才能把病治好。由于富贵者官高势赫,医生怀着惶恐的心情为其诊治,不能做到全心全意,所以医治效果较差。他还指出,为显贵治病有四难:"自用意而不任臣,一难也;将身不谨,二难也;骨节不强,不能使药,三难也;好逸恶劳,四难也。"郭玉的这番议论,指出治病时病人和医生必须密切配合,平时生活要有规律，注意运动和劳动锻炼，增强体质，就不易患病，即使患病后也容易治愈。这些至理之言，可谓深得疗疾与养生之道，至今仍为人们所重视。

二、虞洎医谏

《国语》有"上医医国"之说。《汉书·艺文志》也说："太古有岐伯、俞拊，中世有扁鹊、秦和，盖论病以及国，原诊以知政。"五代时，蜀中也出了一个"原诊知政，论病及国"的医家虞洎。

五代后唐明宗天成年间（926~929）孟昶、董璋以军功分别授任西川和东川节度使。其后不久，因二人各怀割据异志，遂相互通好，结为姻亲，联谋造反，于后唐长兴元年至二年（930~931）分别出兵攻占了阆州和遂州。长兴三年（932），孟昶自感实力不足，欲归顺朝廷，派人通报董璋。董璋因其儿子一家被朝廷诛杀，故坚执不从，并怀疑孟昶背叛自己，二人遂从联合趋于分裂。正是在这个时期，董璋因患消渴之疾，久治不愈，乃差人向孟昶求医，孟昶派遣虞洎前往梓州（今四川三台）诊治。诊视后，董璋问道："璋之所患，经百医而无微瘥，何也？"虞洎说："公之疾，非惟渴浆，而实惟渴土，得土则不药愈矣。"正好说中了董璋的心事。虞洎见董璋并未醒悟，接着说道，"洎闻天有六气，降为六淫，淫生六疾，害于六腑者，阴阳风雨晦明也，是以六淫随焉。六疾者，寒热入腹感心也，是以六腑随焉。故心为离宫，肾为水脏，晦明劳役，百疾生焉。大都视听至烦，皆有所损。心烦则乱，事烦则变，机烦则失，兵烦则反。五音烦而损耳，五色烦则损目，滋味烦而生疾，男女烦而减寿，古者男子莫不戒之。公今日有万思，时有万几，乐淫于外，女淫于内，渴之难疗，其由此乎！"虞洎这一段关于医理的论述，实际上是对董璋扩张权力的政治野心作了一番隐喻的劝诫。可惜的是，这并没有引起董璋的重视，最后还是起兵"率所部兵万余人以袭知祥"，结果被孟昶的军队杀得大败，仅"得数十骑，复奔于川东"，被寓居于川东的前陵州刺史王珲率众执杀。

三、峨眉山人种痘术

据史书记载，天花起源于印度等地，公元476年传入我国，并于五代时期在一定范围流行。我国史书很早就记载了一些重要的免疫史籍。晋代医学家葛洪（265~313）在其所著《肘后备急方》一书中，就记载了天花。他说："比岁有病时行发斑疮，头面及身，须臾周匝，状如火疮，皆戴白浆，随决随生，不即治，剧者数日必死。治得瘥后，疮瘢紫黯，弥岁方灭，引恶毒之气也。以建武中于南阳击虏所得，乃呼为虏疮。诸医参详作治，用之有效。"

我国古代一直用人痘接种法来预防天花，在牛痘接种法未发明前，这种方法一直沿用，是预防天花最早的免疫法。宋真宗时，我国发明了预防天花的方法——鼻纳痘苗法。据《痘疹定论》载，宰相王旦生子而伤痘，命人寻名医，"时有四川人做京官者，闻其求医治痘，乃请见而陈说种痘之有神医，治痘之有妙方，十可十全，百不失一。王旦知之，喜相问曰：'此神医是何姓名，何处居住也，汝即知之，为我请来。'彼应之曰：'此医环峨眉山之东西南北，无不求其种痘，若有神明保护，人皆称为神医。所种之痘，称为神痘。'"两个月后，把这位神医从峨眉山请到汴京，视宰相之子王素，摩其顶曰："此子可种。"次日即为他种痘，至第七天小孩身上发热，十二天后，所发之痘即结痂。这次种痘效果很好，后来王素活了六十七岁。这是我国有关种痘的最早记载。

峨眉山种痘法在民间一直流传，16世纪被载入《痘治理辨》及《医宗金鉴》等书中。据清代《医宗金鉴》，种痘主要有四种方法：一是痘衣法：将痘疮患者的衣服给需要接种的人穿，以引起感染。二是痘浆法：用棉花蘸上痘疮的浆液，塞进被接种者的鼻孔。三是旱苗法：将收集的痘痂阴干研成细末，用细管吹入被接种者的鼻孔。四是水苗法：用棉花蘸上水调的痘痂细末后，塞入被接种者的鼻孔。对这几种方法，《医宗金鉴》评论道："然即四者而较之，水苗为上，旱苗次之，痘衣多不应验，痘浆太涉残忍。故古法独用水苗，盖取其和平稳当也。近世始用旱苗，法虽捷径，微觉迅烈。"这种取自患天花患者的痘痂称为"时苗"，其本质是令接种者感染一次天花，仍有相当的危险性，权衡利弊之后，选取经几代传递而致"苗性和平"的痘痂做疫苗，称为"熟苗"。"熟苗"本质上是一种减毒的疫苗，比之"时苗"，因质的改变，提高了种痘的安全性。

这种免疫方法传入日本、朝鲜等周边国家，并通过丝绸之路传入土耳其及西方国家。在没有其他预防天花的有效方法时，峨眉山人种痘术对推动世界医学发展做出了很大的贡献。人痘接种法传入英国四十年后，由医生琴纳（E.Jenner，1749~1823）经过反复试验，才以牛痘来预防天花。

第七章 都江堰治水系统工程的成就

都江堰水利工程从修建起至今，已历经二千二百七十余年而不衰，是中国古代历史上最成功的水利杰作，更是古代水利工程沿用至今、"古为今用"而硕果仅存的奇观。与之兴建时间大致相同的古埃及和古巴比伦的灌溉系统，以及中国陕西的郑国渠和广西的灵渠，都因为沧桑变迁和时间的推移而不复从前。唯有都江堰至今还滋润着"天府之国"的万顷良田。

都江堰水利工程充分利用当地西北高、东南低的地理条件，根据江河出山口特殊的地形、水脉、水势，乘势利导，无坝引水，自流灌溉，使堤防、分水、泄洪、排沙、控流相互依存，共为体系，保证了防洪、灌溉、水运和社会用水综合效益的充分发挥。都江堰建成后，成都平原沃野千里，"水旱从人，不知饥馑，时无荒年，谓之天府"，对四川经济文化的发展起到了很大作用。其最伟大之处是建堰两千多年来经久不衰，而且发挥着越来越大的效益。都江堰的创建，以不破坏自然资源，充分利用自然资源为人类服务为前提，变害为利，使人、地、水三者高度协调统一。

都江堰是我国古代文明史中的光辉篇章，是历代各族人民以奇勇大智战天斗地的伟大创举，其选址之精准，工程之独特，技巧之高超，结构之科学，管理之完善，效益之显著，文化底蕴之深厚——集天文、地理、地质、水文、水利、工程、考古、历史等诸多学科知识之大成，堪称世界水利奇观之最。古今中外，与其同时代的大型工程虽然不少，但因年湮代远，或湮没，或毁坏，或失效，今皆荡然无存，唯有都江堰经千秋风雨，历久不衰，至今傲然屹立，且生机勃勃，仍然为川西平原的富饶发挥着不可或缺的作用，实乃世界水利工程之瑰宝，令世人赞美不绝。

第一节 都江堰的科技成就

都江堰古时曾被称为湔堰、湔堋、金堤、都安堰、灌口堰等，到了宋代始名都江堰。现属成都市管辖，位于都江堰市城西，成都西北大约五十五公里处，处于岷江从山区泻入成都平原的地方。岷江是长江上游的一条较大的支

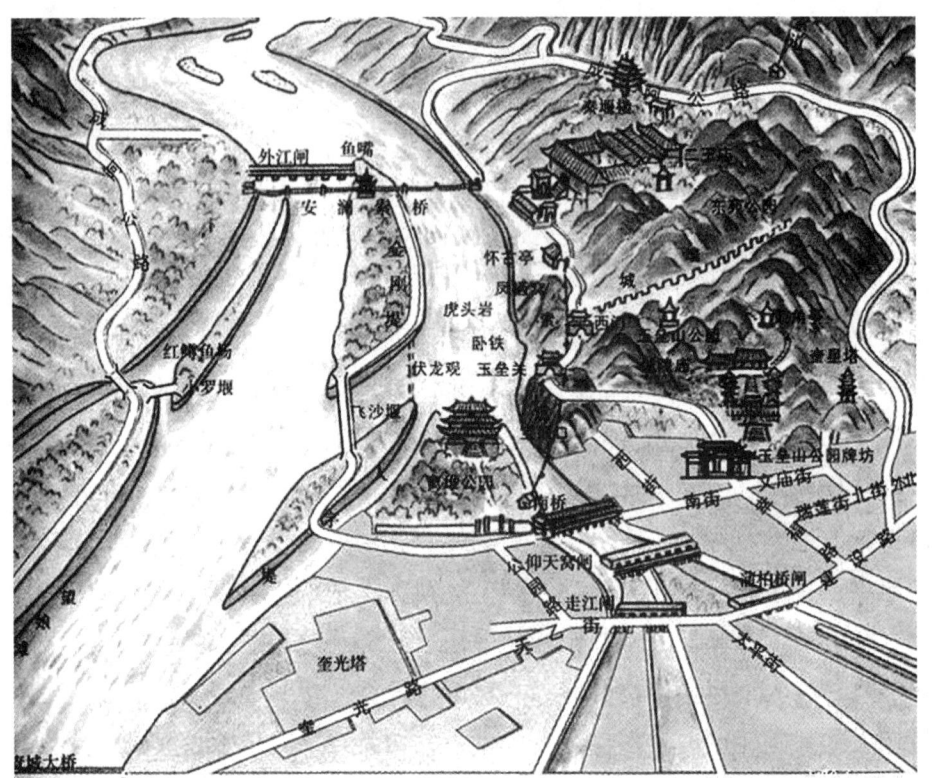

都江堰示意图

流,发源于四川北部高山地区。每当春夏山洪暴发的时候,江水奔腾而下,进入成都平原,由于河道狭窄,古时常常引起洪灾,洪水一退,又是沙石千里,而岷江东岸的玉垒山阻碍江水东流,造成东旱西涝。在都江堰建成前,岷江江水常泛滥成灾,秦昭襄王五十一年(前256),秦国蜀郡太守李冰和他的儿子吸取前人的治水经验,率领当地人民兴建水利工程。都江堰建成后,使成都平原成为水旱从人、沃野千里的"天府之国"。这项工程直到今天还在发挥着作用,是全世界迄今为止,年代最久且唯一留存,以无坝引水为特征的宏大水利工程。

何谓无坝引水呢?我们都知道想要水流动必须要有落差,也就是水头。灌溉、城市取水等需要将河流、湖泊中的水引到某处,必要条件是要有落差。对于不同的地形而言,有不同的引水方法:如果水源地低于需水地(大部分情况是这样,因为城镇都在河流两岸分布),就需要抬高水头,方法是用水泵抽水,或是建筑水坝把水位抬高,而后者一次建成后维持资金比较少,又具有防洪、发电的作用,所以是最普遍的水利工程。如果水源地高于需水地,可以利用地形建筑自流引水的工程，都江堰的修建就是利用了水源地高于需水地的优势，未修建任何大坝或使用任何工具来抬高水位，直接将水流引向需水地。

都江堰的创建，以不破坏自然资源，充分利用自然资源为人类服务为前提，变害为利，使人、地、水三者高度协和统一，是全世界迄今为止仅存的一项伟大的"生态工程"。都江堰开创了中国古代水利史上的新纪元，标志着中国水利史进入了一个新阶段，在世界水利史上写下了光辉的一章。都江堰水利工程是中国古代人民智慧的结晶，是中华文化划时代的杰作。

都江堰的主体工程是将岷江水流分成两条，其中一条水流引入成都平原，这样既可以分洪减灾，又起到了引水灌田，变害为利的作用。另外一条则汇入长江。都江堰水利工程最主要部分为都江堰渠首工程，这是都江堰灌溉系统中最关键、最重要的设施。都江堰渠首工程主要由鱼嘴分流堤、飞沙堰泄洪道和宝瓶口引流工程三大部分组成。它科学地解决了江水的自动分流、自动排沙、控制进水流量等问题，三者首尾相接、相互照应、浑然天成、巧夺天工。

一、渠首工程概况

鱼嘴分水堤坐落在岷江中游的顶端。"鱼嘴"是都江堰的分水工程，因其形如鱼嘴而得名，它昂头于岷江江心，将奔腾而来的岷江一分为二，西边叫外江，俗称"金马河"，为原始河床，是岷江正流，主要用于排洪；东边沿山脚的叫内江，是人工引水渠道，主要用于引流灌溉。"鱼嘴"巧妙之处体现于两点，其一是它利用内江河床低则枯水季节六成引水，外江河床宽则洪水季节六成泄洪，所谓"分四六，平潦旱"正是这个道理。其二是"鱼嘴"处于岷江中游第一湾的末端，它巧妙地利用了弯道流体力学的自然法则，即表层水流入凹岸，底层水流入凸岸，于是沙石含量较少的表层水自然涌入内江，而底层水则顺着江湾的凸岸挤向外江，绝大部分沙石也就在外江河道上滚动、留沉，所谓"四六分洪，二八排沙"说的便是这个道理。当"鱼嘴"将江水导入内江以后，奔腾的江水便准备着流向成都平原。

飞沙堰溢洪道位于金刚堤尾部、离堆前端，长约二百米，高二点一五米，其作用是在内江水量较小的时候，拦水进入宝瓶口，起着河堤的作用，保证灌区水量。在洪水季节水量较多时，大量的江水由于受到宝瓶口的阻拦并在此淤积，当超过溢洪道的高度时，多余的水量就自动排泄到外江。李冰还巧妙地利用宝瓶口前面三道崖的弯道环流地形和水势，第二次利用弯道流体力学原理，简单易行地解决了河沙淤积这个水利工程的难题,让飞沙堰自动排去内江泥沙量的百分之七十五,令中外学者赞叹不已。飞沙堰是都江堰水利工程三大工程之一,看上去十分平凡,其实它的功能作用非常大,可以说是确保成都平原不受水灾的关键。

宝瓶口起"节制闸"作用,能自动控制内江进水量,是在前山(今名灌口山、玉垒山)伸向岷江的长脊上凿开的一个口子,它是人工凿成控制内江进水的咽喉,因它形似瓶口而功能奇特,故名"宝瓶口"。留在宝瓶口右边的山丘,因其与山体相离,故名"离堆"。在开凿宝瓶口以前,"离堆"是湔山虎头岩的一部分。由于宝瓶口自然景观瑰丽,有"离堆锁峡"之称,属历史上著名的"灌阳十景"之一。玉垒山被一分为二,其间只留出二十米的入水口,内江水从百米之宽的河道涌向宝瓶口,平水季节奔流而过,高峰时节则节节升高,不加节制的水流不断爬升,一涌而入,成都平原就会遭受洪涝灾害。此间飞沙堰的设计与宝瓶口相互结合,它的高度刚好超过内江河床二点一五米。这就意味着当内江水位升高二点一五米后,汹涌的波涛将从飞沙堰溢出,宝瓶口

宝瓶口

入水便始终在一个几乎平衡的常量上，成都平原从此以后既获灌溉之利又安然无恙。

二、渠首工程的科学性

科学的产生和发展是由社会生产决定的。随着生产力的提高，科学技术就会不断获得新的成就，而科学技术每前进一步，必然会提高人民群众同自然界做斗争的能力，从而推动社会生产力的发展。都江堰无坝引水枢纽工程的辉煌成就便是最好的例证。

永葆青春的都江堰集诸多学科知识之大成，科学性极强，技术水平极高，这突出表现在堰址选择、工程技术、治水经验和系统原理等方面。现仅就有关部分作一分析。

两千多年前修建的都江堰工程之所以奇葩独放，流芳于世，首先就在于建堰地址选择的正确性和科学性。历史上与其同时代修建的大型水利工程不少，如芍陂、秦渠、郑国渠、漳水十二渠等都已湮没不存，其原因之一与工程选址不当有直接关系。

从地形上观察，都江堰东部的成都平原位于四川盆地西部龙门山脉与龙泉山之间，面积达两万三千平方千米，由岷江、沱江及其他河流冲积而成，形如巨扇。而都江堰所在地正好处在这个扇形平原的顶部，海拔约七百三十米，地形由高而低地向东南方向逐渐降低，在成都地区形成偌大一片倾斜地带。从水利科学的角度看，这种地形条件对兴修水利工程十分有利。

都江堰的设计者和组织者蜀守李冰，既"能知天文地理"（《华阳国志·蜀志》），又"能识水脉"（《四川盐政史》），是我国战国时期最杰出的水利工程专家。他在实地调查研究、采纳民间技术和总结前人治水经验的基础上，以其卓越的科学素养，精心选择了堰址——岷江上游干流出口处作为修建大堰渠首工程的最佳地点。他之所以做出如此重大的科学决策，想来主要基于以下的考虑：

首先，自然条件优越。堰址选择在这个冲积扇平原的顶部，颇有居高临下之势，可充分利用有利的自然条件，因势利导，因地制宜地修建无坝引水的鱼嘴分水堤、泄洪排沙的溢洪道和引水束水的咽喉工程宝瓶口。工程三大部分相辅相成，可产生强大的整体效应。岷江上游水源丰沛，最大年降雨量达二千五百八十四毫米，渠首处的年径流总量平均为一百五十五余亿立方米。

当地竹、木、石、土等自然资源应有尽有，工程所需用料可就地取材，费省效宏。

其次，功效显赫。渠首工程所在的地面坡势是西北高而东南低，顺势而下，能分洪减灾，且与成都平原很近，约六十千米，可以"穿二江成都之中"，足可解决航运、漂木、灌溉和城市用水等诸多问题。

渠首工程是整个系统工程成败的关键，其中最重要的是选好取水口。根据水利科学原理和已有的经验，取水口最好选在河湾地段的凹岸下段，而都江堰的取水口——鱼嘴分水堤的位置刚好选在合乎科学原理的岷江河床的弯道上，其曲率半径为八百五十米，岷江与鱼嘴处外江的流向大约成四十五度角，北边是凹岸，南边是凸岸，这是建设大型水利工程最理想的地势，因而它能很好地起到分水分沙的作用。

此外，地点选择的科学性还具体表现在飞沙堰和宝瓶口这两大工程上。飞沙堰选在凸岸一边，很有科学性，因为在弯道水流中，由于离心力的作用，河水在凹岸一边的水位比在凸岸一边的高，这样在河床断面上就形成了左右岸的水位差，在其作用下，表层含沙量较小的水流不断流向凹岸，并插入河底，而底层含沙量较大的水流则不断由凹岸流向凸岸，底沙也就随之移向凸岸，大大有助于排沙。这里充分利用了弯道夹沙水流运动的原理。再则，飞沙堰的对岸是虎头岩，石壁陡峭，且向南突至江心，当洪水由"鱼嘴"滚滚而来的时候，恰好碰撞在岩石上，形成强大的旋回流，泥沙在回流中搅动，没有停息的余地，洪水一折而南，夹带着大量泥沙沿着李冰等人设计的飞沙堰泄入外江。从理论上分析，飞沙堰之所以能飞沙，是因为当它不溢流时，内江水流在凹岸形成向左的弯道环流，沙石流向左岸的凤栖窝，并在此淤积；而当堰顶溢流时，水流直转而形成向右的弯道环流，表面水流流向宝瓶口，底部水流转弯流向飞沙堰。这种"正面引水，侧面排沙"的原理和方法十分科学。飞沙堰的排沙效果之所以特别显著，正是这种"弯道环流"和"正面引水，侧面排沙"两种流态共同作用的结果。

从地质结构上分析，宝瓶口在未开凿以前，离堆是伸入江心的基岩山体，从张扉岩至此均为陡倾角白垩系角砾岩，岩性虽坚，但却多有天然脆裂的断口，具有局部开凿的可能性，因而相传李冰当年率众开凿时，曾采用烈火猛烧、醋水浇激、层层淬裂的方法。从平面上看，宝瓶口上游主流方向不是正对口门，而是正对离堆。在汛期，洪峰直冲离堆，再向左折转，呈垂直方向流向宝瓶口，因而口门右侧形成一种立轴旋涡阻水，洪水流量越大，流速越高，阻水的作用就越大。这样，宝瓶口进流受到限制，上游水位必然升高，迫使大部分水流从飞沙堰顶泄还外江。

三、科学的治水经验

都江堰建设者们通过"实践、认识，再实践、再认识"，总结出诸如"三字经""六字诀""八字格言"等一整套科学治水的方法，作为岁修准则，致使这个世界上唯一尚存的水利工程世代相传。

（一）深淘滩，低作堰

岷江上游河道平均比降为百分之八点二，坡陡流急，江水夹带着大量泥沙和卵石滚滚奔向成都平原，随后河面增宽，流速减缓，沙石随之堆积。据实测表明，都江堰处岷江流域面积二万三千多平方公里，多年平均流量每秒五百米，多年平均悬移质输沙量为八百四十五万吨，推移卵石年输移量约一百五十万吨，其中的百分之九十都集中在每年汛期的5至10月。虽然飞沙堰的排沙能力很强，但总会有一部分淤积在河道里，而泥沙最易淤积的地方，主要是在内江的凤栖窝河段，每年冬末沙石淤积量约一万立方米，因而每年必须对河床进行疏淘，对飞沙堰加以整治，这便是世代遵从的岁修制度。相传李冰等在主持岁修时，总结出"深淘滩，低作堰"的科学经验，后人称之为都江堰治水"六字诀"，此乃渠首岁修的圭臬。这"六字诀"被刻在内江东岸为纪念李冰父子而建的二王庙的石壁上，赫然醒目。

所谓"深淘滩"，是指每年岁修时把鱼嘴至宝瓶口一段内江河槽中淤积的沙石进行淘挖，而且要淘挖到一定的深度，即以"标记"为准。这标记相传是李冰当年修堰时所埋下的石马，淘见石马即可。因石马早已不复存在，故明代开始埋下"卧铁"作为标记，一见卧铁，即停止疏淘。所谓"低作堰"，是指整修飞沙堰时，堰顶宜低筑，而且只有在深淘滩的前提下，才能低作堰，否则引水、泄洪、排沙等功能将大受影响。那么，怎样才算低筑呢？这要根据宝瓶口的"水则"和灌区的用水量而定，一般以堰顶平行于水则的十五画为宜，高出则受灾，不足则缺水。为准确判断宝瓶口所引进的水量，据说李冰还在鱼嘴分水处立下三个石人，以"水竭不至足，盛不没肩"作标志。这些石人显然起着水尺的作用，由此可以测知内江的进水流量，为整个工程系统调节水位提供依据，以达到周密合理的灌溉、防洪、分配洪水和枯水流量的目的。"深淘滩，低作堰"确乎相互关联，互以为度，"循之则治，失之则乱"。

（二）遇弯截角，逢正抽心

古代的都江堰是以航运为主，而不是以灌溉为主，因而河道往往被人为延展，造成纡曲，流速减缓，便于行船。然而，河岸线越长，冲决的地方就越多，岁修的工程量也就越大。后来，随着陆上运输的逐渐改善，水运亦随之减少。为减少溃决之患和岁修之烦，遂使河道慢慢回到天然状态，从与地表等高线斜交改为与之垂直，于是就变成了今天以灌溉为主的基本顺直的河道。这种历史变迁，给后来都江堰灌区的渠道整治和岁修工程减少了许多麻烦。

每年冬季，为保证来年春灌用水，须在星罗棋布的各大干渠中排石清淤，整治维修，使水畅流无阻，这项工程称为"安工"。安工的重要原则和技术要求就是"遇弯截角，逢正抽心"。这"八字格言"是前人治理河道的要领和方法，与现在治河工程学中的河道整治原则是相符的。

所谓"遇弯截角"，是指遇到河流弯段凸岸淤积的沙滩时，须截去其角，目的是使河身轴线顺直，主流归槽，以免急流对弯道河岸的冲刷。根据水动力学原理可知，河湾处的凹岸常被水流冲刷，而凸岸又经常淤积，因而须在凸岸淘滩截角，利用河流水利扩大淘滩面积，并同时在凹岸实施挑流护岸工程，这样便可调整河道和水流态势，以期全面完成"安工"任务。

所谓"逢正抽心"，是指在平直河段上出现河心洲，导致水流分岔，河道变弯，河槽变形，输水不畅。这时须在河心洲上"抽心"，即挖出一条河槽，并将挖出的大卵石就地使用，筑成竹笼钉坝或顺坝，以挑流归槽，使挖开的河槽借助水利自行刷深，以便形成有主河槽的平直通畅的河渠，水合则势猛，势猛则沙刷，沙刷则河深，从而使水流畅行无阻。这种科学方法比国外"治河以固定中水位河岸为主"的理论要早得多，先进得多。

多年实践证明，"遇弯截角，逢正抽心"是一项事半功倍的传统工程技术，也是都江堰及其干渠岁修、整治的科学总结。

（三）巧妙分水

鱼嘴分水既科学又巧妙，因而早就有"分四六，平潦旱"的三字经代代相传。

鱼嘴修建在特定的地形条件下，自然形成内外江基本按四六比例分水的格局，有利于外江泄洪和内江引水，这种天设地造的自然调节分水比例的功能，正是都江堰渠首工程科学性的完美体现。

每年春灌时，灌区需水量大，而岷江来水量小，这时内江各大干渠能从鱼嘴分得六成春水，以保证灌溉，而排到外江的水量只有四成。对此一般称"正四六"。然而，在夏秋汛期，灌区需水量小，岷江洪水量大，这时分水的比例就刚好倒过来，即内江只进四成的水就足够需用，其余的六成洪水则从外江和飞沙堰流走。这叫"反四六"。鱼嘴就是这么巧妙地起着自然分水的作用，从而达到"水旱从人"的目的。

实测表明，每年4～5月，岷江来水流量在每秒五百至八百立方米时，内江分水百分之五十五至百分之五十七，可以绝大部分或全部引进宝瓶口；而当洪水流量达每秒四千八百立方米以上时，外江分流比即大于内江，这时内江分水不足一半。再则，由于咽喉口门的控制作用和飞沙堰的溢洪功能，当岷江百年不遇的特大洪水流量高达每秒七千七百立方米时，宝瓶口进水流量仅每秒七百四十立方米，还不到岷江洪水流量的百分之十，这充分说明鱼嘴自然调节分水比例的作用是多么明显而又巧妙。

（四）以水攻沙

犹如脱缰之马的岷江，夹带着大量泥沙从幽深的岷山峡谷奔腾而来，一出灌口，进入成都平原，河面突然转宽，流速骤减，水缓沙停，淤积现象十分严重。据测定，岷江年平均输沙量约为一千三百万吨，其中悬移质约九百吨，推移质约四百吨。

泥沙治理之难，已为历代行家所认同。而都江堰千支万派，河渠纵横，密如蛛网，加之是在减灾流量大、坡度陡、泥沙多的岷江上，治水课题的难度就更加大了。然而，历代水利工作者们以其丰富的经验和渊博的知识，辨证施治、因势利导，制定了许多科学治沙的方法，其中的"动水冲沙"和"壅水沉沙"等法颇有成效。

"动水冲沙"是根据水动力学原理和泥沙运动的规律，利用所建工程的巧妙作用，造成沙石欲停则动的态势，使用水渠道只进水不进沙或少进沙，将泥沙卵石尽可能排入以泄洪为主的外江。为此，根据弯道环流原理，采用两级排沙法：第一级是在大鱼嘴之上，当水流量达到每秒一千七百立方米以上时，岷江上游来水经关口挑向左岸的盐井滩，然后折向右岸的马家沱，再转向内江。这样，便达到了内江"正面取水"、外江"侧面排沙"的目的。而且，外江的排沙比例大大超过内江。经过这一处理，大部分沙石已从外江排走了，但内江毕竟还是不可避免地流进了少量沙石，为消除残余，便采取了第二级排沙措施，即飞沙堰。内江之水直冲虎头岩，受其阻挡，被迫转向直抵离堆，因受宝瓶口的束水作用，表层水又回流向虎头岩，而底流则转向其对岸的飞沙堰，形成螺旋流，重质底沙被横向推出飞沙堰。据测量，当内江的进水流量达到每秒一千立方米时，飞沙堰的分沙比可达百分之八十以上，其余沙石便滞留在凤栖窝一带，使宝瓶口免遭淤塞，灌区"无忧旱涝"，人寿年丰。

从鱼嘴到宝瓶口的这段内江，长约一千二百二十四米，宽约七十米，但宝瓶口仅宽十二至二十米，上宽下窄，因而这段水域必然会出现壅水现象，水壅则势缓，势缓则沙沉，且流量越大，壅水越甚，沉沙越多。这样，在鱼嘴至宝瓶口河段，就形成了一个巨大的天然沉沙池，这个沉沙池有两大作用：一是壅水借助强大回旋流的作用使大量泥沙都集中在凤栖窝一带，约一至三立方米，由于泥沙集中，这给每年岁修带来极大的方便；二是消除了泥沙在宝瓶口前淤积的可能性和危险性，因为要是没有这种壅水沉沙效应，大量重质底沙就会沉积在宝瓶口之前，年积月累，咽喉工程及其以下灌溉渠系必将因淤塞而毁坏。

渠首工程的治沙方法十分科学，它把分沙、沉沙和排沙三大措施融为一体，而且是通过鱼嘴、宝瓶口和飞沙堰的协调作用来实现的。三项措施和三大工程并非孤立存在，而是相互配合，相互制约，紧密联系的一个整体。不难设想，如果没有鱼嘴的分水，就没有分沙；没有宝瓶口前的壅水，就没有沉沙；没有宝瓶口的束水作用，就没有强大的横向旋流，飞沙堰的侧面排沙效果就会大大降低。这种"以水治水，借水攻沙"的战略决策及其实践，堪称我国古代科技成就的精华。

四、渠首工程的技术特点

技术是人们为满足自身需要，应用自然规律所创造出来的，能动改造客观世界的一切物质手段及其方法的总和。勤劳智慧的古代巴蜀治水者们，在充分吸取民间技术养分的基础上，以其特有的韬略睿智，在实践中创造出一项又一项传统工程技术，如都江堰工程中长期使用的杩槎、竹笼、干砌卵石、桩工和羊圈等独具特色的工程技术，一直经久不衰，万世流芳。

（一）杩槎

杩槎是一种多功能的、独特而又十分先进的围堰截流工程技术。两千多年来，因它具有就地取材、制作简单、容易掌握、施工方便、费省效宏等一系列优点，故一直沿用至今。杩槎的主要材料是木头、竹笆、卵石和黄土等，每年用完后还可把拆下的木料浸泡在水中，以备来年再用。

杩槎由支架和拦水两部分组成。

支架部分是用竹绳将三根木料（即杩脚料）捆扎成一个三角形锥体，过去用桤木、麻柳、青冈等硬质木，梢径为十八至二十四厘米，20世纪60年代以来多用杉木代替，梢径为二十八至三十厘米，杩脚料一般长六至九米。迎水面的两根脚料形成的面叫"罩面"，背水面的那根木料称"箭木"，三根脚料的上端叫"杩脑顶"。在脚料中间加绑横木，称"盘杠"，用以固定杩槎的三角形状和作压盘的基座。盘杠用杂木或杉木均可，梢径十五至二十厘米，长三至五米，盘杠上加横木，称"压盘木"，可在上面置竹笼、装卵石，以增加杩槎的稳定性，防止被水冲倒。

拦水部分是在杩槎的罩面前依次安放檐梁、签子、花栏、捶笆、竹席，最后倒土筑埂，层层夯实，使之截流。檐梁为罩面之间相互连接横梁，称"顺木"，梢径十至十五厘米，长四至七米。靠近河底的顺木叫"海底（木）"，伸出水面约一米的顺木叫"面子（木）"，与水面齐平的顺木叫"浮水（木）"。顺木用多少视水深和流速而定，其安放方式是上疏下密，上细下粗。檐梁外竖放签子（木），间距约二十厘米，长度以高出水面半米至一米为宜。签子外面放一层竹篱，人称"花栏"，其实是用坚韧的白甲竹编成的十厘米见方的方格竹网，其外铺放用竹片编成的捶笆，上面铺竹席，竹席外面填筑黏土泥埂，土埂顶宽零点八米，高出水面零点五米。为增加其稳定性，埂内须加填百分之二十（体积比）的卵石或十至三十公斤重的石料。土埂筑成，即可拦水。

杩槎施工周密而又简易，其主要工序有：备料、捆扎、安放、截流、维修和拆除。一个杩槎称为一栋。内江河口一般需下杩槎六十余栋，外江河口需下五十余栋。

安放杩槎时，有技工、船工和普工三十余人，用大小木船各一只，将岸上绑好的杩槎一栋一栋地依次安置。在河中的排列原则是：水深流急处，间距宜小，水浅流缓处，间距可稍大，但杩槎相交不得少于一米；下深水杩槎时，为防止檐梁变形断裂，须在背水面加设"撑子"作支柱，一般设上下两排：上排撑在与上游水位齐平的位置，下排撑在与下游水位齐平的位置，撑子数量的多少，以水深和流速而定。杩槎安放停当之后，用小木棒作横梁，搪上竹笆，倒下黄土即成。

安放杩槎的场面，犹如盛大节日，隆重而又壮观，人们在欢呼征服自然获得胜利的同时，也由衷地表达了对李冰父子修堰治水做出巨大贡献的缅怀之情。

杩槎除主要用于岁修截流工程而外，还可用来围堰、搭桥、调剂水量、抢险堵口、挑流护岸、保护桥闸堤堰等。

（二）竹笼

竹子是个宝。我国是世界上产竹最多的国家，产量约占世界总产量的百分之八十，而四川境内竹子的分布极广，随处可见，其产量居全国之冠。

两千多年前，生产力低下，李冰在始建都江堰时，既无钢筋又无水泥，要同汹涌的江水做斗争，迫使它分流改道，实属不易。为达此目的，巴蜀先民充分利用都江堰地区取之不尽、用之不竭的天然资源——竹子和卵石，按李冰"破竹为笼，以石实中，垒而壅水"的治水方针，用这种土法上马的技术措施，终于创造了都江堰这一人间奇迹。

最先用于都江堰工程的竹笼装石技术，因其经济实用，为后世所效仿，历代不衰。

从形式上看，竹笼有蛇皮笼、三角笼（尖角笼）、灶圈笼、铺盖笼等，根据不同需要可制成不同形式和尺寸的竹笼；从操作顺序上看，它可分为编笼、装笼、安笼和投笼等工序。

编笼用的竹料，以前是选用地质坚韧的白甲竹，后来才逐渐以灌区盛产的慈竹代替。竹料是选用无虫眼的两年以上的老竹，划竹篾时，须配齐粗竹六片，细竹四片；编笼时，竹片头尾要颠倒搭配使用，搭头一定要倒插三个孔眼，笼口的竹篾要回插封牢，务使笼口平滑结实。笼的长度、直径、眼孔和尺寸，均以水流速度和所装卵石大小而定，笼身大小要匀称，笼眼要相等，且呈正六边形。经多年实践证明，竹笼的规格在不同流速下应有不同的要求，如流速在每秒二米以下时，竹篾宽三至四厘米（从1954年起改为公制），竹笼内径零点五米，长十米，圈眼尺寸十三厘米，编六十圈；流速在每秒二至三米时，竹篾宽四至五厘米，竹笼内径零点六米，长十米，圈眼尺寸十五厘米，编五十圈；流速在每秒三米以上时，竹篾宽五至六厘米，竹笼内径零点七米，长七米，圈眼尺寸十九厘米，编二十八圈。

装笼的卵石按大小分类，分别置于笼边。笼内装石要饱满平整，较大的卵石装在四周及头尾，中等个儿的装中间，小卵石和沙砾不得装入笼内。最后用扁平卵石封堵每个眼孔，做到一眼一石。

安放竹笼之前，须挖好基槽，整平岸坡，除尽浮沙，垫好反滤层，填平低水凼。竹笼卵石工程因能适应河床变形，一般用于护岸、支水、分水和拦水等。

护岸用的竹笼有顺笼和搭笼（捆笼）两种。一般而言，顺笼适宜较高的河岸，因为各层竹笼均以通缝接头，能适应河底变形；搭笼适宜较低河岸，因其竹篾接头容易拉断，整体强度不大。支水用的竹笼常用于河堤的易垮部位，起挑流作用，支开深泓线，以减轻急流对岸坡的冲刷。安放时要掌握好方向、位置和长度，否则会影响对岸和自身的安全。分水用的竹笼以两种方式实现其功能：一为分水鱼嘴，二为导水坝。鱼嘴前低后高，头尖尾宽，底层用横笼，上面用顺笼，嘴尖用围笼；鱼嘴前面埋设几排木桩，以减杀水势和防止漂浮物对鱼嘴的撞击。设置导水坝要乘势利导，与水流方向的夹角不宜过大，坝体须矮而宽，用木桩固牢，坝高不仅以能引足春灌用水，而且还可使汛期洪水溢流而过。如前所述的飞沙堰一样，在枯水月份亦加筑此类竹笼，以增加宝瓶口的引水量，一到汛期即被洪水冲走。这只是一种临时性的导水设施，一般仅用几层顺笼即可。用竹笼布置拦水坝，往往用于堵塞河堤以防决口和河道岔流等，决口深槽用横笼（筷子笼）护底，其上用几层顺笼，使之高出水面，顶部用搭笼，即可拦水。

现在，都江堰用的竹笼通常长约三丈，直径约一点七尺，重约一百斤，其工程性能颇佳，真可谓"重而不陷、击而不反、硬而不刚、散而不乱"。竹笼技术是古代巴蜀人民的天才创造，也是他们的绝活，这项工程用于防洪抢险、堵决固堤既快又好，既经济又实用，所以世代相传，沿用至今，而且还流传到国外，世界闻名。

（三）干砌卵石

都江堰创建者及其历代治水者，深受民间土法建筑技术的启发，充分利用当地俯首可拾、比比皆是的河滩卵石，以其娴熟的工艺，创造出独树一帜而又行之有效的干砌卵石工程技术。灌区人民普遍采用这种技术来修筑低堰、保护河岸以及实施其他工程，每年平均工程量达十二万一千立方米。干砌卵石工程简单易行，只有采石和砌石两道工序。

采石。工程用卵石须选椭圆形的，石质要坚硬，否则会影响工程质量。采选时，按其大小边选边编号，然后分类堆放，埝面卵石分四类：第一类为基脚石，是所选的最大卵石，标记为"×"；第二类为一等埂面石，标记为"1"，用在从基脚至枯水位的工程段；第三类为二等埂面石，标记为"2"，用于枯水位到常水位之间的工程段，卵石比一等埂面石小；第四类为三等埂面石，标记为"3"，用于常水位以上的工程段。

砌石。这道工序须在施工放样、开挖基础、铺设垫层之后才能进行，砌筑方法的要点是：坡面垂直、分檐砌排、大头朝下、六面靠紧、大石下安、小石上砌、坡度砌够、坡面砌平。为保证砌筑质量，必须避免几种错误砌法，如行话所称的"四方眼""背背石""跷跷石"和"蜘蛛抱蛋"等。

干砌卵石工程的用途十分广泛，可用于堤埂、护岸、导水坝、分水鱼嘴、拦水夹埂、泄水低坝、挑水潜坝和卵石拱涵等。护岸用的卵石工程，其护砌厚度一般为二十至三十厘米，下面要做好反滤垫层，在引水坡面上要用卵石筑起一道"爬边埂"，同时要注意保护堤岸基脚，以免冲毁。当此项技术用于封岔流、束水归槽等拦水埂时，往往采用卵石夹埂形式。此外，当它用于单宽流量较小的溢流堰和供干渠输水的拱涵时，对其工艺和质量方面的要求要比其他工程高。

干砌卵石工程之所以广泛应用，历久不衰，主要是因它具有许多优点，如：

一是廉价。都江堰地区沟渠纵横、密如蛛网，沿河两岸的鹅卵石多如繁星，易采易集。因天然原料丰富，能就地取材，不花材料费，只需开支运力和技工的费用，故工程造价十分低廉。

二是防冲。只要保证砌筑质量，干砌卵石护岸就能抵抗较大流速的冲刷。如内江总干渠南桥河道两岸、走马河、江安河、百丈堤、飞沙堰、人字堤等护岸及堰面均采用干砌卵石，都经受住了洪水的考验，表明它确实具有一定的抗冲刷能力。

三是耐磨。灌区内的卵石大多是石英岩和花岗片麻岩，十分坚硬，其抗压强度每平方厘米达一千公斤以上，因而其抗磨性能比混凝土和附近的砂岩条石好得多，故不少工程均用混凝土砌大卵石作抗磨层。

四是易渗。干砌卵石容许地下水入渗，尤其是有的河段地下水高于渠中水位时，它便能自由入渗，这能减小地下水对渠道护面的渗透压力，对稳定护面和利用回归水都有好处。

由此可见，干砌卵石技术及其工程是古蜀先民的绝佳创造。

（四）桩工与"羊圈"

岷江水流湍急，冲力很大，河床常被严重冲刷，护底防冲，保堤固堰，是每年岁修和治水工程成功的关键之所在。都江堰自始建以来，屡遭毁坏，其整修的主要措施之一，便是创造性地采用了桩工和"羊圈"技术及其工程。

桩工是指挖坑栽立木桩，再用大卵石将坑填满还原，系护脚工程。"羊圈"是来自农家设施的借用语，就是在木框内填满卵石，再用砌石或竹笼封顶，系护底工程。

桩工的种类有承重桩、关门桩、导流桩和防浪桩。承重桩作稳固鱼嘴之用，施工时因河道中大型卵石极多，打不进木桩，只好采用挖坑埋桩的办法，埋好之后，在其顶部铺上枕木，以便均匀地承受上面砌体的压力；关门桩置于鱼嘴基础周围或低坝基脚的外边，一般采用长二点五米、直径十五厘米左右的桤木，在施工位置打成密布的排桩，以关拦鱼嘴基础下面的沙砾石，使之不被湍急的河水冲走；导流桩的作用是引水导流，因而一般都是打成排桩，施工时将木桩的二分之一至三分之二埋入河底，桩顶与枯水位持平；防浪桩一般设在重要的分水鱼嘴或桥闸前面，在平面上可按梅花桩形式布设，以消杀水势，减少冲刷和防止漂浮物的撞击，埋入河底的深度以桩长的二分之一至三分之二为限，桩顶须露出最高水面半米。

桩工技术不仅广泛用于都江堰，在其他的水利工程中也经常使用。

"羊圈"是治水者们受农家设施的启示，而将其转用的一种用木料做成的无底框架结构。立柱一般选用桤木或杂木，直径不小于二十厘米，长度视坑内水深而定，横木内侧竖插直径为十厘米的签子木，并用铅丝捆在横木上。木框内的卵石要装填严实，切忌卵石上粘带泥沙，封顶的大个儿卵石一定要钉砌牢固，也可用竹笼护面。此外，还有一种起拦水作用的羊圈，形似圆柱，用竹片环绕八至十根木桩，编成直径二米、高三米的圆柱体，间隔四至六米，屹立在水中，以抬高水位，迫使江水进入堰口。羊圈在汛期到来之前要拆除，保存好拆下的木料，以便来年再次使用。

五、都江堰所创四川水利之最

创建时间最早。战国末期，秦昭襄王时（公元前256年，新说公元前274年左右）蜀守李冰率众始建都江堰，距今已有二千二百七十余年了。

渠首引水流量最大。渠首引水设计流量为每秒六百立方米，内江引水设计流量为每秒四百八十立方米，实为全省引水工程之首。

灌溉面积最大。新中国成立前，受灌区域仅十四个县，农田二百八十余万亩，而今已发展到四十余县（区），控灌面积超过一千万亩。

渠道最长。人民渠分为七期工程修建，共灌溉温江、绵阳、成都等十二个市、县的农田近三百九十万亩；人民渠干渠长三百八十二点九千米，被誉为"四川第一长渠"，分别由都江堰管理局人民渠第一、第二管理处管理。

隧洞最长。东风渠六期工程——龙泉山灌区的引水总干渠上龙泉山隧洞长六千二百七十四米，是四川目前第一长隧洞。

大型水库最多。现在全省有大型水库四座，而都江堰灌区内就占有三座，即仁寿县的黑龙滩水库（总蓄水量三点六亿立方米）、三台县的鲁班水库（总蓄水量二点九亿立方米）和简阳新的三岔水库（总蓄水量二点三亿立方米），另一座是南部县境内的升钟水库，总蓄水量为二点九四亿立方米。

第二节 典型的水利系统工程

公元前111年秋，伟大的史学家司马迁（约前145~前90）利用出使西南夷的机会，对岷江、都江堰及离堆进行了考察。他在《史记·河渠书》书中第一次详细记录了李冰修筑都江堰。司马迁写道："甚哉，水之利害也。"在汉语里，"水利"这个专用词从此才开始使用。

从公元前256年李冰主持修建都江堰水利工程，到1994年纪念都江堰二千五百五十周年华诞。这时，都江堰已能灌溉四十余县的一千余万亩农田，成为世界上历史最长、灌溉面积最大且坚固耐用而经久不衰的水利工程。

现在，都江堰灌溉区的水田，稻谷很多都是两季，亩产量一年达到双千斤。一人一年所需的粮食以一百五十公斤计算，一亩水田生产的大米可以养活六个人。仅仅都江堰灌溉区的一千余万亩农田就可以养活六千万人！

都江堰灌溉区已建成自西北方向东南方的扇形水利网络，利用自然形成的地势，从高到低，从小到大，大多是自流灌溉，所花费的劳力不多，节约能量，产出又多，效率很高。同时，扇形水利网络有极好的防洪能力。所以，司马迁在《史记》中称赞都江堰水利工程使得"水旱从人，不知饥馑，时无荒年，天下谓之天府也"。

20世纪，科学技术产生了一个新的"术语"：系统工程。在现代系统工程里，目的、反馈、控制，结构、功能、涨落，系统、要素、层次，过程、状态、变换，等等，已成为时髦的技术词汇，并上升到哲学范畴的高度。中外科学家和工程师一致认为：都江堰水利工程是典型的水利系统工程。

都江堰水利工程结构合理，有渠首三大工程：鱼嘴分水堤、飞沙堰、宝瓶引水口。三大工程的功能齐全：鱼嘴分水有独特功能，枯水时，岷江六成水流入内江供灌溉之用，四成水流入外江。洪水季节，则反过来，六成水流入外江，以达到分洪之目的；四成水流入内江，起到自动调节水量的作用。

飞沙堰的结构巧妙，功能巨大。既能泄洪，又能排沙，甚至，成吨的巨石都能飞过，保护了宝瓶口的安全。宝瓶口处，水流有一个较大的转弯，较重的沙石在水流的冲击下，依靠自身的惯性，直接经过飞沙堰，排入外江，从而保证了内江不被沙石淤塞。这完全符合力学原理。

宝瓶口处的河床必须保证一定的深度，达到灌溉所需的水量。而临近的飞沙堰的堤坝不能筑得太高，只能达到二米，以保证顺利泄洪、排沙。所以，古人概括为："深淘滩，低作堰。"宝瓶口宽约二十米，它是内江的总进水口，又是阻挡洪水的一道闸门，起到控制水量的作用。

钱学森说："公元前250年，李冰父子带领四川劳动人民修筑的都江堰，由'鱼嘴'岷江分水工程、'飞沙堰'分洪排沙工程、'宝瓶口'引水工程三项工程巧妙结合而成，即使按照今天系统工程的观点，这也是一项杰出的大型工程建设。"[①]

一、具有整体功能

古代修筑的都江堰是一个基本定型的系统工程，渠首部分主要由三大主体结构组成，即鱼嘴、飞沙堰和宝瓶口，协调发挥分水分沙、泄洪排沙和引水束水的整体功能。

渠首枢纽工程的建设者们因势利导，合理运用岷江的地势、河势以及其他一切有利的自然之势，充分考虑了当时的人力、物力、经济条件和技术条件，采取种种切实措施，使之在工程上有分洪、引水、排沙的完整而又系统的立体布局，在效益上有防洪、灌溉、航运的多种功能，使水资源在时段上的有限性变成时间上的无限性，一劳永逸地为民造福。

---

① 钱学森等：《论系统工程》，湖南科学技术出版社1982年版，第17页。

都江堰经历代扩建整修，人民的智慧使之成为一个完备的系统工程，其巧妙之处令世人折服。当鱼嘴、飞沙堰和宝瓶口三大关键部分作为一个闭合的系统建立起来的时候，整体功能就远远超过了它们单一部分的作用，产生出各组成部分在孤立状态中绝对起不到的作用。也就是说，鱼嘴不仅仅只是分水分沙，飞沙堰不仅仅只是泄洪排沙，宝瓶口也不仅仅只是引水束水，而是三者相互配合，相互作用，相互依存，缺一不可。

除渠首而外，这个水利工程系统还包括其他一些辅助性建筑物，根据它们在整体中的不同作用，可将其分成以下几类：分水（鱼嘴和外江闸）、引水（宝瓶口和沙黑河闸）、排沙（外江闸和飞沙堰）、泄洪（外江闸、飞沙堰和人字堤堰口）、导流（百丈堤、马脚沱护岸、内外金刚堤和人字堤堰口）、导流（百丈堤、马脚沱护岸、内外金刚堤和二王庙顺水堤）和导漂（韩家坝和内江导漂工程）等。都江堰灌渠经历代不断扩建，大致可分为干、支、斗、农、毛渠五级，形成了吞吐自如、有机连接的水网。此外，局部有利的地形，如内江弯道、虎头岩和离堆等也是系统的组成部分。都江堰之所以能辉煌至今，系统工程的整体功能是其根本保证。

二、统筹管理有理论提升

都江堰水利工程不仅实践效果良好，而且有理论提升。这些理论提升要言不烦。治水的"六字诀"："深淘滩，低作堰"；治河的"八字格言"："遇弯截角，逢正抽心"；还有更为具体的治水"三字经"："深淘滩，低作堰，六字旨，千秋鉴，挖河沙，堆堤岸，砌鱼嘴，安羊圈，立湃阙，凿漏罐，笼编密，石装健，分四六，平潦旱，水画符，铁椿见，岁勤修，预防患，遵旧制，毋擅变。"

都江堰水利工程不仅硬件坚固，而且有完善的软件系统，这就是系统的管理体制和机制。公元100年，根据史书记载，都江堰就有官员负责管理。公元300年左右，都江堰设置了横跨行政区域的专门管理机构，实行集中的统一管理，是专业的系统管理。[①]经费来自国库，管理维护有保证。同时，用水户定期缴纳水费，也有悠久历史。一些道士担当了都江堰维修技术的监督工作。公元618年以来，对水的宗教崇拜和祭祀活动，由官员和道教上层人物共同主持。

---

① 高文锦：《世界文化遗产青城山·都江堰》，大众文艺出版社2007年版，第113页。

官方、道教、民间三结合的管理，保证了都江堰的可持续发展。

两千多年以前，中国的古人就能设计出如此巧妙的系统水利工程，成为中华民族古代科技成就的杰出代表，中华民族五千年历史文化过程中的不朽丰碑，和人类文明史上可持续发展的科技奇迹。都江堰是中华民族智慧勤劳的象征，是人类历史文化的伟大遗产。

2000年11月29日，在第二十四届世界遗产委员会上，按照联合国《保护世界文化和自然遗产公约》有关文化遗产的遴选标准，青城山与都江堰被列入世界遗产名录。

第三节　都江堰的可持续发展

一、对周围环境的可持续发展

灌溉。由1949年前的14个县近300万亩发展到现在的四十余县（市、区）的农田一千余万亩。工程总投资计6727.38万元（国家辅助投资4065万元）。

发电。岷江水资源十分丰富，渠首的岷江多年平均流量为每秒492立方米，年平均径流为152～155亿立方米；实测最大洪峰流量为每秒6400立方米，最小流量为每秒80立方米；岷江水能蕴藏量达58.2万千瓦，可开发量为22.3万千瓦，发展电力工业的潜力很大。目前，灌区已建水电站538座，总装机容量达20多万千瓦；各种动力站星罗棋布。

供水。都江堰为成都地区每年供水8亿多立方米，基本上满足了灌区内工业和人民的生活用水。

漂木。漂木、航运是李冰等建堰的主要目的之一，现在每年流送木材量达15～50万立方米。

旅游。都江堰是世界文化遗产、世界自然遗产、全国重点文物保护单位，国家级风景名胜区、国家5A级旅游景区。渠首及灌区内的大型水库所在地，处处山清水秀，鸟语花香，风景宜人，皆为闻名遐迩的旅游胜地。

二、自身的可持续发展

都江堰名称的变更，既是该堰历代变迁的历史见证，也可从中觅得其变化的时代脉络。

远自唐宋以来,历代学者对古代都江堰枢纽工程的组成部分及其他问题争论不休,加之年湮代远,或原址被毁,或文献已佚,或以讹传讹,致使学者各执己见。如有的人认为,都江堰是鱼嘴、飞沙堰和宝瓶口三大工程的完美结合,是一个不可分割的整体,也是都江堰永葆青春的关键之所在。有的人认为,创建时的都江堰未必同时修建了这三大工程,因为在古文献中,或只提修堤而未提凿离堆,如《华阳国志》;或只提凿离堆、通二江而未提修堰,如《史记》《汉书》。有的人认为,都江堰整个早期工程只有"壅江作棚""凿离堆"和"开二江"这三项工程。有的人认为,古代都江堰工程其实仅指离堆而言,因它是控制内江江水的咽喉,俨然一道天然水闸。还有人认为,从明代疏浚河道时发现的秦人所书"深淘滩,低作堰"六字诀的种种情况来分析,需要深淘的滩,是指飞沙堰那一段河床,需要筑得低的堰,也是指飞沙堰那一段河。凡此种种,均为一家之言,虽从某种角度看都有一定道理,但都未成定论。按照史学界的传统看法和主导意见,均认为都江堰渠首系统主要由三大主体工程组成,即鱼嘴、飞沙堰和宝瓶口。然而,早期阶段的三大工程,只是当今宏图的雏形和基础,如今展示在我们面前的雄伟壮丽的都江堰已不是它昔日的本来面貌,而是历代各族人民群策群力在原有基础上不断完善的伟大壮举和智慧结晶。因而,要论述其变化,理应从上述三个组成部分以历史唯物主义的观点分别加以简述,但因唐代以前渠首布置已不可考,故所述史实当在唐代以后。

(一)鱼嘴

鱼嘴系因形如鲸鱼之口,故而得名;宋元时因堰堤较长,直插岷江中流,酷似大象之鼻,故称"象鼻";清乾隆时期因鱼嘴下移至离堆前的人字堤,且在此分水,其水形似"人"字,亦称"人字堤"。无独有偶,同时代的古代灵渠,称此类结构为"铧嘴",亦为象形。因鱼嘴以下还有许多大大小小的分水鱼嘴,为便于区别,人们常称渠首处的鱼嘴为"大鱼嘴""渠首鱼嘴"和"鱼嘴分水大堤"等。

"大鱼嘴"将滔滔而来的岷江水一分为二,左为内江,右为外江。历史上分水鱼嘴的位置和修建材料曾几经变化。元代和明代对鱼嘴都进行过大修,其位置或上或下,但均距今二王庙索桥不远;宋元至民初,鱼嘴原址可能都在今韩家坝附近;明末改在今飞沙人字堤位置;清代乾隆时鱼嘴即在索桥处;20世纪20年代末大修时,下移六七十米;1933年叠溪地震洪水冲毁鱼嘴,以后新建鱼嘴向西移二十多米,利用唯一未被冲倒的、俗称"神仙墩"的索桥桥墩修成的。现在鱼嘴上距韩家坝约二千米，下离虎头岩约八百米。

在始建初期，鱼嘴的修建材料只能以竹笼和卵石为主，以便"壅江作堋"。元代才开始采用铸铁嵌石条等材料代替竹笼，当时曾用八千多公斤铁铸成铁龟鱼嘴，以求一劳永逸，但后被冲毁。明代曾有三次大修：明弘治九年（1496），首次用的是铁锭、石柱和油灰；明嘉靖二十九年（1550）第二次修建时，曾用三万六千二百五十公斤铁铸成空前巨大的铁牛鱼嘴，堪称我国冶金史上的一座丰碑；第三次大修是在明神宗万历四年（1576），采用的是铁柱挑流办法。清光绪四年（1878）遂用浆砌条石修建，一直到1935年新修鱼嘴时，除继续使用石材外，首次应用水泥嘴胶结材料，以增强强度和整体性。这又是一次重大的"材料革命"。"新工鱼嘴"还提出了更加合理有效的设计原则，即固底防冲，层层设防：基础仅开挖到河底三米深，在基坑底纵横平铺二十五厘米见方的枕木二层，间距五十厘米，其间隙均用石灰拌黏土充填夯实；基坑周边埋"关门柱"，直径二十厘米，长二点五米，间距一米，使回填土不易流失。枕木基础上采用砂岩条石浆砌，计条石十六层，总高六点二米，长三十米，顶宽十四米。因基础较浅，又在鱼嘴周边加设"木羊圈"和竹笼，砌成副鱼嘴，其前端超出鱼嘴尖端三十五米，两侧分别伸出十二点五米。副鱼嘴上游十五米长度一段内，还埋设长四米、直径三十厘米的桩群，每根木桩埋入河底深二点五米，露出河底一点五米，间距一点五米，前后错列排立，以防浪冲。自1936年建成后，一直到1974年修外江闸门时才拆除改建，未遭冲毁。鱼嘴前端高程七百三十米，中轴线长八十米。1951年冬，先在内江河段修建了控水闸门，1974年春，又在外江新建了现代化的大型水闸，从此结束了渠首用杩槎工程调流的历史。

（二）飞沙堰

在宝瓶口上游的内、外江之间历来就有三个溢洪道，即平水槽、飞沙堰和人字堤。由于内江紧靠玉垒山，汹涌湍急的洪水因山岩阻挡而形成强大的回旋流，由此而掀起的大量泥沙随着外漫的江水流过飞沙堰顶泄入外江，排沙功能很强，故称飞沙堰。飞沙堰是溢洪排沙的宽顶低堰，居上述三个溢洪道之中，上距鱼嘴六百七十米（亦说七百米），下距宝瓶口约二百米，溢流段长约二百八十米，堰宽二百四十米，堰顶高程约七百二十八点二米，高出河底二点二米。涨水季节，由于宝瓶口的束水作用和对岸虎头岩的折冲作用，洪水越大，飞沙堰的分洪比越高，排沙效果越显著。若遇特大洪水，百分之八十以上的水量可由此溢流，当流量超过每秒一千立方米时，即开始飞沙；枯水月份，它又能把江水挡进宝瓶口，保证春灌用水，从而起到了"水旱从人"的作用。整个渠首工程虽然历代屡遭毁坏，但在修复过程中有关飞沙堰位置变化的史料所见甚少，只是在堤体高度上随农田水利事业的发展而逐年有所变化。如在宋代以前，曾在"离堆之址"刻有名为"水则"的水位标尺：每尺一画，最早刻为十画，宋代为六画，元代增为十一画，民国初年为十二画，新中国成立后在50年代为十三画，60年代因工农业蓬勃发展，用水量剧增，终引致十四画。为满足日益增长的用水需求，从20世纪50年代起遂将其笼石结构改为砌石结构，1964年加固为混凝土砌石格子墙，1992年修建了工业引水拦水闸。

（三）宝瓶口

直扼内江咽喉的宝瓶口（上距鱼嘴一千零二十米，底宽十四点三米，死水位口宽十九米，洪水位口宽二十三米）是都江堰工程的关键部分，也是引水控水、漂木航运和灌溉工程的天然屏障。因其形如瓶颈而得名，最早记载始于明代《都江堰记》，之前人们管它叫"灌口"或"都江口"，甚至传说在战国时，它还有"天彭门"或"天彭阙"之称。

古往今来，有关宝瓶口的形成原因、谁人开凿以及工程规模等诸多问题一直争论不休。关于成因与开凿问题，综合史家之论，不外乎以下三种：

一曰"天然形成论"。其论认为，四川盆地西北边缘，有一列白垩纪时的砾岩层，十分坚硬，天然脆裂断口甚多，两岸壁削，中开通道，如剑门关、窦圌山、青城山等皆是实例，而宝瓶口则为其中之最，它是从斗犀台处断裂，终于形成一个离堆；再则，都江堰渠首位置正处在龙门山脉的大断裂带上，岩层破碎，裂隙日渐增多，加之在第四纪冰期中，岷江流域冰山活动频繁，因其侵蚀作用，宝瓶口的缺口即在冰期形成。

二曰"人工开凿论"。其论认为，从地质结构、当时形势和生产力等方面分析，宝瓶口为人工所凿。既然它是人工开凿而成，那么最先开凿者是谁？对此各说不一：一说是开明氏鳖灵，又说是蜀郡郡守李冰。所谓"开明肇其端"的主要依据是《华阳国志·蜀志》中"开明决玉垒山以除水害"之语，所言玉垒山就是宝瓶口左侧的山丘，"决玉垒山"除了开宝瓶口外，别无他地；但是，"开明决玉垒"，颇似遍地开"花"——哪里有淤塞就在哪里决开。另据《水经·江水注》所载："东别为沱，开明之所凿也。"所言江沱就是宝瓶口以下的内江干渠之一，"东别"也就是宝瓶口。然而，从开明一世当时所处的时代来看，生产力低下，人力、物力、财力、智力等极为有限，要完成如此巨大的工程，显然不可能。因而此论所依之据除思辨性的推论外，还多少有点神话色彩。主张为李冰最先开凿宝瓶口的主要依据是，上述条件及种种因素在距开明氏三百余年之后的李冰时代已充分具备，再加上当时的政治经济形势和民意所向，李冰率先为之实有可能。而且还有翔实的史料可证，如最早记载其事的是亲临都江堰的司马迁所撰《史记·河渠书》，这是第一手资料，其后还有汉朝班固的《汉书·沟洫志》、东汉崔实的《政论》以及东汉应劭的《风俗通》等。

三曰"人为加工论"。这是上述二论的折中观点，因为宝瓶口无论是天然形成，还是人工开凿，都只能是一种原始形态的存在，随着历史的发展和客观的需要，以后势必会不断加工，使之完善。由于山岩断面的宽度和深度均不尽如人意，必须经过人为加工才能满足各方用水需求，一到汛期，这里常被树木沙石等物堵塞，尤其遇到特大洪水时，堵塞更加严重，必须加以疏浚，否则危机四伏。

以上三论各有其理，但似嫌不足，尚须进一步研究。

公元910年8月5日，洪水冲毁旧堰，在下游数百丈的地方，形成一个巨大的新堰，致使大部分洪水由外江流入新津等河，而内江之水则由"峡路"流过，所谓"峡路"，应指宝瓶口夹道。洪水沿湔山脚下冲出一条新的水道，便形成了大体像现在的宝瓶口。1970年，都江堰管理处用二十二台抽水机将离堆前深约八至十一米的积水抽干，这是有史以来的第一次。之后，从河底基岩高程最低点七百一十六点三米起至死水位高程七百二十六米以上，用混凝土将离堆迎水面和宽二十米的宝瓶口两侧进行平整，共浇筑混凝土八千一百立方米。经加固之后，宝瓶口糙率减小，流速增大，同水位流量明显增加，使内江进水得到可靠保证。

（四）灌区建设

新中国成立后，为了更有效地引水、排沙和更好地调配内外江灌区的大量用水，有关部门对渠首工程及灌区渠系进行了必要的整修和改建，如加宽飞沙堰，封闭平水槽，降低人字堤堰口高程，修筑二王庙顺水堤，增设韩家坝和内江导漂，改建沙黑河引水口，合并江安河与杨柳河，调整干、支、斗、农、毛渠和改造旧渠系，等等。此外，还在渠首枢纽及灌区干渠陆续修建了分水节制闸（1952年，六孔），走马河闸，府河进水闸和毗河冲沙闸（1953年，其孔数分别为五、五、二），徐堰河分水闸（1959年，八孔），漏沙堰旧分水闸（1961年，七孔），锦江河进水闸和湃水坝冲沙闸（1962年，其孔数分别为五、二），仰头窝闸和蒲柏闸（1963年，其孔数分别为六、一，后者为增建），两河口分水闸（1964年，六孔），沙沟河进水闸和泊江河冲沙闸（1965年，其孔数分别为二、一），五斗口枢纽左右岸进水闸（1971年，均为一孔），外江闸（1974年，闸室总宽一百零四点四米，闸室总长十七点五米，八孔，闸门宽十二米，门高四米），漏沙堰新分水闸，小罗堰枢纽灌溉闸，电站进水闸和排洪冲沙闸（1978年，其孔数分别为三、三、三、四），锦江河进水闸和拦水闸（1980年，其孔数分别为七、三），沙黑河闸（1982年，二孔）和飞沙堰引水拦水闸（1992年，闸室总宽一百零五点八米，闸室总长十二米，八孔，闸门宽十二米，门高四点五米）。

从1953年起至今，先后修建了人民渠一至四期和五至七期、东风渠一至四期和五至六期，其间又陆续兴修了三合堰、红岩渠、石堤渠、牧马山干渠和府河等干渠。在20世纪80年代末和90年代初，又对人民渠和东风渠等工程进行了改建和扩建。

目前，灌区共有干渠55条，总长2437千米；支渠536条，总长5472千米；斗渠5460条，总长12037千米；斗渠以上建筑物4.89万座，其中干渠工程有水闸998座，隧洞334座，渡槽415座，涵洞964座，倒虹管91座；蓄水设施有大型水库3座，即黑龙滩水库、鲁班水库和三岔水库，中型水库8座，小型水库326座，塘、堰4.8万多处，总蓄水能力约15亿立方米，有效蓄水能力12亿多立方米。这些蓄水工程将岷江丰水期的水囤蓄起来，供丘陵农田灌溉之用。

综上所述，灌区大规模的建设使古堰旧貌变新颜，泽被川西，功效斐然。

三、都江堰对于可持续发展的启发

都江堰工程历经两千多年的风雨沧桑，依然造福人民，它所表现出的古人在处理人与自然、人与人、今天与明天关系问题上的观念，为现代生态危机和人与自然冲突的化解提供了可资借鉴的反思之路。

第一，人与自然和谐共生的整体观。人源于自然，作为自然系统中的一部分而存在，人类的生存发展是遵循自然规律的可持续发展。在这个生态系统中，人与自然无时无刻不在进行着能量的交换和物质的循环，任何有损于自然的行为都会影响到系统整体功能的发挥。都江堰工程充分体现了这种人与自然的系统整体观,将儒、道两家提倡和追求的人与自然和谐共生的哲学思想融入工程的设计和建造中,时时"乘势利导,因时制宜",处处"遇弯截角,逢正抽心",做到"急流缓受,不与水敌",在体现人的主体精神的同时,也使主体与天地万物相融合。

第二,人与人和谐共荣的利益观。水是一种重要的资源,随着工业的发展和人口数量的增加,水对经济发展的重要性进一步得到体现,因水而产生的纠纷时有发生。水利工程的设计和建造,改变了原有资源分配的结构和比例,使社会利益分配问题凸现出来,是处理人与人关系的一个展现。李冰将"四六分水,兼利天下"的理念贯穿于都江堰工程建设中,不仅考虑到上游的防洪和灌溉需要,也将下游的利益考虑在其中。"上善若水。水,善利万物而不争。"水的品质在都江堰工程中得到了完美的诠释。

第三,今天与明天和谐共存的发展观。当我们享受着都江堰工程所带来的物质与精神的财富时,一个严肃的道德问题摆在我们面前,迫使我们冷静地去思考:我们将为子孙后代留下什么?我们的子孙后代和我们一样,也必须以水作为生存和发展的基础,这种权利不能因他们现在还没有发言权而被剥夺。克服对自然资源唯利是图的态度,在处理现代人与子孙后代的关系时,树立公正的观念,杜绝"竭泽而渔""杀鸡取卵"式的野蛮行为,将青山绿水和丰富的自然资源恒久地代代相传。

都江堰的修建距今已经二千余年了,是世界上最古老的水利工程。更令人惊叹的是,它至今仍然发挥着重要的作用并产生巨大的效益,这不能不被称为世界水利史上的奇迹。

世界水利学界公认,清除泥沙和防御洪水是水利工程的两大技术难题,因此许多水利工程的寿命只有几十年。而远在两千多年前的蜀郡守李冰带领当地百姓,却成功解决了这样的难题。都江堰工程延绵二千余年,促进了整个成都平原生态效益、环境效益、社会效益和经济效益的进一步提高与协调发展。由于都江堰灌区面积的连续增加,由此而带来的"绿洲效应"不断强化,使整个成都平原的生态环境保持了良好的状态。

由于水的流动性、可视性和实践性,水利工程的决策正确与否,很快就会得到验证。决策正确的水利工程既要符合自然规律,又要符合社会经济发展的需要。都江堰就是将这两者统一的典范。都江堰工程既没有拦断岷江的大坝,也没有取水调水的控制闸门,在无任何人为干预(如开闸、引水、泄洪等)的情况下，能够自动地、自如地调配水量：枯水季节有足够的水量进入灌区，洪水季节又能将多余的水量排到外江，使灌区内"水旱从人，时无荒年"。这一切正体现了都江堰建造者的智慧，既不破坏和试图超越自然，又能让自然界为人类的经济繁荣与社会进步服务，让人与自然和谐发展，这正是中国传统文化中"天人合一"观念的体现。

第八章 井盐和天然气开采技术的成就

中国的盐文化历史悠久，它同其他文化诸如茶文化、酒文化、饮食文化、年节文化等一起构成中华民族恢宏灿烂的优秀传统文化。尤其是巴蜀盐文化的内涵极为丰富，它不仅反映了人类文明发展的历史轨迹，同时也具有自身特色的文化积淀，折射出巴蜀盐文化的地域性、民族性和连续性，是中国文化百花园中绚丽的奇葩。

人类社会达到定居的农耕阶段，必然要开始凿井以适应其生活上的需要。为了生存，所谓"凿井而饮，耕田而食"就是这个时代的标志。

中国的凿井技术源远流长，在《易经·井卦》和《庄子》中，都有一些零星记录。

关于古井的形制，据文献记载，早在四千多年前的唐尧时代就有"凿井而饮"的记载，而在我国远古的象形文字甲骨文中，"井"字和现代汉语的"井"字也并没有什么不同，且沿用至今，反映了客观存在的历史事实。西周中期的"井"字，有时也写作"丼"字，即在"井"字中间增加一点，在东汉许慎的《说文解字》里，只收了这个"丼"字。再如：在甲骨文中，古人称 🝆 为"录"，后人称为辘轳。甲骨文中有"井录"二字，说明殷商时期井有井栏，并且已用辘轳汲水了。

用桔槔汲水，始见于战国时代的文字记载，如《庄子·天地》《庄子·天运》有所记载。桔槔是一种简单的机械，它是劳动人民在生产实践中，运用符合物理学杠杆原理的古老科技发明的。辘轳的支点在圆周的中心，两臂相等，但只能改变用力的方向，并不省力；而桔槔不仅改变了用力的方向，还能省力，是比辘轳较为进步的汲水工具。

汉墓中出土的井模型

《易经》是中国周代的重要典籍，《易经》的井卦，上坎（☵）下巽（☴），坎为水，巽为木，井卦就是取象于木上有水之形，说明古井一般都有木制的井栏。根据《易经》井卦提供的资料，战国以前的井都是浅井，在《庄子》中称为"埳井"，因为浅，蛙还能生息于其中，但井内易干涸、易污浊。因此，必须要将井加深挖掘、时加"井甃"。它与后来用砖砌的深井是不同的。

东汉以后砖的使用逐渐广泛，用砖砌井，圆井出现了，井的形制发生了显著的变化。方形井和长方形井逐渐被圆井所代替。根据《文物》1972年1期对北京市外城东周晚期出土的陶井的报道：陶井在中国的流行起于战国中期，延及西汉初期，并不断地改进发展，川西陶井出于东汉，也是中原文化逐渐流传于西南的结果。

第一节 巴蜀井盐业的辉煌历程

我国是人类深钻技术的发祥地。钻井历史悠久，史料丰富。在古代，开凿盐井是一项主要的地质钻井活动。人们通过钻井取卤，随后相继发现天然气和石油。在劳动的实践中，人们随着盐井的开发，在钻井的工具和工艺等方面，不断地进行改进，在钻探方面不断地向深部地层迈进。从这个意义上讲，我国古代地质钻井的历史，总是和盐井钻凿的历史紧密联系在一起的。同时，也是以它为中心内容发展起来的。

中国是世界文明发达最早的国家之一，在中华民族的文明史上，我们有着发达的农业和手工业。根据目前一些考古发掘材料和先秦古籍显示，早在传说时期，我们的祖先在治水过程中就已发明了打井的技术。在《世本》"伯益作井"的记载中[1]，打井技术的发明，使新石器时代末期的先民在人与自然的长期斗争中，有可能逐次摆脱了对江河湖泊等天然水源的依赖，在生存与生活中，逐渐扩大了居住地域，在选择与自然劳动的范围上也逐渐扩大了实践的地域。随着早期种植业、畜牧业的发展，供饮用和灌溉的汲井在中原地区逐步发展起来。商周时期，随着青铜业和冶铁业等的相继出现，劳动人民在采矿的实践中，初步获得了一些地质学知识和地质勘探方面的经验，为在较深地层开采

---

[1] 徐旭生：《中国古代的传说时代》，科学出版社1960年版，第153页。

盐卤资源的打井准备了条件。据殷墟出土实物和先秦典籍记载，殷人广泛使用铜、锡、铁、铅等四种金属，而金、银、铜、铁、铅、锡、汞等在周代已普遍使用。

古巴蜀与农业有关的，制盐是其中之一。

食盐在人类生活中是不可缺少之物。我国战国末期以前的食盐主要是通过晒、煮富含盐分的土、石、水等方式获得，故有海盐、池盐、岩盐、泉盐等。古代蜀人的食盐，主要有泉盐、池盐、岩盐。

而产盐之地，据《华阳国志·蜀志》所记，南安（今乐山市）有"盐溉"。张澍《蜀典》卷七释曰："溉，为水中滩渍之名。"南安盐溉，应是蜀人就地取煮盐水之地。《水经·江水注》说南安是"蜀王开明故治"，也应与开明王朝控制南安之盐有关。

岷江上游是另一产盐之地。《太平御览》卷五十二引《华阳国志》记载："汶山有碱石，煎之得盐。"《后汉书·冉駹夷传》所记相同。《太平御览》卷八六五引任预《盐州记》："汶山有咸石，先以水渍，既而煎之。"是为岩盐之类。

古文献中关于蜀人制盐的记载虽然不多，但从《华阳国志·蜀志》所记秦灭蜀后第五年就在成都置"盐、铁、市官"来看，蜀地的产盐量应该很大，故置盐官以主其税。

战国时期，秦国新兴地主阶级用暴力摧毁了四川的两个奴隶制小国——巴、蜀。为了巩固和发展新兴的封建地主所有制，使巴、蜀迅速摆脱旧的生产关系的桎梏，封建的生产力和生产关系大规模地改造了巴蜀地区落后的奴隶主所有制，大大解放了生产力，使巴、蜀的社会生产力发展有了质的飞跃。由于中原地区先进打井技术的传入和冶铁技术、铁工具的普遍使用，巴蜀地区劳动人民在以往长期利用自然盐泉用以煎煮的实践基础上，开始了打井取卤，开发盐井的发端。

《华阳国志》载："定筰县（盐源县）有盐池，积薪以齐水灌而后焚之成盐。"《建炎以来朝野杂记·甲集》卷十四记载："惟大宁（今巫溪县）之井咸泉，出于山窦间，若重瀑然，民间分而引之。"

早在二千多年前，蜀郡太守李冰就组织指挥了"穿凿盐井"的工作。据《华阳国志·蜀志》和《水经注》卷十三记载，李冰认真研究了四川盆地的盐卤分布情况，"川广都盐井诸陂池"，单南安"盐溉"，"识齐水脉"。在此基础上，他熟悉开采技术，在今天四川双流一带沿山穿凿一些大口盐井，并在今天四川犍（为）、乐（山）一带涌出地表的自然盐泉周围，用土石筑成井口，加凿井身，大量采卤煮盐。这是我国最早见于史籍记载的经过勘探钻凿，具有开采价值的第一批盐井。

一、大口浅井时期

公元前3世纪到公元11世纪，是我国深井钻凿发展史上的阶段。这一阶段在盐业史中又称为"大口浅井"时期。这一时期的盐井，数量繁多，井的结构不同，形式也多样。在各种历史文献中都有大量记载。新中国成立后，在四川出土的盐井生产画像砖，有许多盐井的图像；在《元和郡县志》《梦溪笔谈》中所记载和描述的"陵井"（在今四川仁寿县）都属于此类井。这些盐井（包括天然气井），井身结构不同，形式多样，有束腰式、立桶式、坑洼式等。在钻凿技术上，工艺繁简各异：有的大量挖土方，以构木为壁；有的钻穿石头作井，裸眼取卤；有的平围构筑井口，加深取水。

这时期大口浅井的特点：一是井的口径大，有的大至"纵广三十丈"，看上去像"盐池"，有的小得只容一人下至井底猫身钻凿；二是井浅，最浅为三四丈，深不过七八十丈。这种结构与工艺技术，与当时的社会生产力和科学技术水平相适应，大口浅井的不一致性和原始性，表现了我国深井钻凿技术处于探索时期的某些特点。以人力挖掘的大口浅井，在井盐生产史上延续了相当长的历史时期，有的大口浅井至今仍在生产，其采卤工艺也相应沿袭下来。

二、古代深井时期

11世纪中期，我国的深井钻凿工艺发生了一次深刻的变革和革命。北宋庆历、皇祐年间（1041～1053），盐工们在总结大口浅井开凿技术的基础上，发明了冲击式顿钻凿井技术，在川南一带，凿出了一种新型的小口径盐井——卓筒井。卓筒井的诞生是一项伟大的创造性发明，标志着盐井钻凿工艺从大口浅井时期进入到了小口深井时期。这一飞跃，是以宋代初期四川地区社会经济发展为基础，在继承汉唐以来大口浅井成功经验的基础上对某些不利于向深部地层进军的因素加以大胆扬弃、革新而成功的。卓筒井的出现，使中国古代钻井实现了从人力挖掘到机械钻井的重要转变，开创了人类机械钻井的先河。同时因井深增加，地下深层卤水得到开采，极大地提高了井盐生产的能力。

卓筒井具有技术先进，开凿时间短，占地面积小，易于掩蔽以逃避苛捐杂税等优点，在四川获得迅速发展。卓筒井技术完整和科学地解决了钻井、洗井、固井、采卤等问题，具有现代油井、气井、盐井的雏形，这一技术在数百年前传入欧洲，给欧洲人钻井以有益的启示，推进了世界钻井技术的发展。

卓筒井与大口浅井相比较，具有以下特点：

第一，井径。井口很小，一般"如碗大"，"仅容一竹"是宋代著名诗人陆游见到荣州卓筒井时所描述的。也就是说井径与巨竹的外径大体相同，估计井内径为十厘米至十六厘米。这是一种全新的小口径盐井，与大口径浅盐井的井径相比，显然是一大进步。

第二，井深。卓筒井深度一般有数十米或百余米，也有可达二三百米的，随着技术的进步，井深也在不断增加，这比大口浅井（盐井）更能开采到地层深处的盐卤资源，揭示新的地层和产层。

第三，井壁。打出井身坯形后，随即将巨竹（楠竹）去节中空，"牝牡相连"，将首尾衔接，下入井内作套管，以"横隔淡水"，防地下水渗入，并有效地防止井壁崩塌，是一项因地制宜、就地取材、简便易行的固井措施，这也是世界上首创的套管隔水法。

第四，钻井具。卓筒井使用机械凿井的先进方法——冲击法式顿钻法，即用一种新发明的冲击钻头"圜刃"（这是人类历史上最早的铁钻头），利用杠杆的原理起下钻头，以竹篾连接钻头和杠杆，依靠重力作用，钻头每顿击一次之后，重新提起，再作第二次顿击，如此循环往复，以钻头冲击和破碎岩石，使井深得以逐步增加，其井口装置和钻凿程式有如旧式捣碓，形成冲击式顿凿，节省了劳力，提高了成井速度。

第五，扇泥和汲卤器。卓筒井使用适用于小口径井内作业的竹制汲卤筒，"竹之差小者"即由小于作套管的大楠竹（巨竹）的口径的竹筒做成，筒底凿孔，内装熟牛皮构成单向阀装置，筒降入井底水面，利用井底水的张力和筒内水的下压力，将碎岩浆或卤水提出井口，有效地解决了深井工艺技术的难题。

从现代深井钻凿工艺来看，最基本的要素是：用冲击或旋转等方法，钻破井底岩石；将井底的碎石或岩芯取出地表；用套管保护井壁。而卓筒井已初步而且全面包含这些要素，充分显示了我国古代劳动人民的聪明才智和伟大的创造力。

宋元以来的卓筒井工艺是我国地质钻井史的第二个时期——古代深井时

期。这个时期，在卓筒井问世之后，历经元、明、清几个朝代约八百余年，中国钻井技术都是沿着卓筒井的工艺轨道发展，它不仅促进了我国古代深井钻凿技术的发展，同时也为世界近代石油、采矿工业的发展开辟了道路。

三、近代深井时期

明朝时，随着经济的发展，深井钻凿技术又有了长足的进步，进入第三个时期——近代深井时期。

在明朝中叶以后，钻井技术及规模得到了发展，钻头因不同井段的技术要求有了不同的形制和规格，并采用石圈和木质井筒为固井材料。打捞与淘井技术形成。依据《蜀中广记》卷六十六《方物篇·井法》和《四川盐法治》卷二《井厂二·盐井图说》记载，近代深井钻凿的特点有以下几点：

第一，深井的钻凿过程逐步形成六道细密的工序。

1. 开井口。目的在于根据地貌若干特征和地表油（石油）、气（天然气）、水（卤水）的一些自然显示，以确定井位。一般以"两河夹岸，山形险急，得沙势处"为宜，选择确定井位后，"尽去浮土，不计丈尺，以见坚石为度"。

2. 下石圈。即将一些经过打磨特制成的外方、内圆、中空的石砖（石圈），以油灰作黏合剂，一个个地自坚石处往上砌，直达井口，构成深井近地表段外层套管。

3. 凿大口。石圈砌好后，以石圈内径为准往下捣凿，经过白水渗透地段，直至硬岩，这一段井的钻凿，称为凿大口，目的是为下木竹做准备。

4. 下竹木。木竹又称木柱，是一种木制套管，作用在于隔绝地下水和巩固井壁。宋元时以楠竹中空为套管。明清时改为用硬木，如柏木、青冈木为套管。木竹安放井段，自无白水坚石处，穿过石圈内径直至井口，构成深井的第二层套管。

5. 凿小口。木竹安放好后，以木竹的内径为准继续往下钻凿，名为凿小口。小口深度以达目的层为止（即得卤、气、油等）。由于此段井身岩质坚硬，不再安置套管，为深井的裸井部分。

6. 扇泥。即用附有活塞的竹制汲管将钻凿过程中产生的岩屑注水后汲出。

显然，上述一整套细密的钻井工序，是人们经过长期的生产实践和科学实验形成的，在设计思想和工艺安排上达到了很高的水平。

第二，出现了种类丰富的凿井、打捞、治井工具。

1. 锉刀（即钻头）形式多样，有十余种，可以适用钻凿口径不同的深井以及同一深井不同井段的需要。

2. 打捞工具。制作精巧的打捞工具有几十种之多，能够成功地取出掉进井腔的各种物件，以及处理井崩井漏的各种治井器械，反映了古代劳动人民的聪明才智。明清时期盐井钻凿工具（包括打捞和治井工具）的高度分工、专门化和系统化，以及大量新工具的出现，说明我国地质钻井技术发展到了手工业生产的成熟时期，为后来采用机器钻井打下坚实的技术基础。同时又有力地表明，井盐业的阶级关系在明朝中叶以后出现了某种新变化，出现了资本主义生产关系的萌芽，以分工为基础的手工业工场开始出现。

四、世界上第一批石油井

由于深井工艺的大规模革新，明清时期我国盐井进一步加深。根据《三省边防备览》卷十记载，井深自二百丈左右发展到三四百丈。与此同时，大量新井涌现，据当时四川四十个产盐州县的粗略统计，清初盐井为五千六百三十七眼，清末发展到八千四百五十六眼。值得注意的是，这一时期，历史资料记载出现了相当数量的深井，并有采油采气以及气、水共见和气、水、油三者并出的记载。明正统年间（1506~1521），四川嘉州（今乐山）地区开凿井盐时，发现了石油，经试钻试采后，有目的地钻出了一批石油井，这也是世界上第一批石油井。

美国和苏联曾有刊物发表文章宣称它们是世界上第一口石油井的开凿者。美国人狄克于1858年5月~1859年6月钻成一口二十一点九二米的石油井，自称是世界上第一口井；俄国人谢苗诺夫1844年用"土钻"加深浅井，至1848年钻成的石油井也公开表示是世界上第一口石油井。但历史事实已经作出明确的回答，早在1520年，我国劳动人民发明了包含现代钻井术的基础技术要素，"卓筒井"工艺为世界深井钻凿技术和石油天然开采事业开辟了道路，在四川乐山开凿盐井进程中，钻出了世界上第一批石油井。

五、自流井气水田

明清时期，我国地质钻井的伟大成就，集中表现为对自流井气水田的大规模开发。举世闻名的自流井气水田是世界上第一个被开发的大型气水田，明朝中叶以后，开始大规模地开采，特别是在钻井和地质等方面，清咸丰至光绪年间，即19世纪中期至20世纪初年是全盛时期。

自流井、贡井地区地质构造为穹窿背斜带。由于具有良好的构造圈闭和地层褶皱与断裂所形成的大量地下裂缝，这里成为储藏盐卤和天然气的地下宝库和空间，是理想的大型气水田。

在清代，以自流井为代表的中国盐井顿钻技术走向成熟和完善，进一步创造出适应不同井段和不同岩性凿井技术要求的钻头以及处理井下事故的专门技术，形成了完整的中国古代深井钻凿工艺并走在世界的前列。据《四川西康地质志》记载，在当时，新开盐井随着钻凿技术的改进而日益加深。清乾隆三十年（1765）老双盛井钻达五百三十米。清嘉庆二十年（1815）桂咸井钻达七百九十七点八米。到了19世纪二三十年代，自流井和贡井地区，井盐已钻穿白垩、侏罗两系全部沉积岩层，达到了三叠系顶部。一般深井在七百米至九百米之间。据此，自明中叶以后至1840年鸦片战争前夕的三百年左右的时间，自流井构造主要采取侏罗系地层的黄卤、黑卤和一些浅部地层的天然气以煎煮食盐。

1835年，自贡地区著名的燊海井钻凿成功，井深达一千零一点四二米，这是中国也是世界上第一口超过千米的深井，成为人类钻井史上的里程碑。这一深度创造了我国古代井深的最新纪录，也是首次钻进三叠系嘉陵江石灰岩层。

燊海井钻凿成功后，曾出现井喷现象，引起人们极大的关注，感到钻进了一个新的气水层位，同时，激发起人们进一步向深部地层掘进的浓厚兴趣。根据自流井构造地下地质的特点，三叠系嘉陵江石灰岩上部，夹有一层硬而易塌的绿豆岩，绿豆岩之下蕴藏着大量的天然气和黑卤。人们经过反复的实验，1851年磨子井的成功开凿，就是钻凿绿豆岩行之有效的方法。由于具有多方面的有利条件，四川富荣盐厂（由富顺县自流井和荣县贡井两产盐地组成）迅速发展，逐渐成为川盐业首屈一指的产地和技术中心。

从19世纪中叶到20世纪初，从自流井气水田开发的角度来看，这一时期井盐地质找矿具有以下一些特点：

第一，以燊海井和磨子井的成功开凿为发端，解开了三叠系嘉陵江石灰岩的秘密，为进一步开发自流井构造的天然气资源创造了有利条件。位于构造顶部的磨子井，由于钻穿三叠系主气层而出现的强烈井喷一直持续很久。因为其井底裂缝与附近地区构成通腔，致使周围漫山遍野都开井见火。据清咸丰到光绪年间自流井和贡井地区一百零五眼天然气井的粗略统计，先后在该地区共设燃烧锅近两万口。天然气从地层深处给人们提供了大量的煎煮食盐的燃料。

第二，随着绿豆岩的被攻克和不断向深部钻进，盐卤资源进一步扩大。除了在一些新的层位获得大量黑卤外，还在1892年发现了盐岩。

第三，科学的发展一开始就是由生产决定的。随着自流井气水田大规模的开发，反映其科学的著作也相应出现。继《蜀中广记》《天工开物》之后，介绍富荣盐厂科技成就等的著作也相继问世。从地质钻井方面看，有《三省边防备览》《自流井记》《四川盐法志》等著作，记载、总结、叙述了盐井、气井和油井的深度和地下地质情况，以及钻井、打捞、治井等一整套完整的工艺流程和技术措施。例如：清同治四年（1865）写成的《自流井记》就具有较高的科学价值。清代李榕的《十三峰书屋文稿》卷一记载了油、气、水的纵向分布，同时又找出了标准岩层。根据现代地质学知识，所谓黄姜岩即东岳庙石灰岩，正是白垩系的标准层，所谓的绿豆岩，正是三叠系嘉陵江石灰岩层中的标准层。这些准确、细致、惊人的概括，是我国劳动人民在长期地质钻井的生产实践中丰富经验的结晶，表明我国地下地质学、地层学、矿物勘探学发展到了新的水平。

明清时期，我国劳动人民在征服自流井气水田的实践中，取得了较大的成就。根据自贡市盐业历史博物馆《井矿资料》第三卷第十八页统计表明：清光绪年间，自流井、贡井地区各种地质井（包括卤井、气井和少量油井）达到五千余眼，加上废井则有一万余眼；1851年至1950年，自贡盐井共开采黄卤、黑卤和盐卤十余亿标担；1840年至1955年，仅从三叠系嘉陵江石灰岩主气层开采的天然气就达一百二十亿立方米。由于历史的种种原因（如战乱、税收、统计限制等），这些统计数字显然大大低于实际产量，但已足以表明我国古代劳动人民在地质钻井、开发矿业方面创造的辉煌业绩。

清朝时期（1644~1911），以自流井为代表的中国盐井顿钻技术走向成熟和完善，进一步创造了为适应不同井段和不同岩性凿井技术要求的钻头和处理井下事故的专门技术，形成了完善的中国古代深井钻凿工艺，走在当时世界的前列。

从1907年至1949年的四十二年中，我国石油总产量不超过二百九十万吨，而每年进口石油却超过二百万吨。2010年，中国原油产量达到二亿吨。

第二节　井盐开采技术

我国的井盐开采主要表现为卤水开采，是从自然盐泉的发现和采集开始的。世界钻井技术也是始于水井的开凿。水井的出现，使人类摆脱了江河湖泊等天然水源的束缚，有了更大的生存和发展空间。地下天然卤水，沿裂隙上升，涌出地面而形成的自然盐泉，给人们带来了地下盐卤资源的信息。人们在采集利用盐泉水制盐的基础上，在盐泉的流出口和卤水埋藏不满的地方，开凿盐井，采取卤水。随着钻井技术的发展，卤水的开采向下不断加深，在距地表各种不同深度分别埋藏在含盐岩系中，非岩盐矿层的层间裂隙中和地质构造的断裂、断层和裂缝中的卤水钻井和采卤技术的发展也被不断开发出来。

中国井盐生产中的采卤技术经历了漫长的演进过程，在人工挖掘的大口浅盐井时期，由于井形的多样和不规范，采卤工艺也不相同，各无定式。11世纪中叶出现的卓筒井，开创了人类机械钻井的先河，采卤工艺也随之一新，装置有单向阀门的汲卤筒面世，并逐步形成了一套"设机抽水"的采卤工艺，处于当时世界的前列。

一、大口浅盐井时期的采卤技术

盐井采卤技术随着钻井技术的发展而演进，与盐井的形制、井深密切相关，并与当时的社会生产力和科学技术水平相适应。以人力挖掘的大口浅盐井，在盐井生产史上延续了相当长的历史时期，有的大口浅盐井至今仍在生产，采卤工艺也相应沿袭下来。由于大口浅盐井时期的盐井井形极不规范，其采卤方式也往往因地、因井而异，概无定法。或用吊桶，或用皮囊，或置辘轳，或设车盘，也有人入井舀取或直接用桶提汲，其采卤技术的发展极不平衡，反映了历史上井盐生产技术及发展的某些特点。根据史籍和实地考察，大口浅盐井采卤方式多样，具有代表性的盐井采卤技术有以下几种：

（一）汉画像砖与楼架采卤

在四川先后出土的东汉井盐生产画像砖，画面内容大体相同，为我们提供了大口浅盐井时期采用楼架汲取卤水的珍贵图像。这些画像砖生动地描绘了汉代时期川人从汲取井内卤水到上灶煮盐的生产场面和过程，是我们今天研究盐井科技史非常珍贵的实证材料。

东汉画像砖反映的井盐生产场面

在汉画像砖上,有一清晰可辨的盐井,四柱支撑的双层楼架矗立于井口之上,四名盐井生产者分别站立在上下两层楼架上进行紧张的采卤作业,画面准确再现了当时楼架采卤技术的操作情景。

画像砖所绘盐井显然是秦汉时期人力挖掘的大口浅盐井,其井口形状与古代水井大致相同。如在河北邯郸涧沟新石器时代遗址中发现的两口水井,深约七米,井口直径约两米。从画像砖上,可以看到人的身子与水桶和井口的比例关系,桶的直径约四十厘米至五十厘米,井口大约是一只吊桶的四倍,在一点六米至二米左右。这与古代水井的井径大体一致。从画像砖上还可以看出,盐井采卤方式极有可能是从水井取水演化而来。据甲骨文研究得知,我国早在殷商时代,水井就已用辘轳汲水。当时的辘轳还没有摇柄,只是一根有轴的圆木,安装一个滑轮,轮上绕有一根汲卤绳,绳的两头各吊一只采卤桶,每层楼架站立两人,面对面操作,四人相向协力,互相配合动作,把提汲的卤水提到顶层时,倒入一个长方形的可能是木制的容器中,再输往灶房煎煮成盐。这种利用定滑轮的楼架采卤方法,虽然不省力,但改变了方向,将牵引力分散到两组四人,这就减轻了劳动者的劳动强度,同时两端都有汲卤水桶,显然提高了采卤效率。

这种采卤方法在大口浅盐井时期很盛行，其中有些大口浅盐井的卤水生产延续到现代。虽然后来采卤技术有变化，但仍然承袭了这种楼架采卤方法。如巴蜀云阳盐场的大口浅盐井，在民国时期，"采卤系制井楼于上，架一天滚（定滑轮），以为井索上下之轴。……每天有天滚一架至二十架者，视井口大小而定"①。直到20世纪50年代中期，云阳盐井仍然用此方法。为了工人的安全，在操作时，每人腰间系一根绳索，另一端系在架上，称为保险索。1958年，才以水泵采卤淘汰了这种楼架采卤方法。云阳场的白兔盐井是楼架汲卤的典型大口井，该井相传系公元前207年时，汉将樊哙路过云阳，因追猎白兔，发现盐泉而开掘。该井直径三米多，井深五十三米，井形为八边形，卤水浓度为三点六波美度，直到20世纪50年代初期，仍以人力采卤，日产卤水一千立方米。

（二）辘轳与绞盘车汲卤技术

早在盐井面世之前，桔槔、辘轳等提升工具在古代水井和矿井中已出现。殷商时期的水井已有用辘轳汲水的了。《庄子·天地》中写道："凿井为机，后重前轻，挈水若抽。数如泆汤，其名为槔。"《庄子·天运》中写道："夫桔槔……引之则俯，舍之则仰。"这说明战国时期已有桔槔汲水。东汉时期武景祠画像中，就有生动形象的桔槔汲井图。湖北大冶铜绿山，春秋战国古矿井，在提升方面就采用了"分层提升"的方法，利用辘轳等提升工具，将地下五十米深的井下积水和矿石提出井面。盐井出现后，古代水井和矿井的提升技术也被广泛应用到采卤生产中并加以改造。

在大口浅盐井时期，以辘轳、绞盘车为提升工具，以木桶或牛皮囊作盛卤容器的采卤方法与人力直接拽提卤水的方法一并使用。相传东汉时期张道陵所开的陵井，是古代大口井中最为著名的盐井。沈括在此确切地记载了大口盐井使用绞盘车汲卤的技术："上下甚宽广，独中间稍狭，谓之'杖鼓腰'。旧自井底用柏木为干，上出井口，自木干垂绠而下，方能至水，井侧设大车绞之。"②据史籍记载，汉代贵平县即今四川仁寿县境内，有唱车庙，"汉朱辰为巴郡守，有惠于人，吏人送辰到蜀回至此，为辰立庙。以其山近盐井，闻推

---

① 《中国盐政实录》第二辑（二）《四川》第二节《产制》。
② （宋）沈括：《梦溪笔谈》卷一三《权智》。

车唱歌之声，为名。今盐井推辘轳皆唱为号令"①。又，宋王象之编纂《舆地纪胜》中"朱辰"作"宋辰"。由此可见，汉代采卤已有人力推车汲井了。宋代永泰县即今四川盐亭县境内，有女徒山祠，"在县东二十五里。其山从阆州新井县界来。故老相传，昔有女徒千人……今富国监盐井皆妇人推车汲水。故名女徒山"②。这些都详细记载了大口盐井以辘轳和绞盘车汲卤的过程。

据史料记载，南宋时，四川安抚制置使胡元质在淳熙四年（1177）的奏章中，详细叙述了大口盐井采卤的艰辛情景："以牛革为囊，数十人牵大绳以汲取之。自子至午，则泉脉渐竭，乃縋人于绳，令下，以手汲取，投之于囊，然后引绳而上，得水入灶。"③按奏章的描述，这显然是规模较大亦较深的盐井采卤情况。据明嘉靖《四川总志》卷十六"盐法"记载："蜀盐凿井取之，大者以革囊汲取。"说明一般大口盐井固然也有用牛皮囊作汲卤容器的，但因井径稍小，牛皮囊体积也相应为小，容量也少，故不需用数十人牵大绳以汲取之。

无论是辘轳或是绞盘车采卤，在大口盐井时期均主要使用人力，其中仅有个别井使用牛力牵引车盘。如据《元一统志》卷五，四川长宁县的湆井，"五代以前，科丁完役，后以刑徒推车汲水，熏煎甚苦。宝祐元年州知事桑愈改以牛具推车取水，立石镌碑"。这是井盐采卤中使用畜力的最早记载。但是，畜力汲卤在大口盐井时期并不占主要地位。

（三）把桶、木龙汲卤技术

劳动人民在大口盐井的生产中，除采用滑轮、辘轳、绞盘车汲卤外，还有大量盐井全靠人力用把桶、皮囊、拽水桶直接从井内提取卤水。四川有许多盐场的大口井用桶直接提取卤水，有的盐井把这种采卤方法一直沿用下来。据《四川盐法志》卷五《井厂五·沿革下》记载：彭水县的黄玉、长寿、逢源、古源、凤仪、皮袋、楠木、中井、郁井等盐井，盐源县的白盐井、班井等都使用这种方法。盐源、射洪一带的汲卤桶又称为"把桶""水桶"。相传明洪武年间，盐源班井开凿，井面长八尺，宽四尺七寸，深三丈八尺，呈长方形，井身四周用木板筑构井壁。将把桶捆在竹竿上，入井采卤，每竿二人，共分四

---

① （宋）乐史：《太平寰宇记》《剑南东道四·陵州》。
② （宋）乐史：《太平寰宇记》卷三一。
③ （明）王圻：《续文献通考》卷三一。

竿。盐源的润井，由于是湖北、湖南、广东、四川等籍人士集资开凿的，因此汲水把桶又分头、二、三号等，以凿井投资多少确定业权、井位和桶的大小，把桶提卤，计时不计量。把桶底部装置有一种单向阀门（牛皮），这些都充分反映了古代盐工的聪明才智。

除把桶汲卤技术外，在大口盐井还有一种采卤方法，即木龙汲卤技术。四川的盐源、开县等盐场长期使用这一方法。木龙是利用活塞原理制成的吸筒，在长达数米的木制圆筒内，要有活塞杆。杆的一端以布头或牛皮捆扎为一活塞，拉动活塞杆以使活塞在筒内做往复运动，产生抽吸作用。盐源县的黑盐井、开县盐场的大井采卤均用此方法。云南各盐场产卤采用"陡推"方法，即由人力开掘出斜向井硐，采卤时，多用竹龙拉汲。竹龙形状与四川木龙相似。即长一丈至一丈四，径三四寸，中空去节，底节的毛竹于中心部位钻一孔，插入较小竹竿一根（俗称竹龙竿），竹端缚竹圈包牛皮，以能在竹龙内滑动而无明显环隙为度，拉动竹龙竿，卤水即自下端入竹龙，从上端涌出，进入贮水器，再接竹龙，直到出井硐，最后入灶房煎盐。

二、卓筒井采卤技术

北宋仁宗庆历、皇祐年间，四川井盐生产中曾出现过一项具有划时代意义的技术革新——卓筒井采卤技术。这一新工艺的出现，是中国钻井技术从大口井向小口井发展阶段的标志。它的开凿成功，不仅开创了人类机械钻井的先河，而且带来了井盐生产中卤水开采技术的重大突破和革新。它不仅为四川井盐生产的蓬勃发展开辟了道路，而且创造了现代盐井、油井、气井的雏形，表明中国古代先进钻井工艺又向前发展了一大步，在当时世界上处于领先地位。

在井盐卤水开采中，大口井与卓筒井的主要区别之一，就是采卤工具的变化。卓筒井更适合小口径盐井作业，于是，用以采集和提升卤水出井的汲卤筒随之诞生。

《东坡志林》卷六载："自庆历、皇祐以来，蜀始创筒井。用圜刃凿如碗大，深者数十丈，以巨竹去节。牝牡相衔为井，以隔横入淡水，则咸泉自上。又以竹之差小者出入井中为桶，无底而窍其上，悬熟牛皮数寸，出入水中，气自呼吸而启闭之，一筒致水数斗。凡筒井皆用机械，利之所在，人无不知。"苏东坡留下的这段珍贵而详细的记载，清楚地告诉了人们此种汲卤筒的形制、构造、采卤原理与产量。

（一）卓筒井的工艺特点

1. 井口径很小，仅八九寸，接近现代盐井口径。其深度达数十丈到百余丈。北宋时期，钻凿口径八至九寸、深数十丈的盐井，在世界钻井史上是一个奇迹。

2. 凿井工具使用了圜刃。圜刃北宋以前未见记载，显然是一种新式钻凿工具，是四川近代钻井用的各种样式锉刀的先驱。

3. 采用巨竹（楠竹），使其中空成管状，首尾相连，构成人造井壁，防止地层淡水渗入井内，可减少盐井塌方和陷落，延长盐井使用寿命。

4. 用小于井径的竹筒作为汲卤容器，将熟牛皮作为活塞置于筒底，入水则张、出水则闭，一次可汲卤数斗。

5. 采用机械提卤的先进技术，井口竖立大木架，安装辘轳，附近设置车盘，绳的一端系车盘，经过辘轳，另一端系汲卤筒，用人力牵引车盘，带动辘轳，提汲卤水。明代以后，亦开始用畜力作牵引动力。

（二）卓筒井工艺的工序

《蜀中广记》卷十六记载了卓筒井的制作工序：

1. 下石圈，目的在于确定井位，以"两河夹岸，山形险急，得沙势处"为宜。

2. 设置凿井用的机械装置，竖木架，装辘轳，立车盘。

3. 凿大口，即开凿石圈以下直至硬岩的一段地层。

4. 下木竹，即安装卓筒。卓筒之"卓"，取其直立之义，反映了筒井垂直向下的特点。宋代以巨竹（楠竹）去节"牝牡相接为井"。明代以后，亦用青冈木、柏木等。这道工序作用特别重要，它能阻止周围地层淡水渗入井内，并连通深井卤层。

5. 凿小口，目的在于钻凿木竹筒井以下，直到深井卤层。与凿大口不同的是，圜刃较小，工程更为艰巨，其深度不一，总之，以到达地层深处卤层为准。

在凿井时，井腔内的岩石被捣成碎粉，取出这些岩石碎粉是钻凿过程的重要环节。我国古代劳动人民在长期实践中，用聪明智慧和巧妙的办法消除岩石碎粉，解决了问题。

卓筒井与大口浅井相比，是盐井钻凿工艺的一大飞跃。

（三）采卤车的使用

南宋淳熙年间（1174~1189）四川安抚制置使胡元质上奏章称："设机抽水"，即指的是采卤的机械。由于卓筒井的产制有九百余年的历史，而且变化不大，这就为考证卓筒井采卤工艺和采卤车的使用提供了实证资料。直至民国时期以及新中国成立后的一段时期，四川东、北各场仍保留着为数不少的卓筒小井继续生产。到今天，四川射洪、蓬溪一带仍然保留着数十口卓筒小井，与史籍所记载的宋代卓筒井汲卤极为相似。川北等地（射蓬、简阳、南阆、乐至、三台、蓬中、蓬遂、绵阳、射洪、南盐、西盐、中江及川南之大足等十三坊盐井设备大致相同）。卓筒井采卤车又称为"花车"。以花车为例，可见采卤车的使用在附件结构上的进步：

1. 花车又叫盐车，俗称羊角车。用柏木或硬杂木制作为轮形，直径一点五米至三米，有木桩八根至十四根不等。由相同数目车轴支撑，车轴放在木架上，减少摩擦，便于转动，形似"羊角"，以便层层裹绕。

2. 车蹬，又叫车桩。用以承放花车车心即车轴。

3. 勒篾或勒篾桩。是一种刹车装置，生产时由操作者控制，放桶入井时控制车速所用。

4. 剪刀架和扶手，是工人汲卤、修井时，爬蹬花车唯一可用手扶的地方。

5. 地牌子与地滚子。在井帽子上安装的约十六点五厘米高，锯有斜口的两个对称木牌叫地牌子，地牌子斜口安放的一个约二十厘米长、直径约七厘米的铁棍为轴心的小木滚，叫地滚子。汲卤绳通过地滚子入井，可增强滑动并减少火掌对隔竹即套口的摩擦磨损。

6. 引竿，又称"引筒""楼架"。竿的中上部和顶端套以篾圈或竹笼，汲卤出井后，伸入圈内或笼内，使之不倾倒或折断，然后再勾水。

7. 火掌，又叫火掌篾，即汲卤绳。

8. 引篾。是一根与汲卤筒长度相等的斑竹篾条，主要用于避免卡破筒，便于汲卤筒在井下跷水（即扇水）。根据花车及附件结构简述，采卤花车的作业程序为：放筒入井→跷水入桶→踩水出井→勾水入筒→再挑往灶房煎烧。

从卓筒井采卤车的形制、结构、工作程序，可以看出卓筒井采卤技术是一种崭新的掘井工艺技术。

三、卓筒井采卤技术的推广与发展

卓筒井采卤技术提高了生产力，使深埋、深藏且浓度更高、蕴藏更丰富的地下卤水资源得到更广泛的开发，极大地促进了宋代井盐生产的发展。据《宋史·食货志》统计，北宋仁宗时，四川益州、樟州、夔州、利州四路共计有盐井六百三十二口，年产盐一千六百万斤之多。这还不能满足四川人民的生活之需，还要从陕西等地运进池盐。据宋马端临《文献通考》卷十六记载，随着卓筒井的广为开凿，南宋绍兴年间（1132~1162），四川四路有盐井四千九百余口，岁产盐六千余万斤。这说明，卓筒井问世仅百余年，四川盐井总数及盐产量即获得了数倍增长。

卓筒井与大口盐井相比，在开采技术上发生了深刻的重大变化：

1. 减少了人力、物力、财力的消耗，减轻了劳动强度。使用机械后，使盐井的卤水开采变得简易、方便。

2. 提高了劳动生产率。随着井的深度的增加，获得了新的产层中的浓度更高的卤水，提高了成盐率和盐产量。

3. 卓筒井具有易开凿、收益快、修治迅速、汲卤灵便等特点，一经问世很快就得以推广，大部分淘汰了千余年的大口盐井的钻凿。

4. 卓筒井的出现并得以迅速推广与发展，不仅极大地促进了钻井科技水平的提高，而且为井盐生产的发展开辟了道路。

5. 随着时间的推移，卓筒井采卤技术逐渐居于井盐开采的主导地位，并不断完善和发展。有些地区直到20世纪40年代，卓筒井采卤工艺技术仍然沿用并基本完善地保存下来。至今，资中场、井仁场、大足场、南阆场等，还有三台、彭水、西充、盐亭、乐至、简阳、中江以及射洪、蓬溪等盐场还可见到卓筒井技术的遗迹。

四、明清时期井盐采卤开采技术

明清时期，随着钻井技术的发展，许多深井相继出现，为提高生产力，开发丰富的卤水资源提供了广阔的前景。这一时期，井盐采卤技术主要有以下几个方面的变化：

1. 由于井深增加，井径与套管内径增大，采卤机械亦相应变化。

2. 汲卤筒加长并增大筒径，增加了容量。

3. 新型的采卤井架问世并渐次增高。

4. 大车车体亦随之增大。

5. 以牛力为主的畜力采卤普遍推广，使这一时期井盐开采的生产能力有较大提高，强化了卤水开采技术。

明清时期的采卤工艺技术是宋代卓筒井采卤工艺的发展和完善，其采卤原理和机制，是从卓筒井工艺中脱颖而出的，并形成完整体系。主要特点有：

（一）采卤机械的演进速度加快

卓筒井采卤机械虽然较简易和灵巧，但承受的荷载较少。当井深增加后，为了获取尽可能多的卤水，就必须加长汲卤筒以增加容量。明末清初，井径尚无大的变化。清朝中叶后，盐井进一步加深，到19世纪40年代，地下三叠系卤水得以开发，大量黑卤井在富荣、犍乐盐场等地涌现，其井径明显加大，汲卤筒也相应增大了筒径。这些都给采卤机械提出了增大荷载的要求。同时，为提高采卤量，还需要提升速度，因此，采卤机械的改进就成为技术改进的必然。

采卤机械的演进主要有：

1. 竖一木、三木或多木成楼架，高则达数丈。这种楼架的出现主要是承受汲卤筒的重力和盘车的牵引力，通过楼顶的"天滚""转轮"，使汲卤筒产生的垂直力与盘车产生的斜向力（经转变）而改变力的方向。

2. 以前的卓筒井采卤所用的花车、辘轳已演化为盘车，其所能承受的重力及其所产生的牵引力，已大大超过了前者。盘车经过不断改进，发展成为后来更为完善的汲卤大车，地车也普遍应用于深井采卤中。

3. 随着生产力的发展，盐场强化了开采的力度，采卤机械不断演进，技术工艺也越来越表现出多种多样。如清初的犍乐盐场使用了竹制井架；川北一带盐区出现了"独脚天车"，此种天车可高达二十米；相继出现了"牌坊架"的两脚天车、"剪刀架"的"A"形天车。天车的出现加大了开采的力度和速度。

（二）使用大车与汲卤筒

明清时期，采卤机械的演进较为集中地体现在天车、大车与汲卤筒上。纵观井盐开采技术的发展，大车是从大口浅井时期的辘轳、绞盘和卓筒井的花车以及后来的盘车演化而来的。大车主要是由车心、撑子、楞子、梆子、裙索、捎索、系牛桩、车山、车过挡组成。大车上还安装有拭篾与胎滚。这种大车主要用于采卤，同时用于凿井和修治井，借以起下钻具或修治井工具。在钻凿盐井时，大都有两套设施：1.绕篾索用于采卤者，又称为水车。2.绕井篾用于钻井者，又称为篾车。这种大车结构合理，运转灵活，牵引力强，可调整控制速度，转停自如。这说明清代的采卤技术已发展到相当完善和成熟的阶段。根据川南盐务局计划科对川南盐务一般情况的统计，到1950年，仅川南地区就有采卤大车六千四百零七部。

明清时期，汲卤筒也在不断改进。清代深井的汲卤筒简称"推水筒"，又名"吞筒"，有些地方称为"范筒"。筒的长度与大小视井的深度、水位、天车高度与井径大小而定。推水筒汲满卤水推出井口后，用筒扎钩的钩顶开皮钱，筒内卤水便奔泻而出。汲卤大车和推水筒的形制日趋细密和合理，反映了古代采卤技术发展日趋成熟。

（三）采卤动力产生重大变化

在大口浅井和卓筒井时期，采卤动力均为人力。即便是在卓筒井盐生产中，井深不过一二百米，井径不过七八厘米，汲卤筒也不是很长，筒径不大，因此人力踩动式搬运花车即可采卤，对增加牵引力并没有紧迫要求。在明代特别是明代中叶以后，钻井更为程序化、多样化。随着盐井深度的加深、井径的加大、汲筒的加长和井篾长度的增加，采卤需要更大的牵引力，采卤机械也需承受更大的荷载，在这样的情势下，以牛力为主的畜力被引进卤水开采的生产作业之中。与卤水开采工艺创新同步出现的畜力采卤，适应了井深力厚的客观条件，并得到迅速推广，使采卤动力产生了重大变化，较大幅度地提高了卤水产量，促进了明清时期井盐的繁荣和生产的发展。

据罗筱元、姜相臣的《自贡场的牛》和柯愈文的《五通桥盐场采卤动力的演进》记载：至清末，富荣盐场常年饲养的牛近三万头，而有县志则称"不下十万头"。犍乐场饲养的推水牛在七千头以上。明清时期，随着盐井的数目和井深的增加，以及采卤机械和动力的演进，带来了井盐生产的兴盛与繁荣。明洪武时期，四川年产盐约一千万斤；到清乾隆时期，四川年产盐约一亿六千万斤；不到百年的时间，至光绪初年，四川产盐已接近七亿斤，即三十五万吨。可见，明清时期井盐生产的发展速度是很快的。

（四）采卤天车不断发展与完善

矗立在井口用于采卤的木制井架，在四川的自贡、乐山、犍为等地又称为"天车"。天车是具有中国特色井盐生产的重要设备，其主要功能是用以提升汲卤筒，采汲盐井中的地下卤水。在清代中叶以后，天车有时用以下锉、起锉、扇泥和测量井深及修治井身弯斜。在井盐生产的历史上，曾出现过天车林立的宏伟壮观景象，为中国井盐科技史写下了绚丽的篇章。四川自贡是名扬四海的"千年盐都"，而天车则是盐都的象征。

天车是伴随着井盐生产采卤技术的发展而出现的，它的演进经历了漫长的年代。从汉代大口浅盐井的双层采卤楼架中可以看到天车的雏形，从卓筒井采卤井架中可以看到天车的前身。明宋应星在《天工开物》中所附《蜀省井盐图》描绘了明代采卤井架的形制。明万历年间马骥的《盐井图说》也有说明。许多史籍所载，实质上就是早期的天车。

清同治年间，吴鼎立在其《自流井风物名实说》中，对清代富荣盐场的天车作了详细的记述："天车以两大木作正极，矗立于井口之上。……其用夹板承地滚，亦如天滚式"，并附图说明。《四川盐传志》亦记载："木竹下井，先立天车。卓两巨木相向……井深者汲水筒长，绝顶横木上置小轮，曰天滚子，从圆木二片夹之以约篾。"这些记述都较为完整地说明了清代两脚天车（又称牌坊架）、四脚天车的形制与构造。

随着井盐生产的发展，天车为适应井深采卤的需要，由低到高，由小到大，由简单到复杂，由独脚、双脚到十余脚，由木质天地滚到铁质天地滚，不断发展和完善。天车具有很强的承重能力，据自贡市盐业公司技术档案记载，经测算大型天车可起吊二十吨的重量。一般可连续使用三十年之久。天车需定期维修。大修一年一次，称为"花捆"，两年一次称为"全捆"，时间多在春、夏季进行。架设天车和进行维修的工人称为"辊子匠"，后改称"辊工"。

新中国成立后，随着生产力的解放和采卤技术的发展，天车的结构不断改进。20世纪50年代末至60年代初，自贡盐场的大型天车已高达百米，由十四脚组成，安装三个天滚、三个地滚、三部卷扬机、三只汲卤筒、三至四座锅炉，实行连续强化开采，昼夜不停，极大地提高了卤水产量。其中，1960年新大六井实行三机四炉三筒采卤，年产量达九万吨，创造了中国井盐生产的天车提捞法采卤最高纪录。当时，四川五通桥地区也升高了天车，加长了汲筒，增加了天地滚、锅炉和卷扬机。五通桥盐场最高的天车在裕源井，其高达七十三米。自贡场达德井天车则高达一百一十三米，成为中国井盐史上最高的天车。

作为中国井盐生产和卤水开采的历史标志，天车随着采卤新工艺的问世正在逐渐消失；作为明清以来深井提捞法采卤技术的象征，天车已完成其历史使命。但天车在井盐科技发展中所起的作用和做出的贡献，已载入我国井盐科技史册。

第三节 天然气开采技术

秦灭巴蜀以后，西蜀地区的经济逐渐有了长足的发展。公元前4世纪末，一个以成都为中心，以郫县、临邛（今邛崃、蒲江一带）为拱卫的经济中心开始形成，城市建设、工业和商业的发展均达到相当规模。战国末年，随着铁工具大量应用于手工生产，广都（今成都、双流一带）盐井在这个经济区的中心地带钻凿成功，揭开了我国盐井生产的序幕。新的盐井钻凿技术很快在周围地区推广开来，西汉初年，临邛地区已开始钻井煮盐了。

中国古代天然气开采技术是从火井采气发端的。据西晋张华的《博物志》对"临邛火井"的记载："执盆盖井上煮盐。"揭示了我国是最早利用天然气并用于煮盐的国家，史料还记载了天然气井最早的采气装置——窻盆。

窻盆采气技术是一项重要的技术成就，它在古代低压天然气的开采中发挥了巨大的作用，至今仍具有实用价值。四川自贡地区在20世纪80年代仍使用古老的窻盆采气技术进行低压天然气的开采，每年生产约八千万立方米的天然气，占有相当的比重。

在世界天然气开采史上，窻盆采气技术是绝无仅有的科技成果。它是裸眼、无阻、敞口开采天然气的技术，特别是其所具有的边作业边采气，实行水气同采的功能，不仅是在世界上首创，而且能与现代气井开采工艺媲美。窻盆采气技术在提高气藏采收率，开采不属压降储量的尾气方面，能解决现代采气技术不能解决的难题。这一奇绝的开采技术，为天然气非常规开采储量的开发，拓展了广阔的前景，对恢复低压微气井、间歇生产井和停喷井的产气能力，实行二次开采有独特的作用。因此，今天对窻盆采气技术进行系统地分析研究和总结，是很有意义的，可以达到借鉴、发展、提高的目的。

一、古代火井采气技术

"临邛火井"是在西汉中期时，四川劳动人民在钻凿盐井的过程中发明创造的。也就是说，在临邛地区钻凿盐井的过程中，发现了天然气并建成了我国古代第一批天然气井。据西晋张华的《博物志》卷二记载："临邛火井一所，纵广五丈，深二三丈。"根据现存史料，最早记载"临邛火井"的是西汉的扬雄。他在《蜀都赋》和《蜀王本纪》中，曾两次描述临邛有"火井"。据史籍所载，从临邛火井的井形井深看，所产天然气属浅层低压气。"执盆盖上"，使从井底上升的天然气不致扩散和泄溢;"以竹木投以取火",注卤水于盆中煮盐,就起到了采气和利用其热能的作用。显然,这里说的"盆盖井上",绝不是密闭的,尚须有空隙或孔道,否则天然气是不能燃烧的。关于古代采气技术,在明代张瀚的《松窗梦语》和宋应星所著《天工开物·作咸》中,都有较为详细的描述。

为什么说"临邛火井"是在开凿盐井的过程中产生的呢?这是因为天然卤水、天然气和石油常为共生物。由于四川的地质构造和钻井深度不同,可能出现各种情况。在井盐开发史上,此类事例甚多:如明正德年间著名的四川嘉州石油井就是"开盐井"过程中发现的;又据《三省边防备览》叙述,"犍富各县"火井创办时,"火井与水井,开凿时不知有火,及见火,初只有气……导火入灶以煎煮"。四川自流井地区劳动人民根据长期开发井盐的实践经验,提出"水、火、油得其一者谓之见功"①,反映了人们对事物客观规律的正确认识。实际上方以智写的《物理小识》卷二说明,古代临邛地区也正是盐(水)、天然气(火)、石油(油)三者兼产的。

从我国矿业开发的历史看,井盐早于天然气。以广都井盐为发端到"临邛火井"的产生,大约经历了两个世纪。生产天然卤水的矿井,在天然气井建成之前,史籍均以"盐井"称之。天然气井出现以后,两相对应,一般改称"水井",而称天然气井为"火井"。由此类推,则井中的天然卤为"水",天然气为"火"。晋代左思的《蜀都赋》云:"火井,盐井也。"说出了井盐和天然气开发的历史顺序,以及在钻凿盐井过程中天然气井由"水"而"火"产生的历史演化过程,是很有见地的。

二、"雨盘"技术的发明

古代人们在开发天然气的过程中,不仅对天然气的可燃性、比重等化学和物理特性有所认识,而且对天然气中含有毒气体这一点也有所发现。当时,人们不可能知道这是硫化氢,但他们已从生产实践中,在付出血的代价后得知,"井中阴气"可"熏人致死",并严重威胁人们的生命安全和井盐生产的顺利进行。

为了解决这一问题,人们在实践中积极寻找解决问题的办法,经过详细的

---

① (清)吴鼎立:《自流井风物名实说》。

观察和试验，他们终于发现了天然气可以溶解于水的特性。宋代科学家沈括在《梦溪笔谈》中对其作了确切的描述："惟候有雨入井，则阴气随雨而下，稍可施工，雨晴复止。"

沈括还写道："后有人以一木盘，满中贮水，盘底为小窍，洒水一如雨点，设于井上，谓之雨盘，令水下终日不绝。如此数日井干为之一新，而陵井之利复旧。"据《宋史·杨佐传》记载，雨盘的发明人为陵州推官杨佐。雨盘的发明是人类征服天然气进程中的重要一步。雨盘发明后，人们不再被动地等待下雨之后再施工，而是可以在任何时候，只要井下情况需要，便能即刻下井，安全顺利地进行井下作业。

宋代科学家沈括在他不朽的著作《梦溪笔谈》中，准确、翔实地记述了宋代人们对天然气的认识，记载了雨盘发明的经过，有力地证明了中国人是在世界上最早发现和认识天然气溶解于水的化学特征的。出现于11世纪的雨盘，是中国古代人民在开采低压天然气技术中的一个重要发明。

三、采气技术的发展

人类在征服自然、改造社会的斗争中不断认识和利用自然界的能量资源，而新的能量资源的被认识和利用，又转化为人类征服自然和改造社会的物质力量。人们开发自然能源的活动，总是在一定的社会条件下凭借一定的物质手段来进行的，因此，能源开发史总是和一定社会生产关系与生产力的矛盾斗争史联系在一起的。

从战国、秦汉时期开始，随着奴隶制的崩溃和封建制逐步在全国确立，新兴封建统治阶级实行奖励耕战、盐铁官营等积极发展生产的措施，自然能源的利用获得了一次大的发展。煤炭被大量地用于冶铁，农业中广泛采用畜力，发明了"水排"，风力被当作动力使用，利用自然露头的石油所具有的可燃烧性，天然气井的凿成和利用"火井"煮盐等，构成了采气技术大发展的主要内容。

"临邛火井"天然气的发现并被用于煮盐，说明古代劳动人民在生产斗争的实践中又征服了新的重要能源。世界上一些地区，包括我国在内，对自然露头的天然气的记载比较早，可以追溯到很远的年代，但将天然气作为地下矿藏，通过凿井进行开采利用，是在我国首先实现的。从零星采集到凿井生产，表明人们对天然气的认识产生了飞跃。我国开凿了人类第一批天然气井，成为世界上最早利用天然气作为能源的国家，比起欧洲最先利用天然气的英国早了十多个世纪，这是中国人民可以引以为豪的。

根据史籍记载，临邛地区天然气的出现并未引起人们太多的惊讶，而是一开始就将其用于燃料照明等实际用途，特别是煮盐，显示了人们在改造自然的斗争中的务实态度。

从工艺技术的角度看，天然气开发具有综合的特点：必须以一定水平的深钻技术作为先决条件，而以某种形式的分采工艺作为开采手段，同时还要解决储藏与输送等问题。古代的人们在长期的生产实践中和当时的条件下，初步出色地解决了一系列的技术问题，体现了劳动人民的非凡智慧和创造能力。"临邛火井"在能源利用史上占有重要的地位，对于后来的天然气大开发只是一个前奏，但它对天然气矿的处理，特别是对天然气用作工业燃烧的能源起着深远的影响，这一切都为后来大规模开发天然气创造了条件。

明清时期以来，随着盐井深度的增加，人们逐渐揭示三叠系嘉陵江组石灰岩地层，随着自流井气田的大规模开发，天然气产量激增，气流量增大，采气技术也相应得到发展。

从清初富荣盐场的天然气井已可在其周围列灶煮盐，推知天然气井口可能有储气、采气装置，用管道分送各灶。因史料记载太略，不能完全确认。清道光时期（1821~1850），在清范声山著《花笑颐杂笔》中，描述"富顺县厂仍益繁盛，且多火井"，当时的采气技术"用衔竹吸烟，如接水状，引入锅底煮盐，省煤炭，利益厚。甚有一口井接数十竹者，并每竹中间复横嵌竹以按之，烟盛，无不贯透"。这段描述中，"一口井接数十竹者"，只能是接在井口采气装置上，绝不可能将这数十竹一齐插入井中。清代学者王培荀在《听雨楼随笔》明确写道："火井昔在临邛，今富顺、荣县均有……制木为盖，覆井口环盖……铁垫而竹不燃。猪脬盛火，可以赠远。"他的描述清楚指出，井口采气装置为"覆井口环盖"的木盖，详细描述了采气的木盖如何与输气的竹笕连接。这种木盖无疑就是《四川盐法志》中所称的"火井盖盆""炕盆"，以及《富顺县志》所称的"木盆"和后来富荣盐场道称的"廉盆"。

随着井口采气装置的运用，简易安全的放空装置也相继出现。一种叫"冲天笕"（后来又称"通天笕"）的安全装置出现，它既可放空排气，以防井内压力突然升高发生井喷或引起爆炸，又可试气测量、推算测试井内压力与气量的大小。①

随着长期采气的生产实践，井口采气装置得以改进并日趋完善。到了清同治年间及清光绪初年，出现了一种采气装置和水气同采技术。李榕在《十三峰书屋文稿》卷一中写道："火井之发也，覆以木盆，其盆高一丈，径一丈，围三丈，上锐而下丰，以束其气。盆上环置竹笕，引其气以达于盐灶，盆中央仍开一孔径三寸，环以石圈，附以土围，结为井口。井有水筒取之如故也。"李榕的文字记述明确说明，在一百多年前世界上最早、也是绝无仅有的水气同采装置和技术，已经在自流井地区诞生并普遍用于天然气开采了。

清光绪七年（1881），《四川盐法志》对这种采气技术作了总结性叙述："凡火井成，井口尚陷地丈许，上置虚底木桶罩之，曰炕盆……箱口不见火，惟有气。""其桶旁凿窍，以笕端接穿地中……先用阳火引之，锅下四旁用泥作枕，高六七寸，以支锅灶。"《四川盐法志》不仅系统地记述了从采气、试气、分气、输气直到引入灶内燃烧的全部工艺流程，还记述了天然气自井内→炕盆→气桶→小气桶→火罐子的流向，揭示了早在百余年前，井盐生产中的天然气开采已实施了多级分配、多次配气的技术。这些技术使天然气开采更趋科学和合理。

在气田开发的长期实践中，四川自贡自流井地区创造了一种独特且适合本地的采气工艺技术，即窥盆采气技术，其内容为：

（一）安装窥盆

窥盆是井盐开采工艺中独特的井口装置，目的是窥住天然气。一口井的气量因多种因素发生变化，所以必须根据产气大小来确定盆的大小。一般产气量大的井，内压力较高，窥盆应制作大些，否则天然气从井内进入盆后，不能因体积膨胀而迅速减压，亦不能与进入窥盆内的空气充分混合，即从井口冒出，窥盆也就窥不住气。如果窥盆做得过大，又会使空气进入过多，致使混合气不能燃烧或燃烧不力，甚至发生爆炸。因此，窥盆也是采气过程中的一种安全装置，是必不可少的。窥盆在采气过程中，可根据情况变化作适当调整。

（二）排置火笕

在天然气被钻出并经测试后，根据测试结果，便可设计火灶，并据此排置火笕，与盆连通，进行采气作业。主要方法是：

---

① （清）吴鼎立：《自流井风物名实说》。

1. 根据"火性炎上，必据上升之地引之"的原则（吴鼎立《自流井风物名实说》），火筧排放应以井口为圆心，按向上的一定倾斜度，呈扇形向各火点扩散，并将各灶基限制在同一条弧线上，使之与井口保持相等的距离。

2. 排置火筧的程序是：将出山筧排至一个或数个"出山桶"即一级分配桶，需设几个灶基，则制作几个"出山桶"，再由此排至两个"马门桶"即二级分配桶，再由此"马门桶"排筧至数"腰桶"即三级分配桶。此火筧又称"通槽筧"或"三栋筧"。从"腰桶"出来→"扇子筧"→"小气桶"→"进灶筧"→铁筧→"火坛子""火包"，外罩铁制"袖笼"，即可点火煎盐。

3. 因各井产气量不等，通灶数目与地形条件也不相同，各桶安置火筧排放也有所不同。

4. 各段火筧除进灶后的铁筧外，均为竹制。各级分配桶一般为木制，形如盆，逐级缩小，上口加盖。

这种采输设备在安装时，还必须注意以下几点：1.各级分配桶与火筧要逐级升高；2.进筧与出筧应分别分层排列以使配气均匀；3.一根进筧最多只能配以两根出筧；4.火筧排放弯曲度不能过大，以保证气流通畅，分气均匀；5.各级桶的内壁与木盖上平涂厚约两厘米的盐水泥，在桶与火筧外包一层盐水泥，并在周围撒一层晒干的盐水泥粉末，以防腐蚀和干裂。

这种采输设备大多具有以下作用：1.能起闸门开关作用；2.能起安全阀门作用；3.能起气水分离作用；4.各级气桶排量进出筧时，能起弯头转向作用；5.能起减压作用；6.能起配气配风作用；7.能起测试作用。

自流井传统的采气输气技术，既可安全采气、配气和输气，又可调节气流量，还可以处理井壁垮塌、爆炸、空气侧灌等事故。这种技术既符合科学原理，又富有创新，而且因地制宜，取材方便，制作简易，便于操作，至今仍具生命力。

新中国成立后，新技术投入天然气开采，在利用传统篾盆采气技术的同时，加压开采、抽风开采、泡沫排水开采、抽卤机排水采气等，都提高了天然气的开采量。

四、安全装置与测试技术的使用

在钻井过程中，往往会遇到一些浅层气流，钻井快要成功时，又可能出现气流过猛，钻井时还可能遇到"气包"，这些情况都可能引起火灾，发生井喷，因此必须采取预防措施，安装安全装置，这就是"扎厢"。清代时期，将这种安全装置技术称为"冷厢"，"水火兼有之井则不用"[①]。冷厢直接罩于井口盆上，随着采气技术的发展，扎厢工艺也在不断发展改进。

1. 所谓"厢"，是用普通木板钉成约一丈二寸见方的厢状气桶，高度视地而定，一般在一丈上下。厢应扎在距井口稍远一点的安全地方。先将"出山笕"由盆接至"出山桶"，然后将厢扎在出山桶内，一般一桶可扎两厢。一口井需扎多少架厢，必须根据气流量大小来确定。

2. 厢内外均可用盐水泥或草泥石灰涂上一层，以防漏气。当在凿井过程中遇到草皮灰或气包，或钻凿遇到天然气时，产层气流过猛，来不及排笕输气，天然气即可由出山笕经厢排出放空，井口不受影响，既可继续进行井下作业，又可排置输气装置，修建火灶。

3. 安放"通天笕"既可排气放空，又可进行测试。通天笕是由一根长约五丈的竹管做成，在距下端一丈五寸处用稻草紧扎成约一丈五寸的倒锥形草把，比井径稍大，外糊一层牛粪。将其插入井中，笕与井壁之间的环隙被草把堵严，天然气只能从通天笕放空排出。

4. 当井口需要改换盆或因事故需要检修输气设备时，均可以使用通天笕，保证井口安全操作。在通天笕放空时，在笕上端口放入一碗或罐，视其被天然气冲起的高度，即可推算井内压力与气量大小，从而决定排放多少"亮筒子"以进一步测试气量。

5. 亮筒子由普通竹管制成，长约六丈。上端内塞外糊一段盐水泥，中通一孔即可。亮筒子插入出山桶内，一般为九根，称作一堆。一口井燃放多少堆亮筒子，应根据通天笕初试结果或视具体情况而定。一般以多放为宜，逐堆点火测试。工匠们根据观察亮筒子上火焰的高低、颜色、疏密、声响等情况推算气量的大小。一般火焰越高，压力越大，可烧锅越多。根据燃放亮筒子的堆数和个数，即可测算出一口井的天然气产量。亮筒子是我国古代劳动人民发明的极富科学性的测试装置，其原理与现代毕托管相同。据记载，1959年，在重庆地区巴县石油沟新钻"巴九井"过程中发生井喷并起火，采用亮筒子测试，推算出该井每日流量为十万立方米以上。后用毕托管测试，每日流量在十万至十五万立方米之间。这说明亮筒子测试气流量的准确性是可靠的，同时也说明

---

① 《四川盐法志》：卷二《井厂二》。

中国古代的天然气测试技术处于当时世界前列。

井盐技术和天然气开采技术，从一个方面准确而深刻地说明了在中国古代的巴蜀地区，在井盐发展的过程中，其地质钻井、井盐钻井、天然气开采等技术所取得的划时代革新成果。充分表明了我国古代劳动人民的伟大智慧和创造力，是我们中华民族的宝贵财富，具有不可磨灭的现实意义和历史意义。

第九章

巴蜀冶金技术的成就

本章论述的冶金技术包括：冶铜技术、冶铁技术、金银加工技术。

目前，考古发现的巴蜀地区最早的铜器，是在三星堆遗址两个祭祀坑出土的距今约四千年的古蜀王国的青铜器。两个祭祀坑的发掘表明，四千年以前古蜀地区的青铜冶铸技术已达到相当成熟的发展水平。战国时期蜀国青铜器的合金成分、锡含量较之商代有显著提高，合金配比日益与中原接近，无论兵器还是容器，没有一件是红铜器，几乎都是锡、锡铅青铜器。各类青铜的合金配比均较稳定，显示了古蜀文明独特的青铜文化传统。西汉中晚期至东汉，蜀西南越嶲郡所辖的邛都南山、灵关道等地的铜矿被陆续开采出来，并发展成为当时巴蜀地区重要的冶铜基地。清代四川铜采掘、冶炼发展较快，成为仅次于云南的第二大产铜大区。

巴蜀冶铁的历史比中原地区稍短，但最迟也不会晚于战国时期。战国时期蜀地铁器陆续有所出土。巴蜀冶铁技术的真正发展是在秦统一巴蜀以后。公元前310年，秦举兵入蜀，并乘胜灭巴。秦统一巴蜀之后，赵国卓氏、山东程氏等移民入蜀，将中原先进的冶铁技术带入巴蜀，促进了巴蜀冶铁技术的发展。整个秦汉时期，蜀郡内地的冶铁业在西南一直处于领先地位，是主要生产基地。三国时期，蜀国对冶铁业的发展十分重视，相传诸葛亮曾在新津等地建炉炼铁，锻制军器。当时的蜀国出了一位杰出的冶铁技术专家——蒲元。到了明代，洪武年间，设四川蒲江新市铁冶；永乐十二年（1422）又置龙州铁冶。铁冶不仅使兵器增加，也使四川铁农具的质量得以提高，种类有所增加。

蜀地自古富产金、银。三星堆、金沙遗址大量金器的出土表明，巴蜀地区是古代黄金加工技术最发达的地区，早在殷商之际就已经熟练地掌握了黄金的加工制作技术。巴蜀内地较重要的金银矿有：梓潼、涪县、葭萌、刚氐等。两汉以来，金银制品主要集中在蜀郡和广汉郡。汉代巴蜀地区的镏金以工官生产为主，主要有镏金铜器和镏金漆器。东汉时期，蜀郡工官的镏金技术为全国领先水平，产品进贡皇宫，远销全国各地。唐至五代，四川金银制造工艺达到更高水平。

第一节　冶铜技术

一、巴蜀青铜冶铸技术的发端

铜是最早被人类利用的金属之一。与其同时或在此前后，金、银等容易加工的金属也已经使用，但其用途不及铜广泛。在铜的冶炼中，最早使用的是埋藏较浅易于用木炭加热还原的赤铜矿石、蓝铜矿石，之后是埋藏较深但分布很广的黄铜矿石等铜的硫化物，以及铜与其他金属或非金属混合的矿石。公元前3500年左右，居住在两河流域的苏美尔人已经掌握了青铜的冶炼技术。距今四千年前，中国开始使用青铜制造器物，殷代已大量使用青铜器。从殷墟出土的青铜器可见，大都是铸造精美的祭祀用具。到殷代中期，已采用铸造和锻造法加工青铜器，对一些精巧的铸品，则采用了失蜡法。而且对铜锡合金比例与硬度有了研究，在《周礼·考工记》中，记载了六件青铜器的铜锡比例。

巴蜀地区蕴藏着丰富的铜矿资源，为冶铜业的发展提供了重要条件。蜀地自古出产铜矿。据《汉书·地理志》《续汉书·郡国志》等史籍记载，蜀地铜矿主要分布在金沙江、青衣江流域和成都平原边缘地带，如邛都（今四川西昌）、灵关（今四川芦山）、徙（今四川天全）、严道（今四川荥经）、青衣（今四川雅安）、朱提（今四川宜宾至云南昭通）等地。

从化学成分看，三星堆青铜器主要有铜锡、铜铅、铜锡铅、铜铅锡等四类。与同时代殷墟的青铜器相比，有几点显著区别[①]：一是三星堆遗址出土的青铜礼器含锡量较低，实用器（如罍、尊）含锡量较高，这与中原殷墟的情形正好相反。第二，三星堆出土的青铜礼器大多含铅量较高，最高达32.71%，实用器的含铅量很低甚至完全不含铅，这也与殷墟的情形相反。如殷墟出土的兵器铅含量多数高于锡含量，高者达26.78%，而后母戊大方鼎铅含量仅为2.79%，锡含量则达11.64%。第三，三星堆出土的青铜器均不含锌，而殷墟出土的青铜器都含锌。第四，三星堆出土的青铜器多数含微量磷元素，而殷墟出土的青铜器均不含磷。在青铜合金冶炼中掺入微量磷，可增加青铜的流动性，提高合金的强度、硬度和弹性。上述情况表明，古蜀国的青铜器无论在选料还是熔炼技术方面，都具有鲜明的地域特色，显示出相当的独立发展性质，表明

---

① 贾大泉、陈世松主编：《四川通史》卷一，四川人民出版社2010年版，第223页。

古蜀地区是中华青铜冶金技术的独立发源地之一。

年代比三星堆文明略晚的金沙遗址也出土了为数不少的青铜器,不过多为小型器物。

在三星堆祭祀坑发现的骨渣中,夹杂着大量竹木灰烬、泥芯和铜熔渣,并且在坑内填土中也含有以上成分。据此推断,当年在此地有大型制铜工场,其冶铸工艺是常见的火法冶铜,即以铜矿石为原料,以木炭为燃料和还原剂,同炉而冶,生产出金属铜,然后再加入锡、铅用坩埚冶炼成青铜,最后在陶范中浇铸成形。

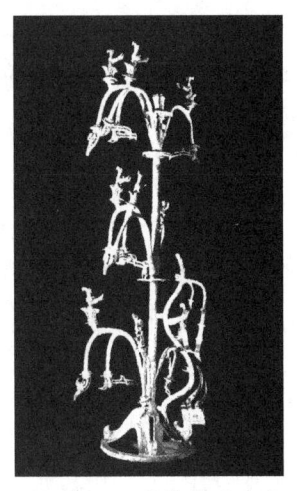

广汉三星堆遗址出土的青铜神树

在铸造技术上,三星堆青铜器主要采用陶范铸,小型器物用一次成形的浑铸法,大型器物则采用分铸法(又有先铸和后铸之别)与嵌铸法。在加工工艺上,有焊、铆、补、镂等。其中的铜焊工艺是目前已知的我国最早的焊接工艺。今天人们熟知的世界最大的青铜人面具的巨型双耳和凸出的眼球柱,就是采用焊接技术的产物。

与同时期华北青铜器相比较,三星堆青铜器在制作技术上有两个特点[①]:第一,三星堆时期已大量运用先铸法,而商周时期华北青铜器一直是以榫卯式后铸法为主,到春秋时期才转变为以先铸法为主;第二,三星堆时期古蜀人已熟练掌握了铜焊技术,较之中原诸夏和东方江淮流域诸族要早数百年。

二、战国时期的冶铜技术

战国时期蜀国青铜器的合金成分,较之商代锡含量有显著提高,合金配比日益与中原接近,无论兵器还是容器,没有一件是红铜器,几乎都是锡、锡铅青铜器。各类青铜的合金配比均较稳定。这一时期,在蜀国的青铜剑、矛、觚的合金成分中,均发现了微量磷元素,而同一时期的中原青铜器都不含磷,表明它是从商代以来的蜀国青铜合金技术传统直接发展而来的。在蜀地与中原文化交流频繁的战国时代,蜀国的青铜合金技术仍然保留了古老的技术传统,显示了古蜀王国独特的青铜文化传统。

战国时期,蜀国青铜器除采用范铸成形外,还运用了局部塑性加工技术。

---

① 段渝、邹一清:《三星堆文明:长江上游古代文明中心》,四川人民出版社2006年版,第74页。

战国时期出土的青铜戈、矛,在刃部或近刃部的金相组织中有部分滑移线,当是锻打加工留下的痕迹。

此外,战国时期巴蜀铜器加工工艺有两项突出的进展:一是嵌错;二是镀锡。

嵌错是先在铜器上刻出细的槽状花纹图案,然后将金、银、锡等细丝嵌入。成都百花潭中学10号墓出土的铜壶上就通体用红铜嵌错着十分复杂而精美的水陆攻战、狩猎、弋射、采桑、宴乐等纹饰图案。涪陵小田溪1号墓出土的一套编钟共十四枚,其中也有精美的错金图案。

如果说嵌错工艺在其他地区也有的话,那么二次镀锡工艺就是巴蜀地区所特有的了。可以说,在青铜器表面镀锡是蜀国青铜器最突出的工艺特点。其时间最早可以推定在西周后期。经表面镀锡处理的多为兵器,目的显然在于装饰,使其产生寒光闪闪的效果。古代所谓"白刃"的说法,即由此而来。镀锡而形成的高锡保护层,客观上也起到了保护金属内层的作用。

三、秦汉时期及其后的冶铜技术

在秦统治巴蜀期间,兵工、民用铜器并进,以私人作坊为主。产品明显分为两类:一类具有浓郁的本地土著民族文化风格,即"巴蜀式"铜器,兵器如"烟荷包式钺""柳叶剑"及各种带"巴蜀符号"的矛,乐器如编钟、錞于等,主要由私营作坊生产;另一类主要是中原、关中或楚地产品样式,兵器如剑、戟、刀、矛、弩机,生活用具如镜、灯台、带钩等,主要由外来移民生产,多出于官营作坊。

西汉初期,巴蜀地区的兵器生产急剧减少。这一时期,由于交通条件的改善,马车得以推广,各种铜车马具剧增,其次是各种铜生活用品迅速普及,如鉴、釜、钧、壶、盘、碟、尊、勺、锅、熏炉、镜、书刀等。各种具有巴蜀文化传统风格的产品大幅度减少,有的器类甚至基本消失。这一时期由于受到新的冶铁业的挑战,冶铜业在整个社会经济生活中的地位大幅度下降。

西汉中期,汉武帝推行重农抑商政策,巴蜀地区的私营冶铜作坊从此一蹶不振,官营作坊成为铜器生产的主体。随着巴蜀铜矿资源日渐匮乏,大的铜矿基地逐渐转到边地。从数量上看,西汉中期铜器、铜生产工具继续减少,多数被铁器所取代。仍用铜冶铸的主要是具有特殊宗教意义的殉葬品、炊具、与饮食有关的容器,以及对光洁度、反光度、撞击声要求较高的日用杂器、量器、兵器、货币。

东汉时期的铜器常见于生活用具，主要有镜、洗、盆、灯、盒、釜、盘、印章、带钩、钵，铜车马器当庐、盖弓帽等。成都北郊曾发现多套鎏金生活用具。东汉晚期，在以蜀地为中心的益州地区出现了一种极具地方文化特征又富时代特征的器物——摇钱树，其树干、枝、叶及其上面的钱、人物、动物等皆为铜铸，或有通体鎏金者。东汉时期私印、闲章普及，也普遍用铜制。

蜀汉时期的铜器常见的有镜、弩机、釜、甑、壶、钵、盘、箸、耳环、洗、摇钱树等。这一时期的铜器除兵器、货币外，主要是生活用具。在忠县蜀汉崖墓中出土铜案一件，圆形，径四十六点五厘米，底附三兽形足，出土时上置铜盘、耳环、箸。该地墓中出土的摇钱树，六节树干，每节长十八厘米；每节树干铸一人，盘坐，执物，通高十二点六厘米。

考古资料表明，在秦至西汉中期，随着蜀郡铁器"货倾西南夷"，巴蜀铜器也扩大了外销量。巴蜀式的铜兵器如"柳叶剑""烟荷包式钺"，典型器如鍪、釜、甑等，也常见于云南、贵州。

西汉中晚期至东汉，蜀西南越巂郡所辖的邛都南山、灵关道等地的铜矿被陆续开采，并发展成为当时巴蜀地区重要的冶铜基地。从考古资料看，西汉中晚期至东汉，官府在川西南设立了多处有一定规模的官营作坊。1976年在西昌石嘉乡曾发现一处铜器窖藏，出土了王莽时的铜钱范、铜锤、铜镜等近一千公斤。显然这是官营作坊的遗物。东汉建初元年（76）至建宁年间（168~172），该地生产的铜洗远销各地，闻名全国，成为汉代全国最大的铜洗生产基地。该地汉代砖墓中曾发现高达二十五厘米的铜俑头、铜板、铜耳杯、铜铃、铜镜及大量铜钱，表明在该地汉移民中铜器使用极为广泛，甚至一度超过当时的巴蜀内地。

宋代官府将四川出产的铜运至饶州（今江西波阳）铸造铜钱。四川民间也用铜制造生活用具。铜镜是宋墓中常见的器物。1957年在新繁崇义乡宋墓中出土了铜锅两件，系用熟铜铸成。这些反映出宋代四川成都地区的铜铸造业还是较为发达的。

建造于北宋太宗时期、现存峨眉山万年寺内的普贤菩萨铜铸佛像，是我国现存最大的古代铜像，也是我国现存最大的古代金属铸件之一。佛像下为白象莲座，通高七点四米，白象高三点三三米，普贤菩萨像高二点六五米，盘坐于莲座之上。头上双层金冠，直径一点零八米。铜像总重量约六十二吨。其铸造

峨眉山万年寺宋代普贤菩萨铜像

方法,是在成都分块铸好之后,运到峨眉山组装而成。其庞大的身躯、精美的造型,不仅是佛门之空前盛举,也是我国古代金属铸造史上的一大奇迹。

清乾隆十九年(1754),"川省产铜旺盛,积存甚多"。当时仅四川宝川局就存铜一百四十余万斤。建昌与乐山等铜厂产量,"每年不下百十余万"。会理县的黎溪铜厂,"每年可得白铜二十余万斤"。四川产铜的种类,有黄铜、白铜、红铜。一般铜厂均产黄铜,黎溪铜厂则产大宗白铜,建昌铜厂以产红铜为主。

第二节 冶铁技术

一、巴蜀冶铁技术的发端

人类对铁的使用比铜要晚。目前出土最早的铁制品,是用陨铁加工制造的,时间在公元前2500年~前1900年。真正意义上的铁器时代,开始于公元前1400年左右,欧洲和近东地区使用熔炼青铜的木炭炉冶炼铁矿石,由于达不到铁完全熔化的温度,只能将铁矿石熔成一种带气孔的与矿渣混合的糊状"块炼铁"。公元前1400年~前1200年间,西亚的赫梯人开始用矿石炼铁并掌握了用表面渗碳法加工锻铁,使之表面钢化的技术,这一技术在赫梯帝国灭亡后逐渐传至近东。公元前1200年~前1000年间,小亚细亚一带出现了用矿石炼铁和锻铁表面渗碳技术。由于铁矿石分布较广,加之冶铁技术、渗碳淬火工艺的不断进步,铁制的武器和工具远比青铜器和石器优越,铁很快取代了石材和铜,成为制造工具和兵器的重要材料。

中国大约在西周中期使用铁制造生产工具。中国古代用铁虽然比中亚赫梯王国较晚,但很快即开始用矿石冶炼,而不是用陨石锻打加工制造铁器。西周后期,中国人已掌握熔炉炼铁技术,开始熔炼铁矿石制造铸铁。迄今我国发现的最早的铁器,是出土于河南三门峡市西周时期虢国墓的一口铜柄铁剑,年代大约在公元前800年。

巴蜀冶铁的历史比中原地区稍短，但最迟也不会晚于战国时期。战国时期的蜀地铁器陆续有所出土，多为铁斧、削、凿等工具，也有铁三足架等。不过在整个先秦时期，巴蜀地区的金属冶炼一直以青铜为主，冶铁技术虽已出现，但水平还相当低下。

秦统一巴蜀之后，中原先进的冶铁技术传入巴蜀。《史记·货殖列传》载："蜀卓氏之先，赵人也，用铁冶富。秦破赵，迁卓氏。卓氏见虏略，独夫妻推辇，行诣迁处。诸迁虏少有余财，争与吏，求近处，处葭萌。唯卓氏曰：此地狭薄。吾闻汶山之下，沃野，下有蹲鸱，至死不饥。民工于市，易贾，乃求远迁，至之临邛，大喜，即铁山鼓铸造。运筹策，倾滇、蜀之民，富至僮千人。田池射猎之乐，拟于人君。程郑，山东迁虏也，亦冶铸，贾椎髻之民，富埒卓氏，俱居临邛。"当时设立了铁官专门管理冶铁，临邛（今邛崃）、武阳（今彭山）、南安（今乐山）很快成为冶铁业的中心[①]。巴蜀的铁矿石、铁器，源源不断地运往关中，成为秦统一天下的重要资源。至西汉时期，巴蜀已发展成为西南地区冶铁业的中心。

二、秦汉时期蜀郡的冶铁技术

从现有资料看，自秦入蜀至三国蜀汉，是巴蜀铁器初兴和普及阶段。其发展大致可以分为三个阶段[②]：秦统治时期为第一阶段，普遍使用铁与铜合铸兵器，同时铁斧、铁削、铁三角架等手工工具和生活用具迅速普及，出现少数铁农具；西汉初期为第二阶段，在兵器领域出现剑、戟、矛等纯铁器，铜兵器大幅度减少，在手工业生产和生活用品方面，铁器进一步普及，一些传统小件器物基本上被铁器取代，铁犁、铁镰、铁锄等农具日益得到广泛使用；西汉中期至蜀汉为第三阶段，铁器在兵器、工具、农具、日常生活诸领域全面普及。

秦汉时期，蜀郡的冶铁业在西南一直处于领先地位，是主要基地。秦及西汉初期，以卓氏、程氏为代表的蜀地冶铁家，"倾滇、蜀之民"，"贾椎髻之民"，影响很大。其产品在云南、贵州及四川的阿坝、甘孜、凉山、攀枝花等地，甚至两广地区的考古发掘中屡有出土。这些地区往往发现与巴蜀铜器造型一致或基本相似的铁器，如剑、矛、削、刀、带钩等，这反映了巴蜀普及铁器

---

① 袁庭栋：《巴蜀文化志》（修订本），巴蜀书社2009年版，第70页。
② 贾大泉、陈世松：《四川通史》卷二，四川人民出版社2010年版，第286页。

初期的特征：用廉价的铁仿制、补充、取代昂贵的铜器。在巴蜀地区考古发掘出土的许多铁器品种，在上述"椎髻"之地也大量发现，如鍪、斧、凿、三足架、铲、斤、锥、锤、钻、剪、夹、镞等。

考古研究为认识这一时期冶铁技术的发展提供了科学依据。特别值得一提的是，近年在蒲江发现的汉代冶铁遗址。蒲江在秦汉时期属临邛县境。蒲江发现的古代冶铁遗址，分布在县城西、北面，共计五十七处，均在浅丘地带，有冶炼残渣、矿坑、炼铁炉等，冶炼残渣五十二处，总面积五万平方米，有的地方残渣厚达三至六米；矿坑主要分布在五面山的丘陵地带，其中七处为圆形竖井，井口直径一米至一点五米，冶炼炉多残，一般残高二米左右，炉径一米左右。蒲江冶铁遗址，与《华阳国志·蜀志》记载的临邛"古石山"①（又称"孤石山"）接近，多数为秦汉时期的遗留。残留的矿石和成堆的矿粉说明，当时该地铁矿加工时要进行碎矿、筛矿两道工序。前者使铁矿块度大小适中，后者则是筛去过细的粉末，以免炉内堵塞。残留的石灰石则表明当时在冶铁时已用石灰石作熔剂，这样有利于降低生铁的含硫量。

那时生产的铁器不仅供整个西南地区使用，还源源不断地运往关中及其他地区，成为秦统一天下的重要资源之一，最远的还外销到越南和泰国。②1978年，在江苏徐州铜山县一座小型汉墓中出土了一柄蜀国生产的钢剑，这是我国已知最早的有准确纪年的一件钢制品。剑长一百零九厘米，剑的一面有隶书错金铭文一行："建初二年蜀郡西工官王愔造，五十炼□□□孙剑□"。剑格内侧阴刻隶书"直千五百"③。"建初二年"，即公元77年。从王愔所造的钢剑可知汉代的铁器错金工艺的高超，以及东汉时期巴蜀地区已以百炼钢技术而知名，产品远销全国各地。"百炼钢"是通过将铁反复折叠锻打、淬火而炼成的钢，一次折叠锻打淬火就叫"一炼"。经检测，王愔所造钢剑是经过"六十炼"炼成的，比铭文所记的"五十炼"还多"十炼"。

除了上述在徐州发现的蜀郡钢剑外，在洛阳也曾出土过广汉郡生产的汉代书刀，罗振玉《贞松堂集古遗文》卷十五所著录的几把汉代错金铭文书刀均是广汉郡的产品。西汉著名教育家文翁从蜀郡派青年人赴长安学习，带到长安去

---

① 《华阳国志·蜀志》记载临邛"有古石山，有石矿，大如蒜子，火烧合之，成流支铁，甚刚"。
② 童恩正：《略谈秦汉时代成都地区的对外贸易》，《成都文物》1984年第2期。
③ 徐州市博物馆：《徐州发现东汉建初二年五十炼钢剑》，《文物》1979年第7期。

送给博士们的礼物中也有蜀刀。

三、三国时期及其后的冶铁技术

三国时期，蜀国对冶铁业的发展十分重视，相传诸葛亮曾于新津等地建炉炼铁，锻制军器。当时蜀国出了一个具有神话色彩的冶铁技术专家——蒲元。据清张澍编《诸葛亮集·故事》卷四《制作篇》引《诸葛亮别传》载："亮尝欲铸刀而未得，会蒲元为西曹掾，性多巧思，因委之于斜谷口，熔金造器，特异常法，为诸葛铸刀三千口。刀成，自言汉水钝弱，不任淬用，蜀江爽烈，是谓大金之元精，天分其野。乃命人于成都取江水至，元取以淬刀，言杂涪水，不可用。取水者犹捍言不杂。元以刀画水云：'杂八升，何故言不杂？'取水者叩头服，云：'实于涪津渡负倒覆水，惧怖，遂以涪水八升益之。'于是咸共叹服，称为神妙。刀成，以竹筒密纳铁珠满中，举刀断之，应手虚落，若剃水刍，称绝当世，因曰神刀。"

神刀蒲元所用的"特异常法"，从上述记载看，是一种极为讲究独到的淬火工艺。淬火工艺是我国最早发明的一种冶金技术。西汉蜀中文学家王褒在《圣主得贤臣颂》中就有"清水淬其锋"之记载。可是，将淬火对于原料选择的讲究，不同原料又会产生不同的效果，记述得如此详细而明确，《诸葛亮别传》还是第一次。

铁器的普及，在巴蜀历史上具有划时代意义，是一次影响深远的技术革命。冶铁技术的发展和炼钢技术的掌握，是秦汉时期巴蜀地区经济发展的重要因素之一。各地水利工程的兴建，遍布蜀中的盐井的开凿，如果没有铁质工具的使用，要取得那么大的成效是难以想象的。在农业方面，铁犁的使用促进了牛耕的推广；铁斧、刀、钎、锤、锸、铲、锄的使用，推动了规模水利建设的开展；交通方面，秦汉时期先后开凿的五尺道、南夷道、邛笮道、褒斜栈道，以及治理南安江道、僰道江道，无不以铁质工具的使用为前提。

宋代四川的矿冶不太发达。宋代四川的铸造业，主要是铸造铁钱、兵器、农具和生活用具。民间制造的农具和生活用具，种类繁多。

元代四川采矿冶炼的有关资料均不多见。

明代农业和手工业的长足发展，为矿冶业奠定了基础。洪武年间，设四川蒲江新市铁冶；永乐十二年（1422）又置龙州铁冶。铁冶不仅使兵器增加，也使四川铁农具的质量提高、种类增加。

第三节 金银加工工艺

一、三星堆文明的黄金加工技术

我国很早就有使用黄金的记载，多年来在全国夏商遗址中发现的黄金制品并不多，但近年在巴蜀地区的考古发掘从根本上改变了我国金银的历史图像。

三星堆、金沙遗址大量金器的出土表明，巴蜀地区是古代黄金加工技术最发达的地区，早在殷商之际就已经熟练地掌握了黄金的加工制作技术。

1986年，三星堆遗址两个祭祀坑出土了殷商时期的黄金制品数十件（另外还有未制成成品的金块），其中有金杖、金冠带、金面罩、金璋、金虎、金箔鱼形饰、金箔叶形饰等，这是我国发现时间最早、数量最多、工艺水平最高的一批黄金器。这些精美绝伦的黄金制品，不仅具有丰富的文化内涵，同时也反映了古蜀人高超的黄金加工制作技艺。

其中，引人注目的是一根木芯金皮权杖，长一百四十二厘米，直径二点三厘米，金皮重约五百克，是迄今我国发现的唯一的金权杖、商代最大的一件金器，也是世界已知最长的金权杖。金杖上有人头像、鱼、鸟及其他装饰性图案。这根金杖的金皮系捶制而成，其展开面积有一千零二十六平方厘米，运用了模压、雕刻、镂空等多项加工工艺，是我国先秦时期无与伦比的黄金精品。从三星堆遗址祭祀坑出土器物所体现出的浓厚神权色彩，以及早期王国的性质分析，这柄金杖应是王权（政权）、神权（宗教权力）和财富垄断权合一的最高象征物，其性质与中原夏商周时期的"九鼎"相同。

金面罩与真人面部大小相近，宽二十二厘米，高九厘米；金虎形饰长十一点五厘米。这两件金器都是用金片模压而成。这些黄金制品充分表现了四千年前古蜀先民高超的黄金冶炼和加工工艺水平。

2001~2005年，比三星堆文明稍晚的成都金沙遗址又出土了商代后期至西周时期（前1100~前771）的金器二百多件（包括金冠带、太阳神鸟金箔、蛙形器、鱼形器、喇叭形器以及大量散落的金片），是我国先秦时期考古发现金器最多的地方。这里出土的太阳神鸟金箔被许多专家称为集最丰富的传统文化与最现代的艺术风格于一体的文化瑰宝，2005年被国家文物局公布为"中国文化遗产"标志。太阳神鸟金箔是一片厚度仅0.02厘米的圆形薄金片，采用捶揲、切割等工艺制作而成。图案分为内外两圈，均用镂空工艺制成。内圈图案等分为十二条旋转的齿状光芒，外圈图案为四只逆时针飞翔的鸟。这件太阳神鸟金箔寓意深远，极具想象力和艺术性，是中国古代黄金制品中仅见的珍品。2007年2月，金沙遗址又出土了东亚地区最大、最完整的金面具，表明金沙遗址与三星堆遗址有着紧密的承袭关系。

三星堆遗址和金沙遗址出土的黄金制品均表现了精湛的制作技术和加工工艺。三星堆遗址出土的金杖，其金皮展开面积之大，又捶制得如此平整、伸展，实属罕见。说明古蜀人对黄金良好的延展性以及耐久性、抗腐蚀性有较为充分的认识和掌握。除捶制外，三星堆黄金制品还较多地运用了包卷、粘贴、模压、雕刻、镂空等深加工工艺和技术。从金杖表面的平整度和光洁度分析，当时可能还运用了表面砑光工艺，而包卷、粘贴、模压、雕刻、镂空、砑光等工艺又必然是建立在捶制技术充分发展的基础之上的。这些黄金制品无疑是中国古代黄金加工工艺和技术高度发展的结晶。三星堆和金沙遗址出土的黄金制品的制作技术，有一些是商代中原地区的黄金制品中所没有的（如雕刻、镂空、包金等技术）。可以说，彼时的蜀地在黄金加工制作技术方面处于全国领先地位。

西周以后蜀国考古中，已很少有黄金制品出土。战国时期的一些蜀文化墓葬中出土有少量金块以及错金器物。从当时中原列国多将黄金作为赏赐、馈赠品等情况看，蜀国大概也是将黄金作为贮藏手段，一般不再大量制作礼仪性器物，黄金也很少用在艺术品和其他装饰品上。

蜀地自古富产金。《禹贡》记载梁州贡物首推"璆"。璆，郑本《尚书》《汉书·地理志》等并作"镠"。郭璞注："镠即紫磨金。"紫磨金为黄金中的上品。《禹贡》中贡黄金的只有梁州，说明梁州的金，是先秦质量最好的。《华阳国志·蜀志》记载涪县（今四川绵阳）、晋寿县（今四川广元）均产金，其民"岁岁洗取之"。岷江、沱江、涪江、大渡河、金沙江、雅砻江流域亦盛产沙金，或为山石中所出金，或为水砂中所出金。这些自然金的颗粒绝大多数极小，"千百中间有获狗头金一块者，名曰金母，其余皆麸麦形"。披沙拣金，来之不易，而水中洗取，更属难事。淘出的细碎沙金须经熔炼纯化，成为赤金，方能制作各种器物，也才能作为金块入贡。可见，蜀国不仅有精湛的金器制作技术，而且也有发达的黄金淘洗技术，二者必然是相辅相成的。

蜀地也富产银。《禹贡》中记载梁州是九州中唯一的贡银之地。然商周时期的蜀文化遗存中，至今尚未发现银器。战国时期蜀文化遗存中出土了大量的纯银制品（如成都羊子山172号墓），包括银盘、银管、壶形银饰等，工艺较高。此外，还出土了一些错银青铜器，其镶错工艺已臻成熟水平。《汉书·地理志》《续汉书·郡国志》记载朱提出银，时称"汉嘉金，朱提银"，均为黄金白银的上品。

二、秦汉时期及其后时代的金银加工技术

秦至蜀汉，巴、蜀及相邻的汉中、南中地区等皆出产金银。巴蜀地区较重要的金银矿有：梓潼、涪县、葭萌、刚氐等。两汉以来，金银制品主要集中在蜀郡和广汉郡。当时巴蜀金银冶炼主要有私营和官营两条线。官营作坊如工官，设有专门负责金银炼制的机构和专业人员，其中又以从事错金银镶嵌技术、镏金技术的人员较多。

秦汉时期，金银镶错工艺得到进一步发扬。目前发现的器物主要有：成都羊子山172号墓中的错银矛镎、错银带钩、错银兽面饰、错银衡朱，昭化船棺中发现的金银错带钩，涪陵小田溪的错金编钟、错银铜壶、错金银弩机盖，成都天回山崖墓的错金铁刀，盐亭崖墓中的金银错带钩等。

镏金在秦汉三国时期称"黄金涂"（唐以后称为"镀金"）。四川发现的镏金实物主要集中在东汉时期。汉代巴蜀地区的镏金以工官生产为主，主要有镏金铜器和镏金漆器。从这些实物可以看出，当时巴蜀地区的镏金工艺制作过程是：首先加工金泥，把金丝熔于水银中；次为涂金，将金泥涂抹于器胎表面；再为烤黄，令汞蒸发；最后刷洗、抛光。东汉时期，蜀郡工官的镏金技术为全国领先水平，产品进贡皇宫，远销全国各地。

唐至五代，四川金银制造工艺达到更高水平。

第十章 儒家文化对科技的贡献

儒家是起源于先秦时期的一个思想流派，儒家思想也称为儒教或儒学，由孔子创立，后来逐步发展成为以"仁"为核心的思想体系。儒家思想以孔子、孟子为代表。儒家学说的内容，主要是"祖述尧舜，宪章（效法）文武"，崇尚"礼乐"和"仁义"，提倡"忠恕"和不偏不倚的"中庸"之道，重视伦理道德教育。

在中国文化史上，儒家思想长期居于中国传统思想文化的主导地位，在两千余年的历史发展过程中，它的经典曾是封建统治阶级的最高教案，是中国知识分子思想文化的核心思想，也是中国传统文化的主体，它不仅影响着中国社会的方方面面，而且深刻影响着中国科学技术的发展，特别是中国古代科学技术的发展。

第一节　巴蜀地区的儒家文化概述

一、巴蜀的科技文化与儒家文化关系密切

早在二百万年前的旧石器人类起源时代，在巫山等地就有早期人类在这一带繁衍生息，成为人类起源地之一。到人类文明诞生初期，巴蜀地区已创造了独特的宝墩文化、三星堆文化和金沙文化。夏商之际古蜀国建立，西、东周之际形成巴国与蜀国并列局面，成为我国华夏文明中长江上游的文明中心。蜀国的早期发展，与黄帝、颛顼、大禹等我国古代传说中的英雄人物密切相关。相传蜀人嫘祖是黄帝元妃，种桑养蚕的始祖；传说生于蜀地的大禹，是夏朝的建立者。巴国助武王伐纣，被周封为姬姓诸侯。说明蜀人和巴人都是远古华夏民族多元一体中的一支古老民族。作为我国人类起源地之一，长江上游文明发祥地和华夏民族中的古老民族的巴蜀人民，在人类文明的历史长河中做出了重要贡献。

巴蜀文化在世界文化史上的贡献是辉煌的，特别是在科技方面有着明显的特色。

20世纪以来，考古发现的古蜀国三星堆和金沙遗址，出土了大型青铜器群、太阳神鸟等金箔和大批玉器及其他文物，无论从物质文明和艺术魅力上看，它们都是人类青铜时代巅峰的代表。

巴蜀文明是华夏文明的绚丽篇章，特殊的地理环境，丰富的自然资源，使四川盆地成为人类起源地之一。"巫山人"的发现，将四川有人类活动的历史追溯到二百万年以前。从四川资阳出土的"资阳人"头骨化石，到盆地西南汉源出土的古人类生产工具，显示了四川先民们生息劳作的早期智慧。从都江堰无堤坝水利工程、世界上最早的纸币"益州交子"，到世界上第一口超千米的燊海井问世，展示了巴蜀地沃土丰，"居给人足，以富相尚"的富庶繁荣；从西汉落下闳制《太初历》，文翁崇文重教以化蜀，到宋代唐慎微著《证类本草》，秦九韶著《数书九章》，显现了科学教育兴川的历史传统；从人类文明诞生初期的宝墩文化、三星堆文化、金沙文化，到始于唐末、历经五代至两宋完成的大足石刻，展现出巴蜀文化的独特源流和川人在巴蜀大地上的开拓创造。

古代不断发展的经济推动着科学的不断进步，而不断进步的科学又促进经济的不断发展。在古代，科学与宗教紧密相关，相辅相成。古代科学时常披着宗教的神秘外衣，而宗教又时常为科学提供一定的生存空间，给予一定的生长养料。古代巴蜀的科学就是在这种环境中，逐步萌芽生长直至结出累累硕果的。

古代巴蜀的科学，体现在农业和手工业等各个门类：栽培技术、酿造技术、水科科学、金属技术、制陶技术、纺织术、采矿术、建筑科学、天文历算术，以及巫术中涉及科学的领域等。这些古代科学的结晶，凝结着古代巴蜀人对自然界的深刻认识，包含着他们改造自然的经验总结。这些进步的科学技术成果表明，古代巴蜀人在几何学、算学、力学、化学、工艺学、矿物学等方面，已取得巨大的进步。近代科学的一些基本知识和工艺技术，当时都已基本具备。尽管古代巴蜀人的科学不过是世界人类科学史上的沧海一粟，却足以使我们赞叹不已并引以为豪了。

至今所见，古代巴蜀人的科学绝大多数是科学的物化形式，表明当时的科学直接为经济、政治、军事和宗教服务的事实。科学就是生产力，这是毫无疑问的。遗憾的是，这些进步的科学绝大多数没有见诸书面经验总结，没有以文献的形式流传于世，妨碍了今天人们对古代科学的深入探究。但可以肯定的是，这些以经验相传的科学与技术，在秦汉时期曾发挥了很大作用，是秦汉经济和社会高度发展的直接动力之一。

关于古代巴蜀科学诸方面的内容很多，这里仅就天文历象学加以说明。天文学的诞生，本质上与农业有直接关系，因此古代很早就萌发了天文星象学。这在巴蜀也不例外，不过现在所见史料，仅限于春秋末叶以后，还有待新史料的发现。《庄子·外物》记载："苌弘死于蜀，藏其血，三年化而为碧。"苌弘，春秋末周大夫，著名天文星象家[①]。《史记·天官书》称他为"昔之传天数者"。《淮南子·记论篇》还说："昔者苌弘，周室之执数者也。天地之气，日月之行，风雨之变，律历之数，无所不通。"古书多言苌弘为蜀人。古有归葬之习，苌弘死于周，而其血藏于蜀，大概即与归葬有关。这也反映了天文星象律历之学在蜀中流传的情况。据吕子方研究，蜀中的天文历象学特别发达，在历史上产生过深远的影响，对中国古代天文学的发展做出了卓越的贡献，所谓"天数在蜀"，实指此而言。[②]

二、儒家提倡有教无类有利于科技发展

儒家提倡不考虑阶级差别的普遍教育，使受教育的优秀人才获得相应的社会职务和地位，而不仅仅是那些出身于较高社会等级的人，这一思想是具有革命性的。它对中国社会后来的发展，特别是对科学技术的发展有着重大意义。即儒家学派提倡知识上的民主，这是科技发展的先决条件。由于儒家思想文化属于礼文化系统，教育人成为核心内容，因此，掌握科技的人在儒家文化的熏陶下，对科技的发展影响很大。

在巴蜀文化中，自西汉文翁兴学，"蜀学比于齐鲁"，在全国逐渐形成颇具影响的"蜀学"。

东汉中叶，张陵在大邑鹤鸣山作道书，创立道教，后流传全国使之成为中国本土发展起来的宗教，与佛教并列，成为我国影响最大的两大宗教，是我国儒、释、道三家鼎立的传统文化之一。道教的创立，不仅丰富了我国宗教文化，对我国传统文化的发展也产生了重要作用。

汉代巴蜀学者吸收了儒家、道家、阴阳家的学说，对我国早期哲学思想的发展影响很大。宋代思想家陈抟结合儒、释、道三家学说，其著作对整个宋代

---

① 《左传·哀公三年》《国语·周语下》。
② 吕子方：《中国科学技术史论文集》上册，四川人民出版社1983年版。

学术思想的发展和理学的产生都起到了重要的作用。苏洵、苏轼、苏辙父子所著《苏氏易传》则包含丰富的哲学思辨。他们的学术思想，是与程朱理学长期对峙的学派，在我国宋代学术思想史，甚至我国整个学术思想史上占有重要地位。张栻和魏了翁都是宋代与朱熹齐名的理学代表人物，对理学的发展起到了重要作用。当西方资产阶级开始革命，废除封建制度建立民主制度时，清初杰出的进步思想家唐甄所著《潜书》，大大丰富了我国唯物主义自然观，批判矛头指向封建专制制度和封建帝王，符合世界历史发展潮流。到清末，廖平的著作和邹容的《革命军》分别对维新变法、辛亥革命起到了积极作用。

第二节 儒、道、佛的结构与相互关系

一、以儒学为主，道、佛为辅是中华文化的基本结构

中国漫长的封建社会，也是中国封建文化繁荣和发达的时期。在经济上，以农业为主，辅之以商业与游牧，地主所有制与农民所有制相互补充，成为基本的生产方式。

在社会制度上，宗法制度是封建统治者维护封建统治的社会基础，朝代不断更替，而家族统治、家族经营、家族道德并没有改变，人们的生活方式是以家族为单位。

在文化上，以儒学为主，道、佛为辅，形成近两千年中国思想文化的核心内容。儒、道、佛成为中国传统文化的三大主干，并且影响到社会生活的各个领域，尽管其后还有许多本土或外来的宗教、学说出现或传入，但都取代不了儒、道、佛三家在中国思想文化中的重要地位。

在中国长期历史发展中，儒、道、佛作为中国传统思想文化的核心内容，必然对中国科技的发展起到重要的影响作用。

儒家文化讲求"中和""包容"，作为传统文化的主干，它与道教、佛教文化尽管有矛盾，但最终是"和而不同"，相容互辅，甚至有三教合一的趋势，共同构建中华智慧和国人的文化心理。

儒家文化对科技有贡献，它代表着传统科技文化的特色，如整体的、有机的自然观，科技上重经验、重实用的倾向，思考方法上的关联思考、直观感悟、具体思维等，与希腊文化及世界科学文明精神相比，它的局限在于缺乏

"天人两分"的观点和逻辑演绎的方法，对寻根究底地探索自然界规律，具有一定的限制作用。

二、儒、道、佛是"和而不同"的中华文化

儒、道、佛三教分属不同的文化系统。儒学属于礼文化系统，道教属于道文化系统，佛教属于禅文化系统。

儒家、道家、佛家的"三教"是教化之义，不是宗教之称。儒学的礼文化系统，始终保持着两个层面的内容：一个是宗教层面，一个是人文层面。敬天祀祖祭社稷的国家民族宗教，是礼文化的宗教形态，这一形态自汉代重建以后，以郊社宗庙的制度文化方式延续下来，直到清代末年。儒学重祭而轻学，满足于维持中国这样一个家族社会人们敬天尊祖的基本信仰，同时以神道的方式稳定君主专制和家族制度。隋唐以后，儒家日益走上形式化和礼俗化的道路，由孔子开创，尔后由程颢、程颐、朱熹、陆九渊、王守仁继承和发扬的儒学，则以人文理性为主，使文化向着人学的方向发展，在家族伦理的基础上建构起天道性命的哲学大厦，包括以性善论为主的人性论，以忠孝和五伦为内容的道德观，为政以德、礼主刑辅的政治观，"修齐治平"的人生观，天下大同的社会理想，尊师重道、因材施教的教育观，文以载道、尽善尽美的文艺观，天人一体、赞助化育的宇宙观。儒学重学而轻神，它的仁爱、重礼、尚法、中和、入世的精神，对于中国的政治、经济等各个方面产生着潜移默化的影响，中国古代科技自然也受到儒学的重要影响。

佛教起源于古印度，后传入中国，经过长期的经典传译、讲习、融化，与中国传统文化相结合，从而形成具有民族特点的各种学派和宗派，并外传朝鲜、日本和越南。

佛教的三大建筑分别是佛塔、石窟、寺庙。在巴蜀文化中，四川乐山的大佛被联合国教科文组织世界遗产委员会列入"世界文化与自然遗产"，同时被列入的有峨眉山佛教寺庙。峨眉山有举世闻名的普贤菩萨道场，在峨眉山的万年寺内，有一座巨大的普贤菩萨铜像，高七点三五米，净重六十二吨，包含着丰富的科学技术内容。重庆大足县的大足石刻也是"世界文化遗产"。大足石刻是科学技术与人文艺术高度融合的精品。在四川江油市，窦圌山的建筑以及寺庙内的"飞天藏"，同样包含着丰富的科学内容。

印度佛教禅文化进入中国，在知识阶层发展和在下层社会传播，出现两种

不同的结果。一是知识阶层以其理性的同化力,把禅文化哲学化,形成以禅宗为代表的佛学。二是禅文化在民间的传播结果,保留和发展了佛教的多神信仰和祭祀活动,加强了佛教作为神道宗教的性质。因此,佛教亦哲学亦宗教,而以宗教为主,两个层面互动,推动中国禅文化的发展。

道教的发源地在巴蜀的鹤鸣山,而道教的发祥地在巴蜀的青城山。道教在巴蜀创建于东汉顺帝年间,它与学术上的"道家"有着密切的联系。作为历史上第一个中国本土文化中发展起来的宗教,从古代一直延续至今,道教不仅在中国影响巨大深远,是世界上主要的宗教之一。作为一个学派,"道家"有更为悠久的历史,道家的代表人物老子在国际上也有重要影响。

正如爱因斯坦所说:"科学没有宗教就像瘸子,宗教没有科学就像瞎子。"科学影响着宗教,宗教也影响着科学。由于道教是在巴蜀大地创建的,道教与巴蜀科学技术的相互影响是非常明显的。

道文化也有哲学与宗教两个层面。老庄哲学、魏晋玄学及其以后的道教思想,强调天道自然无为,用自然法支配天道,提出以人合道的宇宙观,无为而治的政治观,返璞归真的人生观。它的用意在于给人们开拓一个广阔的精神空间,虽然这是一种哲学,但同时在其发展的过程中始终不离多神崇拜、得道成仙的彼岸追求,因此它又是一种神道宗教。道文化的哲学和宗教,时而并行,时而交叉,在两者间徘徊前进。

三、儒、道、佛三者之间的互动有利于社会进步

儒、道、佛三者之间的互动,就儒家人学和道教、佛教神学之间的关系而言,是一种哲学与宗教的互动。就礼文化、道文化、禅文化的各自内容而言,是哲学与宗教的互动。中国思想文化亦哲学亦宗教,这就是它特有的精神,只是表现在知识群体那里多一些哲学,在民间群体那里多一些宗教而言。这种哲学与宗教的互动,使中国哲学多少带点神秘论,而道、佛二教却具有较强的哲学理性。

道教思想体系是一种独特的哲学与宗教的混合体,包含了原始的科技,是世界上并不极度反对科学的神秘论体系的思想文化。而佛教,尽管认为世界只是幻觉,但我们不得不承认,有某些与佛教有联系的特定理论或许对人们的思想有过开拓作用,使它们倾向于科学。比如:一是相信空间和时间的无限性及除地球之外还存在着其他的世界;二是有关于世界周期性突变的学说;三是关

于生物变化过程的问题，即化身或转世的学说，自然引起人们关注动物形态变化的兴趣。

在这个三教合流的文化大格局中，儒家思想无疑居于主体和核心地位，特别是它的宗法伦理思想是中国文化的主根，宗教、哲学等文化是它的表达形式。中国文化史的历史实际说明了中国文化的基本特性及其三者之间关系的特殊性。

儒、道、释是中华传统文化的支柱，既各具特色，又相容互辅。在中国有"以儒而治世，以道养身，以释养心"之说。人类在共同持续发展中，不仅要解决人与人之间的关系，而且还要解决人与自然之间的关系，儒家天人合一的思想，道家崇尚自然的思想，以及释文化为解决这方面的问题提供了十分有意义的借鉴。

第三节 儒学与科学的关系

儒学与科学之间的关系（也是与自然科学的关系）历来是中国哲学研究的一个重要问题。

儒学作为中国哲学要素，是哲学与科学的关系；作为中华传统文化要素，是传统文化与现代科学的关系；作为人文科学的要素，是人文科学与自然科学的关系。再深刻概括，儒学与科学之间的关系，也就是善与真的关系。两者都涵盖了真、善、美三个领域。从本质上讲，儒学是一种追求以仁为核心的善的哲学，而在科学价值取向中，求真是基础性的。从这个角度说，儒学与科学不是互斥的，而是互促的。

儒学所求之善，以科学之真为前提之一。在求善问题上，尽管儒学一向重视言传身教的作用，但也强调从求真的角度对什么是善、为什么要求善以及求善的方式方法有准确深入的认知。儒学的价值取向是尊德性，但同时认为必须道问学。从一定意义上说，道问学是尊德性的前提。所以，儒家历来以德摄知。孔子明确主张"未知，焉得仁""知者利仁"，把知作为得仁的手段，视利仁为知的目的。孔子所确立的以德摄知传统，为历代儒家所继承和发扬。孔子认为："仁之实，事亲是也；义之实，从兄是也；智之实，知斯二者弗去是也。"董仲舒认为："仁而不知，则爱而不别也；知而不仁，则知而不为也。"二者都强调知为仁和义服务。朱熹认为："学者功夫唯在志居敬穷理二事。此二事互相发，能穷理则居敬功夫日益进，能居敬则穷理功夫日益密。"强调穷理之知与居敬之德相辅相成，以及知服务于德。王夫之强调见闻之知，认为："人于所未见闻者不能生其心。"戴震则提出了"德性资于学问"的命题，明确把学问置于德性的基础地位。

儒学把明德之善作为知的基本方向，但并没有否定和忽视对自然万物的认知，而是对自然万物之知主要限定在德性之知的范围内，视知为实现善的手段。

所以，儒学并非与求真绝缘，也绝对不反科学。只不过在儒学看来，求真主要是"穷天理，明人伦"，自然之真必须从属和服务于伦理与性命之理以及政治之真。正因为如此，儒学对于科学有内在的需求。譬如，敬授民时，需要天文历法；"安民富而教之"，需要农学；"疗君亲之疾，救贫贱之厄"，需要医学；治国安邦，需要地理学；等等。

儒学所求之善可以为科学求真提供导向和规范。求真有端正的目的，提高效率的问题，二者均需要善的导向和规范。我国古代科学家研究的目的，大都深深打上了儒学的烙印。其最常见的目的是：追求儒学所提倡的富国安民，实践儒学的忠、孝的道德，扫除儒教经典包含科技知识的阅读障碍，准确理解儒家经典的本义等。儒学对现代科学家端正研究的目的也有一定助益。爱因斯坦认为，现代科学家应树立崇尚真理的价值观，其基本价值取向不是官本位，也不是金钱本位、名誉本位，而是事实本位、真理本位。树立崇尚真理的价值观，离不开人文素养的支撑。尽管历史上儒学在培育我国科学家崇尚真理价值观方面存在局限性，但可用的资源还是不少的，如儒家提倡的天下为公的理想、敬事而信的作用，以及知之为知之、不知为不知的求知态度等。

第十一章 道教文化对科技的贡献

道教的发源地在巴蜀鹤鸣山,道教的发祥地在巴蜀青城山。历史上,认定道教创建于东汉顺帝年间(126~144)。但是,道教与学术上的"道家"有着密切联系。道家作为一个学派,有更为悠久的历史,道家的代表人物是老子。道教是中国历史上第一个从本土文化中发展起来,而且从古代一直延续至今的宗教。道教不仅在中国影响巨大深远,而且有重要的国际影响,成为当今世界主要的宗教之一。

道教与科学技术的关系,已经有许多专著详细加以论述。由于道教创建于巴蜀大地,道教与巴蜀科学技术的相互影响是非常明显的。

道教是中国古代社会发展的产物。与佛教、伊斯兰教等外来宗教不同,道教是古代中国历史上第一个发源于本国的宗教,具有鲜明的民族特色。早期道教创立吸取了部分原始宗教和民间方术,结合了先秦各种神仙传说和方术,以及从黄老之学中吸取了部分思想,又将三者进行了融合改革,于东汉顺帝年间(126~144)创立,至今已有一千九百余年的历史。道教发展演化的历史与封建社会王朝更迭的关系有着紧密联系,从其创立到新中国成立之前大致经历几个阶段:创立教团组织,活跃在民间;建立教区、制定教理、教义,并经统治阶级的改造成为上层化的士族贵族宗教;道教内部各种派别出现,上层地位逐渐下降,回归民间活动。与道教创立、发展相适应,道教的理论典籍也经历了从民间到上层的发展过程。其中,早期道教奉为经典的《太平经》以宗教祭祀、方术注解道教的中心活动,突出了道教作为民间宗教的鲜明特征。东汉以后,《老子想尔注》成为继《太平经》后的经典著作,其超越于前者之处在于用神仙之说系统解读老子思想,并将其作为道教创立、发展的依据。中国近代文学巨匠鲁迅先生曾如此评价道教之于中国传统文化的贡献:"中国根柢全在道教。" 道教结合了古代巫术和神仙方术,发端于先秦道家,受秦汉时期道、墨家学术思想影响,道教思想中自然润泽了传统科学思想的因素。

第一节　道教文化概述

一、道教与道家的区别与融合

"道"作二解：一为路径，衍生为方法；二为人的思想。通常，人们认为道教与道家两者是一回事，但实际上是有明显区别的。道家是哲学派别，诸子百家中的一个学派。关于其定义，在黄海德所著《道家、道教与道学》中对其进行了狭义与广义划分，狭义的道家指先秦老庄之学、秦汉黄老之学（又称秦汉新道家）、魏晋玄学（又称魏晋新道家），主要从哲学层面研究；广义的道家即包含哲学意义上的道家，又包含宗教意义上的道教。道教属于宗教，具有系统的教义、思想、传播方式及方法。这里道教与道家的"道"，在意义上也有所不同，道家之道，为天地万物的本源，以及物质运动的规律，并认为这种规律是一种自然趋势，应当去顺应，因此有"道法自然"之说。道教之道，是神仙之道，通过修炼达到长生目的。道教、道家在起源上也有不同。前者从原始的自然崇拜、神仙崇拜中萌芽，经过先秦时期方士炼丹求长生之风的渲染与推崇，逐渐成形。道家创生于春秋战国时期的"百家争鸣"。道教在发展过程中，由于其来源"多且杂"，在思想上需要一种理论来统领，由于当时统治者对老子的崇拜，对其理论、学说的推崇，加之老子学说中本身的"清净、无为"思想有利于封建社会民众思想的净化，因此，道家与道教的融合成为一种必然。以道家著作为理论依据，奉道家思想家老子为神仙（传道教主），将道教托身于神仙之说，增加了道教的神秘性。到唐朝之后，对于道教与道家的区分越来越模糊。一方面由于统治阶级自身对道教的大力宣扬，唐高祖李渊认定老子李耳为李氏家族祖先，修建老子庙供奉，道家人物被"神化"，道教发展进入鼎盛时期；另一方面，社会民众借以道家人物及其思想著作组织抗击统治者的起义大军，"师出有名"，往往是凭借道家人物深入人心的"神化"形象以号召民众，以至于道家、道教并不作严格区分，多数是作广义解，即宗教意义上的道教与哲学意义上的道家均属于道教。

二、道教思想渊源及其基本思想

长久以来，人们谈到道教或提到道教思想，最直接的反应是"天人合一""无为"等，其实，在道教思想的发展过程中，突出的实践性是道教思想的一个典型特征。而这种实践性又将道教思想中几种鲜明的思想特征紧密联系起来，形成一个持之以恒、一以贯之的思想体系。

（一）道教思想渊源

近现代关于道教历史研究的种种线索表明，道教是东汉中后期正式形成的，但其思想渊源可以上溯到更久远的年代。四川大学卿希泰教授在其著作《中国道教思想史》第一卷中对道教思想渊源总结了四个层次：第一层次是上古时期以"敬天法祖"为轴心的宗教观念。源于原始人类对自然的崇拜，并由之发展出先民与神明进行沟通的占卜术，成为道教早期的法术重要来源。第二层次是先秦道家学说和神仙思想，以老庄为代表的道家学说对道教思想的影响可谓深远。道家思想关于宇宙演化学说、生命论等哲学认知对道教思想的形成均提供了理论渊源。第三层次是儒、墨伦理学说。在大量的道教经典典籍如《太平经》《老子想尔注》中，都可以发现儒家和墨家思想影响的痕迹。其根源在于儒、道、墨学在伦理上有相同之处，如儒家的"仁、义、礼、智、信"的最终目标与道家的"止恶扬善"实质殊途同归；墨家讲"宽容载物"实际也是"向善"的一个具体实施途径，因此，根源于中国传统文化中相类似的文化因子造就了儒、道、墨在思想上的相容性。第四个层次是医学养生与兵家术数思想。重生的实践落脚点须对生命及其奥秘进行研究，顺理成章形成系统的医学和养生理论，并随时间的推移逐渐丰富和完善。可以说，道教在修行过程中领悟的对生命的了解客观上促进了中国传统医学理论、实践的发展。而中国古代军事运用往往与地理、阴阳、术数有着密切关系，道门中人有不少为兵家术数研究之大成者。如陶弘景著《梁元帝兵法》《裴公兵法》等，葛洪著《兵法》，李淳风著《悬镜》等[①]。

（二）重生贵得落实于具体的社会关系中

对生命的尊重是道教思想的一个基本线索。无论是从《太平经》中体现出来的生命观，还是道教在弘道过程中借以宣扬道义的神仙思想，其实质都是对生命的一种理想追求。也正是由于对生命及其理想的追求，衍生出道教生态及其伦理思想对后世生态观的影响。在修炼过程中，"止恶扬善""劝善"不仅是道门中人对自身品行的要求，同时也是"劝世"的基本态度，其根源在于道教历来将"天"与"人"的关系作为一种伦理基础，实现"天人合一"不仅是

---

① 赵艳娟：《我国古代兵家文献著录简述》，《图书馆理论与实践》2005年第4期。

要在自然环境中实践人与天的和谐关系，而且在社会关系中只有通过"止恶扬善"的行为来协调社会中人与人的关系，将人们之间的关系置于修行实践中，将道教理论与修行实践通过社会伦理作为具体承载。

（三）兼容并包体现思想的广泛与丰富

道教创立的理论和实践基础均来源丰富，包罗万象，可以看出道教思想的包容性。经过借鉴、吸收和改良，儒家、墨家等思想学派，堪舆之术中的部分思想都成为道教在不同历史时期思想的源头或基础，同时，道教思想也在一定的历史条件下对其他哲学思想产生过深刻影响，如道教之于宋代理学的启迪。因此，道教思想中实质蕴含了中国古代历史上各个不同时期社会文化、思想的碰撞和融合，是中国古代历史文化集大成者。

三、道教经典著作

作为道教思想传承的一个基本载体，道教在发展的各个时期都出现了大量的经典著作，一方面是对传统道教教义的传播，另一方面是道门中人根据道教活动总结出来的实践及理论。按照道教创立、发展的历史线索，道教经典著作集中在汉代，其中以《太平经》《周易参同契》《抱朴子》《老子想尔注》等为道教的代表著作。道教在各个时期形成的著作众多，本书仅选择其中具有代表性的几部著作进行诠释。

（一）《太平经》

《太平经》原著一百七十卷，但多有散佚或损坏，残存的五十七卷收录于《正统道藏》。由于是早期道教思想的理论，《太平经》中蕴含的思想同样以"庞、杂"为特点，以天神信仰为基础，体现出鲜明的宗教性及对自然的尊重。其卷次以"十天干"①的顺序排列。

> 天地有常法，不失铢分也。远近悉以同象，气类相应，万不失一……精考合此，所以明古，复知今也；所以知今，反复更明古也。是所以知天常行也，分明洞达，阴阳之理也。

《太平经》强调了"天地常法""万物生于道"等观点，开始以"道"为

---

① 十天干，即：甲、乙、丙、丁、戊、己、庚、辛、壬、癸。

中心的文化融合。而遵循"天地常法"的古道，并试图融合百家之术，是《太平经》的一大历史贡献①。政治思想上主张治身与治国的统一，主张在上古文化中寻求治国之道，追求太平的境界。其一为与自然的和谐，天、地、人三者之间相互作用的结果，蕴含生态伦理思想；其二为社会的太平，统治者与民众、社会大众之间的相处之道，尽管以封建社会纲常伦理为基础，如君、臣、民三者在政治伦理上的关系"三合相通，并力合心"等②，却也体现出对时政弊端的隐忧，力图通过在理论上影响社会伦理基础。

（二）《周易参同契》

东汉魏伯阳所撰《周易参同契》，被誉为"万古丹经之王"，其主要内容包括外丹炼制原理、炼丹实践、道教内修原理。因此，《周易参同契》被后世解读为不仅是外丹派经典典籍，还是道教炼丹从"外丹"走向"内外合一"的经典著作。而内、外丹相互交融的情形促生了道教向"内丹学"的转向（内丹区别于以服用金石等丹药以求得修炼效果的外丹术，通过"精、气、神"的修养达到身心的净化），因此，《周易参同契》是修丹（且不论是修内丹还是外丹，学者对此看法不一）之说为道教研究学界所公认。除了在丹道修炼理论体系上的创新，结合周易之学演绎道教炼丹之术，参《周易》之文读丹经、借《周易》之意释丹经，为《周易参同契》的另一特色。

（三）《抱朴子》

东晋葛洪（字稚川，号抱朴子，出身士族，家道中落后由儒转道，为魏晋时期道教丹鼎道集大成者）所著《抱朴子》，为魏晋时期流行的玄学影响下，在改造天师道的基础上，提出道儒结合的典籍。葛洪不仅精于外丹之术，而且凭借其对炼丹实践中的各种现象进行观察，细致总结得出的各种观点开创了道教"金丹派"的理论体系，是对道教中的"导引之术"做出系统总结的道门第一人。葛洪认为导引之术可以延年益寿，对修行有益，并对导引之术中呼吸时的动作要领进行了细化和规范；将早期道教黄白炼丹之术与内丹术融合，促使道教内、外丹修炼在这一时期得到推广；将"玄学与道教纳为一体，将方术与神学纳为一体，将道教丹鼎、符水从理论上纳为一体，而确立神仙理论体

---

① 卿希泰、詹石窗：《中国道教思想史》，人民出版社2009年版，第222页。
② 王明：《太平经合校》，中华书局1960年版，第163页。

葛仙居

葛仙井

系"①。《抱朴子》分为《内篇》《外篇》，其中《内篇》讲成仙之道，概述了先秦以来的道教自然观，提出"玄"与"道"一统的神秘主义道教哲学，是道教发展转折时期哲学总结的结晶，并提出了系统的金丹理论。在丹经的整理上较之前人有重大创新，突破前人仅重理论叙述、轻具体方法和操作记载的记录方式，具体介绍了多种丹经及金丹炼制方法。《外篇》讲政治理想，主要论述处世之道，主张"安贫""以道治国"。

（四）《老子想尔注》

《老子想尔注》作为道教思想的经典典籍，其地位体现在借老子哲学将道教思想升华到一个新的高度，区别于原始、世俗宗教对教义思想的把握，试图从哲学方面论证神仙思想存在的现实性，"借'道'树立神的权威"，确立了道教的神仙思想的理论体系②，确保了道教思想的权威性。

四、中国古代历史上道教与科学的关系

在中国传统哲学孕育中成熟起来的道教，对"我国封建社会的政治、经济、哲学、文学、音乐、化学、医学、药物学、养生学、气功学、天文学以及社会习俗、民族心理、民族性格、民族关系和民族凝聚力等各个方面，都产生

---

① 李养正：《道教概说》，中华书局1989年版，第68页。
② 雷健坤：《从〈老子想尔注〉看神仙思想的宗教理论化》，《北京行政学院学报》2002年第6期。

过深刻的影响"①。

道教对中国古代科学、技术的影响和贡献一定程度上得益于道教思想的"杂而多端"。正是由于吸取了多门学科、技术并在发展的过程中对其进行创造性改造,在此过程中催生了多种新技术的产生,同时为新的思想的孕育提供了理论和现实基础。在道教对中国乃至世界科技的贡献这个问题上的理解和认知,东西方学者存在较大的意见分歧。主流的两种观点如下:

一是以李约瑟为代表的西方学者对中国道教思想的认同及肯定,认为道教对世界历史的贡献及影响不仅局限于中国及中国古代历史,还对世界近代的多门科学都有着影响或启迪作用。道家根据他们的原理而行动,由此之故,东亚的化学、矿物学、植物学、动物学和药物学都起源于道家,他们同希腊的前苏格拉底的和伊壁鸠鲁派的科学哲学家有很多相似之处。②道家思想乃是中国的科学和技术的根本。

二是以席文为代表的西方学者认为道教之于中国乃至整个世界历史和文化而言是一种虚无主义的存在,"中国没有科学""中国文化及其体系是非科学的、不成熟的""中国文化有个缺点,缺乏科学"③。其根源在于此流派的西方学者在主观意识上对西方科学对世界历史特别是近代以来科学、技术史的支配地位的认同,导致他们不能接受在东方的中国还存在以道教为典型的对科学影响如此之深远的一种思想体系。

从上述两种关于中国文化中科学产生动力的评价可以看出,一种文化对科技的孕育是置身于整个社会、历史发展的宏大背景中的,不是片面地脱离时代背景而对其影响、贡献及作用来"断章取义",或者单就主观的意识形态对客观存在的事物进行审阅和批判。通常,人们对宗教与科技的关系要么讳莫如深,要么全盘否定,真正持有辩证观点认识、分析宗教与科技关系的学者并不多见。客观评价道教与科技的关系,对于研究道教本身及对中国科学发展的推动都有着现实意义。而关于道教对中国科学技术的影响和贡献,国内学术界研究道教思想史的著名学者王明在20世纪40年代就开始着手进行研究,并取得了一系列重要成果。在1947年至1954年之间,王明在多本杂志和刊物上就道教与

---

① 卿希泰:《中国道教史》第一卷,四川人民出版社1996年版,第1页。
② [英]李约瑟:《中国科学技术史》第二卷,科学出版社1990年版,第67页。
③ [英]罗素:《中国问题》,学林出版社1996年版,第39页。

科技的关系发表文章,从道教与医学、养生的关系谈到深入研究道教代表人物在各科学门类中的贡献,并从道教科技研究是道教研究的重要内容的高度指出道教科技研究的重要意义。基于历史唯物主义观点和辩证唯物主义方法,分析道教思想对中国科技史的影响,主要在以下几个方面:

(一)道家伦理思想的意义

道家技术伦理思想主张"道进乎技",提倡"以道驭术",促进了中国古代科技伦理思想的繁荣。

"人法地、地法天、天法道、道法自然",道家最具代表性的世界观对"道"与"技"的关系作了相当明确的界定,即需以道为指引展开"技",而"技"的实施应归于"道"的统一范畴之内,"技"不能违背"道"的根本。关于"道"与"技"的关系,在中国古代科技伦理史上占据了重要地位,同样的技术在东西方运用的范畴与效果的显著差异(如火药在东方主要运用于民众节日燃放烟火,而在西方主要运用于战争),已证明了"道"对中国古代科技伦理的范式效应。主张科技与社会的协调发展,是道家关于科技与社会发展认知的一大进步。① "道"是本体,"技"是"方法、具体策略",是"道"的具体体现和实施方式。

(二)道教思想中凝结的哲学观念

道教思想中凝结的哲学观念启迪了科学思想的产生,而道教文化的庞杂、来源多端,对科学技术的产生起到了"培育"作用。

中国古代宇宙论"宣天说""浑天说"是说明宇宙的理论来源,主要是老庄观点,为道家采用,以形成道家关于宇宙论的基本思想。另外,生命哲学是道教哲学体系中的核心内容,是道教教义、精神中贯彻始终的重要内涵。超越于其他宗教对个体生命的关注,道教生命哲学对生命体之间、人与自然共生关系的研究,将传统哲学中关于人的生命意义的研究指向生态哲学和生态伦理的研究,具有鲜明的时代意义,对生态科学、环境学理论的创立具有导向作用。而关于生命哲学的"问诘",道教将其上升到"身同治国"的角度,将"无为之道"的外延拓展到生命政治学的角度。从老子的"理身理国"到《吕氏春秋》"国身同道",再到庄子"身国同道",道教思想在发展的各个不同时期对"治身"与"治国"如出一辙地关注与坚持,统一于"天人合一"的哲学思

---

① 朱亚宗:《中国科技批评史》,国防科技大学出版社1995年版,第67页。

想中,是道教"道"以天地万物之宗的具体,是关于"道"的哲学统一论的理想境界。

(三)道教的极强实践性

道教有着极强的实践性,道教的各种仪式和修炼方法催生了传统科技的萌芽。

科学与技术产生的源泉是不同的,前者主要来源于思想,如在对自然的认识中产生哲学,其形成的过程较长;技术的创造或发明往往与实际生活紧密相连,如在古代的中国,发达的工艺为灿烂的东方文明做出了不可磨灭的贡献。通常来说,科学对应的是理论,技术却具有更广泛的实用性,科学与哲学往往相伴而生,技术却以更"亲切"的面容存在于生活中。作为理论部分存在的科学通过工匠们的手艺转化为实体,体现技术的价值,联系二者的桥梁就是实践。而道教的极强实践性,对科学与技术的转化关系通过以道教方术为代表的修道实践联系起来。道教方术崇尚"变化",与科学提倡对"变化"的态度有着极为相似之处。王明曾说:"没有变化,就没有道教方术,没有道教方术,就没有科学。"[①]道教的炼丹过程、各种仪式本身就是一种实践活动,在长期的总结和观察中创造各种炼丹仪器提炼药品,体现了实践科学的基本精神。炼丹中各种成分的比例在经过无数次的实验后得出的成分之说,为近代化学之先驱;内丹修炼对强身健体之功效,身心和谐一致对医学保健的指引,为保健学、生理学研究的先河;对天文、地理的测算与研究,不仅是对自然现象本身的叩问,形成的系统历法体系对后世相关研究奠定的基础作用也是不容置疑的。正是在这孜孜以求的探索和发现中,近现代的多门科学得以孕育而生。

第二节 道教在巴蜀的传播与发展

源于中国本土的道教对巴蜀地区的社会文明及其发展产生过重要影响。道教创生于巴蜀,巴蜀之于道教的天然关系,从历史、地理、科技、文化等方面均有充分而翔实的例证。道教在巴蜀的传播中发挥了一以贯之的容纳精神,与巴蜀文化相融合,留下了大量的史料。道教在传播过程中,形成以巴蜀为中心的第一个道教传播地,所以研究道教对巴蜀科技的贡献,首先应从道教在巴

---

① 王明:《道家与传统文化研究》,中国社会科学出版社1995年版,第287页。

蜀的传播与发展入手,其原因不仅在于道教研究的内容与巴蜀文化一样源远流长,均具有丰富的文化和思想遗产,而且在于道教代表的中国本土文化在历史发展进程中体现出的兼容并蓄的态度。研究道教对巴蜀科技的贡献,为巴蜀科学的技术革新在哲学层次找到了理论依据,对系统研究从巴蜀走出的道教思想发展的科学性,以及对现代科学思想发展的启迪均有着十分重要的现实意义。

一、道教的起源及与巴蜀的渊源

巴蜀社会的历史变迁见证了道教的创生、兴盛、演化与发展。在中国最为典型的农耕经济模式的生产关系下,西汉末年动荡的社会环境为道教的产生提供了社会条件,而巴蜀地区相对落后的经济条件、封闭的自然环境为道教在民间的迅速传播创造了社会基础,可以说,巴蜀特有的社会、文化背景为道教的发展奠定了基础,或者说,道教之所以诞生于巴蜀,是具有历史必然性的。

(一)道教产生、发展的现实基础

巴蜀地区行政关系隶属为道教的产生、发展提供了现实基础。关于巴蜀的区域所指是一个历史范畴,通常意义上,人们将今天的四川和重庆统称为巴蜀,实际上,"巴"与"蜀"在古代是根据不同的行政区域划分的,其范围是不同的。从秦始皇统一中国并进行行政区域划分开始,"巴"与"蜀"两者的行政关系经历了从分到合的数次演变,特别是秦灭巴蜀后,为防地方割据,将"巴"与"蜀"分而治之起至新中国成立长达两千多年的历史,巴、蜀各自为政的局面从时间长短而言不相上下,分合次数各为十次[①],其典型的历史时期与道教在中国发展的几个时间段大体相适应,并有着千丝万缕的联系,为道教的创立、传播、发展创造了客观的社会条件。

(二)道教发展的物质文化条件

巴蜀地区独特的自然和人文景观为道教的发展提供了丰富的物质文化条件。

鲁迅先生曾言"中国根柢全在道教",肯定了道教及道教思想、道教文化对中国传统文化的奠基作用,反对传统文化思想的启迪,自然也孕育出科学思想的"萌芽"。因此,可以说中国传统文化尤其是巴蜀文化为道教、道教思想的形成提供了摇篮,而日渐成熟的道教思想又成为科学思想的"试验场",

---

① 罗开玉:《论历史上巴与蜀的分分合合》,《社会科学研究》2000年第5期。

激发了科学技术的创造。正如在行政区域中,以长江为界,巴蜀地区两种各自具有鲜明特征的文化兼容并包,并在巴蜀地区得以融合与贯通。"巴为将、蜀为相"的古语充分印证了两种文化的不同特性及其依存关系。自然地理特征上具有的多处显性表现也印证了巴蜀文化与道教思想浑然一体的关系。如:剑门的昭化古镇与嘉陵江构成了八卦图案,享有"第一山水太极"的美誉;南充的凌云山拥有最为完整的"自然四象";嘉陵江在重庆汇入长江时的"回望"之势;重庆古城的"九宫八卦"布局,等等。

(三)道家与道教对科学思想的启迪

道教对科学技术传播的贡献或以巴蜀地区为出处向外传播,或从他处回归巴蜀地区,形成了以巴蜀为中心的基于道教影响下的科技发展史。巴蜀地区研究道教的专家学者对道教发展的历史脉络、道教理论的开拓性研究形成的体系吸引了国际、国内研究界的关注。原因在于道教的历史根基源于此,而且道教发展中的诸多重要成果或多或少都与巴蜀地区有关联。四川学者专注于对道教发展史的研究。仅以四川大学为例,成立了四川大学道教与宗教文化研究所,三十余年来立志于对道教及其思想的研究,取得了丰硕成果。20世纪著名的英国科学史家李约瑟与中国文化的渊源,得益于其在重庆工作期间因偶然的机遇了解到道教文化。他在探究中国古代发明中火药的来源时,机缘巧合,在成都石室中学图书馆获得《道藏》影印本一千一百二十册,为其日后撰写《中国科技史》提供了翔实资料,激发了其对中国文化尤其是道教文化的关注和研究。在同时研究中国道教思想的过程中催生了对中国古代科技史的研究,从而使其成为20世纪最为杰出的研究中国科技史的学者,在李约瑟的著作中,他不仅高度评价了道教在中国文化及社会发展史上的重要地位,也详细说明了道教的炼丹术与火药发明的渊源关系,证明了道教炼丹实践是火药发明的基础。通过对大量文献资料的查阅和研究,认为"道教能将理论付诸实践,东亚的化学、矿物学、植物学、动物学和药物学,都发端于道教"[1]。书中提到炼丹术士在炼制丹药中不能混淆炭、硝石和硫黄,否则会导致混合物燃烧,烧毁他们正在工作的房子。[2]可以说,对道教的兴趣是李约瑟研究中国古代科技史的一个关键支撑点。

---

[1] 金正耀:《道教与科学》,中国社会科学出版社1990年版,第219页。
[2] 潘吉星:《李约瑟文集》,辽宁科学技术出版社1986年版。

巴蜀地区是最早的道教发祥地，其独特的文化和历史对道教思想的形成和发展起到了重要作用。作为第一个民间宗教组织，道教从巴蜀走向华夏，同时开始了从民间走向正统的过程。著名道教研究专家、四川大学卿希泰教授在其《中国道教思想史纲》一书中，对道教思想于中国传统文化的贡献给予了这样的评价："不研究中国的道教思想史，便不可能全面地了解我国的历史，更不可能全面地了解我国的哲学思想和科学、文化思想的演变。"[1]故探究道教的发展，尤其要提到巴蜀。

二、道教在巴蜀的发展

巴蜀地区是早期道教思想实践的根据地，道教思想中反抗封建思想的先进成分在早期萌芽于巴蜀地区。[2]王明在《道家与传统文化研究》中指出："早期的道教形成与当时的社会政治密切相关。"从太平道、五斗米道，早期的道教都十分注重宣扬反对封建阶级剥削的思想，号召广大农民起义以获得自由，在当时的封建思想居于统治地位的形势下具有积极的正面作用，对促进社会思想的解放也起到了一定作用。另外，道教道义在封建社会生产关系极度不发达的情况下，对社会民众的道德伦理教化起到了引导作用。道教创立之初，设立义舍，将义米肉置于其中，供行人适量取用。五斗米道教导道民为人诚信，有小过者，罚其修路。另外，在东汉末年混乱的局势中，得益于政教合一建立的地方割据政权及其政治和经济措施，蜀地成为东汉末年乱世中难得的一方乐土，保持了社会安宁和生产的发展。[3]

（一）巴蜀地区原始宗教对早期道教的孕育功能

上古传说中的《山海经》，不仅是一部地理典籍，更是巴蜀文化的代表性作品。[4]其中所述"都广之野"，不仅是中国农耕文明的起源地之一，还是与道教有着深厚历史渊源的地区。巴蜀地区远古文明可上溯到远古时期的三星堆文化，三星堆遗址出土的历史文物与早期巴蜀地区宗教有着密切关系。而巴蜀地区宗教与道教的起源又有什么关系呢？西南地区古时的神仙崇拜，与早期道

---

[1] 卿希泰：《中国道教思想史纲》第一卷，四川人民出版社1980年版，第29页。
[2] 卿希泰：《道教在巴蜀初探》，《社会科学研究》2004年第6期。
[3] 朱越利：《道教答问》，华夏出版社1993年版，第39页。
[4] 蒙文通：《略论〈山海经〉的时代及产生地域》，载《蒙文通文集》第一卷，巴蜀书社1987年版，第35~66页；《中华文史论丛》1962年8月第一辑。

教发源的历史渊源，在三星堆遗址出土的文物中可见端倪。摇钱树作为蜀地神仙信仰的重要表现物，其含义不仅承载于通天成仙的信仰，其中常见的西王母、蟾蜍等图案，同样是长生的表征，与早期道教"成仙"之说不谋而合。早期道教吸收了三星堆文化的"树信仰"，同时吸收了树崇拜的神灵，将其融入早期道教的神仙体系，如西王母在道教中为女仙之首。

巴蜀地区原始宗教文化对早期道教的孕育还体现在文化传承上。作为巴蜀地区先民中的主要一支——氐羌人，其散居的地点为早期道教"二十四治"中的神山太上治、平岗治等多处。原始时代部族神话首领与原始道教的渊源，以西王母为神仙首

道教文化的缩影

领的原始部落对母性的崇拜和在道教文化中对西王母的敬重，均与道教文化中"崇阴"的历史有关。

（二）鹤鸣山与巴蜀早期道教的创立

鹤鸣山位于今四川省成都市大邑县境内，因状如仙鹤而得名。公元126～144年，张陵于鹤鸣山创立"正一道"，因信徒入道需缴纳五斗米，又称"五斗米道"，鹤鸣山因此成为早期道教一大派别的诞生地。张陵创道设立了教区组织系统"二十四治"，鹤鸣山为"上三治"之一。

（三）青城山在巴蜀道教传播中的显赫地位

青城山位于四川省成都市都江堰市境内，为早期道教的发祥地，被誉为道教十大洞天福地的第五大"宝仙九室之洞天"①。青城山风景秀丽，人文底蕴丰厚，之于巴蜀道教的发展有至关重要的地位。从道教创立历史看，张陵在西

---

① （唐）杜光庭：《青城山记》，载《全唐文》九三二卷，上海古籍出版社1990年版，第4册，第4305页。

蜀布道时曾创立"二十四治",其中青城山别列为"上治",可见其地位非同一般。此外,在青城山旁还有张陵立下的誓石,内容为张陵与蜀中少数民族盟誓的碑文。[①]隋唐时期,随着整个中国修道之风的流行,青城山道教的地位愈发显赫。五代时期道教宗师、著名道士杜光庭,晚年在青城山白云溪隐居潜心研究道学,撰写《三洞藏》等道教经典数十部。唐朝时期,受封建王朝统治者的推崇,多名道教名士到巴蜀青城山传道,为道教在巴蜀的迅速传播起到了积极的促进作用。

三、道教对巴蜀科技贡献的认识

对于科技的界定,除却通常意义上物质化的科学技术以外,科学思想本身也应属于科技的丰富内涵之列。而研究道教对巴蜀地区科技的贡献,就理应包含道教的科学思想对巴蜀地区科学技术的影响及贡献。盖建明先生认为:"道教科学思想是道教人士从事与科技有关的宗教修行活动中萌发、沉淀下来的传统科学思想,是在宗教外衣形式下从事科技活动的思想依据和思想方法,也包括道门人士已取得的科技成就中蕴蓄的思想精华;其内容与形式都深深地烙上道教的印记,带有鲜明的道教色彩。"[②]因此,论述道教对某地区科技的贡献,应当从其科学思想的深处寻找根源。对于贡献而言,往往是显性的,可以从历史发展的科技产物中找到直接的结果进行论证和说明;而对于科学思想的影响,往往是隐形的,是一种思想的传承和发展,其对事物的影响或贡献通常通过其他方式显现出来。有的并非通过具体的事物呈现,却对历史发展进程产生过积极的推动作用,此部分应视为影响。如周敦颐到舟镇寻访遗迹的历史典故,被后世学者认为是其到巴蜀地区探寻周易八卦奥秘的"联想",说明巴蜀地区在道教思想发展史上的重要地位,同时又有力地论证了道教对巴蜀地区科技的催化和促进。结合历史发展,这部分论述道教对巴蜀地区科技的贡献以时间为线索,呼应道教在巴蜀地区传播、发展的历史,其对巴蜀地区科技的贡献不仅体现在对科学技术本身的贡献上,对巴蜀地区科学思想的启迪、科学理论构建的影响同样是属于道教对巴蜀地区科技的贡献。

---

① 张泽洪:《蜀中道教名胜——青城山》,《世界宗教文化》2004年第1期。
② 盖建民:《道教科学思想发凡》,社会科学文献出版社2005年版,第4页。

第三节　道教炼丹术与"陵井"对巴蜀地区科技的贡献

道教对科学的实证性研究特点，为道教中的各种技术的产生提供了动力和源泉。既然是解决实际问题，其方法和技术就具备了实用性，或通常是针对解决现实生活中的实际问题而产生的。炼丹术对工艺技术的贡献，"陵井"的应运而生都属于此列。

一、道教炼丹术对巴蜀科技的贡献

在手工业生产中积累起来的化学知识，成为近代化学产生的源泉之一。特别是在15世纪以前，中国的手工业激发了多项化学知识的诞生，仅是由于在近代以后，中国的科技停留在技术层次，鲜有上升到理论层面，各知识点之间也没有形成系统的体系，多半掌握在手工业者手里，[①]而没有集中到科学家、学者手中，与西方的差距愈拉愈大。从历史考古发现，我国多个地区的历史文物中，有多项是与化学有关的明确证据，而这其中，又离不开与道教产生、发展的关系。由此可见，道教对古代中国的手工业发展起到了一定的促进作用，而正是由于中国古代手工业的繁荣，进一步为道教的传播提供了舞台，二者相映而生，在巴蜀大地上绽放异彩。

（一）炼丹术与镏金技术

何志国等学者经过研究发现，我国最早的道教炼丹实物形态出现于西汉时期的四川境内。1993年，四川绵阳双包山2号西汉墓后室出土一块银白色膏状物[②]，经过光子分析后发现，其主要成分为金属，汞和金含量最多，还含有少量的铜等金属，经过X射线衍射分析发现，此金属物为金、汞、银等合金的混合颗粒物。经过进一步能谱分析和电镜观察，得出此金属物实际为液态汞和金汞合金，这一形态与葛洪在《抱朴子·内篇》中记录的关于"金汞齐"的形态非常类似。而根据文献记载，西汉时期帝王及贵族服食金丹之风盛行，魏伯阳在《周易参同契》中对服食金丹之风的缘由做了如下解释："金性不败朽，故为万物宝。术士服食之，性命得长久。" 这种金汞合金还被广泛运用于同时期

[①] 谢秉仁：《研究化学发展史得到的启示》，《四川大学学报》（工程科学版）1981年第3期。
[②] 四川省考古所等：《绵阳永兴双包山二号西汉木棺墓发掘简报》，《文物》1996年第10期，第13~29页。

的鎏金工艺，在同时出土的陪葬品中，就出现了大量的鎏金器皿。鎏金在古时又被称为"火镀金或汞镀金"，起始于战国，到汉代鎏金技术发展到鼎盛。在各地出土的汉墓中，都有大量的鎏金器具出现。特别于巴蜀地区，在最具地方特色的汉墓中出土了众多的鎏金饰品。关于这一现象，学者们认为是早期道教在巴蜀地区传播过程中形成固定地位的产物，属于宗教遗迹。①

（二）炼丹术与丹砂产业的发展

秦始皇陵中"以水银为百川江河大海，机相灌输，上具天文，下具地理"②。说明水银与古人求长生的信仰密不可分，而古时提炼水银的主要原料为硫化汞（俗称丹砂），盛产于武陵地区③。《华阳国志》卷一《巴志》记载，周时巴国贡产中就有丹，但产地比较分散。④到秦汉以后至隋朝，涪陵地区成为该时期丹砂的集中产地。《华阳国志》卷一《巴志》载："丹兴县，蜀时省，山出名丹。"⑤记载说时该时期巴蜀地区是最早的丹砂生产中心。丹砂早在商朝就被用于颜料，而关于硫化汞鲜红美艳的颜色，魏伯阳将其喻为神女，并在《周易参同契》中有十分生动的描述："河上姹女，灵而最神。丹砂得火则飞，不见尘埃。鬼隐龙匿，莫知所存。将欲制之，黄芽为根。"用比喻的手法详细描述了水银遇热挥发的特性。葛洪在炼丹中认识到"丹砂烧之成水银，积变又成丹砂"，证明已经通过实践的积累，认识到汞与硫在一定条件下相互作用的化学特性，而古代的鎏金技术正是基于对汞的认识的不断深入而发展起来的。在《抱朴子》中有关于鎏金术的记载："上黄金十二两，水银十二两。取金锒作屑，投水银中令和合。恐锒屑难煅，铁质煅金成薄如绢，铰刀剪之，令如韭叶许，以投水银中。此是世间以涂杖法。金得水银须臾皆化为泥，其金白，不复黄色。"

（三）炼丹术对化学的启迪

毋庸置疑，中国古代四大发明之一的火药为炼丹术的产物。因为同为矿石

---

① 张勋燎：《重庆巫山东汉墓出土西王母天门画像棺饰铜牌与道教——附说早期天师道的主神天帝》，载《神话祭祀与长江文明》，文物出版社2002年版。
② 《史记·秦始皇本纪》，中华书局版点校本，第265页。
③ 今为重庆、湖南、贵州、湖北四省（市）交界区。在汉代、元代其范围均扩展到四川。
④ （晋）常璩撰，任乃强校注：《华阳国志校补图注》卷一《巴志》，上海古籍出版社1987年版，第5页。
⑤ （晋）常璩撰，任乃强校注：《华阳国志校补图注》卷一《巴志》，上海古籍出版社1987年版，第43页。

的火药的主要原料硝石，常被炼丹家们用于炼丹。在炼丹的过程中，他们无意中发现如果把硝石、硫黄、木炭三种东西混合在一起加热以后，很容易发生爆炸。后来，有人专门进行这类实验，不断地改进比例和配方，终于在实践中制成了一种可以"发火的药"，称之为"火药"。此为火药在炼丹中产生的由来和得名。由于四川境内产硝，使之成为制备火药的必选之地。

清乾隆年间，在朱帘编的《梓潼县志》中记载："老君山朝阳洞，县西二百四十里，与江油县连界，山势高峻陡险，洞在中峰悬崖峭壁间，由江邑旱炉坪结搭天梯，踏梯而下至洞，洞高八丈宽六丈深十五里，产硝。乾隆二十年开采，归江邑就近汇办，梓邑于重华场隘口安设兵役巡查。"

葛洪在《抱朴子·内篇·金丹》中记载的岷山丹法实际为道教青城山丹法。五代彭晓注《周易参同契》，关于《周易参同契》的注解版本多已失佚，《四库全书总目提要》"参同契诸家注多佚亡，独晓此本尚存"，[1]实际上肯定了彭晓注本的权威性。

二、张陵所创陵井对巴蜀科技的贡献

秦灭巴蜀后，大量难民拥入四川。由于人口突然剧增，致使对食用盐的需求陡然增长，迫于客观现实，巴蜀地区在这一时期加大了对盐井的开发。民间方面，张陵率众用人工开凿方式挖掘盐井，集中在陵州（今四川仁寿县境内），为我国早期有记载的盐井之一。张陵从实际开凿工作中总结出陵井修造的选址、结构等经验，特别是"识齐水脉"的理论为井盐的开采提供了宝贵的指导，为后世盐井生产奠定了基础。

由于张陵所创的陵井能对井盐开采提供较为稳定的量的保障，对当时社会生产和生活的促进和影响效应是巨大的。《续资治通鉴长编》曾有这样的描述："蜀置监，岁炼盐八十万斤。"陵井不仅在我国古代凿井技术的更新上起到了革命性的作用，除了其对盐井业本身的贡献以外，其运用地质学相关理论、观点对地质勘探的启迪同样是巨大的。由于其对深井钻探技术的研究，为世界近代石油钻井技术提供了宝贵的资料。

---

[1] 王刚等：《周易参同契汇刊》，中州古籍出版社1990年版，第97页。

第四节 道教医学对巴蜀地区的贡献

"古之初入道者,莫不兼修医术。"①宋代以前的炼丹家几乎都身兼医学家,两者之间没有严格的界限。如陶弘景、孙思邈等人,在中国古代的历史上,他们既是修道的高人,同时也是著名的医学专家。在他们的一生中,很好地结合了医、道二者的修行,成为后世佳话。道与医的亲缘性,体现在"医道融通"。传统医学中的中医理论核心是将人与自然视为一体,违背天人合一就会给人体健康造成危害,而传统中医关于人体的经脉之说是道教内丹修炼的基础。道教内丹与中医在养生上的共同之处促进了道教医学中关于人体经脉思想的成熟与发展,相应地,道教医学也对中医理论及实践做出了突出贡献。特别是在养生、保健方面,道教医学中的部分观点对现代医学都仍有借鉴意义。本节主要从道教医学对养生、保健的作用之于巴蜀地区而言进行说明。

现代科学研究表明,保健最应当注意的有以下几个方面:饮食、心理调适、急救和运动。饮食方面,健康的饮食结构应当注意荤素搭配、多食用粗粮,以增强机体的抵抗力;心理调适方面,要保持心态平衡,不要情绪大起大落,随时保持心境的平和;运动方面,倡导简单易行的运动,通常是一两个动作或简单几分钟的练习,在长期的坚持过程中就能取得显著疗效。以上关于现代保健医学的重要观点,早在一千多年前道教修身养性的养生学和养生实践中,就已经以较为完善的理论和实践的知识体系显现出来,并对现代保健医学有着深远的影响,其中道教养生的很多观念和方法至今仍为人们所推崇。可以说,现代保健医学源于道教养生。因此,道教的保健医学可以等同于道教的养生学,只不过,随着时间的推移、历史的变迁、社会的发展,这种养生的观念和实践在现代社会更为完善,被称为一种新的系统的科学——保健学而已。当然,虽然同属一脉,还是有一定的区别,不同之处在于:养生主要是对身体的调节,是根本;保健主要针对预防,是表现。也就是说,养生是根本目的,保健只是一种措施。就道教而言,其将二者完美结合——以保健方法实现养生,为养生而注重保健。因此,很难从真正意义上将二者分开。下面主要从道教养生保健一体的角度对道教的保健医学进行分析。

---

① 王明:《抱朴子内篇校释》,中华书局1985年版,第271页。

一、道教医学理论对中医发展的影响和贡献

从道教诞生、发展的历程中可以看出，"医"一直贯穿其中。"尚医"乃道教的历史传统之一。医与道的天然性、互融性，在二者长期发展过程中形成了紧密的联系。首先，从逻辑关系上分析，求道者无不注重对身心的保健，这本身就是医的目标所在，而历代修行者中精通医术人数之众，有力地证实了道与医的"亲缘性"。道教养生将人的"精、气、神"称为三宝，认为内在的修炼跟炼丹一样都需要持久的练习。"精"本指人的生命精华，部分是先天而来，成为元精，部分需要依靠后天的修炼得以提升；"神"通常是指先天的元神，在后天的修炼过程中可以对其加以凝练，提高元神的质量；"气"亦分先天和后天，先天之气是修炼的根本所在，后天之气通过修炼可以转化为元气，转化后天之气是修炼的基本原则。其次，从治疗手段、方法上看，道教医学从道教修炼成仙的角度对传统医学进行改良和改进，其技术和方法在一定程度和影响范围对中国古代传统医学的发展起到了积极的促进作用。例如，道教医学奉行"先医药、后符咒"的原则，以及"环境疗法""心理疗法"的主客观条件和环境对身心的影响改善达到治疗效果，二者在实践中已形成相互促进的关系。无论是远古时期中的"巫术"，还是张陵在蜀中布道时"以医传教"的方式，乃至陈抟"性命双修"的观点及理论，中心思想均围绕"度人、度己"展开，而道家思想提倡的"清静无为"，实际上也是基于一定社会历史条件下的度世思想。道家外丹、内丹养生说本身是对医学的拓展和深化。结合中国古代生产技术发展的脉络，可以总结出道教医学及其理论对中国古代医学有着突出的贡献，涉及医药学、营养学、养生学等多个领域。其医学思想对现代医学的实用价值与现代社会提倡的"自然疗法"有异曲同工之妙。

"天府之国"不仅以风景宜人著称，其适宜的气候为植物生长提供了很好的条件，多种国内名贵中药材均产自巴蜀地区，四川享有"中医之乡、中药之库"的美誉。据相关资料统计，四川境内盛产中药材，仅植物类中药材就达四千六百余种，约占国内中药生产种类的四分之三。其中，川芎、黄连、川贝母、冬虫夏草等树立起四川盛产名贵中药材的招牌形象。

一是道教服食术中的药物来源对四川中药发展的影响。服食术中主要有两种药物：草木类植物、金石类矿物。此两种药物大多盛产在巴蜀地区。如草本类的天门冬、茯苓、菖蒲等,金石类的丹砂、雄黄等。特别是草本类的中药,在道教多门医学典籍中均有详细记载。如:"茯苓十斤,去皮,酒渍密封之。十五日出之,取服如博棋,日三。亦可屑服方寸。凡饵茯苓,皆汤煮四五沸,或以水渍六七日。"①

二是道教在养生理论中对相关药物研究的影响。道教服食丹药以求成仙是基于养生——求长生的思想,这种体系尽管在现代看来是荒诞的,但其中蕴含一定的医学思想。金石丹药中的矿物质成分多含微量元素,现代医学通过大量的研究和实践证明,人体服食一定剂量的微量元素对改善微循环有裨益。基于道教养生理论的相关思想,结合科学的预防与保健思路,四川中药学得以在传统医学指引下发扬光大。通过建立中药材生产基地、弘扬中药文化等方式,巴蜀地区形成以四川为中心的中药材、中药发展理论和实践研究体系。

二、陈抟的内丹养生理论与实践

四川安岳人,宋代著名理学家、道教思想家陈抟对宋代理学的奠基有着突出贡献。陈抟年少时熟读百家之书,青年时因在求功名的路上颇为不顺,毅然放弃功名,纵情于山水,遇隐士孙君仿、麓皮处士②,相谈甚欢,后经隐士指点,隐居武当山,开始潜心研习道学,并建树颇丰,后世尊称其为"陈抟老祖"。其主要贡献集中在两方面:

一是对道教思想的继承和深化。陈抟丰富和发展了易学思想,开创了宋代易学研究的先河。宋代朱震在《汉上易传·汉上易传表》中,这样描述陈抟与周敦颐在理学传承上的关系:"陈抟以先天图传种放,放传穆修……穆修以太极图传周敦颐,敦

陈抟塑像

---

① (唐)孙思邈:《备急千金药方》卷二七《养性·服食法》。
② 徐兆人:《〈宋史·陈抟传〉旁考》,《宗教文化研究》1999年第1期。

颐传程颐、程颢。"[1]

尽管后世学者对陈抟的《易龙图序》仁者见仁，说法不一，但其从孔子"三陈九卦"中受到启发，感悟伏羲"已合之序"立体式观点，为后世从平面到立体研究易卦提供了有益参考。

二是将佛道儒思想融合，形成较为完整的理论体系，在道教修炼理论和实践，特别是内丹修炼的理论和实践方面均有较深造诣。始创太极图，指出"性命双修"内炼理论，提倡锻炼身体与修养身心的一致性，为后世养生学的发展提供了新的思路。

三、杜光庭"体道修心"方法

唐末五代著名道士杜光庭在巴蜀地区生活近五十年，不仅在当地对道教经典进行了系统梳理，同时还对道教养生之学提出了独特见解。据其对中医养生理论的研究，提出了"窟欲"与"积合"两种具体"体道修心"的方法。杜光庭认为，"窟欲"节制过分的欲望，是调理身心状态的良方，"纵心而危身"[2]。"积合"是重视内心的宁静，与"窟欲"是"疏"与"导"的关系，这种倡导身心和谐与平静的修身思想对养生有重要意义。

四、孙思邈与《千金方》

孙思邈曾于隋大业年间（605～618）游蜀中峨眉，并在青城山潜心研道，这段游历经历为其日后研究医论、医方积累了大量丰富的第一手资料，并最终写就医学传世巨著《千金方》。

第五节 道教建筑对巴蜀地区文化的贡献

一、道教宫观建筑对巴蜀建筑的影响

中国的宫观建筑为园林式建筑中的一大代表，其修建的基本原则是按照建

---

[1] （宋）朱震：《汉上易传·汉上易传表》，见郭志成《陈抟的"龙图"是什么样的？——对〈龙图序〉的破译》，《社会科学战线》2001年第4期。
[2] （唐）孙思邈：《备急千金药方》卷二七《养性·服食法》。

筑群落的中轴线对称，以"众星拱月"烘托主殿的庄重。而宗教建筑与世俗建筑在修建风格上不一样，相较于后者，前者更注重建筑环境与建筑物本身的和谐，同时在建筑物上体现宗教自身的文化是宗教建筑物修建的基本原则。道教的宫观建筑在修建形式上沿袭中国传统建筑群落布局的特点：结构方正，对称严谨，在建筑风格上体现与自然合二为一的特点。道教修炼神仙之道，多以风景秀丽的名山大川作为宫观修造地，"顺应自然、美化自然"是道教建筑修建的总体思想和原则。

道教建筑的历史与道教的历史一样源远流长，从"洞天福地"到宫观，道教建筑的演化承袭了原始道教向正统道教演进的历史。"洞"乃"通"之意，意为通天之洞、得福之所。从文化内涵上分析，有追求回归"天道"的信仰，是道教认为的人与神之间沟通的场所。汉代称道教建筑为"治"，唐代以后称"观"，对大的道教建筑物称为"宫"或并称"宫观"，并沿用至今。从建筑环境的选址、修建、装饰，建筑环境与自然、人文环境的协调等方面看，巴蜀地区道教建筑物充分体现了环境伦理与生态的观点。

道教提倡的"天人合一"思想，注重人与自然的和谐共生与发展，为建筑与人居环境的融合、协调提供了有益参考。道教宫观一般依山而建，顺应山势，建筑物与自然景色相映成趣，形成独特的景观。道教宫观建筑除了本身对建筑美学、建筑艺术的创新外，其别具一格的建筑布局、建筑风格对巴蜀地区建筑物的影响同样深远。较为突出的是剑门昭化古镇，其城镇布局与嘉陵江形成天然的"八卦"图案。同样的例子还出现在重庆古城的布局上，"九宫八卦"的布局将巴山蜀水"巴为将、蜀为相"的天然依互关系表现得淋漓尽致。

二、道教建筑思想对巴蜀建筑修建的影响

中国传统园林式建筑修建过程中，自然的观念随处可见，这一思想在巴蜀地区的道教建筑中同样得到彻底体现。道教建筑思想对巴蜀地区建筑修建的影响体现在：

（一）建筑取材遵循天然，选址尊重自然

以青城山道观为例，建筑材料方面多为砖木混合结构，且就地取材，以充分体现"天人和谐"的思想，积极倡导将宫观建筑与环境保护有机结合。在选择建筑地址时，往往是以自然界的原始地貌作为基础，遵从自然，将道教文化与环境生态完美融合。因此，青城山被誉为"中国道教的活博物馆"。

（二）将道教文化与自然风光、城市人文风光有机融合

以成都青羊宫为例，主体殿宇按传统宫观建筑布局呈坐南朝北中轴线对称排列，整体布局上考虑了建筑物与树木、花草虚实结合，错落有致，相映成趣，在闹市中形成一道独特的和谐风景，充分体现了道教"动静相宜、以静为主"的思想底蕴。四川道观在建筑风格上创新于其他地区道观修建风格之处，是在主要殿宇的空间建筑上做了变革。通常宫观中殿宇修建为方形，在建筑审美上有一定的单调感，而以青羊宫为代表的四川道教宫观建筑将方形修建为八角造型，其石基按方形、圆形、八角形三层依次而上，一方面丰富了建筑物的造型层次，另一方面是对道教思想的深化和实践，依次呼应"天圆地方、阴阳相生、八卦相合"的道教宇宙观，是道教文化思想在建筑物上的深刻体现和反映。图饰方面，以明暗两种方式将道教神仙信仰的象征图案与建筑构件巧妙地融合在一起，达到了《道德经》"大巧若拙"的境界，让原本普通的建筑构件因承载象征意义而具有丰富内涵，将宗教神秘的特质以浪漫主义的形式和风格体现出来，与周边环境浑然天成，其巧妙构思、修造工艺为后世所折服。

第六节　道教自然观对巴蜀地区科学的影响

道教自然观指从认识天人关系出发的道教的宇宙观、生命观、天人观等在内的认知体系，是基于"道"为本体论的综合观念的世界观和方法论。所谓"自然"，一是指天然，未经过人工雕琢的自然，道家讲究的自然本性为此自然；二是指一种精神，即追求理想的境界，"无为而治"[①]。道教将自然的本性即第一种自然与道家的"道"综合在一起，以道作为本体建立自然观，使道作为一种本源存在，建立起以道为基础的哲学思想体系。核心问题是研究"天人关系"，而在研究天人关系认识道的过程中，道教的自然观逐渐形成一种指导行为的方法论，通过科仪等方式尊道、循道，目的在于将"天人关系"从对立转向统一，即实现天人合一。正是基于这样的思想，道教自然观对中国科学的影响围绕论证、实践"天人合一"展开，下文对宇宙观（道为本体）、生命观（贵生）中的部分思想对巴蜀地区科学的影响进行论述。

---

① 赵梵：《道教自然观研究》，《四川大学学报》2006年3月。

一、道教"术数"与《九章算术》的形成

自伏羲开始,人们对"天地之道"的了解通过数字表达并传承下来,对道的研究必然与数字、数量有着密切关系。秦九韶曾说过:"数与道并非二本。"①由此可见,在古代数学发展史中,道教及其思想扮演过举足轻重的角色。宋代数学家秦九韶曾师从"隐君子学受数学"②,其"通神明,顺性命"的观点以及《数书九章》中"大衍求一术"的方法均可见该书的形成与道教的"术数"关系密切。《数书九章》(卷一)开篇即用"大衍求一术"论述社会生活中的数学之道③。四川大学刘复生教授在《秦九韶及其数学成就》一文中,对秦九韶在数学方面取得的成就与《易经》对其的影响有如下评价:"在秦九韶生长之地,早有所谓'易学在蜀'的说法……宋时人语:'蜀多方士,得逞于道术。'秦九韶有此机遇,加上自己'肆意其间'的探索,终于取得了超越前人的成就。"

四川省安岳县秦九韶纪念馆

---

① 任继愈:《秦九韶·数书九章序·宜稼堂丛书》,《中国科学技术典籍通汇》(数学卷一),河南教育出版社1993年版,第439页。
② 数论分支,为一次同余式组问题的解法。求解中,用辗转相除法至最后余数为1为止。
③ 吴文俊:《九章算术与刘徽》,北京师范大学出版社1982年版。

关于《数书九章》对后世数学思想的深远影响，吴文俊院士在其《九章算术与刘徽》一书序言中写道："《九章算术》与刘徽《九章注》，对数学发展在历史上的崇高地位，足可与古希腊《欧几里得几何原本》东西辉映，各具特色。"

二、道教"重生""贵农"思想及其对巴蜀农业发展的影响

道教的科仪从原始宗教的土地崇拜而来，以"敬天发祖"为名义的宗教祭祀多围绕农业及其生产活动展开，农业在道教科仪中具有重要的地位。道教经典中蕴含大量的农业信息及重农思想，如《太平经》中的农时观。而中国古代农业典籍中也可以发现道教思想的踪迹，如《氾胜之书》中就有关于农业与阴阳五行关系的说法。由此可见，道教与农业、农业生产之间是有着紧密联系的。单从道教本身对农业的直接促进来说，承担修道者日常生活所需的农业耕作逐渐发展成为寺院经济，满足道教生产、生活所需的自给自足的供求方式是中国小农经济的一个缩影；而道教修行中对生命的重视自然联系到对提供生命供养的农产品的尊重，是中国古代"重农抑商"思想的最直接反映。在巴蜀地区，道教作为影响深远的民间宗教，通过农业生产联系起来的生产关系，在民间同样成为传播道教教义的有效方式，而通过这种连接方式的传播，道教对农业的尊崇在其教义和典籍中都得到了充分的体现。

"民以食为天"，农业的发展是事关社会稳定的头等大事，自古以来是安邦富民的基础所在。而道教教义中"重生贵生"的思想，印证了"重生"与"重农"的必然性，必定对以农业为核心的自然经济发展起到推波助澜的作用。在"重农"思想的影响下，巴蜀地区通过修建水利工程，形成了系统的农耕、灌溉、排洪、蓄水等农业基础工程，加之农业技术不断更新，推广精耕细作技术，为"天府之国"农业生产的稳定和发展提供了有力保障。秦汉时期，巴蜀地区成为全国文明的农业产区，充足的粮食让巴蜀地区不仅能自给自足，还作为军粮储备或借调到外地赈灾，以至于有"民食稻鱼，忘凶年忧"[①]之说。而在封建社会时期的巴蜀地区，以民为本、"重生""贵德"落脚于"重生""贵农"，通过发展农业生产来满足修行者自身的生活需求，同时在农业生产中传播"贵农"思想，实现"农道合修"。张陵在巴蜀地区传道时规定入道者需缴纳米五斗，史称

---

① （汉）班固：《汉书》卷二八《地理志》。

"五斗米道",一方面是作为入道的凭证,另一方面借米这种与人们生活不可或缺的重要物资将生活在社会底层的民众联系起来,并通过传播道义的方式将这种连接辐射开去,强化民众特别是教徒对农业的认知和信赖度,对封建社会农业发展及其繁荣起到了促进作用。《华阳国志·蜀志》描绘了巴蜀地区的丰饶:是以蜀川人称郫、繁曰膏腴,绵、洛为浸沃也。又识齐水脉,穿广都盐井、诸陂池,蜀于是盛有养生之饶焉。

第十二章 佛教文化对科技的贡献

在历史发展进程中，宗教对政治经济、社会生活、文学艺术、音乐舞蹈、绘画建筑甚至人们的思维方式都产生了或多或少的影响。宗教是社会生活的一部分，其艺术中不可能不反映社会现实和人们的生活，因而人们能够从中了解许多珍贵的历史资料，其中包括与科学技术相关的内容。

佛教起源于古印度，创始人是迦毗罗卫王国的王子乔达摩·悉达多，后人称其为"释迦牟尼"。汉传佛教（以大乘佛教为主）是传入中国汉族地区的佛教，经过长期的经典传译、讲习，与中国传统文化相结合，从而形成具有民族特点的各种学派和宗派，并外传朝鲜、日本和越南等地。

佛教主要是经丝绸之路由印度、西域、河西走廊渐次传入中原地区的，因此这条路被称为"一条辉煌而绵长的佛教石窟艺术锦带"。与此同时，海上通道和经由西南地区跨越青藏高原或横断山脉的通道对佛教的传播也起了一定的作用。佛教及其艺术在中原扎下根基并获得发展后（以龙门石窟的修凿为标志），又以此为枢纽向南北两方传播到北至晋北、辽宁，南至四川、云南为主要范围的广大地区，并进而东传朝鲜、日本及东南亚等地。

佛塔、石窟、寺庙被称为三大佛教建筑。

佛塔，源于佛祖释迦牟尼圆寂之后，弟子为纪念他所建的塔，以安放供奉他的舍利。我国的古塔并不是对古印度佛塔的简单模仿，而是取其精华并结合中国建筑传统而发展起来的一种高层建筑。据统计，历代遗留下来的古塔约有三千多座，大致可分为楼阁式塔、密檐式塔、喇嘛塔、金刚座宝塔等。

石窟，源于古印度的佛教徒为了苦修而离开世俗之地到幽远的山中，在山崖陡壁上开凿洞窟形的佛寺建筑供修行之用。中国最重要的佛教石窟有敦煌石窟、洛阳龙门石窟、大同云冈石窟、天水麦积山石窟、重庆大足宝顶山和北山石窟、新疆克孜尔千佛洞等。凿于唐代的乐山大佛通高七十一米，为中国最大的佛教石雕像。敦煌莫高窟、峨眉山和乐山大佛以及大足石刻、龙门石窟均被联合国教科文组织列入世界遗产名录。

寺庙，是供奉宗教崇拜偶像、贮藏经文的建筑群，也是僧人居住、修行的场所，是佛教活动的中心和宗教宣传的基地。佛教传入中国之初，"学无常师，朝无定处"，后逐渐形成四大佛教名山，且各为一个菩萨的"道场"，即五台山（文殊）、峨眉山（普贤）、九华山（地藏）、普陀山（观音）。之所以选定以上四山，是因为它们的自然形胜很好，且各有特点。

五台山建佛寺最早，是在佛教传入中原的第二年，摄摩腾、竺法兰来到此处，见周围五座山峰峰顶夷平如台，而中央台怀镇小盆地冬暖夏凉，形似释迦牟尼修行圣地灵鹫峰，遂在此建寺。唐代佛教极盛时，五台山寺院多达三百六十多处。今存四十三处，其中南禅寺、佛光寺等为国内珍贵的唐代木构建筑遗存。峨眉山素以"秀"著称，为动植物王国，又有"佛光""神灯"等自然奇观。九华山形如朵朵莲花，其许多佛寺为民居形式，其中保存完好的高僧肉身像极为罕见。普陀山四面环海，植被茂密，又有"潮音洞"等奇观，号称"海天佛国"。

乐山大佛与峨眉山佛教寺庙早已成为"世界文化与自然遗产"。峨眉山是举世闻名的普贤菩萨道场，在峨眉山的万年寺内，有一个巨大的普贤菩萨铜像，包含丰富的科学技术内容。重庆市大足县内的大足石刻，是世界文化遗产。大足石刻是科学技术与人文艺术高度融合的精品。江油市窦圌山的建筑以及寺庙内的飞天藏，也包含丰富的科学技术内容。

第一节　乐山大佛

乐山大佛地处四川省乐山市岷江、青衣江、大渡河三江汇流处，与乐山城隔江相望。在岷江、青衣江、大渡河汇流处的岩壁上，乐山大佛像依岷江南岸凌云山栖霞峰临江峭壁凿造而成，又名"凌云大佛"，为弥勒佛坐像。

乐山大佛是唐代摩崖造像中的艺术精品之一，是世界上最大的石刻弥勒佛坐像。大佛双手抚膝正襟危坐的姿势，造型庄严，设计巧妙，排水设施隐而不见。佛像开凿于唐玄宗开元初年（713），是海通和尚为减杀水势、普度众生而发起，并召集人力、物力修凿的，海通圆寂后，其弟子接手修筑。直至唐德宗贞元十九年（803）完工，历时九十年。

乐山大佛头与山齐，足踏大江，双手抚膝。大佛体态匀称，神势肃穆。大佛通高七十一米，头高十四点七米，头宽十米，发髻一千零二十一个，耳长七米，鼻长和眉长五点六米，眼长三点三米，颈高三米，肩宽二十四米，手指长八点三米，脚背宽八点五米，脚面可围坐百人以上。

大佛左右两侧沿江崖壁上，还有两尊身高十余米，手持戈戟、身着战袍的护法武士石刻，数百龛上千尊石刻造像，形成了庞大的佛教石刻艺术群。大佛左侧，沿"洞天"下去就是凌云栈道的始端，全长近五百米。右侧是九曲栈道。佛像雕刻成之后，曾建有十三层楼阁覆盖，时称"大佛阁"，宋时称"天宁阁"，可惜毁于明末战乱中。从大佛两侧的山崖上可以看到几十处孔穴，那是当年建造楼阁时安置梁柱的地方。

雕凿大佛的岩石是红砂岩，乐山的红砂岩是一种质地疏松、容易风化的岩石，比花岗岩软，适宜于雕塑。乐山大佛在一千多年的漫长岁月中，免不了遭到各种各样的破坏，有自然的，也有人为的。各个朝代都对它进行过维修。自明清以来的数百年间，大佛饱受自然风雨侵蚀，以致佛身千疮百孔，面目全非。1962年，政府曾拨专款对佛像作全面维修。乐山大佛1982年2月被国务院列为全国重点文物保护单位。1990年，政府拨款对大佛头部进行了较大的维修，同时增加了一些配套设施及服务设施。

据唐代韦皋《嘉州凌云寺大弥勒像记》和明代彭汝实《重修凌云寺记》等书记载，乐山大佛开凿的发起人是海通和尚。海通是贵州人，结茅于凌云山中。古代时，在乐山的岷江、青衣江、大渡河三江汇聚的凌云山麓，水势相当凶猛，舟楫至此往往被颠覆。每当夏汛，江水直捣山壁，常常造成船毁人亡的

乐山大佛

悲剧。海通和尚见此，立志凭崖开凿弥勒佛大像，欲仰仗无边法力，"易暴浪为安流"，减杀水势，永镇风涛。于是，海通禅师遍行大江南北、江淮两湖一带募化钱财，开凿大佛。佛像动工后，地方官前来索贿营造经费，海通严词拒绝道："自目可剜，佛财难得！"地方官仗势欺人，反而说："尝试将来。"海通从容"自抉其目，捧盘致之"，"吏因大惊，奔走祈悔"。海通这种专诚忘身之行，激励众心，克诚其志。

佛像于唐玄宗开元初年（713）开始动工，修到大佛肩部的时候，海通和尚就去世了。海通圆寂后，工程一度中断。大约过了十年的时间，剑南西川节度使章仇兼琼捐赠俸金，海通的徒弟领着工匠继续修造大佛。由于工程浩大，朝廷下令赐麻盐税款，使工程进展迅速。修到大佛膝盖的时候，续建者章仇兼琼迁任户部尚书，工程再次停工。四十年后，剑南西川节度使韦皋捐赠俸金继续修建乐山大佛。在三代工匠的努力之下，至唐德宗贞元十九年（803），前后历经九十年时间才完工。韦皋始撰《嘉州凌云寺大弥勒石像记》，载录了开凿大佛的始末，原碑尚存大佛右侧临江峭壁上。

大佛顶上共有螺髻一千零二十一个，这是1962年维修时，以粉笔编号才数清的。远看发髻与头部浑然一体，实则以石块逐个嵌就。单块螺髻根部裸露处，有明显的拼嵌裂隙，无砂浆黏结。螺髻表面抹灰两层，内层为石灰，厚度各为五至十五毫米。1991年维修时，在佛像右腿凹部中拾得遗存螺髻石三块，其中两块较完整，长七十八厘米，顶部三十一点五厘米见方，根部二十四厘米见方。

大佛右耳耳垂根部内侧，有一深约二十五厘米的窟窿，维修工人从中掏出许多破碎物，细看乃腐朽的木泥。这证实了南宋范成大在《吴船录》中的记载："极天下佛像之大，两耳犹以木为之。"由此可知，长达七米的佛耳，不是原岩凿就，而是用木柱作结构，再抹以锤灰装饰而成。在大佛鼻孔下端亦发现窟窿，内中有三截木头，呈品字形。说明其隆起的鼻梁也是以木衬之，外饰锤灰而成。不过，这是唐代贞元十九年（803）竣工时就是如此，还是后人维修时用这种工艺修补的，已不可考证。

乐山大佛有非常巧妙的排水系统。在大佛头部共十八层螺髻中，第四层、九层、十八层各有一条横向排水沟，分别用锤灰垒砌修饰而成，远望看不出。在衣领和衣纹褶皱处也有排水沟，正胸有向左侧分解表水沟，与右臂后侧水沟相连。两耳背后靠山崖处，有长九点一五米、宽一点二六米、高三点三八米的左右相通洞穴；胸部背侧两端各有一洞，互未凿通，右洞深十六点五米、宽零点九五米、高一点三五米，左洞深八点一米、宽零点九五米、高一点一米。这些巧妙的水沟和洞穴，组成了科学的排水、隔湿和通风系统，千百年来对保护大佛，防止侵蚀性风化，起到了重要的作用。左右互通的两洞，由于可汇山泉，内崖壁上凝结了厚五至十厘米的石灰质化合物，而佛身一侧的崖壁仍是红砂原岩，而且比较干燥。那左右不通的两洞穴，孔壁湿润，底部积水，洞口不断有水淌出，因而大佛胸部约有两米宽的浸水带。显然，这是由于洞未贯通的缘故，不知道当年修建者为何不把它打通。

据1962年维修的负责人介绍，当时发现大佛胸部有一封闭的藏脏洞。开洞一看，里面装的是废铁、破旧铅皮、砖头等，而封门石竟是宋代重建天宁阁的纪事残碑。

佛教进入中国后，弥勒佛造像的变化很大：第一个阶段是从印度传入中国的交脚弥勒；第二个阶段是具有中国特色的古佛弥勒；第三个阶段是布袋弥勒。乐山大佛是具有中国特色的古佛弥勒。照《弥勒下生经》所描述，弥勒佛像具有"三十二相，八十种好"，这就要求其五官、头、手、脚、身都具有不同于一般人的特征。乐山大佛整个形体超凡脱俗，头上的发髻、阔大的双肩、高而长的眉毛、圆直的鼻孔都是按照佛教典籍的规定修造的。印度佛像的"宽肩细腰"在大佛身上荡然无存，取而代之的是壮实的双肩，饱满的胸脯。乐山大佛坐立的姿势是双脚自然下垂，这与印度佛像的"结跏趺式"也不一样，因为大佛是修来镇水的。据说，这种平稳、安定的坐式，可以带给行船的人战胜激流险滩的勇气和决心。

乐山大佛作为文化产物，其内涵是因时因地而宜的，是按照现实需要来赋形的。正是因为乐山大佛一开始就不拘于原来的教旨、原来的形象，才能逃过"五代"时期"三武灭佛"的劫难。今天，作为佛教文化的象征意义还在，历史文化的探究更多。

第二节　峨眉山万年寺普贤铜像

中国佛教四大名山之一峨眉山的镇山之宝——宋代普贤骑六牙白象铜像，供奉在千年古刹万年寺内。铜像通高七点三五米，净重六十二吨。头戴五佛金冠的普贤菩萨，安详地跌坐于灿若黄金的莲台上，莲台下的六牙白象蒲耳下垂、长鼻勾卷、比例匀称、造型逼真，粗壮有力的四足踏在四朵红色莲花上，似欲起步远行，动感强烈。从细部来看，含冠三点六四米高的普贤通体敷金，面部丰满，两眼微合，唇角稍敛，神态优美，给人以慈祥、庄严、肃穆之感；袒胸饰缨珞，所披金黄袈裟衣纹线条流畅；左手执金如意，右手置胸前，手心向上。高一点零七米、直径零点八三米的双层金冠，边缘四周塑着佛像，花纹剔透镂空，雕饰精美，两条冠带自然垂于肩前。贴金的莲台最高处一点三九米（其中普贤座下一点二八米），最宽处二点二二米。白象身高三点一三米，长五点二三米，外涂白漆，背负雕鞍，华丽的彩带辔头成"中"字形饰于象首；六牙各长零点九米；鼻围最粗处一点四八米，最细处零点八米；象耳纵长一点三五米；四足所踏红莲蹬高零点三米，磴径一米。佛身、象体和莲座均为中空。象身的肉皱真切清晰，完全是写实的风格。普贤、莲台、白象、红莲四部分浑然一体，结构严谨，形象生动，精致而朴实。

1983年，国家文物局曾组织专家对这件国宝进行深入考察。据参与其事的胡昭羲教授在《四川古史考察札记》（重庆出版社1986年版）一书中披露，当时发现莲台以上为黄铜、白象为青铜，系分块浇铸，每块均有子母扣，施以铆钉，再用铜汁焊缝。象腿是分段铸造的，象肩内有铜制的宽约二十厘米、高约七十厘米的井字形扯架。象鼻内安有直径约三厘米的铜条四根以支撑之。

其中空的象腹、莲台和佛体内装有经书，僧人称作"装脏"。1949年，五台山吉祥寺住持高僧能海曾率徒众二十多人，来万年寺与住持普超一同为火灾后的铜像"装脏"。据专家推测，这尊精巧的铜像，可能是在成都分块铸造，再运到峨眉山来焊接组装的。也有学者认为，青铜的象身和红莲是在峨眉山就地浇铸，莲台、佛身和金冠是在成都铸造的。总之，如此庞大沉重而且结构复杂的艺术精品是如何铸造的，如何运上山的，用什么工具和工艺焊接得这样天衣无缝，至今尚未破解。它反映了宋代四川工匠高超的铸造技术和巧夺天工的雕塑艺术水平，它是古代劳动人民和僧人聪明智慧的结晶。

南宋释志磐《佛祖统纪》载："（宋太宗）太平兴国五年（980）正月，敕内侍张仁赞往成都，铸金铜普贤像，高二丈，奉安嘉州峨眉山普贤寺（今万年寺）之白水，建大阁以覆之。"现在介绍这一文物的资料，都据此说是铸于980年。但专家们考察后指出，像这样构造复杂的大型金属铸造工艺精品，一年之内是不可能完成的。其中要经历反复设计、采购铜料、物色良匠、制作沙模、熔铜浇铸、打磨敷金、运送上山、组装焊接等程序，技术性又那么繁杂艰难，至少需要数年时间。有专家估算，铜像大约完成于北宋太平兴国五年（980）至大中祥符五年（1012）之间，这是完全有可能的。

万年寺的前身普贤寺，系东晋隆安四年（400）净土宗创始人之一慧持大师（慧远之弟）创建的，为峨眉山有史可稽的第一座佛寺，因塑供普贤像而命名，峨眉山后来成为普贤道场，其源盖出于此。唐僖宗乾符三年（876），高僧慧通重建之，改名白水寺。北宋这尊普贤铜像的安奉，是峨眉山普贤道场形成的标志，也是官方对峨眉山普贤道场的正式确认。据清蒋超编修的《峨眉山志》记载："太宗……后遣张仁赞携黄金三千两，于成都铸普贤大士像。"说明是大宋皇家出资铸造的。有了这铜像，才改称白水普贤寺。

普贤与文殊是释迦牟尼佛的左右胁侍菩萨。文殊主智，称作"大智菩萨"；普贤主行（实践），称作"大行菩萨"，而"行之谨审静重莫若象，故骑象"。普贤曾在佛前发誓要广修愿行以普度众生，使世界清净无垢。《华严经·普贤菩萨行愿品》将其誓愿归纳为"十大行愿"，赞誉他"愿行广大，功德圆满"，因此又被称作"愿王菩萨"；所骑白象，称作"象王"。这样，普贤也被称为"象王菩萨"了。

《佛说观普贤菩萨行法经》曰："普贤菩萨生东方净妙国土……从智慧力化乘白象，其象有六牙……从象耳至象颈上，渐渐上至象背，化成金鞍，七宝校具，于鞍四面有七宝柱，众宝校饰以成宝台，台中有一宝莲花，其莲花须百宝共成，其莲花台是大摩尼，有一菩萨结跏趺坐，名曰普贤。"可见，这尊铜像的整体结构和部位形制，都是依照佛经的记载而精心设计的。铜像"仪合天表，制侔神工，莲开慈颜，月满毫相"，具有重要的佛教史料价值、冶金浇铸工艺价值和艺术审美价值，真可谓一件完美精妙的佛教艺术品，1961年被国务院公布为全国重点文物保护单位。

自宋至明，庇覆普贤铜像的木阁屡次失火，铜像却丝毫无损。最严重的一次是明万历二十七年（1599），大火将木阁烧成灰烬，而铜像除了局部地方留下斑驳烧痕外，完整无恙。时任白水普贤寺（今万年寺）住持的妙峰（福登）法师向朝廷求募重建，慈圣太后赐金，遣中贵二人来到峨眉山。妙峰决定改用砖筑。他请了一位游历过南亚的僧人设计，依照印度热那寺的庙宇，融合缅甸和我国的建筑构式，修成穹隆顶上圆下方的殿堂，象征天圆地方。这座高十八点二二米、长宽各十六点二米、建筑面积二百五十七平方米的大殿，居然无梁无柱，不用一木一石一瓦一钉，全部用不同形状的砖头拱砌，穹隆与墙壁连接

峨眉山金顶十方普贤菩萨像

处空隙也是用楔形砖块掠券填补，就连外檐、门楣、额枋、斗拱、垂柱和花窗等，也都是以砖仿木装饰，故称无梁砖殿。穹隆顶内面绘饰彩色飞天、藻井等图案。外壁敷石灰，涂染黄颜色，稳重而华丽，堪称我国建筑史上的一个奇迹。

该砖殿内墙四周有七层环形龛座，层高均为三十三厘米，原先供有二十多厘米高的小铁佛三千尊，以切合《华严经·普贤住品处》所载光明山上普贤"与其眷属（门徒）诸菩萨众三千人，俱常在其中而演说法"。可惜现在只剩二百八十尊了。距地面零点八九米的墙壁等高线上，有凹形佛龛二十四窟，每窟高一点五五米、宽零点七四米，现尚放置五十五厘米高的"圆觉"铁佛二十四尊。

明万历二十九年（1601）无梁砖殿落成时，适逢慈圣太后六十大寿，于是万历皇帝亲题横额"圣寿万年寺"，从此改称万年寺至今。慈圣太后年轻时为明穆宗妃子，因久未生育，曾经派人向峨眉山铜像进香求嗣，一年后生下朱翊钧，后来登基为明神宗万历皇帝。慈圣母子对普贤的感激之情自然异乎寻常，不时赏赐万年寺。

1946年，又一场大火将寺内数座殿堂亭台烧成废墟，唯独这座砖拱巨构幸免于难，普贤铜像也安然无损。1948年，僧人修复寺庙时，在无梁砖殿顶上增建喇嘛白塔五座，分置东西南北中；四角添塑吉祥神兽，前方二鹿，均高一点八五米，后部左象右狮，均高一点五六米。因万历御题木匾额毁于大火，1964年由成都赵蕴玉重书，用石灰补刻。

这别具一格的无梁砖殿，与寺中翘角重檐的传统殿宇形成鲜明对比，为千载名寺增光添彩，成为万年寺自豪的标志。四百多年来，它经历了无数次地震和火灾的考验，至今完好如初。

第三节　大足石刻

大足石刻是唐末宋初时期的宗教摩崖石刻，以佛教题材为主，尤以北山摩崖造像和宝顶山摩崖造像最为著名，是中国著名的古代石刻艺术。

北山摩崖造像位于重庆市大足县城北一点五千米的北山。北山摩崖造像长约三百多米，是全国重点文物保护单位、世界文化遗产。造像最初开凿于晚唐景福元年（892），历经后梁、后唐、后晋、后汉、后周五代至南宋绍兴三十二年（1162）完成，历时二百五十多年。现存雕刻造像四千六百多尊，是中国晚期石窟艺术中的优秀代表。

大足石刻是重庆市大足县境内主要表现为摩崖造像的石窟艺术的总称。县境内石刻造像星罗棋布，公布为文物保护单位的摩崖造像多达七十五处，雕像五万余身，铭文十万余字。

1999年12月1日在摩洛哥历史文化名城马拉喀什举行的联合国教科文组织世界遗产委员会第23届会议上表决通过，将大足石刻中的北山、宝顶山、南山、石篆山、石门山五处摩崖造像，正式列入世界文化遗产。

世界遗产委员会评价：大足地区的险峻山崖上保存着绝无仅有的系列石刻，时间跨度从9世纪到13世纪。这些石刻以其艺术品质极高、题材丰富多变而闻名遐迩，从世俗到宗教，鲜明地反映了中国这一时期的日常社会生活，并充分证明了这一时期佛教、道教和儒家思想和谐共处的局面。

以北山、宝顶山、南山、石篆山、石门山（简称"五山"）摩崖造像为代表的大足石刻是中国石窟艺术重要的组成部分，也是世界石窟艺术中公元9世纪末至13世纪中叶间最为壮丽辉煌的一页。大足石刻始建于唐永徽元年（650），兴盛于9世纪末至13世纪中叶，余绪延至明、清，是中国晚期石窟艺术的代表作品。

现存大足石刻作品中，最早的是凿于初唐永徽元年（650）的尖山子摩崖造像，其后二百多年间仅新开凿圣水寺摩崖造像一处。这两处初、中唐造像总共不过二十龛。直到885年昌州迁治大足后，摩崖造像方日渐盛行。

唐景福元年（892），昌州刺史，充昌、普、渝、合四州都指挥韦君靖，在县城北龙岗山（今北山）营建"粮贮十年，兵屯数万"的永昌寨的同时，首先在北山凿造佛像。此后，州、县官吏和当地士绅、平民、僧尼等相继效法，直到907~965年间营造佛像不断，形成大足石刻史上第一个造像高潮。

在北宋乾德至熙宁年间（965～1077）的百余年间，摩崖造像停滞，至今未发现一龛当时的纪年造像。此时寺院内供养石刻圆雕造像兴起。今有遗迹可寻或有文可征者，县东有大钟寺，县西有石壁寺，县北有延恩寺等多处。至20世纪80年代，仅大钟寺一处，就出土佛教圆雕纪年造像百余件。

在北宋后期的元丰至南宋初期的绍兴、乾道年间（1078～1173），大足石刻造像掀起第二个高潮。自北宋元丰五年（1082）大庄园主严逊舍地开凿石篆山释、道、儒"三教"造像区起，县境内摩崖造像此起彼伏，先后开凿出三十二处。南山、石门山造像区和北山多宝塔均于此间建成。始凿于公元892年的北山造像区，历时二百五十多年，至南宋绍兴十六年（1146）建成。

在南宋淳熙至淳祐年间（1174～1252）的七十余年间，时称"六代祖师传密印"的大足僧人赵智凤，承持晚唐川西柳本尊创立的佛教密宗教派，于宝顶山传教。他以弘扬佛法为主旨，清苦七十余年，四方募化凿造佛像近万尊，建成了中国佛教密宗史上唯一的一座大型石窟道场，使大足石刻造像达到鼎盛。其间县境其他地方造像基本停滞。四方道俗云集赵智凤座下，石刻高手聚集宝顶山竞技献艺。

自晚唐景福至南宋淳祐年间（892～1252）的三百六十年间，大足先后建成"三教"造像区三十四处，造像数量占大足石刻总数的百分之八十左右。其中除北山摩崖造像始凿于唐景福元年（892）外，其余均为北宋元丰至南宋淳祐年间（1082～1252）的一百七十余年间建成。

南宋晚期（13世纪末），因战乱石刻造像中断。至明永乐年间（15世纪末），摩崖造像方渐复苏，一直延及晚清。在15世纪初至19世纪末（明、清两代）的五百年间共有摩崖造像三十九处，其中虽不乏佳品，但多为小型造像区，造像数量也不足今大足石刻造像总数的百分之二十。

大足石刻

13世纪末和17世纪中叶，大足曾两度遭受兵燹。在"五山"摩崖造像中，除宝顶山圣寿寺两次被焚毁、两度重修外，摩崖造像一直保存至今。

"五山"摩崖造像建成后，除世俗装绚、培修外，直到19世纪末至20世纪初，当地民众才在造像区旁增刻观音、山神、天公地母等少数几个小龛。现基本上保持了唐、宋时期造像的规模和风貌。中华人民共和国成立后，一直妥善保护，并对公众开放。

"五山"摩崖造像以规模宏大，雕刻精美，题材多样，内涵丰富，保存完好而著称于世。以集释、道、儒"三教"造像之大成而异于前期石窟。以鲜明的民族化、生活化特色，在中国石窟艺术中独树一帜。以大量的实物形象和文字史料，从不同侧面展示了公元9世纪末至13世纪中叶中国石窟艺术风格及民间宗教信仰的重大发展、变化，对中国石窟艺术的创新与发展有重要贡献，具有前期各代石窟不可替代的历史、艺术、科学和鉴赏价值。

源于古印度的石窟艺术自公元3世纪传入中国后，分别于5世纪和7世纪前后（魏晋至盛唐时期），在中国北方先后形成了两次造像高峰，但至8世纪中叶（唐天宝之后）走向衰落。于此续绝之际，位于长江流域的大足县境内摩崖造像异军突起，从公元9世纪末至13世纪中叶建成了以"五山"摩崖造像为代表的大足石刻，形成了中国石窟艺术史上的又一次造像高峰，从而把中国石窟艺术史向后延续了四百余年。此后，中国石窟造像艺术停滞，其他地方未再新开凿大型石窟，大足石刻也就成为中国石窟艺术建设史上最后的一座丰碑。

作为晚期石窟艺术（晚唐至南宋时期，即9世纪末至13世纪中叶）代表作的大足石刻在吸收、融合前期石窟艺术精华的基础上，于题材选择、艺术形式、造型技巧、审美情趣诸方面都较之前代有所突破，以鲜明的民族化、生活化特色，成为具有中国风格的石窟艺术的典范，与敦煌、云冈、龙门等石窟一起构成了一部完整的中国石窟艺术史。

大足石刻"三教"造像俱全，有别于前期石窟。以南山摩崖造像为代表的11世纪至13世纪中叶的道教造像，是中国这一时期雕刻最精美、神系最完备的道教造像群。石篆山摩崖造像中以中国儒家创始人孔子为主尊的"儒家"造像，在石窟艺术中可谓凤毛麟角。以石篆山摩崖造像为代表的佛教、道教、儒教"三教"合一造像，以及以石门山摩崖造像为代表的佛教、道教合一造像在中国石窟艺术中亦极为罕见。就保存状况而言，大足石刻是中国石窟艺术群中保存最完好的石窟艺术造像之一。

"五山"摩崖造像保存完好。全部龛窟与造像,除历史上对少数雕像肢体残损部分有过补塑外,未遭受大的人为和自然灾害的破坏。1949年中华人民共和国成立后,在日常维修保护中,严格遵守"不改变原状"的原则,以确凿文献、碑刻题记为依据,采用传统技术与现代科学技术相结合的手段进行。其设计、材料、工艺、布局等方面均保持了历史的真实性。在对"五山"造像主体进行保护的同时,注重其周围环境的保护,基本上没有改变其环境关系。因此,从总体上看,"五山"摩崖造像基本上保持了历史的规模、原状和风貌。

第四节 江油窦圌山的飞天藏

一、窦圌山的建筑

天下奇山——窦圌山是剑门蜀道国家级风景名胜区的重要组成部分,位于江油市北二十五公里处,距绵阳六十六公里,距成都一百七十余公里,是国内著名的丹霞地貌风景区,其交通快捷方便,环境宜人。

江油窦圌山

诗仙李白少年时曾游此山,留下"樵夫与耕者,出入画屏中"的千古绝句。江油窦圌山以奇、险、幽、秀、绝的特色吸引着中外游客。山脚的云岩寺为国家级文物保护单位,寺中的飞天藏具有八百多年历史,举世无双。

2008年,"5·12"汶川特大地震给窦圌山带来了巨大的破坏,昔日风光无限的双峰失去了风采,古建筑群受损严重,东岳峰顶的东岳殿已经不见了,昔日金碧辉煌的绝顶大殿被夷为平地。窦真峰的窦真殿也已倒塌一大半。地震不仅震垮了峰顶的双殿,而且把两峰的距离也越拉越远,原来悬于两峰间的两条铁链绳是下垂的、弯的,现在却被拉直了。云岩寺也损失惨重,山门围墙坍塌,天王殿的菩萨像轰然倒塌,站立两边的四大天王塑像均不同程度受损,一堵墙倒在殿内,里面的不少文物也被砸烂。所幸的是,国宝飞天藏安然无恙,基本上没有大的损伤。①

二、云岩寺飞天藏

云岩寺为唐乾符年间(874~879)唐僖宗敕建,分东西二院:东禅林、西道观。云岩寺是佛道两家融合的寺庙。宋明两代多次维修、重建和新修了一些寺观。

云岩寺中的大殿西侧有一座转轮经藏,又名飞天藏、星辰车。目前我国仅存两座宋代转轮经藏,另一座在河北省正定县隆兴寺。而作为道教转轮经藏,全国目前仅存江油窦圌山云岩寺飞天藏一座。

云岩寺飞天藏是我国历史最久远的一座飞天藏,堪称窦圌山镇山之宝。据《江油县志》记载:"飞天藏在窦圌山,宋淳熙八年(1181)建,元至正重葺""明季兵火,惟此独存"。飞天藏是根据宋代李明仲《营造法式》的小木作转轮经藏而建造的。整个藏身中间立有一根直径为零点五米的大圆柱,圆柱的下端固定于地坑中形如铁鹅台桶子的六角藏针上(名叫"寿山佛海"),上端则包在梁架之中。圆柱上加以木枋,并装上木板,便形成了八棱八方四层的巨型木塔。整个藏身高十点零八米,直径七点五米,即使是在几百年后的今天,整个飞天藏仍可以在人的推动下转动。

飞天藏除按一般转轮经藏的形制造设以外,上部还饰有精美的天宫楼阁,

---

① 赵亚辉:《稀世国宝:云岩寺飞天藏》,载《永远的汶川——大地震前后的珍贵记忆》,化学工业出版社2008年版。

其下檐平座处更是斗拱密簇，结构十分繁复，华板上则有大量的木雕花卉，整个制作异常精巧。同时藏身的上下檐及外表的八面板壁上有二百四十尊道教木雕人像，或坐或立，神态各异，制作风格非常细腻，显得恬挚朴实。其余如阑额、镂空牙帐、副阶檐柱上的沥粉彩绘也是典雅富丽，无论从建筑还是艺术等方面，都具有很高的价值。

传说南宋修建飞天藏是用来供奉本土神灵，推动后就可保江山平稳，天下太平，以后约定俗成为推动飞天藏可以消灾免难、祛病强身，由此形成古老的祈保平安的圜山庙会。据史料记载，宋淳熙八年（1181）修建后，元至正年间（1341~1368）及清乾隆十九年（1574）都曾大力维修粉饰。新中国成立后，国家曾拨出大量资金保护维修，并于1956年公布其为四川省第一批重点文物保护单位，1988年又公布其为全国重点文物保护单位。

飞天藏不仅具有很高的文化、艺术价值，同样具有重要的科技价值，在我国科技史上占有一席之地。原江油文物管理所所长黄石林副研究员对此曾进行过详细的研究，他在一篇文章中评价道：

这些中国历史上发明的巧器，蕴含着中国古代人民对物理学的认识与研究。古人认识了这些力学、光学、机械学……的原理，巧妙地将它运用到军事、天文、宗教和工农业生产实践中，就造出了一般人想象不到的精巧之物，提高了效率，留下了轰动和传奇。

转轮经藏也是中国传统巧器的一种。飞天藏结构精巧，制作精细，全部重量承载于中轴之上，中轴下部装设铸铁单珠轴承，让针珠在针臼中缓缓运转，间隙润滑以菜油减少摩擦和磨损，即使消磨下陷，也是整体下移，无涉牵绊。其中的中轴很高，在夹板控制下其摆幅有限，故始终处于相对平衡状态。其次，它运用了动量矩原理。人在台上绕轴走动时，轮藏会缓慢地反向运动，这正是中国古代物理学成果的表现。

第十三章 巴蜀民间工艺技术成就

巴蜀民间的工艺技术包括丝绸技术、漆器技术、竹编技术、金银器技术、造纸技术、铸钱技术、酿酒技术、制糖技术、种茶制茶技术等丰富的内容。

古蜀是中国丝绸的早期起源地之一。相传在上古时代，诞生于巴蜀盐亭的黄帝元妃嫘祖首先教民养蚕、缫丝、织绸。在夏商时代，古蜀丝绸技艺已达到相当水平。秦汉三国时期，以蜀锦、蜀布为代表的巴蜀纺织业在全国占有重要地位。除了闻名遐迩的蜀锦外，巴蜀地区还有一种巴锦。蜀锦是唐代巴蜀地区最著名的高级丝织品。宋代四川无论是布纺织、丝织还是蜀锦的生产都超过前代水平。以蜀锦为代表的巴蜀丝织技术发展到今天，仍具有无穷的魅力。

漆器在蜀国手工业中占有重要地位。蜀漆的最早实物是三星堆出土的雕花漆木器。春秋战国时代的蜀漆，大量出土于成都商业街船棺墓以及荥经和青川墓群。秦汉三国时期是巴蜀漆器发展的黄金时代。大约在东汉时期，开始流行陶胎漆器。

巴蜀地区有丰富的竹、木资源，富产竹、木之器，有着悠久的历史文化传统。

三星堆、金沙遗址大量金器的出土表明，巴蜀地区是古代黄金加工技术最发达的地区，早在殷商之际就已经熟练地掌握了黄金的加工制作技术。秦汉时期，金银镶错工艺得到进一步发展。唐至五代，四川金银制造工艺达到更高水平。在明代，四川的金银制品以人们日常生活所需的首饰等最为常见。

造纸技术出现于汉代，晋代开始传到全国各地。古代巴蜀曾经是我国造纸业和印刷业的中心地区。隋代四川的造纸业已相当兴旺。宋代社会经济的发展，促进了造纸技术的发展和不断成熟。世界上最早的纸币——北宋益州"交子"（10世纪末发行），"制楮为券"，就是用蜀纸印制的。以后全国各地的"会子""钱引"等纸币，亦大都用蜀纸印刷，以防伪造。同时，交子印刷中各种复杂的图案，朱墨间错，开世界彩色套印之先河，在世界印刷史上也是一件重大事件。四川造纸技术的发达，对四川科学文化的发展产生了巨大的推动作用。

巴蜀钱币铸造在宋代有较大发展。

巴蜀地区酿酒的历史十分悠久。直至现代，四川的国家级名酒"五朵金花"——五粮液、泸州老窖、剑南春、郎酒、全兴大曲仍闻名全国，享誉世界。

早在汉晋时期，巴蜀就盛产蜂蜜。宋代巴蜀地区甘蔗种植面积进一步扩大，制糖业也相当发达。巴蜀糖的种类多、产量大，数量和质量均居全国前列，尤其是乳糖和糖霜（冰糖），数量和质量都居全国首位。

巴蜀是我国最早栽茶、制茶和饮茶的地区之一。大约在西周时期，巴蜀已出现人工栽培的茶树，并将茶作为贡品。

第一节 丝绸技术

一、丝绸技术起源于巴蜀

养蚕织丝是中国对世界文明的重大贡献，著名的丝绸之路曾经是连贯东西方的纽带和传播文明的桥梁，古代希腊、罗马曾以艳羡的口吻称中国为"丝绸之国"。

丝织是蜀地的传统手工业，起源甚早，流变至今，在中国纺织史上占有重要地位。

古蜀是中国丝绸的早期起源地之一。相传在上古时代，诞生于巴蜀盐亭的黄帝元妃嫘祖首先教民养蚕、缫丝、织绸，被后人祀为"先蚕"。据《辞海》："嫘祖，一作累祖、雷祖，传说中国养蚕治丝的发明者，后世祀为先蚕。"元代王祯《农书》说："黄帝元妃西陵氏始蚕，实为要典。"我国文献中有关嫘祖的记载多达三十余处，足见她是确实存在的历史人物。考古出土的五千年前的绢片、丝线、丝带等，为上古传说中嫘祖发明养蚕制丝提供了确凿的物证。

在夏商时代，古蜀丝绸已达到相当水平。[①]从三星堆遗址出土的大型青铜人面具和雕在青铜柱形器上的酷似蚕身的烛龙，以及其他巴蜀青铜器上的许多蚕纹和采桑图来看，商周时期蜀人就已具备较为熟练的养蚕缫丝技术。

---

① 段渝：《嫘祖考》，《炎黄文化研究》1997年第4期。

二、丝绸产品种类繁多

巴蜀地区的丝织品大体可分为绢、绫、罗、纱、锦等五大类,总称"缯帛"。有多层织纹者称"锦",厚缯称"绨",白缯称"纨",文缯称"绮"。

绢是用生丝织成的平纹织物,"似缣而疏者",是最普通的一类丝织品。绫是采用提花机织造的一类丝织品。罗是用绞经纱的方法织成的丝织品,文疏而轻软。蜀罗是和蜀锦齐名的高级丝织品。蜀罗的品名甚多,有单丝罗、交梭罗、白罗、黄罗、五晕罗等,大体上可以分为素罗和提花罗两种。白罗就是直接用生丝织成的素罗,黄罗、五晕罗则是在织成后加以染色。纱和罗一样,也是用绞经纱的方法织成的,只是织物的组织结构要简单得多,织造也比较容易。

蜀锦,无疑是先秦蜀国丝织业最著名的品种。锦是帛类丝织物的一种。锦和绫一样,也是采用提花机织成的丝织品,不过绫是直接用生丝织成的,而锦则是在织造前先把蚕丝加捻、染色。蜀锦古称"锦缎",质地平滑有光泽。这种锦缎至六朝时才传入中原,是古代巴蜀的特产。考古中,蜀文化墓葬内发现过零星丝织物的痕迹,但完整的蜀锦迄今尚未发现,大约与环境潮湿,遗物易腐有关。有学者认为两湖战国楚墓所出织锦为蜀地所产,当有根据。[1]

战国时代蜀国织锦业已具有相当规模,呈现出一派繁荣景象;战国后期,秦在蜀置锦官。《华阳国志》记载秦灭蜀后,"于夷里桥南立锦官"[2]。又记载,"其道西城,故锦官也。锦工织锦濯于江中则鲜明,濯他江则不好,故命曰'锦里'也。"谯周《益州志》记:"成都织锦既成,濯于江水,其文分明,胜于初成,他水濯之,不如江水也。"[3]

巴人的纺织业也一向较为发达,在巴县冬笋坝船棺中就发现了麻布和绢的痕迹。

蜀布究竟为何物,尚无定论。有人认为是橦华布(即用木棉所织的布),有人认为是苎麻布。汉初驰名中外的"蜀布",据任乃强研究,是用原产于蜀

---

[1] 武敏:《吐鲁番出土蜀锦的研究》,《文物》1984年第6期。
[2] (清)顾祖禹:《读史方舆纪要》卷六十七引。
[3] 《蜀都赋》刘逵注引。

中的苎麻制成的细布。

秦汉三国时期，以蜀锦、蜀布为代表的巴蜀纺织业在全国占有重要地位。秦汉时期巴蜀地区的绢产地有蜀郡、广汉郡、犍为郡、梓潼郡、巴郡和巴西郡，其中主要产地在巴郡和巴西郡。由于罗的结构极为复杂，织造技术要求甚高，所以蜀罗的产地只有益州、蜀州、汉州和彭州。纱的织造比较容易，因而产地较广，剑南东、西两川的许多地方均有出产，其中益州的交梭纱和蜀州的花纱还是土贡之物。

成都东汉墓出土织锦画像砖（局部）

蜀锦作为贡品，进贡朝廷，行销全国各地。当时朝廷赏赐百官贵戚动辄千匹，与外国商品交换或至万匹，《史记》《汉书》等多有记载，其中很大一部分来自蜀地（估计不会少于四分之一）。近年来在长沙马王堆、湖北云梦等地西汉墓葬中出土的古锦实物，考古界普遍认为产地为西蜀。当时蜀锦配色已多至四五色，价格一般为每匹二三千钱，最高级的蜀锦每匹超万钱。至西汉晚期，蜀地"女工之业，覆衣天下"，为全国纺织业、织锦业的重要产地。

秦汉时期，成都一直是蜀锦生产、集散和管理的中心。流经成都的"二江"两岸，分布着官营、私营大小不等的织锦作坊，所谓"伎巧之家，百室离房，机杼相和，贝锦斐成"。织锦工在"二江"中濯洗织锦，色彩鲜明，在其他江河则不行。究其原因，当与锦江水源自岷山融雪，水温较低有关。"濯锦"实质上是一个冷处理过程。汉代、三国时期把这一区域称为"锦官城"，这段流经成都的"二江"之一也改称"锦江"。成都因此又别称"锦城"。

当时蜀锦配色织图时，已采用加金银丝技术，在全国织锦业中颇具特色。扬雄《蜀都赋》赞曰："若挥锦布绣，望芒兮无幅。尔乃其人，自造奇锦。发文扬彩,转代无穷。"在成都发现的东汉石刻上,曾发现织布机和织锦机的图案,皆为足踏织机,系当时世界上最先进的织机。蜀锦蜀布之所以能够闻名天下,与机械的进步是分不开的。

蜀汉时期,中原由于战乱,蚕桑丝织受到影响,巴蜀丝织业领先全国。刘备入蜀后,一次就赐诸葛亮、法正、张飞、关羽锦缎各千匹,①可见产量之高。诸葛亮治蜀的一个重要措施就是大力发展蜀锦生产,用作外贸的主要物资。他认为"今民贫国虚,决敌之资,惟仰锦耳"②。直到蜀汉灭亡时,宫廷府库中仍有"锦、绮、彩绢各二十万匹"③。

蜀汉时期,随着对云南、贵州等南中地区的开发,蜀汉政府还组织力量到兄弟民族地区传播织锦技术。相传诸葛亮曾派人教贵州苗族、侗族百姓织锦,贵州苗族人民称自己织的锦为"武侯锦",而侗族百姓则称"诸葛锦"。

隋唐时期,巴蜀地区一直是全国最重要的高级丝织品生产中心之一,织造技术也有较大发展。唐代巴蜀地区的绢产地,以《大唐六典》卷二十《太府寺》记载较为全面:益、彭、蜀、梓、汉、剑、遂、简、绵之绢……并第六等。资、眉、邛、雅、嘉、陵、阆、普、壁、集、龙、果、洋、渠之绢……并第七等。通、巴、蓬、开、利之绢……并第八等。

巴蜀地区绢产地约占当时全国八十七个产绢州的三分之一。可见巴蜀是唐代重要的绢帛产地。唐代前期巴蜀地区产绢之地较多,但质量较差。唐代后期,随着织造技术的改进,巴蜀的绢帛质量显著提高。

南北朝时期巴蜀地区的绫以白色为主,纹饰多为花鸟。入唐以后,绫的种类有明显增加。见诸记载的有梓州和遂州的樗蒲绫,梓州和嘉州的水波绫、乌头绫,阆州的重莲绫,汉州的纹绫,益州的细绫。从产地看,主要集中在剑南东、西两川,其中梓州是最重要的织造中心。从纹饰看,以花鸟和水纹为主,禽兽纹饰不多。

唐代时,在各种提花罗中,最值得注意的是织金罗的出现。据《旧唐书》卷三十七《五行志》记载:唐中宗之女安乐公主出嫁时,"蜀川献单丝碧罗笼裙,缕金为花鸟,细如丝发,鸟子大仅黍米,眼鼻嘴甲俱成,明目者方见

---

① 《三国志·张飞传》。
② 《诸葛亮》卷二。
③ 《三国志·蜀书·后主传》注引王隐《蜀记》。

之"。这条鸟纹织金罗笼裙,堪称唐代蜀罗最高织造技艺的代表作。

唐代绵州等地出产的"轻容"是一种异常轻柔的高级素纱,所以宫中妇人"嫌罗不著爱轻容"。巴蜀地区织造的轻容非常有名,李贺曾称赞说:"蜀烟飞重锦,峡雨溅轻容。"

蜀锦是唐代巴蜀地区最著名的高级丝织品,主要产地有益州、蜀州和绵州,其中成都是最重要的织造中心。唐代蜀锦的纹饰,以唐初窦师纶所创制的"陵阳公样"最为著名。"陵阳公样"的花纹设计,一度是唐代蜀锦的典范。近年来在新疆丝绸之路古道上出土了不少唐代蜀锦,大多属于陵阳公样。唐代蜀锦曾远销日本,在日本的正仓院和法隆寺都有实物收藏,被称为"蜀江锦"。

日本奈良法隆寺藏唐代联珠狩猎纹锦

唐代张彦远《历代名画记》卷十载:"窦师纶,字希言,纳言陈国公抗之子。初为太宗秦王府咨议、相国录事参军,封陵阳公。性巧绝,草创之际,乘舆皆阙,敕兼益州大行台,检校修造。凡创瑞锦、宫陵,章彩奇丽,蜀人至今谓之'陵阳公样'。官至太府卿,银、坊、邛三州刺史。高祖、太宗时,内库瑞锦、对雉、斗羊、翔凤、游麟之状,创自师纶,至今传之。"《历代名画记》的作者张彦远是唐末僖宗时期的人。可见直到唐末,蜀锦的纹饰仍然有"陵阳公样"。这类以禽兽和鸟纹为主的蜀锦亦见于唐人的诗文中。刘禹锡诗曰:"女郎剪下鸳鸯锦,将向中流匹晚霞。"现存日本的"赤狮凤纹蜀江锦",就是这类以禽兽和鸟纹为图饰的蜀锦实物。此外还有一类蜀锦以植物为主要图饰。在吐鲁番发现的"在经斜线上织出类似莲花的花朵和四出的忍冬相间的团花锦",就是这类图饰的蜀锦实物。现存日本的"格子花纹蜀江锦",也属此类。

除了上述两种纹饰外,唐玄宗时期又出现了一种"益州新样锦"。这是一种不同于传统经锦的纬锦,花纹特别大,色彩也更为鲜艳。这种新样锦的价格极其昂贵，所以唐人小说《游仙窟记》把"益州新样锦"视为最名贵的工艺精品。

除了闻名遐迩的蜀锦外，巴蜀地区还有一种巴锦。唐人杜牧诗云"樯似邓林江拍天，越香巴锦万千千"，足见其产量亦不在少数。

在唐代，巴蜀地区已经较为普遍地采用缫丝车来进行缫丝。其结构和工作原理在宋代秦观的《蚕书》中有具体的记载："缫车之制：钱眼为版，长过鼎面，广三寸，厚九黍。中其厚，插大钱一。出其端，横之鼎耳，复镇以石。绪总钱眼而上之，谓之钱眼。缫星为三芦管，管长四寸，枢以圆木，建两竹夹鼎耳，缚枢于竹。中管之转以车，下直线眼，谓之缫星。星应车动，以过添梯。添梯车之左端，置环绳。其前尺有五寸，当床左足之上，建柄，长寸有半。匠柄为鼓，鼓主其寅，以受环绳，绳应车运，如环无端，鼓因以旋。鼓上为鱼，鱼半出鼓，其出之中，建柄半寸。上承添梯者，二尺五寸片竹也。其上，揉竹为钩，以防系；窍左端以应柄。对鼓为耳，方其穿，以闲添梯。故车运以牵环绳，绳簌鼓，鼓以舞鱼，鱼振添梯，故丝不过偏。制车如辘轳，必活两幅，以利脱系。"从秦观的记述中可以得知，这种缫丝车主要由钱眼、缫星、添梯和轩车四部分组成。利用它来进行缫丝时，先把蚕茧放入鼎锅内用沸水煮软，用筷子挑出丝头，再把三个蚕茧的丝缕缩在一起，穿过钱眼，使丝缕相互粘并，然后升到缫车上，缫车随着轩车一同转动，引丝过添梯，最后绕在轩车上，从而完成缫丝工作。缫丝之后，再经络丝，把轩车上的丝收绕在丝篗上，以供织造之用。

巴蜀地区的机织分为织造平素织物和织造提花织物两种。平素织物的织造较为简单，通过整经、穿经、开口、引纬、打纬等五道基本工序，把经线和纬线在织机上交织起来，就完成了布、绢等平素织物的织造。这种织造技术在汉代以后没有什么显著的变化，直到唐代，巴蜀地区仍然普遍沿用汉代就已经定型的斜织机进行织造。近年在成都西部土桥曾家包汉墓出土的一方画像石上，刻有一幅清晰的斜织机图，这种斜织机采用的脚踏板（蹑）提综开口技术，是当时全世界最先进的织造技术[①]。自僚人等少数民族迁入巴蜀地区以后，原始踞织机的使用又变得多了起来，在嘉州、集州等地出产幅宽特别窄的"小布"和"小绢"。

[①] 袁庭栋：《巴蜀文化志》（修订本），巴蜀书社2009年版，第110页。

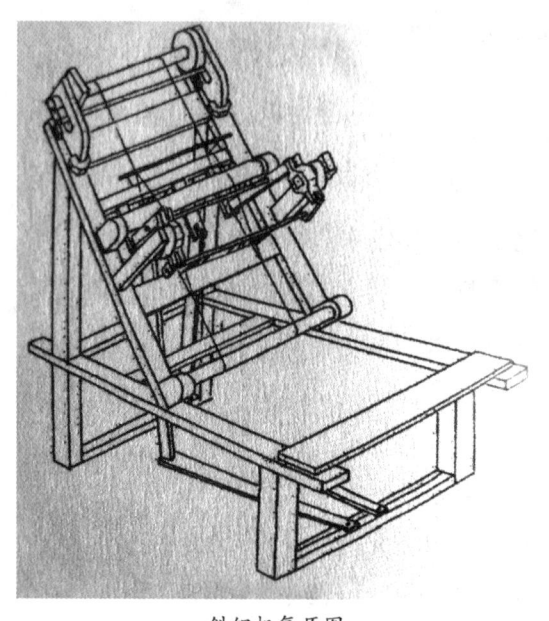

斜织机复原图

提花织物是用花机法在织物表面织出各种花纹图案，这种织物只能用提花机织造。唐人把巴蜀地区的花机称为"蜀锦机"，也称"蜀机"，宋人则称其为"大牵设机"。唐代前期巴蜀地区的提花机主要是多综多蹑机，其形制与现存的丁桥织机大同小异。唐代后期，采用束综提花的花楼机逐渐增多。这种提花机比多综多蹑机简单，操作也更加方便，但需要两名工人配合操作，一人挽综，一人投梭引纬。挽综工人坐在木机上部的花楼中，按照预定的花纹图案要求，不断挽提综束。通常一张提花机只要一名挽综工人，织造特别复杂的花纹则需要两名挽综工人。"用杼之工"坐在机前，与挽综工人配合动作，引梭打纬，进行织造。北宋元丰年间（1078～1085）设置成都锦院时，就是使用这种束综提花的花楼机，"设机百五十四，日用挽综之工百六十四，用杼之工百五十四"。即每张织机配一名挽综工人，多余的十名挽综工人则配备到那些因织造特别复杂的图案而需要两名挽综工人的织机上。

　　用花机法可以织出多种花纹图案的锦绫。从织物的组织来看，唐代的蜀锦多为重经起花，也就是现在所说的"经锦"。在唐代前期，蜀经锦主要是以平纹组织为基础，流传至今的"蜀江锦"主要就是这类平纹组织的经锦。此外，也开始出现一种斜纹经锦。这是将经锦的经线分为表经和里经，纬线分为夹纬和交织纬，在经斜线上起花。这类斜纹经锦在吐鲁番地区出土较多。其后，这种斜纹经锦又有所发展：经线分为夹经和交织经，纬线分为表纬和里纬，以纬线作显纹的纬锦。这种纬锦在中唐以后发展较快，可能和"新样锦"的出现有直接关系。花绫的织造技术和织锦差不多，只是花绫为单层暗花织物，质地较为轻薄。唐代前期巴蜀地区的花绫仍主要是在平纹组织上起花。现藏于新疆博物馆的唐睿宗景云元年（710）双流折调䌷绫就是这种花绫的实物。中唐以后，从平地绫纹组织分化出来的绫地绫纹组织的花绫逐渐多起来。

五代时期，蜀锦的生产规模很大。在明人冯梦龙的《古今小说》卷十七中，记载了当时蜀中生产的"十样锦"：长安竹锦、天下乐锦、雕团锦、宜男锦、宝界地锦、方胜锦、狮团锦、象眼锦、八答晕锦、铁梗襄荷锦。故有"近觑四川十样锦，远观洛阳一团花"之誉。前蜀亡国后，北宋将府库中的丝织品运到京师，每日一纲，竟运了好几年才转运完毕。

宋代四川无论是布纺织、丝织还是蜀锦的生产都超过前代水平。以成都地区和南充、阆中为中心的区域性纺织基地，成为宋代重要的纺织基地和高级丝织物的主要供应地。特别是蜀锦，因其产量多、品种多、质量好、用途广，成为织锦工艺史上的重要里程碑，被称为"宋锦"而留名史册。

宋代丝织产地较唐代有了进一步扩大，据《新唐书·地理志》记载，在唐代四川有二十二个府、州土贡丝织物；而据《宋史·地理志》等记载，宋代产丝之地又增加了八个州，丝织业已遍布全川。同时，宋代四川还出现了新的丝织业中心。历代四川的丝织业中心都在成都附近的川西地区，但是到了宋代，在梓州路的梓州、果州、遂州以及利州路的蓬州、巴州、阆州等川中北地区兴起了另一个丝织业中心。宋代在四川征收的各种丝织物，梓州路都超过了成都府路的数量。成都的蜀锦扬名天下，梓州的熟绫和白花绫、遂州的樗蒲绫以及蓬州的棕丝绫、达州的兰绸、阆州的莲绫也相当有名。

特别值得一提的是，为满足宫廷及对外交流的需要，吕大防于宋神宗元丰六年（1083）在成都成立了成都府锦院。据吕大防《锦官楼记》一文记载：当时的成都府锦院拥有工匠五百余名、房屋一百二十多间，俨然一座中型的工厂。为保证与少数民族交换战马的需要，南宋初年又在成都建立了茶马司锦院，后来（1168）又与成都府锦院合并，合并后的规模大大超过原来成都府锦院的规模。

宋代丝织物的品种进一步增多，质量进一步提高。除著名的蜀锦外，宋代四川的丝织物有绫、罗、绸、缎、纱、绢等各种各样的品种。其中，绫就有杂色绫、重莲绫、水波绫、鸟头绫、红绫、樗蒲绫、白绫，罗有白熟罗、单丝罗、白花罗、花罗、春罗，纱有花纱、交梭纱等，可谓数不胜数。这些丝织物织造精美，质地优良，令人爱不释手。

宋代蜀锦织造技术进一步提高。据说，当时的工匠可以在织机上织出完整的仿王羲之笔意的《兰亭集序》。工匠们根据唐诗"桃花流水窅然去，别有天地非人间"诗意设计的"紫曲水图案"流行全国，被称作"落花流水锦"，直到近代，仍然是各地锦缎的主要花样。

在丝织生产发展的同时，染色工艺水平也有很大的提高。染红色用的红花，染青色用的兰草，染黄色用的栀子、地黄，染紫色用的紫草，染绿色用的艾草，染皂褐色用的皂斗等草染植物，在农村普遍种植。丹砂、石青、石黄、石绿、粉锡、铅丹等石染原料，也已经普遍开采和使用。在长期实践中，人们创造出一整套改良蚕丝性能以适应本地染料的染色工艺技术。据《能改斋漫录》卷十五记载：少卿张帖在四川做官，曾把吴地的罗、湖地的绫带到四川，与川帛一起染红带回京师。经过梅雨季节返潮湿润，吴地的罗、湖地的绫都褪变颜色，唯有川帛颜色不变。

宋元战争对包括丝织业在内的城乡手工业造成了一定程度的破坏，但是元代丝织业仍有一定的发展。《马可·波罗行纪》中记载："彼等恃工业为活，盖其纺织美丽锦帛及其他布匹，且在成都府城纺织也。"这是元代成都纺织精美锦帛的记载。其他布匹，是指麻布或绸缎绫罗。成都的丝织、麻纺均较发达。成都之外，四川其他一些城镇也有可观的纺织业。据《马可·波罗行纪》记载：叙州（今宜宾）"其他产丝及其他商品甚众，赖有此河，运赴上下游各地"。

在元代社会生活中，蜀锦仍占显著地位。元中统四年（1263），元世祖将蜀锦作为礼品赏赐高丽国王。翌年，南宋降将杨大渊将蜀锦织品"花罗、红边绢各百五十段"作为朝贡之礼。元大都皇宫里的华丽帷幔、迎祥亭上的九龙华盖四帷，均采用成都产的蜀锦。四川省博物院现藏有一幅织金蜀锦的残片，长二十六点五厘米，宽二十点二厘米，花纹由蓝、黄、银色组成，显得庄重大方，气派非凡。在重庆江北明玉珍墓中，也出土了一大批丝织品，种类包括赤黄斜纹绫、淡黄云凤纹缎、淡黄缠枝花缎、丹黄云凤万宝纹锦缎、丹黄勾连万字锦缎、丹黄缎、青缎、赤黄缎、赤黄斜纹素缎等十余钟。这些绫缎，有的质地相同而图案不同或织法各异，表现出高超的织造工艺水平。

明代四川的丝织业较元代有一定发展，并形成了一些新的丝织业中心，如保宁、南充、蓬州、广安、渠县等城市和县邑。明人何宇度《益州谈资》载：宋代成都府锦院织三十余种蜀锦，而明代成都的蜀锦"惟蜀藩制之，名无多而价甚昂，不可易得"。明代四川城乡市场和销往外省的锦缎绸绢，多由南充、保宁、蓬州等新兴的丝绸中心生产。

1979年在成都市外西明代墓葬中出土了一件较为完整的锦衣，名为"紫红地落花流水锦"。该锦衣现藏成都市博物馆。这件锦衣采用宋代人创制的颇具诗情画意的"落花流水"的图案织成。锦衣外幅六十五点五厘米，内幅六十三厘米。五枚经面绣纹作地，花纹为五枚斜纹。全幅并列六个循环花纹图案。经线密度为每厘米八十五根，纬线密度为每厘米三十四根。结构紧凑，织纹细密，图案生动，线条流畅，表现出很高的工艺水平，堪称同类锦缎的代表作。

此外，四川省博物院还收藏有两幅明代蜀锦残片：一幅是黄地双狮雪花球露锦，是纬三重纹织物。地为经重平，纬浮花，地呈黄色，花纹由蓝、浅绿、黄、赭等色组成。锦面由大小圆镜花纹图案构成，大小圆圈均用雪花纹组成球路，小圆内织团凤，大圆中心是造型优美、栩栩如生的双狮戏球纹样，整个锦面层次丰富，浑然一体。另一幅是变形牡丹蝴蝶锦，系由四色纬线分段换梭织造的纬四重织物，致密、美观、秀丽。缎底，纬浮花，地呈黄色，花纹由蓝、绿、浅红和黄色组成。图案是以变形牡丹和变形卷草花叶四方伸展，互相勾连成蝴蝶纹样，结构严谨，构图优美，线条流畅，色彩鲜明。两幅蜀锦残片表现出很高的构图设色技巧和织造水平。

受明末清初战乱的影响，"锦坊尽毁，花样无存"。至清康熙中期，随着统治阶级生活的日益奢侈，对丝绸的需求大量增加，除苏州、杭州所产丝绸外，也从四川调运大量丝绸进京。至清乾隆、嘉庆时期，蜀锦产量大增，交易十分繁荣。

在清代四川生产的丝织品中，有蜀锦、天孙锦、万字锦、云龙锦、贡缎、摹本缎、巴缎、倭缎、宫绸、宁绸、春绸、浣花绢、花绫、

蜀江锦院

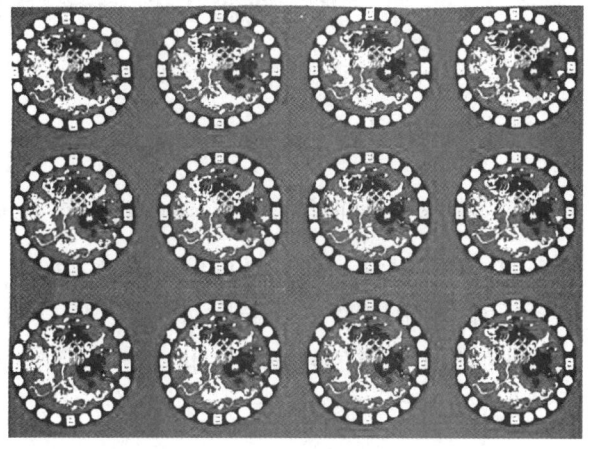

当代艺人刘晨曦织造的唐代联珠狩猎纹锦

纱、罗、云布锦等数十个品种。蜀锦之所以享誉海内外，除了原料质地上乘外，还在于：一是蜀锦的织造特别精致，质地厚重、坚韧。二是蜀锦的色彩华贵艳丽。三是蜀锦的图案内容丰富，具有鲜明的地方特色、民族风格和生活气息。蜀锦图案中，既有龙凤相戏，又有花鸟虫鱼，栩栩如生。蜀锦既是工艺品，又是可任意裁作的上等锦料。四是蜀锦的染色十分考究，可以长期保持其鲜艳的色彩和光泽。

至现代，以成都和南充为中心生产的"方方锦"（唐锦"格子红"的改进型）、雨丝被面、浣花锦（"落花流水锦"的改进型）、散花锦、民族缎、铺地锦、月华缎一直是我国在世界市场上盛誉不衰的丝织名品。

2002年，成都蜀江锦院作为成都市政府重点打造工程，落户曾经的成都蜀锦厂厂址，六位蜀锦老艺人被聘请到此教授技艺。2006年5月，"蜀锦织造技艺"被列入第一批国家级非物质文化遗产名录。2007年6月，蜀江锦院作为"蜀锦织造技艺"唯一的传承单位，被国务院正式授牌。2009年12月，蜀锦织绣博物馆对外开放，成为成都知名的民办博物馆。该博物馆是目前国内最大的蜀锦、蜀绣展示、保护、研究中心，也是蜀锦、蜀绣文化的宣传窗口。2010年8月19日，蜀江锦院（成都蜀锦织绣博物馆）同中国丝绸博物馆共同申报的"中国传统蚕桑丝织技艺"被列入联合国人类非物质文化遗产代表作名录。

近年来，蜀江锦院作为西南地区生产蜀锦唯一的专业机构，对蜀锦进行了一系列的保护拯救工作并结合时代特征进行创新，开发出一系列蜀锦产品，包括实用品和文化产品，让蜀锦重新回到人们的生活中。

第二节　漆器技术、竹编技术与金银器技术

一、漆器技术

漆器在先秦时期巴蜀手工业中占有重要地位。蜀漆的最早实物是三星堆出土的一件雕花漆木器。这件漆器以木为胎，外施土漆，木胎上还雕有镂孔，器表饰着雅致的图纹。三星堆遗址出土的青铜人头像上面的金面罩内侧有一层"极薄的呈枣红色的硬壳"，也为土漆黏结时所留痕迹，可见三星堆时期古蜀人已熟练掌握了制漆用漆工艺。

春秋战国时代的蜀漆，大量出土于成都商业街船棺墓以及荥经和青川墓

群。这些漆器除少量为乐器外，绝大多数是生活用器。器型主要有篼子、扁壶、圆壶、双耳长盒、双耳长杯、碗、奁、匕、圆盒、盘、簋、案、几等，多数器型都有几种形式。

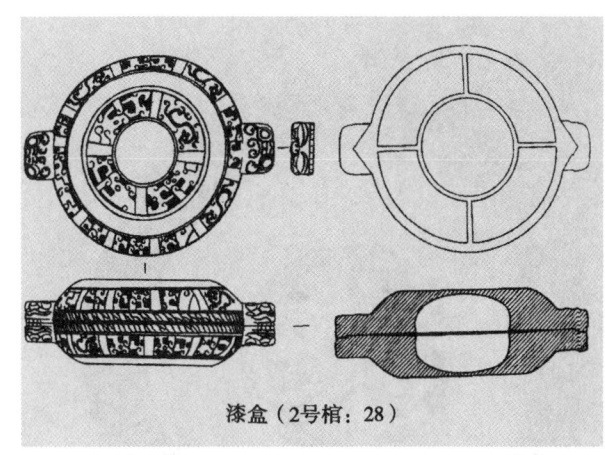

漆盒（2号棺：28）

成都商业街船棺墓出土的漆器

漆器胎骨多为木胎，也有在木胎上贴麻布的做法。木胎有厚胎和薄胎两种。制法有旋、雕、挖、卷、削等。工艺技法有彩绘、雕绘、镶嵌、针刻等。纹饰有龙、凤、鸟、兽、鱼、云彩、花草及各种几何形图案。多髹红、黑、褐色，有的里红外黑，有的几色兼髹。成都羊子山172号墓出土的漆器，有铜质的钮、环、圈足等附加装饰，一件漆器的口沿有铜扣。

此外，漆礼器也有出土。荥经21号墓出土的一件漆剑，剑、鞘合一，剑格铜制，制作精美，形态逼真，是四川现已发现的先秦漆器中唯一的仿兵明器。

巴地的漆器手工业也较为发达。盆地东部巴国墓葬内出土了不少漆器，器型主要有盒、盘、奁、梳等，多为生活用具。色彩多为黑、红两色；多以木为胎，也有竹编胎骨者。有的漆器还附加有铜足、铜盖、铜箍，堪称精品。

秦汉三国时期是巴蜀漆器发展的黄金时代。当时青铜器已开始衰落，瓷器还处于摸索阶段，美观、轻便、耐用、不易破碎的漆器最为时髦。这一时期巴蜀地区的漆器制造业获得了空前发展，成为当时全国最大的以官办为主的漆器生产基地。西汉至蜀汉约三百年间，漆器是巴蜀地区的拳头产品之一，行销全国各地甚至国外。这一时期的漆器实物资料也非常丰富：20世纪初在朝鲜乐浪郡时代墓出土了大批西蜀工官纪年漆器；新中国成立后在长沙马王堆汉墓、江陵凤凰山汉墓、贵州清镇汉墓、四川荥经和青川秦汉墓、绵阳双包山汉墓等地都出土了大量巴蜀铭刻漆器。

秦汉三国时期巴蜀漆器的品种主要有马、车、勺、盘、耳杯、奁、盒、桌、案、床等家具，以及部分礼器、兵器、乐器、车马器部件等，涉及生活、生产、军事、交通等许多方面。漆器上有用色彩精心描绘的禽、兽、神仙等图

绵阳双包山西汉墓出土的木胎漆盒

案。当时在建筑的木构件上也多上漆。

一般漆器的胎质,主要有木、竹、夹纻、陶、皮等五大类,每一类又可细分为若干种。木胎主要用旋、雕、挖、砍、削、卷等制法。一般将木料砍锯成形后,用轮旋刮削制外壁,再剜内部,或直接以割削剜凿法制,薄壁则用质地优良的薄木片卷曲定型。秦统治时期,西蜀工匠已发明了在木胎刷灰后再涂漆的工艺,最早的实物见于属战国晚期的成都羊子山172号墓,以后一直沿用至今。另外,当时还有一种在木胎上贴编织物再涂漆的工艺。竹胎则多以竹片、竹丝编织成器。夹纻胎是以多层湿麻布、锦缎、缯帛等附于器模上,干硬后脱胎再做固定处理。

大约在东汉时期,开始流行陶胎漆器。目前发现的实物以成都附近较多,主要有陶胎漆钵、陶胎漆耳杯、陶胎漆案、陶胎漆舫等,主要出土于一些中、小型东汉墓中。陶胎漆器的制作过程是:先烧成陶器,全身打磨光亮,上底漆、绘图等。陶胎漆器在当时较为便宜,满足了都市中、下层人士模仿上层社会生活方式的需要。皮胎漆器,现已发现蜀汉时期的产品。朱然墓出土的两件犀皮黄口羽觞,系黑面红中黄地片云斑犀皮。巴蜀漆器上多有精美的纹饰图案。

扣器是巴蜀漆器的代表作。"扣器"即在耳杯、盘、壶、奁等器物的口沿、耳部、圈足或腹部等部位,镶上镀金镀银的铜箍、铜壳、铜环,有的则饰以金银部件。这种漆器制作技术也是西蜀首创,最早的实物出于战国晚期的羊子山172号墓。该墓出土的圆漆盒、漆奁等,多发现铜扣,此外还发现绿松石、小圆玉饰、银质蹄足及纽饰、银饰片、银耳等漆器上的装饰品。《盐铁论·散不足》载:"今富者银口黄耳金罍玉钟,中者舒玉纻器、金错蜀杯。"《汉书·贡禹传》载:"蜀、广汉主金银器,岁各用五百万。"所谓金银器,这里专指镶有金、银部件的漆扣器。

唐代巴蜀漆艺水平达到空前的高度，有用稠漆堆塑成型的有凸起花纹的堆漆，有用贝壳裁切成物象、上施线雕并在漆面上镶嵌成纹的螺钿器，有用金银花片镶嵌而成的金银平脱器。五代时期，成都的金银镶嵌漆器达到相当高的工艺水平，王建墓大量出土的棺、椁、册匣、宝盒、镜盒等漆器极其华丽精美。

明清时期，成都是全国著名的雕漆填彩漆器产地之一，其中清末设在皇城后子门的劝工总局开办各种工艺工场，为成都漆艺培养了一批卤漆匠师；民国、抗战初期，成都科甲巷、小科甲巷、太平街三条街是专门生产、经营成都漆器的场所。明清时期，成都漆器的种类达到十四类，有一色漆器、罩漆、描金、堆漆、填漆、雕填、螺钿、犀皮、剔红、剔犀、款彩、戗金、百宝嵌等，充分展示了中国民间技艺的创新能力。

2006年5月，成都漆艺被列入第一批国家级非物质文化遗产名录。2008年5月，彝族漆器髹饰技艺（四川喜德县）被列入第二批国家级非物质文化遗产名录。

二、竹编技术

巴蜀地区有丰富的竹木资源，富产竹木之器，有着悠久的历史文化传统。

考古发现了不少蜀人制作的竹木器。金沙遗址出土了十余件木器，有木雕彩绘人头像、虎头像、兽面像、木耜等。成都指挥街周代遗址春秋文化层也出土了不少竹木器。战国时代蜀国竹木器出土较多，有竹筐、竹笋、发簪、木梳等。在荥经曾家沟战国早期墓群中也出土了大量竹木器，木器有楠木棒、杖、木片等，竹器有笥、圆盒、篮等。新都大墓还发现了残木弓、残竹筲。

竹器编制大多精美，编织方法有经纬编织、人字形编织、六角形编织、人字形与经纬叠压编织等。竹编工艺也很精巧，荥经出土的竹圆盒，每厘米内编织细篾丝十一根。

竹木器被蜀人广泛用于制作各种生产工具、生活用具、兵器、礼仪性装饰品、艺术品，并作为建筑材料、棺椁用料等，在当时是最经济实惠而且又适应蜀地生态环境的用品。

巴地的竹木制作也较为发达。在巴县冬笋坝发现了船棺棺底有六棱孔眼的篾垫痕迹。广元宝轮院也出土了残篾器和木梳。

秦汉三国时期，由于铁器的迅速普及，锯、削、凿等铁质工具的广泛运用，产生并推广了竹料剥皮、刮皮、刮丝等技术，发展制作出高级编织竹器。

宋代四川的竹子已有许多种类。明代成都府属州县有慈竹、斑竹、白夹竹等十余种竹。种竹是农业生产和农家生活的需要。四川农业生产和农村生活离不开竹子，家家户户都种竹子，家家户户的生产生活用具都离不开竹子，竹子是建房、编席、织筛和制作箩筐、簸、箕、箸、扇等的材料。明人何宇度《益州谈资》载："桤木、笼竹惟成都最多，江干村畔，蓊蔚可爱。"户户农舍的竹子林盘，美化了农村的生活环境。

经过两千多年的不断积累，到清代中期，在成都地区出现了一种技艺独特的手工艺品——瓷胎竹编。瓷胎竹编工艺使用的竹材是来自成都地区，经过严格挑选的特长无节慈竹，经过破竹、烤色、去节、分层、定色、刮平、划丝、抽匀等十几道工序，全是手工操作，制作出精细的竹丝。瓷胎竹编所用竹丝断面全为矩形，在厚薄粗细上都有严格要求，厚度仅为一两根头发丝厚，宽度也只有四五根发丝宽，根根竹丝都通过匀刀，达到厚薄均匀，粗细一致，观者无不赞叹。瓷胎竹编在制作过程中全凭双手和一把刀进行手工编织，让根根竹丝依胎成形，紧贴瓷面，所有接头之处都做到藏而不露，宛如天然生成、浑然一体。瓷胎竹编产品种类包括：花瓶、茶具、咖啡具、酒具、文具、平面画等。2006年，以成都瓷胎竹编产品为代表的四川竹编被列入首批国家级非物质文化遗产名录。

青神竹编品种丰富，工艺精美，历史悠久，是乐山地区知名的传统工艺品。当地的竹编扇、器皿、屏风等多种产品都属于青神竹编，其中扇曾被列为贡品，称为"宫扇"。

三、金银器技术

我国很早就有使用黄金的记载，可是多年来在全国夏商遗址中发现的黄金制品并不多。近年来巴蜀地区的考古发掘从根本上改变了我国金银的历史图像。

关于巴蜀金银器技术的发展及成就，请参见本卷第九章《巴蜀冶金技术的成就》。三星堆、金沙遗址大量金器的出土表明，巴蜀地区是古代黄金加工技术最发达的地区，早在殷商之际就已经熟练地掌握了黄金的加工制作技术。

第三节　造纸技术与铸钱技术

一、造纸技术

造纸技术是我国古代最伟大的发明之一，是我们祖先为世界文明所做的一大杰出贡献。古代巴蜀曾经是我国造纸业和印刷业的中心地区，是全世界纸币的发源地。

众所周知，造纸技术出现于汉代，晋代开始传到全国各地。自汉代发明造纸术后，纸张便逐渐取代竹帛，成为日益普及的书写用品。造纸也作为一个新兴的手工业部门开始发展起来。但是在所有古代文献中一直未见到关于汉晋时期纸张主要产地的记载。一直到隋唐时期，我国才出现了第一个造纸业的中心，这就是巴蜀。李约瑟主编的《中国科学技术史》第五卷第一分册《纸和印刷》中明确指出："四川从唐代起就是造纸中心。"到宋代，全国造纸中心发展到四省七处，四川仍占二处。宋代以前，蜀纸在全国一直居于领先地位。

隋代四川的造纸业已相当兴旺。元人费著《笺纸谱》说："双流纸出于广都，每幅方尺许……双流实无有也，而以名，盖隋炀帝始改广都曰'双流'，疑纸名自隋始也。"可见双流在隋代就以产纸闻名。

唐代经济文化的高度繁荣，刺激了纸张需求量的增加，促进了造纸业的迅速发展，纸的种类、产地都远远超过前代。其中著名的纸有"越之剡藤、苔笺，蜀之麻面、屑末、滑石、金华、长麻、鱼子、十色笺。扬之六合笺，韶之竹笺，蒲之白薄、重抄，临川之滑薄。又宋、亳间有织成界道绢素，谓之乌丝栏、朱丝栏。又有茧纸"。此外，益州还有大、小黄白麻纸，杭、婺（治今浙江金华）、衢（治今浙江衢州）、越（治今浙江绍兴）等州有上细黄白状纸，均州（治今湖北丹江市）有大模纸，宣州（治今安徽宣城）和衢州有案纸、次纸，蒲州则有百日油细薄纸。从当时各种名纸的产地看，主要集中在南方，其中巴蜀是十分重要的产纸地区。唐宋时期，四川是全国造纸、印刷业的中心地区之一，也是印刷、私人刻书业的发祥地之一。

唐代的造纸原料大体有麻、藤、竹、树皮、麦稻草等五大类。巴蜀是当时全国著名的麻类作物种植区。蜀麻质量好，产量多，天下闻名，故"蜀中多以麻为纸"。蜀麻主要用来生产各种麻布，如青布、纻布、葛布、筒布、赀布、弥牟布等都进贡京师，远销全国。生产麻布后的大量乱麻就用以造纸。此外，也有用树皮作造纸原料的，最常见的是以桑科的构树皮制作皮纸，亦称楮纸，又称谷纸。

麻纸的制作技术较为简单，首先将废旧的麻布、麻鞋、乱麻等造纸原料切碎，放入石臼内舂捣，"凡造纸之物，必杵之使烂，涤之使洁"。然后将漂洗干净的麻纤维放进纸槽内，加入清水，制成纸浆，用纸模捞纸，晒干之后，即成生纸。再经施胶、砑光等技术处理，就成了白麻纸。如染以黄檗，就是黄麻纸。唐代益州生产的黄、白麻纸，坚韧而有拉力，经久耐用，不易磨损，是朝廷指定的官方用纸，也是巴蜀进贡朝廷的重要贡品。唐玄宗时曾明文规定："凡四部库书，两京各一本，共一十二万五千九百六十卷，皆以益州麻纸书写。"

楮纸的制作方法相对复杂一些。首先剥下树皮，放入水池中沤制，然后取出，剥去皮，用草木灰水蒸煮，再经切碎、舂捣、洗涤、制浆、捞纸、晒干等工序，才能制成生纸。唐代巴蜀地区的楮纸，以益州广都生产的纸用途最广，也最为著名。此外，剑州、雅州、万州生产的纸，也属于楮皮纸。

唐代的纸分为生纸和熟纸两种。生纸是指直接从纸浆中抄出晒干的未加工的纸，熟纸则是指对生纸进行过各种技术处理的加工纸，二者在性能和用途上有较大差别。"唐人有熟纸、有生纸。熟纸所谓妍妙辉光者，其法不一。生纸非有丧事故不用。"巴蜀生纸的制作工艺，基本上沿用了前代的麻纸和楮纸生产方法，没有什么大的改进，直到宋代依然如此。所以费著《笺纸谱》说："今天下皆以木肤为纸，而蜀中乃尽用蔡伦法。"但是唐代巴蜀的熟纸加工技术却有很大提高，创制出不少名贵的加工纸。《唐国史补》卷下《叙诸州精纸》说，蜀纸有"麻面、屑末、滑石、金花、长麻、鱼子、十色笺"。这些著名的蜀纸就是经过砑光、涂布、施胶、染色、晒金、印花等技术处理的加工纸。

砑光是用细石碾磨生纸，使凹凸不平的纸面变得平滑而带有一定的光泽，这是自汉代以来就一直采用的熟纸加工技术。为了减少纸张的透光性，增加纸的光洁度，大约在南北朝时期发明了涂布技术，即在生纸的表面先涂上一层白色的粉料，然后再进行砑光。蜀纸中的"滑石"，就是以滑石为粉料的涂布纸。

施胶是为了防止洇水而用胶剂处理生纸的一种方法。通常采用的胶剂有胶矾和淀粉两种。巴蜀的麻纸是用胶矾施胶，"川麻（纸）不浆，以胶作黄纸，唐诏敕皆是"。有的笺纸为了便于染色，则用淀粉施胶。例如著名的杂色流沙笺就是"作败面糊，和以五色，以纸曳过，令沾濡，流离可爱，谓之流沙笺"。虽然用淀粉施胶易于染色，但是有一个很大的缺点，就是纸张容易卷曲，淀粉层也会发生龟裂，所以巴蜀地区的笺纸并未普遍使用这种胶剂。

纸的染色，早在汉代就已出现。当时主要是用黄檗染纸，以防虫蠹，称为"入潢"。到了唐代，以"檗汁浧染，点冶槌制，则为经纸"。如果在染檗之后，再在纸的表面涂一层黄蜡，或者施以胶剂，就称为硬黄纸。益州出产的黄麻纸，就属于硬黄纸。除了用黄檗汁染色，为了增加纸张的美观程度，也用其他染料染色。蜀纸中的"十色笺"就是非常著名的染色纸。据元人费著《笺纸谱》，十色笺的颜色是"深红、粉红、杏红、明黄、深青、浅青、深绿、浅绿、铜绿、浅云，即十色也"。其制作方法是："十幅为榻，每幅之尾，必以竹夹夹之，和十色水逐榻染之。当染之际，弃置槌埋，堆盈左右，不胜其委赖。逮干，则光彩相宜，不可名也。"除了十色笺外，巴蜀还有一种松花笺，其制作方法较为特别：以"槐花半升，炒煎赤，冷水三碗煎汁，用银米粉一两，矾五钱，研细，先入盆内，将黄汁煎起，用绢滤过，方入盆内搅匀，拖纸以淡为宜"。实际上是采用洒金技术制作的染色纸。

洒金是用金粉装饰纸张的技术。如果纸面上是涂以金粉，就称作"洒金纸"。如果是用笔蘸上金粉，在纸面上绘制各种图案，就称为"金花纸"。在唐代巴蜀地区的名贵纸张中，就有这种金花纸。如果用银粉装饰纸张，则称为"洒银纸""银花纸"。由于巴蜀地区产银较少，多用云母之类的代用品，故称"屑末"。

印花是在纸张上印制各种花纹。暗花的印制方法是：先用两块木板，雕制相同的图案，一块雕凸出的阳文图案，一块雕凹进去的阴文图案，然后把浆挺过的纸张放到两块木板之间压印，则"隐起花木麟鸾，千状百态""为布纹，为绫绮，为人物花木，为虫鸟，为鼎彝，虽多变，亦因时之宜"。这种用凹凸板印制出来的暗花纸称为"砑花纸"。蜀中的"麻面""长麻""鱼子"都是属于这类砑花纸。其中用"鱼子"做成的诗笺颇受文人喜爱，"几首诗成卷鱼子，谁人唱罢泣燕脂"。此外还有一种水纹纸，其制作方法与砑花纸不同：在抄纸的竹帘上，先用丝线扎成花板，抄纸时，扎有丝线的地方上浆少，形成暗花。这种暗花，只有迎光照看，才能见到。唐代剑州、雅州、万州等地制作的纸笺，也属于水纹纸。

巴蜀地区纸张的规格，通常分大、小两种。大纸多用于绘画、裱糊，小纸则主要用于书写。著名的蜀笺则经历了从大到小的演变过程。两晋南北朝时期，巴蜀地区已经大量生产笺纸。当时的笺纸主要用于书札，文字较多，加之又有"批反"的习惯，即在书信文字之下留出一段空白，以便受书者就纸作答。因此笺纸都是大幅纸，入唐以后，诗文盛行，笺纸多用来写诗，用大幅笺纸就显得累赘、浪费。唐宪宗元和年间，寓居成都的女诗人薛涛，"好制小诗，惜其幅大，不欲长赘，乃狭小之"，从而创制出一种新样小笺，"短而狭，才容八行"。同时用胭脂将笺纸染成深红色，"薛家凡纸漫深红"。这种红色小笺既便于写诗，又十分雅致，深受文人喜爱，成为名噪一时的佳品。其后，巴蜀的其他彩笺都仿照薛涛所创制的式样，改为小笺，通称为"薛涛笺"。由于蜀笺的改进适应了当时诗文繁荣的需要，所以备受唐人喜爱。韦庄《乞彩笺歌》写道："也知价重连城璧，一纸万金犹不惜。"可见当时的文人对蜀笺极为珍爱。蜀笺在全国的风行，进一步推动了巴蜀造纸业的发展。

宋代社会经济的发展，促进了造纸技术的发展和不断成熟。全国纸张的产地和品种越来越多，纸的用途越来越广，特别是竹纸的发明和生产，标志着造纸技术进入成熟阶段。竹纸是将竹子的整个茎干经过一系列处理后造出的纸。由利用木本植物的韧皮到利用整个茎干造纸，技术上无疑是一个很大的进步。同时这一时期还出现了专门记述造纸工艺的著作，北宋蜀人苏易简所著的《文房四谱·纸谱》是世界上最早的关于造纸技术的专著。

宋代四川的竹纸生产还不发达，但四川的麻纸、楮纸和各种加工纸，在宋代有长足发展，四川是全国重要的造纸基地。单是北宋初年在成都印制的《大藏经》，每一部就有十三万页，可知用纸量之大。

四川的麻纸主要产于成都。成都是全国著名的苎麻和麻布产地，造纸原料丰富。唐代和宋代，成都麻纸都是贡品。苏易简的《文房四谱·纸谱》载："蜀中多以麻为纸，有'玉屑''屑骨'之号。"但宋代四川麻纸的原料已经不是完整的苎麻，而主要是用织布的废料，"杂以旧布、破履、乱麻为之"。尽管用料不如以前，但由于技术的提高，纸质仍然优良。在长期的生产实践中，人们还发明了水力捣浆造纸。当时纸厂往往靠近清水河流的岸边和山间清泉之处，既保证造纸用水，又利用水力捣浆，大大提高了生产能力。成都城西百花潭、浣花溪，水清异常，造纸最佳。唐代与宋代"以纸为业者家其旁"。当时成都一地从事造纸的作坊就达数十家，是著名的造纸基地。

楮纸主要产于广都（今四川双流）。双流楮纸分"假山南""假荣""清水纸""竹丝"四种。"广幅无粉者谓之假山南""狭幅有粉者谓之假荣"，

明代夹江印书纸

夹江竹纸制作演示

其制法为用白色淀粉糊刷纸面，再行砑光，以增加纸的白度、平滑度，减少透光度，使纸面紧密，吸墨性好；在冉村制造的叫"清水纸"，在龙溪生产的叫竹丝纸。其中竹丝纸似池纸精美，比假山南、假荣和清水纸珍贵。楮纸的产量大，"凡公私簿书、契券、图籍之牒，皆取给于是"。

宋代四川的加工纸中，除继续生产唐代名噪一时的"薛涛笺"外，还出现了与"薛涛笺"齐名的"谢公笺"。此外，还生产出了世界上最早的纸币专用纸。

蜀纸具有厚重、坚韧、洁白、耐折叠、耐磨损等优点，是公私簿书、契券、图书的最常用纸张。无论是唐代还是宋代，印刷用纸、特别是对纸质要求较高的书画用纸，大都采用麻纸或楮纸。当时的纸币用纸，更是几乎为蜀纸所独占。

元代四川造纸原料仍沿用宋代人的办法，以旧布、乱麻为之。在印刷上仍沿用宋人的雕版印刷（虽然元代王祯已发明了木刻活字）。而此时江南各地造纸和印刷有了迅速发展：竹子成为造纸的主要原料，活字印刷术开始得到广泛传播和应用。因此，四川的印刷业远远落后于江南。

明代四川造纸采用了从江南传入的以竹为主要原料的造纸技术。四川丰富的竹子资源，为造纸业的发展提供了优良条件。值得一提的是，在唐代享誉全国的以"薛涛笺"为代表的"蜀笺"，在明代虽继续生产，但日趋衰落。

清代四川造纸业较为发达，夹江、绵竹、巴山老林是四川的主要造纸区。

清代的"夹宣"，适宜书画、印刷，行销省内外，清康熙二十年（1683）

被定为贡纸。夹江除生产大量本色"夹宣"、对方纸、毛边纸以外,还生产各种有色纸,如虎皮宣、蜡笺、洒金纸、洒银纸、发笺等。夹江造纸业之所以发展迅速,一个重要原因就是造纸原料十分丰富。夹江县盛产慈竹、水竹、白夹竹、斑竹,这些都是造纸所需的上等原料。"夹宣"所用纸浆为百分之百的竹浆,所以质量优良。夹江境内不仅有规模较大的造纸工场,还有星罗棋布的小型造纸作坊。由于所用嫩竹原料价廉易得,水源充足,又是手工制作,所以许多农民都熟悉从砍竹到包装的整个造纸工艺过程,一家或数家都可组织生产。

清代绵竹的造纸业十分发达。绵竹造纸业的发展得力于当地充足的造纸原料——竹。绵竹产的竹量大质好,品种繁多(如慈竹、斑竹、笼竹、绵竹等),竹纤维柔长,造出的纸张质量很好。绵竹传统造纸法共有十八道工序,如砍、捶、斩、捆、泡、浆、煮、磨、洗、炸、发、踩、滤、造、揭、晒、设色等。绵竹纸不仅供应本省所需,还销往云南、贵州、陕西、甘肃、湖广等省,加上绵竹年画印刷对纸张的大量需要,促进了绵竹造纸业市场的发展。

巴山老林是四川重要的造纸基地。太平、通江、巴州等地的纸厂,所雇造纸工匠,"川人过半,楚人次之,土著甚少"。这些地区出产大量竹材木料,为造纸业提供了丰富而便宜的原料,设立纸厂比较容易。"取以作纸,工本无多,获利颇易,故处处皆有纸厂。"纸厂规模大小不一,"大者匠作佣工必得百十人,小者亦得四五十人"。

竹纸制作技艺发展经历了晋、唐及宋初的竹纸脆而易碎的低质量水平时期,不断改进技艺,最终达到了所制纸张让"工书者"也喜爱不已的高质量程度。竹纸从此大行于世,在产量上渐渐超过皮纸、麻纸,成为中国纸业的重要品种。就竹纸制作技艺的产生时间来说,欧洲制造竹纸的最早时间为19世纪,中国的竹纸制作技艺比其早了千年左右,是中国传统文化中历史悠久的手工技艺之一。

四川省夹江县和浙江省富阳市为竹纸的重要产地。夹江的环境适合竹类生长,在唐代即开始以"竹料手工造纸",竹纸制作技艺兴于明,盛于清。自唐代,夹江即享有"蜀纸之乡"的美称,所产手工纸素以质量佳、品种多、制作精、规模大、历史悠久而享誉巴蜀,名扬海外。早在清康熙年间,夹江手工纸便成为上贡朝廷的贡纸。清乾隆年间,夹江纸更是成为上贡朝廷的考场专用文闱卷纸。

以嫩竹为主料生产的夹江手工书画纸具有洁白柔软、浸润保墨、纤维细腻、绵韧平整等特点，被人们赞曰"淡画不灰，淡泼浓，浓泼淡，画有烟霞气，书兼龙虎姿"。与安徽宣纸齐名，曾被国画大师张大千先生赞为"国之二宝"。

夹江竹纸以完全的古法手工舀纸术生产，从选料到成纸共有十五道环节七十二道工序，与明代《天工开物》所记载的生产工序完全相合，这种技艺凝结了古代中国人民伟大的科学智慧，具有鲜明的民间特性和地域特征。

二、铸钱技术

宋代四川铁钱的种类很多，有小平钱、当十大钱、折二钱、折三钱、折五大钱、当百钱等。其中，北宋以小平钱为主，南宋以折二钱为主。铁钱的钱名也很多，不但有通宝、元宝之别，还有年号之分。宋代皇帝改年号多，钱名也多。钱文则有楷书、行书、草书、篆书。有些铁钱背面还有"利""川"字样，代表铸钱监名。

宋太祖开宝三年（970）在雅州百丈县铸造的"宋元通宝"，是宋代在四川最早铸造的铁钱。

宋太宗太平兴国年间铸造的"太平通宝"，是宋朝最早的年号钱。北宋醇化二年（991）御书钱式铸造的"醇化元宝"，是最早的御书钱。"醇化元宝"分大小两种，大钱是当十钱，"既而一岁才成三千余贯，众皆以为不便"，遂罢冶铸。

南宋时期，随着纸币成为流通中的主要货币和铁钱铸造量的减少，四川铁钱主要用于小额的商品交换，大额交易基本上使用纸币。

第四节 酿酒技术与制糖技术

一、酿酒技术

作为世界酒文化的发祥地，中国是世界上酿酒最早的国家之一。考古研究表明，在五千年前我国已经出现人工酿酒。古代巴蜀农业的发展促进了酿酒的兴盛。

商周至战国时期蜀的酒器，各地有大量出土。其中仅青铜酒器就发现了百余件，有罍、壶、尊、觯、钫、缶、彝、鍪、勺等。

三星堆遗址出土的八鸟四牛青铜尊

三星堆古蜀文化遗址出土的青铜器和陶器，有相当一部分属于酒器（包括各种酿酒器具、盛酒器和饮酒器），表现出发达的酒文化。这其中，陶制酒器有盉、杯、盏、瓶、觚、壶、勺、缸、瓮，青铜酒器有尊、罍、方彝，还有两个双手过顶捧着酒尊作供献状的青铜人像。这些遗物明显反映出，至少在上层社会中饮酒已相当普遍、相当讲究。在稍后一些时期的商周文化遗址中，一个很突出的现象，就是青铜器中没有中原常见的鼎、簋、甗等食器，而都是以青铜酒器的组合为主，如盉、尊、壶、觯、钫、缶、彝、鋬、勺等。这种主要以酒器作为礼器的特点，充分表明饮酒在巴蜀先民生活中的地位。1964年在成都百花潭中学战国墓中出土的一件铜壶，其上宴饮图中举杯豪饮的场面，是迄今为止先秦所有宴乐图中最典型的一件。从大量饮酒器做成束颈、侈口的器形看，蜀酒似与中原"汁滓相将"（连糟食用）的酒不同，很有可能是去滓后仅饮其汁的低度发酵酒。①

此外，在三星堆文化遗址中还发现了髹漆的陶质酒杯。在青川的战国墓葬中发现了漆酒器一百七十七件，多件漆器上有"成亨"戳记，很可能就是成都生产的。在新都、荥经、成都的战国墓葬中，也多次发现漆酒器。甚至在贵州、湖南、湖北，一直远到朝鲜乐浪（今平壤），都曾出土四川生产的漆酒器。大量漆酒器的使用，是古代巴蜀地区的又一特点。

《华阳国志·蜀志》记载："九世有开明帝，始立宗庙，以酒曰醴，乐曰荆，人尚赤，帝称王。"从开明九世（约战国早期）起，古蜀人即把酒称为"醴"。何为"醴"？许慎《说文解字》解释说："醴，酒一宿孰（熟）也。"可见，所谓"醴"，即一种仅发酵酿造一宿而取用的酒。醴这种酒，由

---

① 林向：《蜀酒探源》，载《南方民族考古》第1辑，四川大学出版社1987年版。

于味薄清淡，饮用时是"汁滓相将"，即连滓和汁一道饮用。因此，古代称"醴"为浊酒一类。

巴人也善于酿酒。《华阳国志·巴志》中有一首民歌："川崖惟平，其稼多黍，旨酒嘉谷，可以养父。野惟阜丘，彼稷多有，嘉谷旨酒，可以养母。"[1]这说明饮酒在巴蜀先民生活中是不可缺少的。

战国时期，川东地区出现了一种叫"巴乡清"的名酒，又称"清酒"。《水经注·江水》记载："江水又径鱼腹县之故陵……江之左岸有巴乡村，村人善酿，故俗称'巴乡清'，郡出名酒。"《北堂书钞》卷一四八引盛弘之《荆州记》载："永安宫西有巴乡村，村善酿酒。"《郡国志》亦载："南山峡峡西八十里有巴山村，善酿酒，故俗称巴乡村酒也。"这个"巴乡村"，就是今云阳县龙峒乡。巴乡村的这种美酒，一直在川东享有盛誉，直到唐宋仍是名酒。

清酒，是一种酿造时间较长因而浓度较高的酒，是古代的一种高档酒，名列《周礼·酒正》。古代的酒都是酿制酒，如今天的黄酒、醪糟。酒味不厚者称为薄酒；酒未过滤、未榨制，其中有渣者，称为浊酒；酒味醇厚而又清亮者才是清酒。要生产这种清酒，需要较长的时间。汉代邹阳《酒赋》说："清者为酒，浊者为醴；清者圣，浊者顽。"《酒谱》说："凡酒以色清味重为圣，色如金而醇苦者贤。"《周礼·天官·酒正》说："辨三酒之物：一曰事酒，二曰昔酒，三曰清酒。"三个等级的酒，清酒等级最高，用于祭典，是必须"冬酿夏熟"。因为酒度高，发酵时间长，所以酒味特别醇厚。据记载，秦昭王时官府曾与板楯人为盟，规定土著若侵犯了秦人，即"输清酒一钟"[2]。

秦汉时期，巴蜀地区人口剧增，交通改善，市场扩大，酿酒业又有了很大发展。巴蜀城邑中出现了专门酿酒的作坊，市场有专门批发酒的商铺。当时蜀地不仅一般官吏、百姓，即使奴僮，也普遍饮酒。这一时期，巴蜀地区的名酒有甘酒、清醇酒、酴酿酒、郫筒酒、清酒、旨酒等。

甘酒：秦汉时期巴蜀民间普遍酿制的一种粮食酒。其酿制"少曲多米，一宿而熟"，简易可行。近年来在西蜀汉墓中曾发现多件写有"甘酒"字样的陶罐。清醇酒：左思《蜀都赋》中记载，"觞以清醇，鲜以紫鳞"。据说该酒有

---

[1] （晋）常璩：《华阳国志》卷一《巴志》。
[2] （晋）常璩：《华阳国志》卷一《巴志》。

彭州出土的东汉酿酒坊画像砖

"一醉累月"的效力,浓度较高。酴釀酒:扬雄《蜀都赋》中记载,"蒟酱酴清,众献储斯"。酴醿酒,即酴糜酒,用酴花酿制而成。郫筒酒:把麦曲装在竹筒内酿成,主要产于郫县。旨酒:甜米酒。此酒适宜长者,男女皆宜。

秦汉时期巴蜀造酒的一种方法,在《齐民要术》卷七《笨曲并酒第六十六》有记载:"蜀人作酴酒法:十二月朝,取流水五斗,渍小麦曲二斤,密泥封。至正月、二月冻释,发,漉去滓,但取汁三斗,杂米三斗。炊作饭,调强软。合和,复密封,数十日便熟。合滓餐之,甘、辛、滑如甜酒味,不能醉人,多咦,温温小暖而面热也。"

有学者认为,汉代巴蜀地区在酿酒技术方面的一大创新就是蒸馏酒的发明,其主要依据:一是上海博物馆收藏的一件汉代的铜质蒸馏器,二是四川彭州和新都出土的汉代画像砖上的酿酒图。[①]

无论汉代巴蜀地区是否出现了蒸馏酒,但汉代巴蜀地区酿酒十分发达是毫无疑问的。这不仅有出土的大量汉代酒器,有司马相如与卓文君夫妇当垆卖酒的佳话,有出土的汉代画像砖、画像石的多幅酿酒图、酒肆图、宴饮图,还有若干文字记载,如扬雄、左思的《蜀都赋》等。在成都凤凰山的一座汉墓中曾出土过十九件陶酒罐,其中两件上面明白地刻着"甘酒"二字,这是真正的汉代的文字记录。

唐代巴蜀酿酒有一个大的发展时期。唐代诗人张籍的《成都曲》写道:"锦江近西烟水绿,新雨山头荔枝熟。万里桥边多酒家,游人爱向谁家宿。"成都酒多,酒家多,酒客多,但更重要的是酒的质量大有提高。唐人李肇在《唐国史补》中将"剑南之烧春"列为全国名酒,成都的"生春酒"是向朝廷

---

① 袁庭栋:《巴蜀文化志》(修订本),巴蜀书社2009年版,第228页。

进贡的贡品。这些酒都具有酒味浓香、醇厚的特点。杜甫《戏题寄上汉中王》诗云："蜀酒浓无敌，江鱼美可求。"雍陶《到蜀后记蜀中经历》诗云："自到成都烧酒熟，不思身更入长安。"

宋代巴蜀地区酿酒业居全国前茅，不仅酿酒技术和酒质均有所提高，而且品种增多、产量扩大。据《通考》卷十七记载：熙宁十年全国共设酒务一千八百三十九个，四川有酒务四百一十七个，占全国酒务总数的百分之二十三。熙宁十年全国酒课收入为一千五百零六万贯，四川为二百二十万贯，占全国酒课收入的百分之十五。到南宋时期，四川酒课收入则更是几乎占全国酒课收入的一半。

元明两代，受战乱影响，四川经济文化呈现明显倒退之势，在酿酒业中已难见川酒踪影。但川酒在自己丰厚的历史积淀基础上仍在缓慢发展着。成都的"郫筒酒"、汉州的"鹅黄酒"、云阳的"云安酒"等品牌酒被元朝廷视为巴蜀特产而得到较好的传承。

明代川酒在酿酒历史上占据重要一页。一方面，一些民间传统品牌仍继续生产；另一方面，川人在酿酒中广泛采用了蒸馏酒技术，并出现了一批专门以酿酒为业的著名作坊——"糟坊"，其中就包括被誉为"三百年老窖"的泸州老窖酒窖群和1998年发现的水井坊明代酒坊遗址，正是在这些糟坊中诞生了一些后来为人们所熟知的白酒品牌。

清代四川酿酒业获得迅猛发展得益于两个重要条件：一是四川农业进入稳产、高产时期，普遍种植耐旱高产作物；二是四川各地烧房利用了商品经济兴盛和水陆路运销条件的改善，将大量风味浓郁的特色酒类推向市场，形成沿岷江、沱江、嘉陵江水系和贯通长江干道的川酒生产和运销网络。这些川酒作坊和销售点遍布长江上游场镇。地处涪江水陆要冲的绵竹丰谷镇，清代已是著名酒乡，有烧房十家，每年生产大曲、烧酒，运销沿江各县。以绵竹大曲、全兴大曲、杂粮酒（五粮液）、郎酒、泸州老窖等名牌美酒为标志，清代四川酿酒业进入了兴盛期。

经过几千年的发展，巴蜀地区生产出若干种质量上乘的美酒，一直发展为今天的一系列国家级名酒。

二、制糖技术

巴蜀地区的食糖主要有两类：一是蜂蜜，二是蔗糖。

早在汉晋时期，巴蜀就盛产蜂蜜。左思的《蜀都赋》载："蜜房郁毓被其阜，山图采而得道。"据《华阳国志》记载，当时的涪陵郡、梓潼郡和武都郡都出产蜂蜜，宕渠郡则出产石蜜。石蜜、木蜜、土蜜都是蜂蜜。入唐以后，巴蜀仍然是全国重要的蜂蜜产区。据《新唐书·地理志》《元和郡县图志》《太平寰宇记》等书记载，通州、集州、璧州、夔州出产"蜜"，文州、冀州、涪州出产"白蜜"，眉州、巴州出产"石蜜"。从以上各州的地理位置看，当时蜂蜜主要产自四川盆地周缘山区。

巴蜀地区的蜂蜜分为家蜂蜜和野蜂蜜两种。家蜂蜜是出自人工饲养的蜜蜂。据晋人张华《博物志》记载：养蜂之法，通常是割下蜜脾，从中榨取蜂蜜。取蜜之后的蜜脾，经煮炼，或加入少量醋酒煮炼，还可以制成蜂蜡，颜色赤黄，故称黄蜡。黄蜡主要用来制作蜡烛，白蜡则多为药用。野蜂蜜是由野生蜂酿造的蜂蜜。由于野生蜂筑巢地点经常选择在向南的山麓或山腰的树洞、岩洞、土洞中，因而又有木蜜、岩蜜、土蜜之别。岩蜜又称崖蜜、石蜜、石饴。木蜜和土蜜则是采割野生蜂巢，毁巢所取之蜜，其制作的方法与家蜂蜜相同。

蔗糖是用甘蔗汁制成的食糖。由于制作方法不同，又有蔗饧、砂糖、乳糖、糖霜等名称。

甘蔗原产地不在我国，但我国种植甘蔗的历史十分悠久。巴蜀地区最迟在汉代开始种植甘蔗。扬雄《蜀都赋》中说巴蜀出产"诸柘"，东汉王逸注"柘，诸蔗也"，左思《蜀都赋》则称其为"甘蔗"。入唐以后，巴蜀地区甘蔗的主要产地有益州、蜀州、资州、梓州、绵州、遂州。此外，巂州的会川一带也出产甘蔗。

甘蔗分为一年生和多年生两种。唐代巴蜀地区甘蔗的主要产区集中在北纬30°～31°之间，基本上只种植一年生的甘蔗。其种植技术，在宋人王灼《糖霜谱》一书中有详细的记载。

唐代巴蜀地区甘蔗品种较多，大致可以分为两类：一类是果蔗，称为红蔗，又名昆仑蔗，只能生吃，不能造糖；一类是糖蔗，包括杜蔗、西蔗和荔蔗三个品种。西蔗可作糖霜。用糖蔗制糖，最简单的方法就是榨取糖浆。由于蔗浆有消渴解酒之效，直到唐代巴蜀地区仍然生产蔗浆。蔗浆经暴晒或煎熬，就成为浓缩的糖浆，其稠如饴，故称甘蔗饴，又称蔗饴、稀糖。在煎熬蔗浆时加入少许石灰，使其结晶，就制成砂糖，颜色紫红，因此又称紫砂糖。蜀地的砂糖主要产于益州、蜀州和梓州，均为土贡之物。

唐代巴蜀地区还生产一种精制蔗糖——乳糖。其制作方法是：把砂糖"用水、牛乳、米粉合煎"，制成白色的饼糖，称为"石蜜"，又称"乳糖"。宋代苏颂的《图经本草》载："煎砂糖与牛乳为乳糖，惟川蜀行之。"这种用砂糖合牛乳精炼蔗糖的方法，据考证，大约是唐太宗时期从印度传入中国的。

唐代巴蜀地区，除了生产砂糖、乳糖外，还生产"蔗霜"。蔗霜，即冰糖，又名"糖霜""糖冰"。《太平寰宇记》卷八十七《遂州·土产》记载："唐大历间，有僧跨一白驴至伞子山下。山民以植蔗凝糖为业。驴食蔗，民咎僧。僧曰：'汝知蔗之为糖，而不知糖之为霜，其利十倍。'因示以法，遂成蔗霜，色如琥珀，称奇品。"

这位在遂州传授糖霜制作技术的僧人，据宋人王灼的《糖霜谱》的说法，"号邹和尚，不知所从来"。宋代，遂宁的糖霜户还画像供祀邹和尚，通泉山上还有纪念他的庙宇。明代宋应星的《天工开物》则说他是来自西域的僧人。如果是这样，那么遂宁制造糖霜的技术是在唐代才由印度传过来的。

王灼的《糖霜谱》对糖霜制作技术作了记载：把十月至十一月收割的甘蔗削去茎皮，剉成铜钱大小的圆块，用蔗碾或碓臼碾压之后，反复蒸透、榨汁，"尽取糖水"；然后把糖水倒入锅中煎炼，浓缩至七分熟，暂时装入瓮中收藏。三日之后，"再取所寄收糖水煎，又候九分熟，稠如饴，插竹编瓮中，始正入瓮，簸箕复之"。窖藏的糖浆能否结成蔗霜或糖霜，则取决于制糖工人煎炼糖浆的技术和经验。

蔗霜的生产是我国历史上甘蔗制糖的一个重大进步，但由于窖制蔗霜的技术不易掌握，因此这项技术在唐代并未得到推广，只有遂州出产蔗霜。

宋代巴蜀地区甘蔗种植面积进一步扩大，遍布于涪江、沱江流域的遂州（今四川遂宁）、梓州（今四川三台）、汉州（今四川广汉）、资州（今四川资中）等地，制糖业也相当发达，其规模居全国之冠，是全国重要的产糖基地。巴蜀糖的种类多、产量大，数量和质量均居全国前列，尤其是乳糖和糖霜（冰糖）的数量和质量居全国首位。

寇宗奭的《本草衍义》载："石蜜，川浙者最佳。其味厚，他处皆次之。煎炼以形象物，达京师。至夏月及久阴雨，多自消化。土人先以竹叶及纸包裹，外用石灰埋之，不得见风，遂可免。"可见，宋代四川已经建立了一整套生产、销售、包装、运输和保存乳糖的方法。

用砂糖或蔗浆加牛乳、米粉煎炼成膏状的乳糖，注入预制印模，逐渐冷却，可以成饼状、块状，也可成人物、兽状。宋代以来，乳糖和石蜜之名消失，出现了具有民族传统的片糖。

宋代糖霜生产有飞跃发展，食用糖霜的人增多，并见诸文献记载。苏轼过闰州（今江苏镇江）金山寺送遂宁僧诗云："涪江与中冷，共此一味水。冰盘荐琥珀，何似糖霜美。"黄庭坚在戎州（今四川宜宾）所写《答梓州雍熙长老寄糖霜》诗云："远寄糖霜知有味，胜于崔浩水精盐。正宗扫地从谁说，我舌犹能及鼻尖。"两位诗人对糖霜的称赞，成为我国关于糖霜的最早的文字记载。

据王灼的《糖霜谱》载，宋代全国出产糖霜（冰糖）之地有五郡：福广（福州）、四明（宁波）、番禺（广州）、广汉、遂宁，四川居其二，"独遂宁为冠"。"甘蔗所在皆植，所植皆善，非异物也。至结蔗为霜，则中国之大，止此五郡，又遂宁专美焉。外以夷狄戎蛮，皆有佳蔗，而糖霜无闻。"遂宁是糖霜生产的发源地，历史悠久，技术先进，规模大，产量多，质量好。到南宋时期，遂宁仍是全国主要的糖霜生产基地。据文献记载，南宋初年遂宁一带的糖霜作坊近三百家，大的冰糖作坊雇用的制糖人数达十至二十人。

唐宋时期巴蜀人民在生产砂糖、蔗饴的基础上，又始创制作冰糖的技术，是对我国和世界制糖技术制糖技术的伟大贡献。

至清代，种蔗面积较前代有了进一步增加。道光年间，四川甘蔗种植遍及内江、威远、荣县、资州、资阳、犍为、南溪、珙县、纳溪、巴县、东乡、江津、江北、合川、遂宁、三台、盐亭、苍溪、安岳、南部等二十余个厅、州、县。其中，内江的甘蔗种植尤为兴盛，号称"甜城"，"沿江左右，自西向东，尤以艺蔗为务"。由于种蔗面积的扩大，产蔗量的提高，促进了制糖业的发展、生产工艺的提高和品种的增多。"按糖之类有六，曰糖清，曰红糖，曰白糖，曰结糖，曰冰糖，曰漏水糖。"蔗糖的生产要经过三道工序："曰糖户，曰漏房，曰冰橘房。"并分化出三个独立的手工业部门，分别由种蔗之家、霜户和冰橘房承担。这三个生产部门既各成专业，又相互联系。前者生产粗糖或半成品，后者以前者产品为原料，进一步加工成白糖、冰糖、蜜饯。清光绪初年，新津县才种蔗，清末已有制糖户十余家，"每糖房出糖五六万斤至七八万斤不等"，年产糖当在七八十万斤，在盛产蔗糖的地区产量则更为可观。如简州制糖户有三百五十家，年产糖千万余斤；资州制糖户一千零五十九家，年产糖二千三百多万斤；内江制糖户七百八十八家，年产糖达四千多万斤。据统计，清宣统二年（1910），四川全省制糖户达八千九百三十七家，产糖量近一亿四千万斤。

第五节　种茶制茶技术

一、种茶制茶起源于巴蜀

我国传统的主要饮料和对世界文明影响最大的饮料是茶。我国是茶的原产地，是最早发现、种植和利用茶叶的国家，茶被誉为中华"国饮"[①]，而我国种茶、制茶、饮茶最重要的起源地正是巴蜀地区。

巴蜀是我国最早栽茶、制茶和饮茶的地区之一。最早将野生茶树变为人工栽培，是在巴蜀地区，这是茶史专家的一致看法。四川的土壤和气候条件都适宜茶树的生长。大约在西周时期，巴蜀已出现人工栽培的茶树。

唐代陆羽所著世界上第一部茶书《茶经》开篇第一句论"茶之源"说："茶者，南方之嘉木也，一尺、二尺乃至数十尺，其巴山、峡川，有两人合抱者。"西汉王褒的《僮约》中提到的"烹茶尽具"，是关于茶叶作为饮料的最早文字记载（实际生活中当然还要早）；三国时魏人张揖撰《埤仓》载："茶，今蜀人以作饮。"张揖撰《广雅》载："荆巴间采茶作饼……其饮醒酒，令人不眠。"明末著名学者顾炎武在《日知录》卷七《茶》中明确指出："自秦人取蜀而后，始有茗饮之事。"可见，以茶为饮料的风习，是从蜀地传到中原及其他各地的。

巴蜀人饮茶，先烹煮，表明它最初是从草药发展而来的。古代农书《神农本草》就记载了四川境内山谷道旁的野生茶树，其叶可以治病。据文献记载，先秦时期在巴族地区即今川东鄂西地区很早就将茶作为药物食用。在秦汉的种茶和饮茶者中，土著民族占了很大比例。川东巴人、川西氐人，当时已饮茶成俗，川南僰人也以"香茗"闻名。

二、巴蜀历代以产茶闻名

秦汉时期，巴蜀栽培的茶树逐渐增多，饮茶已极为普遍。西汉蜀人王褒的

[①] 刘勤晋：《茶文化学》，中国农业出版社2007年版，第13页。

《僮约》记载："烹茶尽具,酺已盖藏。""武阳买茶,杨氏担荷。"武阳即今四川彭山县。说明当时已有专门的茶具,并已形成茶叶市场。

位于四川名山县的吴理真塑像

至汉代,蜀中以产茶闻名的地区已有多处,并形成了不同的地方品种。雅安蒙顶山在西汉时已是著名的茶山,目前可知姓名的最早的种茶人就是西汉宣帝年间在雅安名山县蒙山种茶的吴理真。宋孝宗曾追封吴理真为甘露禅师,历代祭祀吴理真的石屋至今仍在蒙山。吴理真种茶之事在蒙山历代碑记和四川多种地方志中均有记载。目前已知最早的人工种茶的茶园,是蒙山顶上当年吴理真种茶的上清峰茶园(今又称"皇茶园")。

魏晋南北朝时期随着饮茶的人日益增多,四川的茶叶生产又有所发展。晋代蜀中史学家常璩在《华阳国志》一书中对产茶之地有多处记载,如《华阳国志·蜀志》载,"什邡县,山出好茶""南安、武阳皆出名茶";《华阳国志·巴志》载:"涪陵郡,惟出茶。"唐代是巴蜀茶叶生产快速发展的时期。唐代陆羽的《茶经》把当时全国境内的茶叶产地分为山南、淮南、剑南、浙东、黔中和岭南几个大区,并逐一进行品评,确定茶叶等级。在其品评的三十一个州中,四川就占八个州(彭、绵、眉、邛、雅、泸、蜀、汉),占总数的四分之一。雅州(今雅安)蒙山出产的蒙顶茶被列为全国名茶。唐代名相李德裕入蜀,得到"蒙饼",将其视为珍品,并立即亲自动手烧煮。成都地区还出现了颇具规模的私人茶园。

唐代是茶叶制作技术快速发展的时期。在唐代,四川茶叶主要有两种:一种是蒸清绿茶,另一种是炒青绿茶。饼茶是唐代茶叶的主要产品,其制作方法在陆羽的《茶经》中有较详尽的描述。

唐代生产的各种饼茶,多见于文献记载。锅炒杀青的方法仅见于刘禹锡的《西山兰若试茶歌》,诗中反映了唐代散茶的制作方法。从现代制茶学看,这种方法属于炒青绿茶的制法。

宋代是四川茶叶生产发展的一个重要时期，也是四川茶叶结构形成的重要时期。以茶马交易为目的的四川茶叶生产结构，在宋代逐渐形成。与贡茶一样，以茶马交易为目的的茶叶生产，在国家政治经济生活中具有同样举足轻重的地位。以茶马交易而制定的茶马政策成为宋王朝的军国大政。宋熙宁年间，宋朝在成都设立都大提举茶马司，实行榷茶制，专门督办买茶换马，同时在熙（甘肃临洮）、河（甘肃临夏）两地设立茶马互市，茶叶主要来自四川。茶马交易的实行，促进了四川茶叶生产的迅速发展。四川作为茶马交易的茶叶主产区，茶叶产量在北宋时期一度达到一千五百万公斤，超过当时全国茶叶产量的一半。

宋代四川的产茶地区较唐代有了很大发展。据散见于《太平寰宇记》《宋史·地理志》《宋会要》等书的记载，宋代四川境内产茶地区已达二十州军。包括：成都府路的雅州（今雅安）、蜀州（今崇州）、邛州（今邛崃）、嘉州（今乐山）、眉州（今眉山）、彭州、汉州（今广汉）、绵州（今绵阳）、简州（今简阳）、永康军（今都江堰）；利州路的利州（今广元）、巴州（今巴中）；夔州路的夔州（今重庆奉节）、忠州（今重庆忠县）、达州、南平（今重庆綦江）军。

据粗略统计，宋代四川茶叶产量超过其他地区产量的总和。我国的茶叶全部产自南方，如果以四川与东南地区的产茶量之和视为全国茶叶总产量，那么北宋时期四川产茶量占全国产茶量的百分之五十六，南宋时期则占到了百分之六十二，仅成都、利州二路的产茶量就占到了全国产茶量的百分之五十四。由此可见，宋代四川特别是成都平原四周地区是当时全国最主要的产茶区域。

元代的制茶技术基本沿袭宋代，茶叶生产也基本上保持了宋代的生产格局。元代四川的茶叶产品以饼茶和散茶为主。散茶有炒青、烘青，普通内销产品以晒青为主。贡茶则以饼茶为主。

散茶的生产在元代有较大发展。元代的《王祯农书》和《农桑撮要》都明确记载了元代散茶制作过程中的揉捻工艺。元代的蒸青散茶还保留了唐宋时期的蒸青杀青方式，但制作工艺比起唐宋时期有了很大发展。宋以后才开始成为杀青的主要方法。

明代是我国茶叶制作发展的重要时期，形成了六大茶类的制作技术，同时也是现代茶业制作技术的重要转折期。

明代基本上摒弃了宋代饼茶制作方法，在追求茶叶真香、真味、真色的基础上，研究茶叶的制作工艺。

明代四川的茶叶产品主要有绿茶和篾包茶（即以竹篾包装的茶，主要用于茶马交易）。绿茶有炒青、烘青、晒青绿茶，篾包茶则主要是将各种绿茶（主要以晒青为主）经过蒸压制成。篾包茶销往少数民族地区，称为"边引"，后来发展成为四川的南路边茶和西路边茶。

宋元战争时期，四川茶林遭到极大破坏。明代政府重视提倡和扶持茶的种植，茶林迅速恢复，产量逐渐增加。明代成都是巴蜀东西南北茶的集聚地，市场上有蒙山茶、峨眉茶、青城茶、夔门春茶，陕西商人来此大宗购买，运去西北。

元明时期在茶的生产、种植方面，基本沿袭了传统方法，并在制茶方面有不少新的技术。

元代川茶仍以制末茶、饼茶为主，不过在碾磨石质等工具和点香品类方面多了一些讲究。官宦人家所用之茶的制作更是精益求精。元末明升据蜀，他命官人碾制海棠花茶，"取涪江青麻石为茶磨，以武隆雪锦茶碾之，焙以大邑县香霏亭海棠花，味倍于常。海棠无香，独此地有香，焙茶尤妙"。

明代四川在制茶上有换代性变化，即宋元时期的散茶——叶茶制作成为制茶的主流，而末茶、饼茶逐渐被淘汰。在制作方法上，元以前是"蒸青"，明代则是"炒青"，即采取暴晒或烘炒法，叶干而不焦，青色不变，火候得法，其茶为上品。四川制茶普遍采用烘炒法，技艺精良，生产出多种驰名全国的茗茶，如剑南的蒙顶石花、峡江碧涧、明月、邛州火井、思安、渠州薄片、巴东真香、泸州纳溪、梅岑。明代黄一正著《事物绀珠·茶类》记载全国名茶九十八种，四川占二十一种，并认为最难得的是蒙山顶上的"山茶"。名茶中还有雅州"雷鸣茶"、泸州"溪茶"、南川茶、黔江茶、彭水茶、武隆茶、峨眉茶、酆都茶、天全茶、建始茶，涪州产的宾化茶、白马茶、石泉茶、永宁茶、毛茶、夔州香山茶。这类叶茶，多供内地人饮用。

据《四川通志·茶法》《成都通览》等记载，清代初期，四川茶业衰落，茶产量低下，产茶州县只有四十一个，但是到清代末期，全川产茶州县已达六十多个，产茶面积有大幅度增长。随着川茶业的发展，茶帮、茶贩日益活跃，茶栈深入大小村镇，茶业遍及四川绝大多数州县，形成了密如蛛网的商业点。在边茶生产主要城镇，茶业成为当地最活跃的行业。

清代的绿茶制作方法在明代基础上又有进一步发展。如果说明代是炒青绿茶制作工艺从普及到成熟的时期，那么清代则是进一步完善时期。清代绿茶主要有三种：炒青绿茶、烘青绿茶和晒青绿茶。炒青绿茶的制作工艺是：鲜叶→杀青→摊晾→揉捻→炒二青→摊晾→揉捻→炒三青→摊晾→揉捻→烩锅。烘青绿茶的制作工艺是：鲜叶→杀青→炒二青→摊晾→二揉→初烘→三揉→复烘。烘青绿茶与炒青绿茶的部分工艺大致相同，只是将炒二青、炒三青和烩锅改为烘焙。晒青绿茶的制作工艺是：鲜叶→杀青→摊晾→揉捻→炒二青→摊晾→二揉→晒茶。晒青绿茶又叫青毛茶，20世纪60年代之前，四川晒青绿茶产量达到绿茶产量的百分之八十以上。随着茶叶制造机械的普及，机械炒青绿茶和烘青绿茶产量的比例提高，晒青绿茶的比例才大幅度下降。

清代黑茶的制作方法是从明代篦包茶逐步演变而来的。清代黑茶由于运输路线不同，又分为南路边茶和西路边茶。南路边茶以雅安为生产中心，西路边茶以都江堰、汶川为生产中心。

红茶最早出现在明代中期（可能早于青茶），首先在福建创制，即现在的工夫红茶。红茶分为工夫红茶和红碎茶两大类。四川的工夫红茶最早是抗日战争时期在南川县（今属重庆市）开始生产。新中国成立后，又从省外学习工夫红茶的制作技术，由此开始大规模生产。四川生产的工夫红茶又称"川红工夫"。其制造工艺为：鲜叶→萎凋→揉捻→发酵→初烘→干燥。

红碎茶又称"切细红茶"或"分级红茶"，是在工夫红茶的基础上发展起来的一种红茶，是国际茶叶贸易的主要商品。四川红碎茶从20世纪50年代开始在一些茶场试制，60年代初从省外引进国外的红碎茶揉切机械，并改进成功转子揉切机。到1986年，四川的红碎茶出口达一万七千六百五十余吨，占全省茶叶总产量的百分之三十四。

四川青茶的制作始于20世纪80年代，由四川省农业科学院的研究人员研究试制并投入生产，其产品称为"四川乌龙茶"。之后，名山正大集团利用从福建引进的茶树品种制作青茶，产品成为"正大铁观音"。青茶属于轻发酵茶，在制作过程中需要通过一定程度的生物酶发酵过程。其基本制造工艺为：鲜叶→萎凋→杀青→初揉→初烘→包揉→干燥。

三、茶树人工栽培技术

中国古代农业经济，农林牧副渔综合发展。桑茶属林木，古代虽没有林业概念和专项，但栽桑种茶植树全纳入农事。①

在唐代以前，巴蜀地区所出产的茶叶，主要是采自野生茶树。入唐以后，部分产茶州县仍然以采摘野生茶树为主。最初的采摘方法就是把茶树砍倒，然后摘取茶叶。唐代陆羽在《茶经》中说："茶者，南方之嘉木也，一尺二尺，乃至数十尺。其巴山峡川有两人合抱者，伐而掇之，其树如瓜芦，叶如栀子，花如白蔷薇，实如栟榈，蒂如丁香，根如胡桃。"这种采摘方法既破坏了野生茶树资源，又不利于增加茶叶产量，因而逐渐被攀登采摘法取代。毛文锡的《茶谱》（《太平寰宇记》卷八十八）载：

泸州之茶树，夷獠常携瓢置，穴其侧。每登树采摘芽茶，必含于口，待其展，然后置于瓢中，旋塞其窍。归必置于暖处。其味极佳。又有粗者，其味辛而性热。彼人云：饮之疗风。通呼为泸茶。

这种方法虽然简单，但是野生茶树数量有限，又散布于山谷之中，采摘困难，产量也非常少，远远不能满足日益增长的茶叶消费，于是人们开始大力发展人工栽培的茶树。

巴蜀地区人工种植茶树的历史可以追溯到汉代。据《舆地纪胜》卷一四七《雅州·仙释》记载："西汉时，有僧从岭表来，以茶实植蒙山。"据说这位僧人叫理真，"习俗姓吴氏，修活民之行，种茶蒙山"（嘉庆《四川通志》卷四十《舆地志·寺观》）。稍后，在今四川东部也有了人工种植的茶树。《华阳国志·巴志》说，这里"园有芳蒻、香茗"。香茗就是茶。可见在汉晋时期，巴蜀地区已经有了人工栽培的茶树。入唐以后，随着茶叶生产的发展，人工种植的茶树迅速增加，唐人杨晔《膳夫经手录》（宋代晁载之《续谈助》卷五引）载：

蒙顶自此以降言少而精者，始蜀茶，得名蒙顶。于元和以前，束帛不能易一斤先春蒙顶，是以蒙顶前后之人竞栽茶，以规厚利。不数十年间，遂新安草市，岁出千万斤。虽非蒙顶，亦希颜之徒。今真蒙顶，有鹰嘴牙白芽，供堂亦未尝得。其上者，其难得也。如此又尝见书，品论展陆笔工，以为无等可居第

---

① 陈世松：《四川通史》卷五《元明》，四川人民出版社2010年版，第320页。

一蒙顶之列。茶间展陆之论，又不足论也。

据李敬洵先生讲，唐代茶树的种植，只有直播法一种[①]，并引用晚唐时期韩鄂《四时纂要》卷二《种茶》进行了介绍。稍后的贾大泉先生介绍唐代茶树栽培技术也是摘录《四时纂要》，全文如下[②]：

种茶：二月中于树下或北阴之地开坎，圆三尺，深一尺，熟斸，著粪和土，每坑种六七十颗子，盖土厚一寸强，任生草，不得耘，相去二尺种一方。旱即以米泔浇。此物畏日，桑下竹阴地种之皆可。二年外方可耘治。以小便、稀粪、蚕沙浇拥之，又不可太多，恐根嫩故也。大概宜山中带坡峻，若于平地，即须于两畔深开沟垄泄水，水浸根，必死。三年后，每科收茶八两。每亩计二百四十科，计收茶一百二十斤。茶未成，开四面不妨种雄麻、黍、穄等。

收茶子：熟时收取子，和湿砂土拌，筐笼盛之，穰草盖之。不尔，即乃冻不生。至二月出种之。

然而，真正是四川人自己介绍的，要算张宗法在《三农纪》中的记载，除了摘录陆羽《茶经·三之造》的内容外，还细列了"植艺""制治""收藏"等，其中"植艺""制治"分别介绍种茶制茶技术：[③]

植艺：喜阴恶湿，不喜移栽。收子宜寒露前后，采即种，易生。若致远，以润砂土拌和，盛筐内，不空不蛀。种宜斜坡走水处，和糠与焦土种之，每窠须得子数十粒，覆土厚一寸，出苗勿去草，旱宜浇，得小便和水灌，佳。以蚕矢壅更茂。三年后可采。凡种宜三五尺一窠。初生苗不宜去草，与草并长；成样子可采，宜锄，去草净，不宜荒芜。采茶宜清明时采为最，谷雨次之，以后俱老茗耳。

制治：治茶宜洁，或用蒸法，宜以瓦器净洗；或用炒法，宜以锅洗净，微熏微炒，候色变取出，摊净箔上去热气，以手揉盘抖，撒不计数，毕，入锅焙

[①] 李敬洵：《唐代四川经济》，四川省社会科学院出版社1988年版，第182页。
[②] 贾大泉、陈一石：《四川茶业史》，巴蜀书社1989年版，第22~25页。
[③] 邹介正等：《三农纪校释》，农业出版社1989年版，第453页。

干,晾箔上,不宜见日;再以干者筛去细渣,入至热锅内,下以木炭火令煦,每锅大不过半斤,以手急挝,不拘次数,茶上生白霜为佳。入瓷瓶内填实,以箬固封,锡瓶也可,勿令泄气。忌铜器、油、污物。

采茶笋以曲刃刀连食指,拇指按之。采者每芽留新叶一片,名曰留水口。若不留,再生不茂;若留多则新笋冗乱。茶若不采,久必黄萎,宜岁岁采之,故称为瑞草也。采入焙,炒萎,摊箔上,揉三抖三,左右转揉。若此,摊炕上焙干收入竹包填实,为民间日用饮汤,又远行交市域外。

第十四章

现代巴蜀的科技成就

本章重点介绍重庆的机械制造业、攀枝花钢铁城、西昌卫星发射中心、绵阳科技城、成都市电子和信息产业。

第一节 重庆的机械制造产业

重庆是中国近代工业发展较早的城市，是中国重要的国防科研基地和老工业基地，机械制造业占据着重庆工业的重要地位。

一、历史悠久

1895年，清政府代表李鸿章、李经方等，与日本政府代表伊藤博文、陆奥宗光签订了丧权辱国的《马关条约》。《马关条约》规定增开重庆、沙市、苏州、杭州为通商口岸，开通宜昌沿长江至重庆的航线，客观上增强了重庆与中部及东部地区的联系，外资及民族资本开始在重庆发展近代工业。据统计，1933年，重庆工厂数量达到三百九十家，工人一万四千人。

抗战时期，国民政府以重庆为中心开发大后方经济，使重庆工业迅速发展。与此同时，工业结构也由原来的轻工业为主转变成重工业为主，兵工、机械等行业占了较大的比重。在抗日战争期间，重庆逐渐发展为中国六大老工业基地之一。但抗战胜利后，国民政府还都南京，部分官僚资本和民族资本东迁，重庆经济急剧萎缩。

新中国成立后，重庆人民在中国共产党的领导下，以顽强的革命意志，积极投入经济建设的热潮，使经济迅速得到了恢复和发展，重庆又成为重要的机械工业基地。1997年，重庆成为直辖市之后，各方面的发展特别引人注目，工业发展更是日新月异。

二、发展迅速

改革开放以来，重庆市机械制造业进入新中国成立后最快的发展时期，实现了持续、快速地发展。

（一）在国内市场上具有比较优势的主要产品

1. 为国家重大装备和重点建设项目提供配套产品。主要有三十万吨乙烯和三十万吨合成氨的大型离心式压缩机和分离设备，深圳南山日处理污水70万吨的污泥脱水离心机；30万千瓦、60万千瓦火电机组的加酸加药处理泵站和自动化仪表控制系统；90万千瓦超临界机组的锅炉给水泵，秦山核电站二期工程的R134A制冷机组四台和核岛循环水泵，日产四千吨大型水泥窑外分解高温风机，宝钢二期工程所需440万大卡工艺冷源和鞍钢、武钢、攀钢、包钢、首钢等大型钢铁企业技术改造所需的除磷泵，卫星发射和载人航天工程的遥感遥测装置和液压元器件。

2. 工业自动化仪表和元件。重庆仪器仪表制造业是于20世纪60年代内迁"三线建设"企业发展起来的。现已形成以"四联集团"为核心，包括一批军工、民营企业及科研院所为主体的科研生产体系，是我国最大的仪器仪表研发生产基地之一。目前在市场上具有比较优势的产品是：工业自动化仪表及控制系统、分析仪器及成套系统、电工仪器仪表、厚膜集成电路板、仪表复合材料及各类高灵敏度传感元器件等。百分之三十的主导产品达到国际20世纪90年代水平，高新技术产品占销售额的百分之七十。其中以DCS分散型控制系统为主的工业自动化控制系统，以复合材料为代表的电子功能材料，以专用集成电路为代表的厚膜集成电路板处于国内领先地位。

3. 武器装备。重庆是我国最大的常规武器的生产基地，在国内具有举足轻重的地位。有从事常规兵器研制开发的科研系统和完整的配套生产体系，在机械化加工、模具制造、金属热处理、表面防护和电子通信等方面具有明显优势。长期以来，重庆军工企业为人民解放军现代化建设提供大量先进兵器，完成了许多重大国防科研和生产任务。

4. 能源开发和输送产品。重庆是我国大型变压器的生产基地之一。与ABB公司合资生产的500千伏大型变压器具有设计工艺水平先进，产品以极高的可靠性享誉市场。2004年生产500千伏变压器达2400万千伏安，是国内500千伏变压器产量最高的企业；重庆水轮发电机组以高水头冲击式水轮发电机组著称全国，其市场占有率达到25%，为农村水电开发，解决"三农"问题做出了贡献，为陆上油田和海上油田提供了高压油田注水泵和石油钻采的井控成套装置。

5. 船舶。重庆是西部地区最大的船舶研发生产基地，拥有16家大中型船舶企业，具有比较完整的船舶、船用主机及各类配套件、航用仪器仪表和水中兵器为一体的科研生产能力。能建造八千吨级各类军用舰船、汽车滚装船、江河挖泥船、豪华游轮、采金船、不锈钢化学品及油品运输专用特种船舶。

6. 齿轮加工机床。重庆齿轮加工机床从设计到制造都代表着我国齿轮加工机床的最高水平，可生产滚、插、剃、珩、倒五大齿轮加工机床，国内市场综合占有率达50%，为我国轿车工业的发展提供了大量的优良装备。

（二）较强的加工配套能力

1. 基础零部件品种多，研发和生产能力强。主要有：规模和技术水平居国内领先水平的綦江齿轮厂的重型汽车齿轮及变速箱；秋田和华凌的汽车和摩托车齿轮系列；重庆齿轮箱公司的大型重载齿轮箱；江津增压器厂的轴流和径流增压器；长江轴承的低噪音全密封轴承和汽车轴承，以及马勒公司的内燃机活塞等产品，有的是国内知名品牌。此外模具加工、内燃机及发电机组、液压件、高压气瓶、计量泵、煤气表、分离机械等产品在国内也占有重要地位。

2. 汽车摩托车企业有很强的机械加工能力和研发能力，一部分企业已经涉足装备制造业的零部件生产。

3. 量大面广的内燃机生产门类齐全，可生产1.6马力到2200马力的汽油和柴油发动机，已形成多品种、多用途、多系列的企业集群。

4. 西南铝加工厂、重钢、川东造船厂等企业在大型钢结构件、铝材结构件加工上具有独特优势。西南铝加工厂是我国最大的铝加工厂，拥有1.2万吨水压机和3万吨模锻水压机及热处理等国内最大和最先进的技术装备，是航天、航空、高速列车等关键构件的加工厂。重钢公司钢结构生产能力居西南地区之首。

第二节　攀枝花钢铁城的崛起

攀枝花钢铁城是伴随着攀枝花工业基地开发建设而发展起来的。可以说攀枝花工业基地发展的历史就是攀枝花钢铁城崛起的历史。

攀枝花市是20世纪60年代中期在中国西部"三线建设"中坚持"独立自主、自力更生"发展道路而崛起的一座新兴工业城市。

攀枝花地区以资源著称于世，自然资源十分丰富。在占全国面积不到千分之一的土地上，共发现有矿产种类七十六种，有一定储量的三十九种。其中钒钛资源储量居世界前列。攀枝花地区还蕴藏着丰富的与发展钢铁钒钛工业相配套的冶金辅助矿产、能源矿产煤和其他金属、非金属矿产资源，是世界少有的矿产资源"聚宝盆"；水能资源也特别丰富，年过境径流量约一千一百亿立方米，可开发量达七百万千瓦，建设工业基地的条件非常理想。自然资源的富集和工业开发条件的优越，决定了攀枝花市后来发展的工业价值和战略地位。

一、诞生背景

攀枝花地区的开发建设，是在特殊的历史背景下提出来的，得到了党和国家几代领导人的关心和重视。早在1956年4月，毛泽东在探索中国特色社会主义道路的《论十大关系》中，就论述了沿海工业与内地工业的关系，提出要从根本上改变工业布局问题。20世纪60年代中期，当时的国际国内形势，更加坚定了毛泽东实施这一战略思想的决心。这时中国国内经历了严重困难时期，尽管在自力更生、艰苦奋斗的精神指引下，国民经济得到恢复和调整，开始从困境中摆脱出来，但国家经济实力还比较弱，工农业生产亟待发展。国际上，帝国主义国家继续对我国进行经济封锁和军事包围。在严峻的形势下，毛泽东为了国家的长治久安，提出对全国作一、二、三线设防的战略布局，要求调整东北和东南沿海一线，加强三线，即把地处沿海的工业向地处腹心的西南西北转移，形成冶金、石油、煤炭、兵器、航天、机械等配置齐全的工业系统，并贯穿铁路交通，建立巩固的国防后方，以防患于未然。

三线建设自此成为全党全国的头等大事。攀枝花地区以其储量丰富、完整配套的资源优势和位于西南腹心易于隐蔽的地理优势，被确认为国防三线最理想的钢铁工业基地。1964年6月在北京召开的中央工作会议上，攀枝花被列为大三线的重点建设项目，由此而拉开了攀枝花工业基地建设的帷幕。

党和国家的几代领导人对开发建设攀枝花十分关切。毛泽东亲自指定国务院总理周恩来部署、安排、解决攀枝花开发建设的一切重大问题，指挥协调国家各部委和各省市的人力物力。1965年11月，时任中共中央总书记兼国务院副总理的邓小平亲临攀枝花审定建设方案，作出了一系列重大决定。1991年4月18日，时任中共中央总书记、国家主席的江泽民视察攀枝花，提出要"努力把攀钢建设成为现代化的钢铁钒钛基地"。

在特殊的三线建设历史背景下，在党中央几代领导人的深切关怀下，攀枝花凭借资源和先期开发建设的优势，在大西南迅速崛起，发展成为中国西部地区重要的钢铁基地、世界上最重要的钒产品基地之一和国内最大、国际上最重要的钛原料基地。

二、发展历程

攀枝花从荒凉的攀西古裂谷崛起，成为粗具规模的现代化工业城市，大致经历了三个开发建设时期：

（一）初始创业时期：1965~1974年

这一时期的显著特征是"快"。毛泽东把攀枝花的开发建设提到了关系国家、民族存亡的战略高度，反复强调："建设攀枝花，要有紧迫感，这是和帝国主义争时间的问题。""建不建攀枝花，不是钢铁问题，是战略问题。"争时间、抢速度成为这一时期建设的中心。

考虑到攀枝花地处荒原、地域偏远、人烟稀少、交通闭塞、现代生产生活基础设施一片空白的基础情况，党中央、国务院决定攀枝花开发建设特事特办，在党中央的统一领导下，以非常的手段，调动全国有关方面的人力物力，充分发挥人的智慧和才能，独立自主，自力更生，艰苦奋斗，走出一条合乎国情、具有中国特色的大工业建设道路。为此，采取了若干重要决策和特殊政策措施：

第一，实行特区体制。攀枝花特区体制的主要特征是实行"全面规划，集中领导，统一管理"。开发建设的筹划阶段，由中共中央委托国务院直接领导，由国务院副总理李富春、薄一波负责。在现场则设立"攀枝花工业基地临时领导小组"，在西南局三线建设小组领导下开展工作。党中央、国务院于1965年2月5日和2月26日分别批准成立攀枝花特区党委、攀枝花特区总指挥部，由冶金部统一领导。特区党委的工作实行以冶金部党委领导为主、四川省委为辅的双重领导制度。这种由特区党委和总指挥部实行的一元化管理体制，使整个基地建设从筹划到组织实施都得到高度的集中统一，形成基地建设的整体合力，基地建设得以有条不紊地进行。

第二，综合项目计划单列。为保证攀枝花建设能集中人力、物力、财力持续进行，国家对攀枝花实行计划单列，即将特区所有工业建设和民用设施项目都由中央从各有关部委"切块"后纳入国家计委计划，单列"攀枝花工业区"户头，戴帽下达给特区组织实施；明确了条块结合、以块为主，凡中央各部及省上的资金、人员、物资、器材到了攀枝花，均由特区统一归口，统筹安排，合理配置，打破了部门界限，提高了资源利用效益，加快了建设进度。

第三，集中人财物保证建设。国家将攀枝花列为三线重点建设项目，组织中央有关部委进行全面规划。国家从资金、科技、人力、物力、财力投入上给予优先保证的按物资综合平衡特殊政策措施，打破了建设项目按资金平衡的惯例。

第四，实行责任承包制。在攀枝花工业基地建设中，按基地建设的不同行业，分别由国务院各有关部门和有关省市实行建设与生产承包制，从勘探、设计、立项、施工到竣工投产，全部实行以老带新、对口承包、负责到底。中央确定，钢铁由鞍钢和一冶承包，煤炭由阜新矿务局承包，电力由华东和华北电管局承包，建材由唐山水泥厂承包，林业由黑龙江、吉林林业局承包，交通和建工分别由中央两部所属单位承包，城市公共设施（包括财贸、金融、医疗、公共交通等）分别由上海、天津、北京及川滇等省市负责，通过调遣内迁等方式，成建制地支援攀枝花。

这种特区体制、特殊政策为攀枝花开发建设注入了活力，在短短不到半年的时间，前期各项准备工作迅速到位，几万建设大军进入现场，工业基地大规模开发建设和成昆铁路修筑同时进行。1969年1月一号高炉工程破土动工，1970年出铁，1971年出钢，1972年轧出钢坯，1974年轧成钢材，基本建成攀钢第一期工程，实现出铁、出钢、出材的目标。一期工程总投资一百二十六亿元，年生产设计规模为：生铁一百六十万吨至一百七十万吨，钢一百五十万吨，钢坯一百二十五万吨，钢材九十万吨至一百一十万吨，焦炭一百四十四万吨，烧结矿四百万吨，钒渣七千一百四十五万吨，石灰石一百万吨。

（二）综合发展时期：1975~1985年

初始创业阶段，国家用十年左右的时间完成了攀枝花工业基地的框架建设，为攀枝花的工业发展奠定了最主要的基础。1978年，攀钢一期的五百二十项收尾工程胜利完成，标志着攀枝花钢铁工业基地一期工程全面建成，同时也是攀枝花作为历时十四年的国家综合项目的结束。国家在工业基地粗具规模、城市框架尚未形成的情况下，撤销了攀枝花的特区体制。此时，党的十一届三中全会召开，国家对战略部署作了重大调整，国家经济形势开始由计划经济向市场经济过渡，攀枝花在全国发展战略中所处的地位也随之变化，开始从过去优先安排的建设重点转为实行调整、改革、整顿、提高的方针。原要求攀钢一期工程未完就紧接着上二期，改为首先要求发挥一期的效益，二期建设暂时朝后推。攀枝花的发展重点相应地作了调整，与大工业配套的地方工业和第三产业摆上议事日程，攀枝花进入综合发展时期。

攀枝花开发建设初期，由于建设的指导思想是"立足于打仗"，攀枝花钢铁基地建设是压倒一切的首要任务，因此采用了非常规的单项突进建设方式，确实实现了快速、高效的建设目标，但这种建设方式也带来一系列的相关问题，即工业后续发展的支撑系统薄弱，比较突出的表现在产业配套、城市功能和技术跟进方面。而主体工程因收尾配套项目尚未完成，使综合生产能力还较弱，远不能达到设计规模。因此，科技攻关成为这一时期工业发展的主旋律。

在钢铁冶炼技术上不断取得关键性进展。科技人员相继在高炉冶炼工艺和操作技术，转炉造渣和转炉钢冶炼质量，烧结、焦化工艺技术完善，轧钢工艺优化等方面，取得若干关键性突破。由于炼铁厂在入炉矿中配加部分富矿，使高炉突破了泡沫渣关，逐步形成了一套成熟、完整的大高炉冶炼高钛型钒铁精矿的新工艺技术。这套技术至今仍处于世界领先地位，德国、日本专家到攀钢交流技术和讲学时，对此赞不绝口。

钒钛资源开发实现突破性发展。应国家急需，1973年，攀钢把钒渣生产提到重要位置，将炼钢厂正式改名为提钒炼钢厂，新建提钒车间，后因"文化大革命"的原因被搁置。1978年1月，提钒车间正式开工建设，12月27日，建成投入生产，当年钒渣产量达到二万零一百零四吨，到1982年标准钒渣产量达到六万一千五百七十八吨，居全国第一，占全国产量的一半以上，使我国由钒的进口国一跃成为出口国。1978年5月，时任国务院副总理的方毅视察攀枝花时提出开发钛资源问题。攀枝花冶金矿山公司集中人力、物力、财力组织抢建会战，同年7月工程开工，1979年9月基本建成，1980年11月进入正式调试阶段，精矿段设备全部投入运转。1982年，钛精矿产量大幅度提高，达到五百七十一万五千一百九十二吨。

这一时期，对于攀枝花工业基地是令人振奋的时期。1978年，攀钢甩掉了自1970年投产以来一直亏损的帽子。1979年，利润突破了亿元大关，钒渣产量大幅度增加。1980年，实现利润一千一百零八亿元。三年利税总额达二千一百七十四亿元，基本上补齐了前七年的亏损。1982年，钢铁生产跃上新台阶，全面超过设计能力，生铁一百九十二万吨、钢一百六十八万吨、钒渣产量突破6万吨。产品结构改善，钢种增加，异型钢材填补了我国多项冶金产品的空白。

这一阶段的社会特征与第一阶段不同的是，处于"文化大革命"的结束和改革开放开始的转折阶段,国家政权直接干预经济的形式减弱,多数领域开始由计划经济向市场经济过渡。因此,工业基地的建设只能基于现实国情进行,在国家大规模投资终止的情况下,工业基地的建设主要是"强身健体",围绕量和品种的增加做文章,基础产业不断攻关达产,主要产品和技术经济指标全面达到和超过设计能力,实现了工业基地建设的预期目标。

最引人注目的是钒钛资源开发有所突破。从真正意义上讲,攀枝花资源的优势不是钢铁,而是钒钛。在与国内矿产资源的比较中,攀枝花的钒钛是独特的,具有不可取代的核心竞争价值。就其资源的市场价值而言,钢铁只是一个大类产品,而钒钛却是一个独特产品。因此,钒钛资源开发的技术突破和产业的初步形成,在攀枝花的资源开发中具有"里程碑"的意义,为后来攀枝花资源的综合利用和深度开发奠定了坚实的基础。

(三)全面开发建设时期:1986~2000年

在新的体制背景和对外开放的新环境下,攀枝花进入全面开发建设时期,攀钢二期工程和二滩水电站开工并建成,攀钢实现了从"钢坯公司"到"钢材公司"的转变,二滩水电站是20世纪中国建成的最大水力发电站。

1986年,攀钢二期工程开工建设,总投资九千三百一十六亿元,新建了四号高炉、板坯连铸、板材等三大主体系统,总体装备水平达到20世纪80年代末90年代初国际先进水平。新增铁、钢、坯、材各一百万吨,形成年产三百六十万吨钢、二百六十万吨材、三十万吨钒制品的产能。1992年12月22日,总投资十二亿元、年产一百万吨的热轧板厂首次轧出第一卷板卷,结束了西南地区无热轧板生产的历史,成为攀钢改善产品结构、走向高效益的转折点。在钢铁产品档次跃上新台阶的同时,生产水平和产品质量得到全面提升:一是钒的回收率提高,产量大幅度增长,钒资源得到了较好的回收利用;二是解决了攀枝花钒钛磁铁矿中钛的回收利用难题,为经济合理地利用攀枝花钒铁矿中巨大的钛资源打下了技术基础;三是掌握了综合回收钴、镍、钪、镓、铬等含量较低的贵重金属的技术;四是试验研究成功含钒、钛合金钢系列产品和钒钛铸铁、铸钢系列产品。

从发展质量看,攀枝花人经过艰苦探索,攻克了钒钛磁铁矿高炉冶炼工艺,成功打破了困扰世界生铁冶炼史达一百多年的这道难题,使曾被苏联专家认定为"呆矿"的攀西地区近一百亿吨钒钛磁铁矿得以开发利用。在没有先例可循的条件下,攀钢独创雾化提钒工艺,在20世纪70年代初建起了首座雾化提钒炉，实现了钒资源的开发利用，90年代中期又采用更先进的转炉提钒工艺取代雾化提钒工艺。紧随提钒工艺的发展，"九五"期间又成功开发了"强磁-浮选"工艺，攻克了"微细粒级钛精矿回收"这一世界难题，取得了自主知识产权，为大规模回收约占选钛尾矿百分之六十的微细粒级钛铁矿提供了技术保障。

（四）现代化建设新时期：2000年至今

在攀枝花的工业发展历程中，有两个值得注意的现象：一是发展主体上，主要还是攀钢"一枝独秀"，到2000年，全市工业企业有三千零四十九户，其中，规模以上企业仅有六十七户，占工业企业总数的百分之二点一二；二是在经济结构中，钢铁经济占了统治地位。

在日益激烈的市场竞争中，攀枝花市另辟空间，以钒钛作为全市未来经济发展的主导产业，将钒钛产业作为促进城市转型和经济发展的重要载体，走优势资源的深度开发和深加工之路。基于此，攀枝花市于2007年提出了"打造中国钒钛之都，建设特色经济强市"的战略构想，到"十一五"末，把攀枝花打造成为全球最大最强的钒产业基地和中国最大的钛产业全流程生产基地、最大的含钒钛钢产业基地。这一时期是攀枝花工业发展最快的时期。在大工业的带动下，工业经济出现迅猛的发展势头。

2007年与2000年相比：规模工业企业户数由六十户发展到三百二十七户，增长了近五倍。工业增加值由六千九百一十七亿元增长到二万零九百一十八亿元，增长了两倍多。主要工业产品大幅增长，生铁产量由四百一十五万吨提高到五百七十八万吨，增长百分之三十九；钢产量由三百六十三万吨提高到五百零三万吨，增长百分之三十八；成品钢材由二百七十五万吨提高到四百三十七万吨，增长百分之五十九；钒渣由一千三百一十九万吨提高到二千零一十一万吨，增长百分之四十五。

五十余年前，党和国家以节衣缩食的坚韧精神和大无畏的勇气，在祖国西南的荒芜之地埋下了一颗种子，五十余年后，攀枝花人用自己的勤劳和智慧，为国家培育了一颗闪闪发光的工业明珠。

第三节 西昌卫星发射中心

西昌卫星发射中心（XSLC）又称"西昌卫星城"，始建于1970年，它是主要承担地球同步轨道卫星发射任务的航天发射基地，担负通信、广播、气象卫星等试验发射和应用发射任务。西昌卫星发射中心是中国目前对外开放中规模最大、设备技术最先进、承揽外星发射任务最多、具备发射多型号卫星能力的新型航天器发射场。

发射中心拥有测试发射、指挥控制、跟踪测量、通信、气象、技术勤务保障等系统。发射场区的两个发射工位及技术测试中心、指挥控制中心等配套设施，能担负和完成多种型号的国内外卫星发射服务。在中国目前的三大卫星发射中心中，功能比较齐全，设备比较完善，既能发射采用低温推进剂的"长征"三号系列运载火箭，又能发射运载能力较大的捆绑火箭。

西昌卫星发射中心由总部、发射场（技术区和两个发射工位）、通信总站、指挥控制中心和三个跟踪测量站，以及其他一些相关的生活保障单位（医院、宾馆等）组成。主要担负广播、通信和气象等地球同步轨道（GTO）卫星发射的组织指挥、测试发射、主动段测量、安全控制、数据处理、信息传递、气象保障、残骸回收、试验技术研究等任务。

一、地理位置

西昌卫星发射中心位于四川省境内，中心总部设在四川省西昌市西北约六十公里处的秀山丽水间，卫星发射场位于西昌市西北六十五公里处的大凉山峡谷腹地。卫星发射测试、指挥控制、跟踪测量、通信、气象、勤务保障六大系统的相应场区，都分散在峡谷之中的不同区域。该地区属亚热带气候，全年平均气温为十八摄氏度，全年地面风力柔和适度。在这里，每年10月至次年5月是发射卫星的最佳季节。

据航天专家介绍，这里具有"天然发射场"的优越条件：

一是纬度低（北纬二十八度二），海拔高（一千五百米），发射倾角好，地空距离短。纬度越低，离赤道越近，这既可以充分利用地球自转的离心力，又可以缩短地面到卫星轨道的距离，从而节省火箭的有效负荷。

二是峡谷地形好，地质结构坚实，有利于发射场的总体布局，对地面发射设施、技术设备及跟踪测量、通信的布网有利，能满足多个发射场的建设。

三是晴好天气多，"发射窗口"好。年平均气温十八摄氏度，是全国气候变化最小的地区之一，日照多达三百二十天，几乎没有雾天，试验周期和允许发射的时间较多。

二、发射历史

西昌卫星发射中心在我国航天史上写下了三个第一：一是在1984年6月8日成功发射我国第一颗地球同步轨道卫星。二是在1986年的2月1日，成功发射我国第一颗通信广播卫星——"东方红"二号。"东方红"二号的发射成功，结束了我国租用外国卫星看电视的历史。三是1990年成功发射我国承揽的商务卫星"亚洲"一号。

自1984年西昌卫星发射中心成功发射第一颗试验通信卫星以来，截至2003年年底，已先后成功组织了三十四次国内外卫星发射。1986年，西昌卫星发射场正式对外开放。发射中心于1983年建成后，1984年以来发射过中国第一颗试验通信卫星、实用通信广播卫星及实用通信卫星，1990年又将美国制造的"亚洲"一号通信卫星送入地球同步转移轨道。2004年4月，"试验卫星"一号和"纳星"一号在西昌卫星发射中心顺利升空，是发射中心首次发射太阳同步轨道卫星，标志着发射中心的航天发射能力有了进一步提高，可以进行多射向、多轨道卫星的发射。截至2004年4月，中心拥有两个自成系统的发射工位，可以发射不同类型的"长征"运载火箭，既能将大吨位的卫星送入同步转移轨道，也能将小卫星送入太阳同步轨道。

2007年10月24日18时05分04秒（UTC＋8时），我国首颗绕月人造卫星"嫦娥"一号在西昌卫星发射中心升空。该卫星的主要探测目标是：获取月球表面的三维立体影像；分析月球表面十四种有用元素的含量和物质类型的分布特点；探测月壤厚度和地球至月亮的空间环境。

第四节 绵阳科技城

绵阳，古称"涪城""绵州"，自古有"蜀道明珠""富乐之乡"之美誉，是党中央、国务院批准建设的唯一的科技城。

中国（绵阳）科技城（以下简称"科技城"）位于四川省第二大城市——绵阳市，距省会成都约一百公里，规划面积八十平方公里，总人口七十万人。这里聚集有中国工程物理研究院、中国空气动力研究与发展中心等国防科研院所十八家，西南科技大学等高等院校十一所，长虹集团、九洲集团等大型骨干企业五十余家，有"两院"院士二十六名，各类科研和工程技术人员十七万人,享受政府特殊津贴专家八百多名,是中国重要的国防军工、科研生产和人才基地,科技资源位列西部地区中等城市之首。

一、建设历史

1999年4月,时任中共中央总书记、国家主席的江泽民视察绵阳时,指示要充分发挥绵阳的科技优势,将科技潜能加速转化为现实生产力。2000年9月,时任中共中央政治局常委、国务院副总理的李岚清专程到绵阳,代表党中央、国务院宣布了建设科技城的重大决策。国务院随即成立了由科技部为组长单位,国家发展改革委、国防科工委、财政部等十三个部委组成的绵阳科技城建设部际协调小组。四川省成立了以省长为组长的四川省建设绵阳科技城领导小组。2001年7月,国务院正式批复《绵阳科技城发展纲要》。

2005年10月,国务院批复了《绵阳科技城2005—2010年发展规划》,其主要内容为:充分发挥绵阳的科技资源优势,把绵阳科技城建成以科技为先导、以工业为核心、以产业经济为支撑、以提高资源利用效率为重点,人与自然和谐发展的科技城;建成国防科技潜能充分释放转化的军民结合体系,建成人才资源迅速转化为现实生产力的中国西部重要的创新示范基地;建成中国西部以电子信息产品研发与生产为主导的产业化基地;建成百万人口大城市、四川省副中心,成为西部地区率先实现现代化的最具活力与竞争力的大城市之一。

二、科技城建设成果

产业经济实力显著增强。按照"两个拳头"的思路,科技城一手抓长虹、九洲、新华等创"百亿企业"的扩张,培育工业"参天大树";一手抓中小企业发展,重点围绕大企业培育配套产业集群,打造工业"生态绿洲"。初步形成电子信息、汽车及零部件、新材料等支柱产业集群,造就了"长虹""九洲""丰谷""光友"等一批"中国驰名商标"和名牌产品。2007年,科技城实现地区生产总值四百二十多亿元,规模以上工业增加值一百八十亿元,产值过亿元企业达到七十四户。

创新能力建设成果丰硕。将推动自主创新和科技成果转化作为加快发展的第一大要务,着力构建科技成果孵化、产学研对接、科技成果产业化、投融资、人才支撑五大平台,相继建立了国家、省、市级企业技术中心四个、十四个和三十个,国家、省级工程技术研究中心各四个,专业孵化器五个,重点实验室十八个；建立了区域性博士后科研工作站一个，企业博士后工作站十余个，国家级生产力促进中心一个，技术产权交易所等其他科技中介服务机构二十余个。截至2007年末，共实施科技攻关、"863""973""1035"等各类项目一千余项，取得科研成果一千二百余项，获得专利授权一千余件，获得国家、省、市政府科技进步奖一百八十余项，参与和主持制订的国际、国家、行业和产品标准三十余项，完成新技术、新工艺、新产品开发二千余项，累计实现新产品销售收入近六百亿元，占总销售收入近百分之四十。

军民结合步伐明显加快。坚持突出军民结合、科技创新的特色，与中国工程物理研究院、中国空气动力研究与发展中心成立了院地、军地联合工作委员会，建立了院地、军地联席会议制度，切实将军工优势转化为经济优势，推动企业核心技术、关键技术研发，共开发军转民技术项目三百一十二项，形成军转民企业一百余家，2007年实现军转民工业产值三百亿元。

开放程度全面提升。积极顺应经济一体化趋势，充分发挥出口加工区和重点出口型企业等外向型经济载体的作用，主动参与国际经济竞争。目前，沃尔玛、诺基亚、西门子、拉法基、普思、泰科、华晨、金发等二千五百多家国内外知名企业先后落户科技城，与一百一十五个国家和地区建立了经贸、科技、人才与劳务合作关系。借助全国有影响力的知名会展和科技城产业推进会、科技城军转民成果交易会等重要活动平台，广泛参与区域合作，正在成为承接成渝经济圈、长江三角洲、珠江三角洲产业转移的重点地区。

发展环境持续优化。科技城交通设施完善，南郊机场、宝成铁路、成（都）绵高速、绵广（元）高速、绵渝（重庆）高等级公路构成了四通八达的立体交通运输网络。建成了二类铁路口岸和公共保税仓库。城区道路交通、仓储物流、水、电、气、信息网络、文化体育、医疗卫生、环保、防灾等设施完善，建成了全国首座太空娱乐风洞和科技博物馆、全国第三座数字球幕影院。建成区绿化覆盖率达35%，空气质量优良，拥有全国第二大城市人工生态水域，"山、水、林、文、城"特色鲜明，人与自然和谐相处。先后被命名为全国园林绿化先进城市、全国创建文明城市工作先进城市、全国卫生城市、联合国改善人居环境示范城市和国家环保模范城市、国家园林城市、中国优秀旅游城市。

2007年，党的十七大作出了推进自主创新、加快科技进步、建设创新型国家、实现经济发展方式根本转变的战略部署，四川省委、省政府出台了《关于加快推进中国（绵阳）科技城建设的意见》，批准成立了科技城党工委、管委会，授予部分省级经济管理权限；与此同时，国务院批准在科技城设立首期规模达六十亿元的西部第一只产业基金——"绵阳科技城产业投资基金"，为科技城加快发展提供了千载难逢的重大历史机遇。科技城党工委、管委会以党的十七大精神为指导，牢牢把握加快发展的重大历史机遇期，认真落实四川省委、省政府关于建设创新、开放、现代、和谐的产业科技城，落实科学发展观的模范城和"四川王牌""西部特区"及市委对科技城建设"明确新目标、完善新体制、建立新渠道、探索新举措、服务新面貌"的总体要求，进一步增强开放意识、前沿意识、进取意识、爬坡意识，突出工业主导地位，提高自主创新能力，加快推进工业化进程，大力推进管理体制和运行机制创新，加快推进五大平台建设，实施充分开放合作，推动科技城体制实现全新突破，经济实现超常发展，影响力实现全面提升，在推进四川跨越发展、建设西部经济发展高地中充分发挥骨干作用，做出了重要的贡献。

第五节　成都市电子和信息产业

成都市是国家软件产业基地（成都）、国家集成电路设计成都产业化基地和国家信息安全成果产业化（四川）基地所在地，具有发展电子信息产业的良好基础，既有传统电子行业优势，又涌现出一批新兴企业。作为中国西部市场的聚焦点和集散地，成都市电脑市场、手机市场、电子元器件市场、家用电子产品市场的水平和辐射能力全国闻名。

一、产业现状

成都电子信息产业包括电子信息产品制造业、软件业和信息服务业。目前主要集中在集成电路、信息安全、软件、光通信领域，并开始向高清晰数字电视、数字娱乐、军事电子领域拓展。

成都市电子信息产品制造业经济运行近年来一直保持良好发展态势，2006年，成都市电子通信产品制造业完成规模以上工业增加值一百一十四亿元，同比增长百分之四十一点九；实现主营业务收入三百零六点四七亿元，同比增长百分之四十五点六。全行业经济效益整体增幅较高，产销衔接良好，产业规模进一步向优势企业集中，呈现出良好的发展势头，展现出勃勃生机。成都市已形成或正在形成集成电路、光电显示、数字视听、光通信等产业链，并成为电子元器件及基础材料生产基地。

（一）集成电路（IC）领域

成都是国家七个集成电路设计产业化基地之一，依托英特尔、中芯国际等项目，集成电路产业集群发展呈现良好势头。IC设计企业从2005年年初的十一家迅速聚集到目前的四十余家，包括南山之桥、科胜讯、虹微、台湾凌成、世宏（成都）、成都华微、登颠科技等知名企业；芯片封装测试吸引了英特尔、中芯国际、MPS、友尼森等封装测试企业；成都成芯公司八英寸晶圆制造填补了芯片制造的空白。

（二）光电显示领域

围绕光电显示器件、高清数字电视等产品，基本上形成了发展光电显示产业的必要产业基础和配套体系。主要产品有TCL（成都）的电视整机、三利亚中瓷的CRT背投液冷光耦合器、PDP（等离子电视）保护屏，菲斯特科技的背投影屏幕、各类电视保护屏，吉锐科技的触摸屏、触摸显示器，前锋数字视听公司、润网科技的数字机顶盒，华冠显示的LED显示屏，安成公司的显像管玻壳、投影管玻壳、普通投影管，光明光电材料公司的光学部件材料、光学部件，奥晶科技的投影镜头、数码相机镜头、投影光学部件，中航华天的TFT-LCM后端模组，光电所的光学引擎、激光电视，电子科技大学的OLED、新型显示器件等。

（三）电子元器件领域

成都是全国电子信息产业元器件及基础材料的传统制造基地，2005年成都经济技术开发区成功申报为国家（成都）电子元器件产业园载体，电子元器件产品品种齐全，主要企业三十五户，片式阻容元件、金属膜电阻、热敏电阻、接插件等都具有相当基础和实力，磁性材料总规模占全国第四位。成都银河磁体有限公司的粘接钕铁硼磁体国内第一，恒力磁材的高档软磁材料国内第三，旭光电子生产的大功率陶瓷发射管占国内市场百分之八十，宏明电子的电子陶瓷粉料国内第一，成都虹波是全国最大的钨钼丝生产企业，旭光科技是全国最大的电子调谐器生产厂家。

（四）通信及设备制造领域

成都市主要光通信产品有光纤、光缆及光发送、光传输、光终端等网络通信产品，光电新材料、新型元器件和半导体激光器件，光存储产品、光照明产品、光显示产品、光电池产品、微光学产品等。光纤、光缆是本地区具有相对优势的产品，有骨干企业十户。大唐、康宁、汇源的光缆及中住的光纤产销规模均进入全国前列，产能占整个四川省的百分之八十五以上，与武汉地区和长江三角洲地区构成产能占全国百分之八十以上的三大光缆制造基地。摩托罗拉、诺基亚、阿尔卡特、爱立信、西门子、华为、中兴通信等全球主要通信巨头均在成都建立了通信研发中心。

（五）软件业

2006年，成都市软件产业继续快速发展，实现销售收入一百八十亿元人民币，同比增长百分之三十二点九，软件出口收入五千万美元，同比增长百分之五十九点三。成都市软件业初步形成以数字娱乐、信息安全和集成电路设计为主的产业特色。成都数字娱乐软件园是国内首个游戏产业园，2004年11月，获得信息产业部授予的"国家数字娱乐产业示范基地"称号。GGL（全球游戏联盟）中国总部、金山运营总部均落户成都。软件外包方面初步形成以巅峰、国腾资源、杰华、万创等为代表的欧美外包集群和以音泰思、启明、兆虹为代表的对日外包集群。

（六）信息安全产品领域

在信息安全产品领域，信息产业部三十所、二十九所、电子科大等高校和科研院所，在密码理论研究和芯片开发等方面处于国内领先地位，研发出了无线通信保密系统、网络安全系统、网络通信监控与拦截系统等信息安全系统应用成果。共有五十多家信息安全产品开发、生产销售和安全系统集成服务企业，主要产品达六十多种，其中，拥有自主知识产权的信息安全企业二十多家，其中卫士通、三〇盛安、川大能士等知名企业在国内信息安全领域享有较高知名度和影响力。从总体上看，成都拥有全国最大、最完整的信息安全技术研发、人才培养和产品制造群体。

二、比较优势

成都作为国务院确立的西南地区"三中心两枢纽"（金融中心、商贸中心、科技中心，交通枢纽、通信枢纽）的城市和全国信息化试点城市，对于发展电子信息产业具有如下比较优势：

（一）成都是我国重要的电子工业基地之一

成都是全国重点建设的三个电子工业基地之一，在新型电子元器件、金属陶瓷发射管、电子调谐器、电子信息材料等方面处于国内领先水准。成都是国家软件基地之一，信息安全产业居全国领先水准。软件业正在快速发展，一大批国内外知名的企业，如微软、摩托罗拉、东软等均在成都设立了研发中心；成都正在成为我国集成电路产业新基地，已成为国内外IT（信息技术）企业进入西部的首选地。

（二）科研院所的人才优势和雄厚的研发实力是发展电子信息产业的重要资源和保障

成都的高素质IT人才聚集度位居西部地区之首，是信息产业发展的人才高地。拥有电子科技大学、四川大学、西南交通大学、成都信息工程学院等二十多所院校，在信息技术基础理论到前沿领域有完整的学科群。有电子信息类专业二十个，国家重点学科一百零八个，硕士点四百五十四个，博士点一百八十一个，博士后流动站四十一个，每年培养从本科到博士后各级各类IT人才上万人。

在信息技术科学研究领域，以电子科技大学，信息产业部十所、二十九所、三十所，邮电五所，总参五十七所，航空六一一所，四川大学，西南交通大学，中科院成都分院，中国工程物理研究院为代表。有两院院士二十八名，百分之五十以上集中在信息技术领域，形成了以国家级重点科学、国家级实验室、国家级工程研究中心、国家级技术中心为基地的，包括基础理论研究、应用研究、开发研究的完整科研、转化、生产的创新体系。

（三）成都具有良好的市场条件和基础环境，为电子信息产业的发展创造了有利条件

成都市是全国六大通信、交换中心之一。全市已建成拥有微波、光缆、卫星等多种传输手段的广播电视网。成都市是西部地区特大型中心城市和西南经济贸易中心，仅成都市场所辐射带动的四川省就拥有八千六百多万人口；成都市又是中国西部市场的聚焦点和集散地，尤其是电脑市场、手机市场、电子元器件市场、家用电子产品市场等，其消费水平和辐射能力全国闻名。仅成都科技一条街就先后建立了成都电脑城、东华电脑城、百脑汇资讯广场和成都数码广场等十五座大型电脑商城，短短的几年时间，已形成以磨子桥和跳伞塔为中心，有近三千家企业、年成交额逾二百亿元的科技大市场。

（四）成都市对电子信息产业在政策上的大力扶持，为电子信息产业营造了良好的发展氛围

电子信息产业一直是四川省和成都市确定的重点发展产业。2000年，中共四川省委、四川省人民政府《关于加快电子信息产业发展的决定》，确定了把电子信息产业发展放在优先位置，抓好六大基地和一个中心、一个市场的建设。同时，《四川省加快电子信息产业发展的若干政策意见》和《四川省加快电子信息发展的实施意见和优惠政策》，鼓励和支持电子信息产业的发展。同年，中共成都市委、成都市人民政府出台了《关于加快信息化建设和信息产业发展实施意见》等文件，明确提出把电子信息产业作为全市四大主导产业之一，并列为"一号工程"优先发展。2004年5月，中共四川省委工业工作会议把电子信息产业等高新技术产业确定为四川省工业四大优势产业之一予以重点鼓励和扶持。2004年7月，中共成都市委、成都市人民政府又出台了《关于加快推进新型工业化实现工业新跨越的意见》文件，提出以信息化带动工业化，加快发展电子信息产业等四大主导产业，加大国家级软件产业化基地、信息安全产业化基地、集成电路设计（成都）基地建设力度，推进电子信息等为重点的高新技术产业发展；同年，成都市出台了《关于鼓励集成电路设计产业发展的实施细则》。在研发创新、资金使用、土地审批、人才引进、税收政策等方面对电子信息产业发展给予大力扶持。领导的重视、开放的环境、全社会的参与，为成都市电子信息产业营造了良好的发展氛围。

结 语

一、巴蜀古今杰出科技成就

巴蜀科技成就，主要指"原创者是巴蜀人，原创地在巴蜀"的科技成就。从世界科学技术的发展史和中国科学技术发展史的视角看，在巴蜀大地出生的科学技术杰出人才，以及产生于巴蜀大地之上的科学技术成就中，有没有能够列入"世界科学技术成就之最"的行列的科学家和科学技术成就呢？我们的回答是：有。但是，有哪些呢？学者们有不同观点，其中有"和而不同"的两种主张是：

其一，实事求是，不要夸张。这个原则是正确的，但是，落实到具体的科学家和科学技术成就，有不同的看法。例如，对蒙山茶始祖吴理真在蒙顶栽种茶树，开创了人工种茶的历史，专家们就有不同看法，这是很正常的。当有不同看法时，我们必须求同存异，实事求是，不夸张不炒作。

其二，真凭实据，当仁不让。这个原则也是正确的，但是，落实到具体的科学家和科学技术成就，也有不同的看法。三星堆和金沙遗址的成就，学术见解多种多样。只要我们进行了深入研究，有真凭实据，言之有理，就当仁不让。

中国的科学思想强调"中庸之道"。中国传统文化一贯认为：阴阳互补，物极必反；执两用中，不走极端。《中庸》写道："执其两端，用其中于民。"对于巴蜀文化中的科学技术成就，我们既不夸大炒作，也不虚无自卑。近百年来，在西方文化的挑战之下，一些中国人失去自信，不自尊重，我们有必要实事求是，正本清源，努力发掘中国在科学技术方面的成就和贡献。

钱穆先生说："中国人讲的中庸之道，正要从此相反之两面讲入到一'中道'上去。你要讲任何一事一物，最好先找出它相反之两面，然后再从此相反两面间来'求其中'，那中处便有'道'。"①孔子在《论语》中教导我们的科学方法就是"叩其两端"。

"巴蜀古今杰出科技成就"，是以具体科技成就为主，简言之，即"以事为主"看巴蜀科学技术的贡献。

我们列出以下十项"巴蜀古今杰出科技成就"，这是第一次尝试，是在中华科学技术成就以及与世界科学技术成就的相互比较中提出的。我们认为有必要迈出这一步，诚恳地希望得到大家的批评指正。今后，随着对巴蜀科技文化深入的研究，一定会增加或删减一些项目，修改一些实证不充分的内容，充实一些更加重要的内容。第一次尝试总是有风险的。

（一）三星堆的青铜器技艺为世界奇迹

1986年，考古人员在三星堆遗址内相继发现了两个盛装着大量青铜器，包括青铜大立人、青铜人头像、青铜人面像、青铜神树、青铜兽面具等的祭祀坑。

公元前2000年，成都平原形成了真正意义上的大型城市：三星堆。公元前1700年左右，以三星堆文化为代表的古蜀文明已跨入青铜时代。三星堆考古发现：古蜀的青铜器不仅发端时间早、青铜器金属成分及制造方法别具一格，而且在青铜器的形制和工艺方面，充分显示出三星堆青铜文化的奇特内涵。这从多方面展示了三星堆青铜文明的高超技艺，在世界科技史上是一个奇迹。

成都金沙遗址是继三星堆遗址之后商周时期古蜀文化的又一重大考古发现，被誉为"21世纪中国目前最重大的考古发现"。如果说三星堆遗址的璀璨文物为我们揭开了古蜀文明的神秘面纱，那么金沙遗址的发现则使我们更加清晰地看到了古蜀王国的真实面貌，其中包含了丰富的有关巴蜀科学技术发展状况的实物，提供了深入研究巴蜀科学技术史的可能。

（二）巴蜀是世界丝绸的发源地和盛产地

中国是世界上最早发明丝绸（养蚕缫丝织绸）的国家。中国丝绸的起源是在黄帝时代，《淮南子》所引的《蚕经》，对蚕桑丝绸起源于黄帝时代也有明确的记载，其文曰：《蚕经》云："黄帝元妃西陵氏始蚕。"

---

① 钱穆：《中华文化十二讲》，九州出版社2013年版，第131页。

古蜀是中国丝绸的早期起源地之一。相传在上古时代，诞生于巴蜀盐亭的黄帝元妃嫘祖就教民养蚕、缫丝、织绸。在夏商时代，古蜀丝绸已达到相当水平。秦汉三国时期，以蜀锦、蜀布为代表的巴蜀纺织业在全国占有重要地位。

除了闻名遐迩的蜀锦外，巴蜀地区还有一种巴锦。唐代，蜀锦是巴蜀地区最著名的高级丝织品。宋代四川无论是布纺织、丝织还是蜀锦的生产都超过前代水平。以蜀锦为代表的巴蜀丝织技术发展到今天，仍具有无穷的魅力。巴蜀的成都是"南方丝绸之路"的起始地，在中国古代的对外贸易中起了重要作用。

（三）巴蜀的水稻种植历史全国最早

巴蜀农业历史悠久，进入农业文明时代已有数千年历史，大约在春秋时期，蜀王杜宇就已经在这里"教民务农"。

1981年，凉山州西昌县礼州区发掘的新石器时期的炭化谷粒和对广汉三星堆遗址的研究，巴蜀水稻栽培历史可追溯到三千年至五千年前。这是一项重要的考古发现。由于有都江堰水利工程的大面积灌溉，巴蜀水稻的产量居全国前列。

在当代，四川农业大学教授周开达因为在杂交稻育种理论、方法及应用方面做出重大贡献，曾获国家发明奖一等奖和四川省科技进步特等奖。"杂交水稻之父"袁隆平这样评价："周开达先生育成的杂交水稻品种为巴蜀农业的发展做出了重大贡献。他提出的亚种间重穗型理论，是杂交水稻超高产育种领域中很值得探索的一条新途径。"

（四）巴蜀是世界种茶制茶的发祥地之一

我国是茶的原产地，是最早发现、种植和利用茶叶的国家，茶被誉为中华"国饮"。唐代陆羽所著世界上第一部茶书《茶经》开篇第一句论"茶之源"说："茶者，南方之嘉木也，一尺、二尺乃至数十尺，其巴山、峡川，有两人合抱者。"

四川蒙山是中国种茶业和茶文化的发源地和发祥地，早在两千多年前的西汉时期，蒙山茶始祖吴理真就在蒙山顶驯化栽种野生茶树，开创了人工种茶的历史。巴蜀是我国最早栽茶、制茶和饮茶的地区之一。最早将野生茶树变为人工栽培是在巴蜀地区，这是茶史专家的一致看法。

(五）都江堰水利工程的世界之最

2000年11月29日，在第二十届世界遗产委员会会议上，青城山与都江堰被列入世界遗产名录。都江堰拥有多项世界第一：是世界上历史最长的"无坝引水工程"，已历经二千二百七十多年而不衰。是世界上历史最长的典型的"系统水利工程"，包括灌溉、防洪、防旱、排沙、运输、养鱼、维修、管理等。都江堰灌溉区是现在世界上灌溉面积不断扩大，生产效率很高的"扇形水利网络"。是世界上历史最长的"坚固耐用的水利工程"。经历了2008年的"5·12"四川汶川特大地震，都江堰水利工程仍完好无损。是世界上历史最长的"有理论提升的水利工程"。例如，提出治水的"六字诀"："深淘滩，低作堰。"治河的"八字格言"："遇弯截角，逢正抽心。"是"有系统管理的水利工程"。例如，有岁修制度，要求"岁勤修，预防患，遵旧制，勿擅变"。

公元100年，根据史书记载，都江堰就有官员负责管理。公元300年左右，都江堰设置了横跨行政区域的专门管理机构，集中统一管理，专业系统管理。经费来自国库，管理维护有保证。同时，用水户定期缴纳水费。一些道士担当了都江堰维修技术的监督工作。唐代以来，对水的宗教崇拜和祭祀活动，由官员和道教上层人物共同主持。官方、道教、民间三结合的管理，保证了都江堰的可持续发展。

（六）巴蜀天文学家落下闳有世界影响

中国天文学家对天文学的建立和发展做出了重大贡献，而其中西汉时出生于巴郡阆中（今四川阆中市）的天文学家落下闳的贡献非常突出，有多项创新，这已是举世公认。落下闳直接参与制订的《太初历》，其基本内容完整地记录于《汉书·律历志》中。《太初历》的全部天文观测数据和推算数据，建构起一个中国古代的"宇宙系统"，称为"落下闳系统"。"落下闳系统"与古希腊的"托勒密系统"相比，时间更早，体系更完整。

落下闳研制了浑天仪和浑天象，后来张衡等天文学家的成果是以落下闳研制的浑仪为基础发展起来的。落下闳是浑天说的创始人之一，经他改进的赤道式浑仪，在中国用了两千多年。落下闳第一次提出交食周期，以一百三十五个月为"朔望之会"，即认为十一年应发生二十三次日食。他发明"通其率"的算法，用辗转相除法求渐近分数，为历法计算提供了有力的工具。

落下闳研制了浑天仪和浑天象，托勒密也研制了浑天仪和天球仪。落下闳采用的是赤道坐标式的浑天仪，而托勒密采用的是黄道坐标式的浑仪。落下闳研制的赤道坐标式的浑天仪，影响深远。16世纪之后，西方也采用赤道坐标式的浑天仪。李约瑟曾写道："是什么原因使得第谷在16世纪放弃古老的希腊-阿拉伯黄道坐标和黄道浑仪，而采用中国人一向使用的赤道坐标呢？赤道浑仪曾被认为是欧洲文艺复兴时期天文学方面的主要进步之一，而中国人却早已使用。"

（七）秦九韶的《数书九章》是数学史上的经典著作

公元1247年，南宋杰出的数学家秦九韶完成《数书九章》，这是中国传统数学在《九章算术》的基础之上，形成、发展、繁荣到鼎盛的时期。世界数学史公认，秦九韶是13世纪世界最杰出的数学家之一。秦九韶的《数书九章》对于数学的发展做出了重要贡献，取得了多项在国际上领先的数学成果。至今仍有重要意义的方法，可以列举以下五条。1．大衍求一术：一次同余式组解法。2.正负开方术：高次方程数值解法。3．互乘相消法：线性方程组之解法。4．秦九韶公式：与海伦公式等价。5．"缀术推星"：逼近法。

比利时学者李倍始在他的专著《13世纪中国数学》（美国麻省理工学院1973年版）第二十一章，从国际数学的发展历史比较中，对秦九韶的"大衍求一术"作了分析。按照时间先后看，秦九韶达到的学术高度，西方经三四百年才达到。由此可见，秦九韶的"大衍求一术"在数学史上占有不可动摇的领先地位。

（八）巴蜀发源的道教对科学技术有重要贡献

道教的发源地在巴蜀鹤鸣山，道教的发祥地在巴蜀青城山。历史上，认定道教创建于东汉顺帝年间（126~144）。道教是中国历史上第一个从本土文化中发展起来，而且从古代一直延续至今的宗教。道教不仅在中国的影响巨大深远，而且有重要的国际影响，已成为当今世界主要的宗教之一。

道教创建于巴蜀大地，道教对于巴蜀科学技术的影响是非常明显的。鲁迅先生曾如此评价道教之于中国传统文化的贡献："中国根柢全在道教。"

老子"道法自然"的思想，深刻地影响了道教。道教为追求"长生不死",无论是炼内丹还是炼外丹都需要身体力行,亲自实践。道教在与自然打交道之中,不是重思辨,而是重"力行";不是用口说,而是重操作、动手做,强调"试验",在尝试中验证。

火药就是道士们经试验而发明的。《真元妙道要略》明确记载了试验的情景:"有以硫黄、雄黄合硝石并蜜烧之,焰起烧手面及烬屋舍者。"提出经过试验的警告:"硝石……生者不可合三典等烧,立见祸事。"

火药是改变世界的重大发明。这是道教对科学做出的重要贡献之一。道教为发展炼丹术,尝试做了大量的各种各样的化学试验、药学试验等,取得多项成果。例如,"胆铜法的发明"就被学术界称赞为"在世界化学史上是一项重大发明",豆腐的发明也是与炼丹试验有关,等等。

(九)巴蜀古代造纸和印刷术居世界先进水平,在世界上最早发行纸币

造纸技术出现于汉代,晋代开始传到全国各地。北宋蜀人苏易简所著的《文房四谱·纸谱》是世界上最早的关于造纸技术的专著。古代巴蜀曾经是我国造纸业和印刷业的中心地区。隋代巴蜀的造纸业已相当兴旺。宋代社会经济的发展,又促进了造纸技术的发展和不断成熟。

世界上最早的纸币——北宋益州"交子",就是用蜀纸印制的。巴蜀造纸技术发达,对科学文化的发展产生了巨大的推动作用。

(十)深井钻凿技术在世界上遥遥领先

中国古代钻井技术被誉为"世界石油钻井之父"。北宋仁宗庆历、皇祐年间(1041~1053),在四川井盐生产中,曾出现一项具有划时代意义的技术革新——"凿地植竹",首创新型盐井"卓筒井"。"卓筒井"工艺为世界深井钻凿技术和石油天然开采事业开辟了道路。

明正统年间(1506~1521),在四川嘉州(今乐山)地区开凿井盐时,发现了石油,经试钻试采后,有目的地钻出了一批石油井,这也是世界上第一批石油井。

清道光十五年(1835),自贡地区的燊海井凿达一千零一点四二米,是中国也是世界上第一口超千米的深井,成为人类钻井史上的里程碑。至今这口井仍在使用,日产天然气一千五百立方米。

早在西汉时期,蜀郡临邛(今四川省邛崃)就有了天然气开采技术,是火

井采气的发端。巴蜀是世界上最早掌握开采利用天然气技术的地区，那时人们利用天然气煮盐。

二、巴蜀古今杰出科技人才

"以人为主"看巴蜀的科学技术的发展。"以人为主"，可以列出相当多的杰出科学技术人才，必须有所选择。选择的标准是什么，很难取得一致意见。例如，相传在上古时代，诞生于巴蜀盐亭的黄帝元妃嫘祖，首先教民养蚕、缫丝、织绸，被后人祀为"先蚕"。嫘祖是一位传说中的人物。最先在岷山治水的专家大禹，也是传说中的人物。有专家认为，远古传说中的人物不能与有正式文献记载的非传说中人物相提并论，这促使我们认真思考。三星堆和金沙遗址中的杰出科学技术成就，都是远古巴蜀的先民做出的杰出成果，但是，我们连其中一位传说中的人物都难以确定。因此，嫘祖、大禹、杜宇这三位传说中的人物，我们就保留在"巴蜀古今杰出科技人物长廊"之中，我们相信这些传说中的人物是有历史根据的。这也是采中庸之道。

科学技术是巴蜀文化的重要组成部分之一。文化不可能离开人，文化包含"人化"与"化人"。《易经》中写道："刚柔交错，天文也。文明以止，人文也。观乎天文以察时变，观乎人文以化成天下。"中国古人很早就将科学技术与人文社会紧密结合在一起。从古至今，按照历史时代，按照出生年代，列出巴蜀古今杰出科技人才，这是一个容易引起争议的问题。我们选择巴蜀古今杰出科技人才的指导思想是：实事求是、中庸之道、天人合一。

第一，需不需要按照历史时代，分别列出巴蜀古今杰出科技人才？有学者建议不必按照历史年代，就按照杰出科技人才的出生年月来排序。我们中国的历史悠久，有文字记载的历史就长达五千多年。我们认为，按照通常历史时代来排序，纵向的历史线索较为清楚一些。有些历史时代里，巴蜀杰出的科技人才较少，这是我们研究的空白，有待今后在研究基础之上来弥补，这是遵照实事求是的原则。

我们按照本通史的基本分期，将巴蜀的历史分为六大时期：

1. 先秦时代，是从远古时代公元前三千多年到公元前221年秦始皇统一中国为止，历时约三千年。

2. 秦汉三国时代，是从公元前221年至公元263年蜀汉灭亡，历时四百八十四年。

3. 两晋至隋唐时代，是从公元263年至公元907年，历时六百四十四年。

4. 五代两宋时代，是从公元907年至公元1279年，历时三百七十二年。

5. 元明清时代，是从公元1279年至公元1912年，历时六百三十三年。

6. 现代，是指公元1912年以后。现代杰出科技人才主要是指活动于这一时代的杰出科技人才，不是按照出生年代划分。

第二，个别杰出人才，在较多领域都有成就、有贡献，但也许在狭义的科学技术方面还显得并不突出，如何取舍，争议较大。例如，郭沫若、晏阳初这两位四川出生的杰出人才，是否也列为杰出的科学技术人才就有争议。我们认为，郭沫若、晏阳初在科学技术领域也有杰出贡献，有创新的科学思想，也是科学技术领域的重要组成部分。对于杰出人才有不同的评价，这是很正常的，我们坚持兼听则明、和而不同。

科学技术在现代有"广义"和"狭义"等多种划分的方法。1996年钱学森将现代科学技术体系划分为十一大科学门类：自然科学、社会科学、数学科学、系统科学、思维科学、人体科学、军事科学、行为科学、地理科学、建筑科学、文艺理论。①这是广义的科学分类。狭义的科学分类，主要仅仅指自然科学和工程技术。本卷的科学技术分类，仍然采用"中庸之道"，既非广义，亦非狭义，而是兼而有之，取"中道"。将农业科学技术、中医药的科学技术、手工艺的科学技术等，都纳入科学技术领域之中。有科学技术的内容是首要的，其划分的形式是次要的。内容决定形式。杰出科技人才的创新何在？既有广义内容，也有狭义内容，要辩证理解。诸葛亮是杰出的军事科学家，包括他指导发明的军事技术，他的成就很多，大家都知道，我们就只能简明介绍，而不能写出很多的技术细节。

第三，有学者主张只列出已经去世的杰出科学技术人才，活在世上的只列出两院（科学院、工程院）院士的名单。这似乎很符合中国人的所谓"盖棺论定"的传统观念。其实，在对待杰出人才方面，中国人对于人"在世"或"去世"并不认为是两个极端。西方文化强调"两个世界"：天上世界（神）和地上世界（人）。中国文化强调"一个世界"："天地人合一。"在民间，从中国人的信仰看，杰出人才就是神。例如，修建都江堰的功臣李

---

① 钱学敏：《钱学森科学思想研究》，西安交通大学出版社2010年版，第60~61页。

冰就被尊为神,这是人神合一。对于杰出人才的评价,生与死的关系不大,这与"天人合一"的世界观是一致的。所以,我们列出的现代科技杰出人才,没有按照"在世"或"去世"的两个极端来分,也是取"中道"。这符合中国传统的科学哲学思想。

如果只列出两院院士的名单,不具体介绍院士杰出的科学技术成就,这样就意义不大,应当简介他们原创性的成就。在中国的两院院士之中,我们选出了在四川长期工作的院士和在四川出生的院士。在巴蜀地区工作过的两院院士很多,不少是因为"两弹一星"等重大的国家科技项目来到四川。他们是中国科学技术的精英。如果将这些院士评价为巴蜀杰出科技人才,就大大降低了他们的学术地位。更何况,这些重大科技项目是全国性的,四川只做一部分工作,不能将这些科学技术成就认定为是巴蜀原创的科技成就。所以,我们也按照统一的标准认定"原创在巴蜀的杰出科技成就,以及出生在巴蜀的杰出科技人才"列入"巴蜀古今杰出科技人才长廊"。这个"巴蜀古今杰出科技人才长廊"是动态的,一旦有新认定、新发现的古今杰出科技人才,将及时删减和补充进去。

在巴蜀现代杰出科技人才之中,其中两院院士的介绍,主要取材于中国科学院学部联合办公室编的《中国科学院院士自述》(上海教育出版社1996年版)。近期选入的两院院士没有列入。我们也列入了一些在一定科学技术领域做出突出贡献的非院士的科学技术专家。

了解巴蜀科学技术对于中国科学技术的贡献,通过浏览"巴蜀古今杰出科技人才长廊",以人为本,就有一个整体而又具体的了解。这是弥补本卷不能在正文中详细叙述的重要内容。在现代科学技术中,巴蜀科学技术杰出人才所做出的原创性的成就,只能通过这种方式介绍。在本卷的"导论"中,我们已经指出:从系统科学观来看,巴蜀科技是中华科技的一个有机组成部分。随着现代科学技术的发展,巴蜀科技愈来愈只具有历史的、相对的意义。我们认为,巴蜀科技的内容,通过考古的研究还能够继续深化;现代的内容,将愈来愈融入全球化的科学技术之中。

(一)先秦时代的杰出科技人才

1. 嫘祖(累祖)

《史记·五帝本纪》载:"黄帝居轩辕之丘,而娶于西陵之女,是为嫘祖。嫘祖为黄帝正妃。"嫘祖是养蚕缫丝方法的创造者，是开创上古文明的科学发明家。

古蜀是中国丝绸的早期起源地之一。考古出土的五千年前的绢片、丝线、丝带等为上古传说中嫘祖发明养蚕制丝提供了确凿的物证。嫘祖是我们先祖女性中的杰出代表，嫘首倡婚嫁，母仪天下，福祉万民，和炎、黄二帝开辟鸿蒙，告别蛮荒，功高日月，德被华夏，被后人奉为"先蚕"圣母，与炎帝、黄帝同为中华人文始祖。

黄帝元妃嫘祖是蚕桑丝绸的伟大发明家，泽被中华，惠及全球，在中华和世界文明史上，写下了极其光辉灿烂的篇章，历来受到人民的尊崇。中国古代的许多典籍都盛赞了嫘祖的伟大功绩，北宋建隆元年的疏文称嫘祖：教民养蚕治丝，无须树叶蔽体；令地产桑育蚁，遂教人力回天。脱渔猎以事农耕，制衣裳而兴教化。德配黄帝，辅成怀柔统一之功；恩重元孔，垂教以农立国之本。几千年来，芸芸众生，悉赖生存，数千万泱泱民众，咸归德化。功高共日月同辉，英灵与天地共寿。

2．大禹（夏禹）

大禹活跃于公元前3000年的"洪荒年代"，出生于古汶山郡广柔县石纽乡刳儿坪（今四川岷山山系区域），葬于会稽（今浙江绍兴）。

大禹最先在岷山治水，开创了"岷山导江，东别为沱"的治水经验，然后随山刊木，疏通九河，扩及九州。据记载：鲧用堵水法治水无功，被舜诛杀。禹奉舜之命继续治理洪水，以疏导方法平水治土，发展农业，治水在外三十年，三过家门而不入，终于成功。因治水有功，继承舜位，为夏朝第一代君王。今日之世界文化遗产都江堰及成都平原的扇形水系，即是蜀人将大禹的治水经验和智慧加以丰富发展的产物。

3．杜宇

杜宇，又称杜主，活跃于春秋时期，号"望帝"，更名蒲卑，为"古蜀五祖"之一。

杜宇以前，古蜀尚属渔猎时代，未有耕稼。杜宇教蜀民与巴人务农，为巴蜀农耕始祖。他最先治理郫邑。郫即卑，卑湿之地；蒲即服，治理之意。故杜宇更名为"蒲卑"，即治理卑湿之地而成郫邑之意。沽郫是巴蜀泽地文明的起源，杜宇是开创者。他因其相开明氏鳖灵治水有功，传位于开明，升西山归隐，魂化杜鹃啼血。每至春日即促蜀氏春耕，故蜀人有在二三月春日望拜杜鹃加以祭祀的习俗。

（二）秦汉三国时代的杰出科技人才

1. 李冰

战国时期的水利学家。秦昭襄王末年（约前256～前251）为蜀郡守。

在原四川灌县（今都江堰）岷江出山口处，李冰主持兴建了中国早期的灌溉工程都江堰，使川西平原富庶起来。李冰修建的都江堰水利工程，在世界水利史上占有光辉的一页。都江堰悠久的历史举世闻名，其设计之完备令人惊叹。我国古代曾兴修了许多水利工程，其中颇为著名的还有芍陂、漳水渠、郑国渠等，但都先后废弃了。唯独李冰创建的都江堰经久不衰，至今仍发挥着防洪灌溉和运输等多种功能。都江堰被誉为"独奇千古"的"镇川之宝"。李冰治水，功在当代，利在千秋，名垂世界。

2. 吴理真

吴理真，西汉严道（今四川名山）人，是世界茶业发展史上最早有文字记载的人工植茶第一人。

蒙山是中国种茶业和茶文化的发祥地之一，早在两千多年前的西汉时期，蒙山茶始祖吴理真就在蒙顶山驯化栽种野生茶树，开创了人工种茶的历史。陈宗懋主编的《中国茶经》，在其附录《中国茶叶大事记》中载："西汉时，甘露禅师吴理真结庐于四川蒙山，亲植茶树，是佛教僧徒种茶的最早记载。"他在蒙顶山五峰之间驯化野生茶树，培育出"高不盈尺，叶片细长，叶脉对分"的灌木型茶树品种，并制成"圣扬花""吉祥蕊"等名茶。

3. 文翁

文翁，名党，字仲翁，西汉官吏。庐江郡舒县（今舒城县河棚镇枫香树乡文家冲）人。汉景帝末年为蜀郡守，兴教育、兴贤能、修水利，政绩卓著。在都江堰水利工程的扩建中，他也有重要贡献。

文翁治蜀首重教育，选派小吏至长安，受业博士，或学律令，结业回归，择优"为右职，次举官至郡守刺史者"；在成都兴"石室"，办地方"官学"，招收县子弟入学，入学者免除徭役，以成绩优良者补郡县吏，促进当地文化的发展。文翁开创了地方政府兴办"公立学校"之先河。"文翁兴学"得到汉景帝和汉武帝两位皇帝的嘉奖："令天下郡国皆立文学"，又下令"天下郡国皆立学校官"，大大推动了中国教育的发展。同时，"文翁兴学"推动了蜀学的兴起。班固在《汉书》中评论说："至今巴蜀好文雅，文翁之化也。"在"文翁兴学"的启发下，汉武帝于公元前124年建立"太学"。在京城"为博士官置弟子五十人"（《汉书》）。汉武帝正式开办"国立太学校"，其目的是为了培养官员，将儒家的"学而优则仕"制度化。"文翁兴学"实为中国"科举制"的缘起。

4．落下闳

落下闳（约前156~前87），姓落下，名闳，字长公。西汉巴郡阆中（今四川阆中）人。世界古代杰出的天文学家和历算学家。

汉武帝元封六年（前105），他被征召到长安制造新历。西汉太初元年（前104）创制我国历史上第一部完整的有文字记载的新历《太初历》。落下闳改革了不合理的岁首制度，改定从孟春正月为岁首，从此有了现在的"法定"的春节，后人尊他为"春节老人"。他将二十四节气纳入中国历法体系之中。改革置闰方法，使节令、物候与月份安排得更为准确，对农牧业生产和人民生活起了极为重要的作用。

落下闳创制了"浑天仪"，提出了"浑天说"。为历法计算所需，他还发明了应用辗转相除法求渐进分数的"通其率"算法。其学说与成就对其后中国古代天文学家如张衡，僧一行，阆中的任文孙、任文公父子及周群祖孙等影响颇大。时巴蜀人称他为"前圣"。2005年，国际永久编号为16757号的小行星被命名为"落下闳星"。

落下闳在《太初历》中，建构了中国古代完整保存至今的天文历法系统，既有大量观测数据，又有一以贯之的合乎逻辑的推导数据，被称为"落下闳系统"，比古代希腊的"托勒密系统"更早，其科学性、完整性、定量性完全可以与"托勒密系统"媲美。

5．扬雄

扬雄（前53~18），字子云。西汉官吏、学者。西汉蜀郡成都（今成都郫县）人。

扬雄博览群书，长于辞赋。年四十余，始游京师，以文见召，奏《甘泉》《河东》等赋。汉成帝时，任给事黄门郎。王莽时任大夫，校书天禄阁。扬雄是继司马相如之后西汉最著名的辞赋家。扬雄是古代巴蜀的一位杰出全才，既是文学家、哲学家、语言学家，同时也是一位杰出的天文学家。

在古典文献中，扬雄最先在《法言》中提到"浑天"，明确地指出是"落下闳营之"。扬雄原来相信"盖天说",在与桓谭辩论后才接受"浑天说",并成为"浑天说"的坚定支持者。他根据"浑天说"的观点,提出了对"盖天说"的八点诘难。《隋书·天文志》写道:"汉末,扬子云难盖天八事,以通浑天。"扬雄批判"盖天说"的天文论著《难盖天八事》记载于《隋书·天文志》中。

6. 涪翁

涪翁,西汉末、东汉初涪县(今绵阳市区)人,其真实姓名及生卒年均不详。

涪翁治病不论贵贱,皆全力救治不图报酬。后传针术给程高,程高再传于郭玉,郭玉后来成为东汉时期的一代名医。涪翁著有《针经》《诊脉法》等。涪翁《针经》是我国最早的针灸专书,在我国针灸学的发展史上无疑具有重要的地位。其书虽已散佚,但因其内容随其弟子口耳相传而保存于后世的针灸专著之中。涪翁的另一著作《诊脉法》是我国最早的诊脉专书。

7. 诸葛亮

诸葛亮(181~234),字孔明。三国时杰出的政治家、军事家、战略家、散文家、外交家,被誉为"千古良相"的典范。诸葛亮于汉灵帝光和四年(181)出身于琅琊郡阳都县(今山东沂南)的一个官吏之家。

诸葛亮受刘备三顾之礼,提出著名的《隆中对》,策动孙权、刘备联盟,于赤壁之战中大破曹操,奠定三国鼎立的基础。蜀汉建立,拜为丞相。刘备伐吴失败,受托孤于永安,辅佐幼主,外联东吴,内修政理,南征平叛,北抗强魏。为完成统一中原,兴复汉室的大业,先后五次进攻魏国,在治国、治军等方面发挥了非凡的才能,是以民用其力,百姓不怨;又推演兵法,作"八阵图""损益连弩""木牛流马",与名将司马懿、张郃等交锋,屡操胜券,最后一次北伐时采取分兵屯田之策,与司马懿大军相持百余日,但不幸因积劳成疾而逝世,享年五十四岁,谥曰"忠武侯"。其"鞠躬尽力,死而后已"的高尚品格,千百年来一直为人们所敬仰和怀念。

(三)两晋至隋唐时代的杰出科技人才

1. 昝殷

昝殷,唐代四川成都人。唐大中六年(852),时任剑南西川节度使的白敏中因家族中有妇人难产而死,遂命属下寻访名医良方,时人举荐昝殷。白敏中向其询问救治产妇良方,昝殷一一剖析,令白敏中深以为然。后白氏家族中又有产妇病情危急,延请昝殷救疗,即刻转危为安。白敏中极力鼓动昝殷将自己的医疗经验编撰成书，以广流传。昝殷遂潜心编写，经数年时间完成书稿，白氏建议将其命名为《产宝》。

2. 李珣

李珣（唐昭宗乾宁中前后在世，活跃于约公元896年），先祖是波斯人，其父随唐僖宗入蜀。

他生长于梓州（今四川三台）。少年时代即有诗名，著有《琼瑶集》，已佚。今存词五十余首，载《花间集》及《樽前集》中。祖上卖香药（即海药），受家庭熏陶，撰写《海药本草》六卷。《海药本草》在南宋末年散佚，因赖傅肱的《蟹谱》、唐慎微的《证类本草》等书的征引，部分内容才得以保存。今人范行准有辑本，据他统计，《海药本草》所载药物现存一百二十四种。

3. 袁天罡

袁天罡，唐初益州四川成都人。

袁天罡是唐代天文学家、星象学家、预测家，在隋朝时曾出任盐官令。著有《五行相书》《推背图》等。袁天罡是李淳风的师傅，他们都是隋末知识渊博和道行高深的道士。袁天罡曾经筑舍居于阆州蟠龙山前，李淳风因久慕其名，拜于门下。袁天罡和李淳风师徒二人晚年都在四川阆中度过，并且都安葬于四川阆中。至今在阆中还保留着他们师徒二人的墓地。

4. 梁令瓒

梁令瓒，唐代四川人，出生年代不详。

在唐开元年间，梁令瓒与僧一行一起合作制造两种大型天文仪器：黄道游仪、浑天铜仪，其结构精巧，使用方便，功能较全，精度高，有不少创新。梁令瓒起了相当重要的作用，是一位杰出的天文仪器制造家。《唐书·律历志》中写道："开元中，僧一行精诸家历法，言《麟德历》行用既久，晷纬渐差，宰相张说言之。玄宗召见，令造新历。遂与星官梁令瓒，先造《黄道游仪图》，考校《七曜行度》，准《周易》之数，别成一法。"梁令瓒是我国天文学发展史上承先启后的一位重要天文学家。

5. 唐慎微

唐慎微，活跃于11~12世纪间，字审元。原籍蜀州晋原（今四川崇州），出身于世医家庭，对经方深有研究，知名一时，是宋代著名医药学家。

宋元祐年间（1086~1094）应蜀帅李端伯之招，至成都行医，居于华阳（当时成都府东南郊）。唐氏虽生性朴讷，其貌不扬，但睿智明敏，医术精湛，医德高尚。患者不分贵贱，有召必往，风雨无阻。为读书人治病从不收钱，只求以名方秘录为酬，因此学者喜与之交游。每于经史诸书中得一方一药，必录而相咨，从而积累了丰富的药学资料，为其编撰《经史证类备急本草》增广见识提供了有利条件。1082～1083年间，尚书左丞蒲传正看过该书初稿后，要保荐唐氏做官，但唐氏拒而不受，继续修订增补自己的本草著作。约于1098年以后定稿，完成全书三十一卷。《经史证类备急本草》反映了宋代药物学的发展水平。唐慎微以个人之力完成这部宏伟精湛的药学巨著，刊行之后在国内外产生了重大影响。

（四）五代两宋时代的杰出科技人才

1. 陈抟

陈抟（871～989），字图南，自号"扶摇子"，赐号"白云先生""希夷先生"，出生于普州崇龛（今四川安岳县龙台镇龙西），一说出生于亳州真源（今安徽亳州）。在宋代，普州崇龛（今安岳）为纪念陈抟建有三处庙宇。陈抟出生于巴蜀，可信度大。陈抟是中国道教思想家、哲学家、内丹学家，中国太极文化的创始人，宋代理学的奠基人。

陈抟原创绘出《太极图》《先天方圆图》《八卦生变图》等一系列《易》图。他发表《太极阴阳说》后，宋代大儒周敦颐的《太极图说》，张载的《太和论》，邵雍的《皇极经世》，程颢、程颐、朱熹等的《易传》才出现，从而才有中华独有的太极文化形态和一系列理论的形成。尤其是宋代理学的形成，推动了理学的进步。

陈抟著《易龙图序》，传河洛数理。河图、洛书之图是陈抟所创。《易龙图序》对南宋伟大数学家秦九韶的《数书九章》有启迪作用。秦九韶在自序中写道："爰自河图、洛书，闿祕发奥。八卦、九畴，错综精微。"指出："河图、洛书"，开创发现数学的奥秘。《周易》八卦、《九章算术》在解决错综复杂问题时，显示了数学的精妙细微。陈抟对《正易心法》的注释，倡导"先天易学"，为中国自然科学的发展提供了有力参考。

2. 黄裳

黄裳（1146～1195），字文叔，隆庆府普成（今四川剑阁）人。生于南宋绍兴十六年（1146），卒于庆元元年（1195）。中国南宋地图学家。

南宋乾道五年（1169）中进士，后任嘉王府翊善。绍熙元年（1190）作成八图进献嘉王赵扩（后来登位的宋宁宗），八图是《太极图》《三才本性图》《皇帝王霸学术图》《九流学术图》《天文图》《地理图》《皇帝绍运图》和《百官图》。流传至今的有《天文图》《地理图》和《皇帝绍运图》三块石碑，现存江苏省苏州市碑刻博物馆。《地理图》所绘山、川、森林和路、府、州名以及海岸线的轮廓大体正确，森林和山岭的表示很有特色。还制有木舆地图，即木制的地形模型。《天文图》是以北宋元丰年间（1078~1085）一次恒星观测的资料绘制的。现存日本京都栗棘庵的宋拓本《舆地图》与苏州市碑刻博物馆收藏的黄裳《地理图》颇有相似之处，因此有人提出栗棘庵收藏的《舆地图》是根据黄裳所作木舆地图，再以南宋咸淳年间（1265~1274）初建置的府、州、军名为主，加以修改或增补而成。《天文图》已经译为英、法、德、日、俄多国文字，受到当今科学家的高度评价。

3. 秦九韶

秦九韶（1208~1268），字道古。四川安岳人。秦九韶与李冶、杨辉、朱世杰并称为宋元数学四大家。其父秦季栖，进士出身，官至工部郎中、秘书少监。秦九韶聪敏勤学。南宋绍定四年（1231），秦九韶考中进士，先后在湖北、安徽、江苏、浙江等地做官，担任县尉、通判、参议官、州守、同农、寺丞等职。1261年左右被贬至梅州（今广东梅县），不久死于任所。他在政务之余，对数学潜心钻研，并广泛搜集历学、数学、星象、音律、营造等资料，进行分析研究。所著《数书九章》对世界数学的发展做出突出贡献。至今仍有重要意义的方法有大衍求一术——一次同余式组解法、正负开方术——高次方程数值解法、互乘相消法——线性方程组之解法、秦九韶公式——与海伦公式等价和"缀术推星"——逼近法等。

（五）元明清时代的杰出科技人才

1. 张宗法

张宗法（1714~1803），字师古，号未了翁。四川什邡人。

张氏"性简傲"，但他勤奋好学，"博闻强记"，擅长书法，其草书尤为时人所珍视。他一生清贫自守，是一位长期生活在农村的知识分子。清乾隆二十五年（1760）付梓的《三农纪》二十四卷（一作十卷），三十三万多字，引证书目二百二十三种。第一至第五卷（占、课、月令、物产、水利）写天时地利，第六卷（救灾）写灾荒和备荒救灾，第七至第十八卷（谷属、蓏属、蔬属、果属、服属、油属、染属、叶属、植属、林属、草属、药属）介绍各种作物的栽培技术，第十九至第二十卷（畜属、虫属）谈畜牧兽医，第二十一至第二十四卷（宅舍、器物、谋生、养生）分述农村习俗杂事和农产品加工。（十卷本，卷一即卷占、课，卷二即卷月令、物产、水利、救灾，卷三即卷谷属、蔬属，卷四即卷蔬属，卷五即卷果属，卷六即卷服属、油属、染属、叶属、植属，卷七即卷林属、草属、药属，卷八即卷畜属、虫属，卷九即卷宅舍、器物，卷十即卷谋生、养生）。其内容之丰富，体系之完整，规模之宏大，仅次于同时代乾隆皇帝命令朝廷之五十位大学士、翰林、学者集体纂修的《授时通考》。

清道光、咸丰年间，有一个农村知识分子在路过张宗法墓地时，写过这样一首诗："先生有著《三农纪》，千古田家不可无。安得田园学耕稼，闲闲聊作下农夫。"赞扬了《三农纪》对指导当时农业生产所起的作用。直至新中国成立后，什邡、广汉、新都等县的不少老农，仍把《三农纪》当作"农师顾问"，在生产实践中加以借鉴。

2. 李南晖

李南晖（1709~1784），字仲晦、迎旭，号青峰、西海云樵。甘肃通渭人。

清乾隆三十年（1765）十二月，五十六岁的李南晖出任威远县知县，至乾隆四十三年（1778）十二月，署政十四载。其间，李南晖于乾隆三十二年七月奉调云南办理程站至十一月回任，于三十三年兼署夹江县印务，于三十六年七月兼署荣县印务九月改委兼办荣县事，于乾隆三十七年十月至三十九年正月奉调（平定金川战役）南路丹东（金川县西南）督管粮务，又于乾隆三十九年十二月至四十年六月再次奉调化林坪督管粮务，公务繁多，军功卓著。李南晖为官清廉，两袖清风，县民爱戴，任内修城修志、修桥筑堤、政绩卓著，创立青峰书院，办学育人。李南晖学富五车，政事之余，精研《周易》，著作精奥，诗文书法，遍留墨迹，传授医术，活兽活人。李南晖的著作主要有《读易观象惺惺录》《易象图说叙论》《周易原始》《太极图说》《慎思录》《静观斋诗稿》《憩云集》《天水问答》和《青囊心法》《活兽慈舟》《活命慈舟》等，其中，《读易观象惺惺录》《慎思录》等著作被《清史稿》收录，李南晖的事迹亦被《清史稿》载入列传忠义篇。

《活兽慈舟》于清同治十二年（1873）付梓，全书四卷十六万字，其中黄牛、水牛部分约占全书篇幅的一半以上，其次为马、猪、羊、犬、猫等。《活命慈舟》于清同治九年（1870）付梓，全书八册。第一至第五册又分为八卷，以科为卷（纲），以治法为目，依法拟方，辨证论治，古方验方、单方草药、一法多方。第一册即卷一，论述补益、导泻、补泻、祛风、却寒、避暑、渗湿、润燥、治火、汤火十法。第二册即卷二，论述治头、通耳、治鼻、明目、不药、脾胃、治手、治腰、外擦、治足、导痰、中恶、调气、治血十四法。第三册为卷三和卷四，卷三论述治舌、治喉、治痛、消肿、治鸣、消疝、去痢、截疟、泄泻、双调十法；卷四为妇科，论述调经、保育、转胎、种子、胎教、养胎、瘦胎、降生、急催、相时、脱胞、清产、产后十三法。第四册为卷五和卷六，卷五为儿科，论述育儿、三日、断脐、剃头、认病、生机、病不治、病死、收浆、定惊、灸、推、内伤、外感、轻痘、养痘、认痘、治疹、火灸、转关二十法；卷六论述治痈、疽、疔、外肿、癣、瘰疬、刀、诸伤八法。第五册为卷七和卷八，卷七论述先治、后治、解冤、汗治、吐治、下治、破治、启智八法；卷八论述论医、论病、审病、断生、判死、决断、生死、外感、持脉、用药、补益、清泻、辨味、辨色、治标、治本、轻重、依性、论贫富、阴阳辨、养心、调气、守身、活命二十四法。第六册为药性卷上，收录常用中药一百五十味。第七册为药性卷下，收录动植物类中草药三百九十一味。第八册为附录和药性补遗。附录篇除论述儿科治法、治吐血内伤虚劳妙方、救急万应丸方等外，还抄刻有《陆地仙经》一书，其内容包括养生延年益寿的"百字导引法"和"十二段锦"两部分。药性补遗篇收录中草药一百一十七味，其中记载：普洱茶，味微甘，性平气薄，解郁热，开心窍，利二便，强脾胃，嚼敷痈疽、瘰疬、瘿瘤、蛇犬虎伤、金刀口溃久不敛者效。

3. 曾懿

曾懿（1837~1927），字伯渊，又名朗秋，出身于官绅家庭，四川华阳人。是一位既通晓医理，又有行医救国思想的晚清蜀中女名医。她医技精湛，医德高尚，在群众中具有极高的声誉。

4. 陈开沚

陈开沚（1855~1926），字宛溪，号愚溪。四川三台人，清同治秀才。

陈开沚早期执教，后从事蚕桑实业，清光绪二十八年（1902）首创四川缫丝第一厂——三台万安神农缫丝厂。接着，又分资乐山新建一处规模更大的华新丝厂。陈开沚深知振兴国家实业非个人绵力所能及，于是奔走四方，组织蚕桑会，并立会规十则。清光绪二十三年（1897）编写《神农最要》《蚕桑浅学》等科普读物，广为刊发，努力倡导蚕桑。

(六)现代杰出科技人才

1. 蒲辅周

蒲辅周(1888~1975),四川梓潼人。

其祖父为医生,辅周初习儒,后因经济原因而辍学,改从祖父习医,十八岁时即悬壶应业。后又深入钻研《内经》《伤寒论》《温病条辨》《温热经纬》等著作,医术益精,名噪一时。后迁成都行医,并于1965年参加"同济施医药社",施医发药济贫,于温病、妇科病症尤有研究。1956年,中医研究院甫成立,即应聘到该院任职,曾任该院副院长之职。蒲辅周以其医术挽救了许多温病包括乙型脑炎等传染病患者,对若干内、妇科疑难杂症亦颇有治验。其治病主张灵活辨证,反对泥古不化。其著作有《蒲辅周医案》《蒲辅周医疗经验》《流行性乙型脑炎》《中医对几种妇女病的治疗法》《中医对几种传染病的辨证论治》等。

2. 陈之长

陈之长(1898~1987),四川简阳人。著名兽医学家,农业教育家,中国现代畜牧兽医教育事业的奠基人之一。曾任中国畜牧兽医学会名誉理事长。

1912年考入成都府中学堂(现成都石室中学),1913年考入北京清华学堂留美预备班。1922年,陈在清华学堂学习期满,赴美入艾奥瓦州立农工学院攻读兽医。1926年,陈在该院获兽医学博士学位,旋即赴康奈尔大学选修微生物学,并在乳牛场实习乳品加工,为回国办农场作准备。1927年学成回国。1929年秋,他应聘担任南京中央大学教授兼畜牧兽医系主任,从此走上"教育救国"之路。1935年创办《畜牧兽医季刊》,及时报道教学和科研成果。抗日战争爆发后,中央大学西迁四川重庆。当时四川省建设厅邀请陈之长、罗清生去成都协助工作,遂借得四川省家畜保育所部分房屋作为畜牧兽医系师生安身和教学实习场地,为教学、科研和推广提供了较好的条件,也使从南京带来的良种畜禽得以充分选育和推广。除完成本科和专修科教学任务外,还代办了中央政治学校附属边疆学校畜牧科,与农林部中央畜牧实验所合办了羊毛改进人员训练班,招收畜牧和兽医硕士研究生。1938年,陈之长和罗清生应重庆国民政府财政部川康盐务管理局邀请,赴自贡盐场检查盐井推牛瘟病。1940年,成立中华畜牧兽医出版社,陈之长任理事长。该社定期出版《畜牧兽医月刊》以及畜牧兽医专著和科普读物。1942年,陈之长当选为中国畜牧兽医学会第二届理事长。1946年中央大学在南京复校。陈之长因健康原因辞去系主任职务，但仍担任兽医微生物学和家畜产科的教学工作。1948年，陈之长应聘就任四川大学教授兼农学院畜牧兽医系主任。新中国成立后，他继续担任系主任。陈之长将毕生精力贡献给祖国的畜牧兽医教育事业，长达五十年之久。他品德高尚，公正坦诚，才思锐敏，平易近人，知人善任，因此能聘请到不少国内名流、专家来系任教，合作共事。他不仅承担繁重的行政工作，而且编写教材，翻译名著，亲自讲课，指导实习，带领研究生，为祖国培育了一代又一代畜牧兽医科技人才。

3. 晏阳初

晏阳初（1890~1990），四川巴中人。世界著名平民教育家和乡村改造奠基人，创办乡村建设学院。

晏阳初出身于四川巴中县一个塾师之家，童年在传教士举办的西式学堂接受教育，后毕业于美国耶鲁大学。于1920年回国后，献身平民教育事业，于1923年成立了著名的中华平民教育促进会。由于意识到中国的文盲主要是在农村，1926年，平民教育促进会选定河北定县为实验区，开启了而后蔚为壮观的乡村建设运动的先河。由于晏阳初在中国推行平民教育，关心弱势群体，重视乡村建设，取得显著成效，在1943年美国举行的"哥白尼逝世400周年纪念大会"上，晏阳初与爱因斯坦、杜威等世界名人共十人，被全美纪念委员会膺选为"现代先马区科学家"。主要著作有《平民教育概念》《平民教育的真义》《农村运动的使命》等。

4. 郭沫若

郭沫若（1892~1978），原名郭开贞，又名郭鼎堂，四川乐山人。历史学家、考古学家、古文字学家、文学家。

早年在四川大学（四川省城高等学堂）学习，后留学日本，先学医，后从文。1926年任广东中山大学文学院院长。1928年因受蒋介石通缉，旅居日本，从事中国古代史和古文字学的研究工作，著有《中国古代社会研究》《甲骨文研究》。新中国成立后历任中央人民政府委员、政务院副总理兼文化教育委员会主任、中国科学院院长、中国科学院哲学社会科学部主任、历史研究所第一所所长、中国科技大学校长、中国文联主席等职。1978年6月12日，在北京逝世，终年八十六岁。所著《甲骨文字研究》《两周金文辞图录考释》《金文丛考》《卜辞通纂》等，曾在学术界引起震动。

5. 何鲁

何鲁（1894~1973），四川广安人。我国著名的数学教育家。

幼颖悟，有"神童"之称。在沪曾从复旦大学已故校长李登辉先生学英语，后上北京进清华留美预备学校，因参加闹学潮被校长颜惠卿开除。旋得留法公费，率妻弟朱广儒（后为法语教授）、朱广湘（后获巴黎大学医学院国家博士，回国后为北京名医）和朱广才（中国第一个毕业于法国多艺学院者）三人去法留学。当时，中国留学生考取科学硕士极难，他是第一个获得该项学位的中国人。他一贯鼓励学者创造，曾为吕子方的《〈三统历〉历意及其数源》作序，肯定吕子方的创新。何鲁著有《二次方程详论》《虚数详论》《行列式详论》等，其文笔简练，论证严谨，对当时中国数学教育的发展产生很大影响。

6. 吕子方

吕子方（1895~1964），四川巴县（今属重庆）人。四川大学物理系教授。

1914年吕子方东渡日本，考入东京高等工业学校。1918年前往英国，考入里茨大学，继续研习数学、物理、天文。1923年归国后，即全力从事科学教育工作，先后在厦门大学等多所大学任教。新中国成立后，在北京工业学院工作两年，即调四川大学任物理系教授。在四川大学任教的十二年之中，吕子方潜心研究中国科技史，写下五十多万字的研究成果，其主要内容大多数与巴蜀科技史有关。吕子方与四川大学的学术传统密切相关。他的一些研究成果，当时就得到四川大学历史系蒙文通教授的肯定和引用。吕子方的遗稿《中国科学技术史论文集》（上、下两册），由四川人民出版社1983年、1984年出版。

著名数学家何鲁教授称吕子方"能明古人之用心，使二千年前之成绩，焕然一新，厥功甚伟"。英国科学技术史专家李约瑟评价吕子方是"对中国科技史研究有真知灼见的学者"。

7. 周太玄

周太玄（1895~1968），原名周焯，号朗宣，后改名周无，号太玄。祖籍河南祥符，出生于四川新都，中国近代知名生物学家、教育家、翻译家、诗人、编辑。

早年就读于成都高等学堂分设中学堂（今石室中学），1911年考入上海中国公学政治经济专门部。1916年毕业后在《民信报》任编辑、翻译。后赴北京，任职于京华日报、中华新报、中华通讯社。1918年参与发起"少年中国学会"。1919年赴法国留学，创办《旅欧周刊》并任主编。此后又同李立三、赵世炎创办了《华工周刊》（后改名《华工旬刊》）。1921年出任少年中国学会巴黎分会书记。同年考入蒙彼利埃大学学习博物学，1924年获教育硕士学位。后进入巴黎大学研究院，从事细胞学与腔肠动物的研究，1930年获法国国家理学博士学位。同年返国后，先后任教于成都大学、成都师范大学、四川大学，曾任四川大学理学院院长、生物系主任。1934年前往国立北平研究院，出任特约研究员。1940年任西康经济研究所所长。1943年回到四川大学，并当选教授会主席。1946年起，先后受聘为上海大公报与香港大公报顾问，并曾任香港大公报编辑主任。

新中国成立后，周太玄出任西南军政委员会与文教委员会委员。1951年任四川大学校务委员会主任委员（校长）。1952年任重庆大学校长。1953年调往中国科学院，历任编译局副局长、局长。同年加入中国农工民主党。1954年出任科学出版社首任社长、总编辑。1955年起兼任中科院动物研究所一级研究员，是中国腔肠动物研究的鼻祖。此外，他还曾任第二至第四届全国政协委员。他是我国著名的教育家、翻译家、政论家、社会活动家和诗人。曾写过七部科学著作，翻译过十一部著作，此外还留下许多生物学论文和有关教育、妇女、哲学等方面的论述以及诗论、诗作，被誉为学贯中西、博古通今的一代通才。

8. 彭家元

彭家元（1897~1966），四川金堂人。中国近代土壤学和肥料学的奠基人。

1924年，留学美国的彭家元返国，先后在北平农业大学（现中国农业大学前身）、厦门集美农学校、广东中山大学农学院、武汉大学农学院任教，后因抗日战争爆发，转辗回到四川；1938~1948年任四川农业改进所技正兼农林化学系主任、农事试验总场场长；1939~1966年先后任四川大学农学院教授、农学院院长、农化系主任、四川农学院教授兼土壤农化教研室主任。

彭家元一生中最辉煌的教学研究基地是北平大学、中山大学和四川农学院。彭家元知识广博，治学严谨，工作认真负责，他是我国现代土壤学、肥料学的奠基人之一，对土壤学、肥料学、土壤微生物学、水土保持等学科做出了重大贡献。

彭家元毕生从事农业教育和土壤肥料科学研究，长达四十二年。早在20世纪30年代中期，他编写出版的我国最早的大学教科书《肥料学》和《土壤学》，在较长时期为多所大学使用。1929年，彭家元与邓植仪教授共创广东土壤调查所，1934年倡议组建中华土壤肥料学会，并共同主编《土壤与肥料》（季刊）。在20世纪30年代末期与助手陈禹平发表了《广东土壤中氮素固氮菌之分离研究》，成功地富集培养了高温纤维分解菌"元平菌"，为我国开辟农村肥源提出了行之有效的措施。20世纪40年代，他参与"水土保持"名词创定，开展水土保持试验，对四川的水土保持发展奠定了基础。

9. 李珩

李珩（1898~1989），四川成都人。现代著名天文学家。

历任山东大学教授、华西大学教授兼理学院院长、四川大学教授兼物理系主任、昆明凤凰山天文台和南京紫金山天文台研究员等。20世纪50年代起出任中国科学院上海天文台台长、中国天文学会副理事长和上海分会理事长。

李珩长期从事教学和天文学研究工作，曾主编《天文学报》《宇宙》，其专著有《造文变星统计研究》《红巨星的模型》《五个银河星团的照相研究》《天文简史》《宇宙体系论》《理论力学纲要》和《人造卫星》等。译著有《普通天体物理学》《宇宙体系论》《大众天文学》《天文学简史》等。李珩的一系列有创新的研究专著，奠定了他作为杰出天文学家的地位。

在天文学的科学普及方面，李珩也做了大量卓有成效的工作。他翻译的法国著名天文学家弗拉马利翁写的《大众天文学》，是一部中级科普读物，由科学出版社分三册出版。《大众天文学》以精美的图片，有趣的传说，流畅的译文，深入浅出地讲述了天文学的故事，深深吸引了中国广大天文学爱好者，对于普及天文学起了重要的推动作用。

10. 方文培

方文培（1899~1983），字植夫，重庆忠县人。植物学家，一级教授。

1921年考入南京东南大学生物系，结业后在中国科学院植物研究所工作。1934年考入英国爱丁堡大学研究所深造，1937年获博士学位，同年归国任四川大学生物系教授，直至去世。曾任中国植物学会名誉理事长、四川省植物学会理事长、中国百科全书编辑委员、四川大学理科学术委员会副主席、四川省政协委员等职。还是荷兰皇家学会会员、英国皇家学会会员。1932年以来，发表植物学专著八部、论文五十多篇，发现植物新种一百余种，其中由他命名的四十多种，是世界上公认的槭树科、杜鹃花科专家。

11. 张铨

张铨（1899~1977），字克刚，浙江仙居人。

1921年考入燕京大学皮革学系，1925年毕业后留校任讲师。1937年，赴美国辛辛那提大学皮革研究院深造，先后获硕士、博士学位。1940年8月归国，任成都华西协合大学、四川大学教授兼成都高级制革职业学校校长。1941年发表论文，提出单宁与生胶原的结合是物理化学的总和，为发展植物鞣革科学做出重大贡献。1952年夏，负责筹建我国第一个制革专业——皮革、毛皮及鞣皮剂专业。主编了高等院校统编教材《皮革工艺学》。1959年9月，率领我国皮革专家小组出席在莫斯科召开的皮革学术交流会议，宣读《中国皮革涂饰剂生产、应用和研究的概况》论文，博得与会专家赞赏。

12. 刘承钊

刘承钊（1900～1976），山东泰安人。动物学家。中国科学院院士。

1927年毕业于燕京大学生物学系，获学士学位，1929年获理学硕士学位。1934年获美国康乃尔大学哲学博士学位。1939年任华西协合大学生物系教授、自然博物馆馆长。新中国成立后任成都燕京大学理学院院长、成都华西大学校长、四川医学院院长。所著《中国无尾两栖类》《华西两栖类》受到国际动物学界高度评价。被美国鱼类学、两栖爬行学会授予"终身国外名誉会员"称号。

13. 张鼎铭

张鼎铭（1900～1985），四川阆中人。杰出的数学家。

1927年毕业于北京师范大学数学研究科。1948年获英国剑桥大学数学博士学位。1949年受聘任美国普林斯顿爱因斯坦最高研究院研究员。新中国成立后，任四川大学教授。专长积分方程和函数论，在研究线性积分方程的奇值和特征值的分布方面做出了贡献。撰有论文《论线性积分方程的奇值和特征值的分布》。其《论线性积分方程的奇值与特征值的分布》一文，奠定了研究迹类算子奇异值与特征值关系的基础。

14. 杨允奎

杨允奎（1902～1970），字星曙，四川安岳人。

1928年，杨允奎获得公费留学美国，入俄亥俄州立大学农业系研究玉米遗传学育种，1932年毕业，获博士学位。他断然拒绝了留美、赴德国任教的聘请，回国就任河北省立农学院教授。1935年获邀任四川大学农学院农学系教授。一生从事高等教育和农业科研工作，对玉米遗传育种有精深研究。同时，他很重视学习国外先进经验和科研成果，他认为科学技术无国界，凡能为我国所用的都要学习。他多次出国访问，作农业科技报告，受到高度评价。

15. 张洪沅

张洪沅（1902～1992），字佛宁，四川华阳（今成都市）人。

1930年美国获麻省理工学院博士学位，升为副研究员。他的博士论文《接触法硫酸反应速率的研究》被誉为"张氏公式"。1931年回国后，选择了"教育救国"的道路，1932年张洪沅到南开大学化工系任教授并进行科研工作。自中国化学工程学会成立以来，张洪沅历任学会理事，并多次担任理事长、会长。新中国成立后，他积极参与四川省化工学会的组建工作，历任该会理事、副理事长、名誉理事长及成都市化工学会名誉理事长。张洪沅为我国化学工业的发展做出了卓越的贡献。

16. 周泽昭

周泽昭（1902～1990），四川江津人。医学家。

1926年毕业于中山大学医学院。历任广西军医学校教务长、外科主任教员，国民政府军政部第八重伤医院院长、外科军医兼八路军第一后方医院院长、外科主任军医、中央医院院长，陕甘宁军区第一后方医院医务主任，中央医院的创建人。新中国成立后任北京医院院长兼外科主任，第一军医大学校长、外科主任教授，重庆医学院院长，四川省卫生厅副厅长等。曾任中华医学会常务理事、外科学会主任委员，《中华外科》杂志主编等职。1955年被选聘为中国科学院院士（学部委员）。早年在延安开展毒气的病理和防治及野战外科的研究工作，为战地救护做出了贡献。组织并参加了斜颈矫形的研究工作，设计了"完全性纤维中间切断术"用于手术方法矫正斜颈，弃手术后石膏固定改做早期运动。在抗日战争、解放战争和新中国成立后的人民卫生医疗事业及对中央领导同志的卫生保健方面做出了杰出贡献。

17. 常隆庆

常隆庆（1904～1979），字兆宁，四川江安人。地质学家。

毕业于北京大学地质系。1930年获北京大学理学学士学位，随即担任中央地质调查所调查员。1932年任中国西部科学院地质研究所主任。1939年任国民革命军事委员会西昌行辕地质专员，授少将衔。1946年任四川地质调查所所长。1949年以后，任西南地质调查所副所长、重庆地质学校教导主任、成都地质学院教授。发现了攀枝花钒钛铁矿及内蒙古铁矿，被称为"攀枝花之父""包钢之父"。著有《中国地质学》《四川叠溪地震调查记》《怎样找矿》《中国断裂系与成矿关系》等多种著作，为国家培养地质人才和矿产大开发打下深厚基础。

18. 黄汲清

黄汲清（1904~1995），四川仁寿人。地质学家，中国科学院院士。

1928年毕业于北京大学地质系，1935年获瑞士浓霞台大学理学博士学位。1948年被选聘为中央研究院院士。1955年被选聘为中国科学院院士（学部委员）。1980年被瑞士联邦工学院授予名誉博士学位。1985年被美洲地质学会授予名誉会员称号。1988年被苏联科学院选为外籍院士。中国地质科学院研究员、名誉院长。在大地构造学、石油地质学、地质制图、古生物学和地层学等方面均有很深造诣。对中国的二叠纪提出了划时代的分层。在《中国主要地质构造单位》中，首次用历史分析法阐述了中国及邻区大地构造单元的划分、特征及演化，并创立了多旋回构造运动说，奠定了中国历史大地构造学的基础。提出了单元相互转化机制和多旋回构造运动理论。先后共主编四十一幅1∶1 000 000地质图及1∶3 000 000全国地质图，对全国矿产普查有指导意义。提出我国西北大型盆地多层多期生储油理论和陆相生油理论。坚持对东部开展找油工作，为大庆油田的发现做出了贡献。

19. 乐以成

乐以成（1905~2001），四川芦山人。

1924~1932年就读于华西协合大学医学院，并获华西协合大学及纽约州立大学医学博士学位，成为华西协合大学有史以来的第一位医学女博士。1932年起先后在华西协合大学医院、北京协和医院、加拿大多伦多大学医院、美国加利福尼亚大学医学院、英国伦敦大学皇家医学院从事妇产科学的学习和研究。1952年后在原四川医学院。原华西医科大学附属医院、附属第二医院从事医疗、教学、科研和管理工作。其间先后任四川医学院附属医院妇产科主任，四川医学院医疗系主任。

20. 侯光炯

侯光炯（1905~1996），字翼如，江苏金山（今属上海市）人。土壤学家、农业教育家。历任西南农学院（原西南农业大学、今西南大学前身之一）教授、博士生导师、名誉校长。

侯光炯于1924年7月入国立北平农业大学农业化学系攻读本科，1928年毕业；1931年3月，到国民政府中央地质调查所工作。1937年2月以后，历任中央地质调查所土壤研究室主任、主任技师,江西省地质调查所主任等职。1942年初至1946年8月,先后兼任四川大学、中央大学、重庆大学、川北大学的教授。1946年8月至1952年,出任四川省农业改进所技正兼四川大学农学院教授。1948年开始,任四川大学农学院农业化学系教授。1952年后,历任西南农学院教授(1956年被评定为一级教授)、博士研究生导师、土壤农业化学系主任、名誉校长,并曾兼任西南农业科学研究所土壤肥料系主任、中国科学院重庆土壤研究室主任、四川省科学技术协会副主席、四川省农学会名誉理事长、四川省土壤学会理事长等职。1955年,被遴选为中国科学院首批院士(学部委员)。1956年加入中国共产党,晋升一级教授。1985年获"全国五一劳动奖章"。1989年被评为"全国先进工作者",并获全国"老有所为精英奖"。1990年获四川省"自然科学界精神文明标兵"。1992年获"四川省有重大贡献科技工作者"称号。

侯光炯是我国土壤科学的开拓者和奠基人之一。主编出版我国第一本农业土壤专著《中国农业土壤学概论》及《土壤学》(南方本)等五部专著,公开发表论文一百四十余篇。1978年,他提出的"土壤肥力生物热力学"理论,荣获中国科学大会重大科技成果奖。1979年,侯光炯开始研究"自然免耕技术",这项技术在全国十三个省、市推广面积达四千多万亩,平均增产幅度达百分之十五左右,是一项开拓性的科技成果,获1986年四川省重大科技成果一等奖和1987年全国科技进步三等奖。1986年,他撰写的《中国水土保持应走自然免耕的道路》一文,荣获四川省科协优秀学术论文奖。

21. 沈其震

沈其震(1906~1993),生于四川重庆,原籍湖南长沙。医学家、生理学家。

1923年起在上海同济大学医学院、中山大学医学院学习,1931年获日本东京帝国大学医学院医学博士学位。1955年被选聘为中国科学院院士(学部委员)。中国医学科学院教授、副院长。中国人民军队卫生事业的创建人之一。20世纪30年代向国内介绍苏联的卫生保健事业,创办由中国共产党北方局领导的天津诊所,创办《医学知识》杂志等刊物。1937年在汉口参加新四军,筹建新四军军医处并任处长。皖南事变后,任新四军卫生部部长。1943年到延安,任中央军委卫生部第一副部长。募集医药器材,为解放区输送了大批急需物资,并动员大批科技人员到解放区工作。担任中央卫生研究院首任院长,为中华人民共和国的卫生事业做出了贡献。

22. 蒋明谦

蒋明谦（1910~1995），四川蓬溪人。有机化学、药物化学家。

1935年毕业于北京大学化学系。1944年获美国伊利诺伊大学博士学位。中国科学院化学研究所研究员。1980年当选为中国科学院院士（学部委员）。从事有机化学、药物化学研究，重视科学现象的个体性与整体性关系。早年从事药物化学研究，侧重药物分子结构与药理作用的关系。20世纪50年代开始有机化合物结构与性能定量关系的研究。1962年提出"诱导效应指数"，用于非共轭体系有机物性能的预测，得到了广泛的承认。1977年又提出"同系线性规律"，适用于定量计算和预测所有有机同系物系列的性能与结构关系。

23. 柯召

柯召（1910~2002），字惠棠，浙江温岭人。数学家、中国科学院院士。

1933年毕业于清华大学。1937年在英国曼彻斯特大学获博士学位。曾任四川大学教授，四川大学校长，九三学社中央副主席等职。是近代数学的创始人之一，与华罗庚同为第二代数论学家的杰出代表。在二次型研究方面获得一系列重要成果，是中国二次型研究的开拓者；在研究不定方程领域做出了重要贡献，关于著名的"Catalan猜想"的研究成果被称为"柯召方法"；关于有限集合的"Erdos-Ko-Rodo定理"，被称为里程碑式的定理，开辟了极值集论迅速发展的道路。曾获"何梁何利基金科学与技术进步奖"等奖项。1956年当选为中国科学院院士。

24. 肖伦

肖伦（1911~2000），四川郫县人。放射化学家。

1939年获清华大学学士学位。1951年获美国伊利诺伊大学博士学位。曾任中国原子能科学研究院研究员，核工业总公司科技委高级顾问，中国同位素学会名誉理事长，《同位素》杂志主编。1980年当选为中国科学院院士（学部委员）。在博士论文中发现了钽183、钽185和钨185等新的核素。还在美国国立石油能源研究所从事过表面化学的研究，发现了聚氧乙烯非离子型洗涤剂在溶液中带正电的现象。1956年首次在北京大学开设放射化学讲座。在中国发展核技术事业中，指导特种军用放射源及氢弹原料氚的研制。长期从事民用放射性同位素的研究、开发、生产和应用，对军事工业和国民经济做出了贡献。

25. 熊达成

熊达成（1916~2001），四川井研人。水利学专家。

曾任四川大学教授（原成都科技大学教授，兼成都科技大学出版社社长）。四川省水利学会名誉理事、成都市水利学会理事长。1937～1955年曾主持修建四川大学、光华大学、成都工学院校舍工程，是重庆大渡口钢铁厂、自贡市釜溪河船闸工程、成都市1947年水毁段工程，成都市府南河工程的先驱。1946～1986年相继在四川大学工学院、成都工学院、成都科技大学（现并入四川大学）任教，长达四十年。1978～1982年主编出版《水利工程施工》《施工导流图集》《都江堰》等书。

26．芶清泉

芶清泉（1917～2011），四川邛崃人。物理力学家、物理学家和物理学教育家。

长期从事原子与分子物理、高压物理和物理力学的研究，致力于使物理力学的研究建立在原子物理和高压物理的基础之上，并促进这三门学科的合作与交流，为促使物理力学形成自己的研究特色做出了贡献。他的研究成果具有系统性和较强的应用背景，有些成果在技术上得到应用。

1942年，芶清泉在中央大学（今南京大学）物理系学习，获物理学士学位。1944年任西南联大物理系助教，师从吴大猷先生，开始原子与分子物理研究。1946年至1947年任北京大学讲师，1952～1982年先后调任东北人民大学及吉林大学物理系教授。1960～1966年兼任中国科学院东北物理所（今长春物理所）所长。1982年调入四川大学（成都科技大学），先后创建了应用物理系、原子与分子物理研究所、高温高压物理研究所（与中国工程物理研究院一所联合），均为首任系主任或所长，并建立了首个原子与分子物理国家重点学科。

27．曹建猷

曹建猷（1917~1997），湖南长沙人。铁道电气化专家，中国科学院院士（学部委员）。

1940年毕业于上海交通大学。1950年获美国麻省理工学院博士学位。1977年以后，主要从事计算机科学教学和指导研究生工作。在供电系统理论与计算的研究方面发表了一系列论文和著作，一直致力于我国高等教育和铁道电气化的开发研究。曹建猷是西南交通大学电气和电子学科的创始人，培养了数以千计的专门人才。他作为我国电气化铁道采用25千伏单相工频交流制的主要决策论证者，对确定我国电气化铁道供电制度及电气化铁道的发展作出了重要贡献，是中国铁道电气化事业奠基人。

28. 李荫远

李荫远（1919～2016），四川成都人。物理学家，1980年当选为数理学部委员（后改称院士）。

1943年毕业于西南联合大学。1951年获美国伊利诺伊州立大学物理学博士学位。历任中国科学院物理研究所研究员，固体理论、晶体学研究室主任，副所长，所学术委员会主任。曾任《物理学报》副主编、《中国物理快报（英文版）》主编等职。1980年当选为中国科学院院士（学部委员）。是中国固体物理理论研究的开拓者之一。20世纪40年代中期利用合金有序化的普适仿化学近似方法首次得出面心立方合金Cu_3Au一阶有序相变的近似理论，并研究了合金和反铁磁性的有序–无序相变的统计理论。20世纪50年代对过渡族元素氧化物的磁结构超交换作用等作了一系列研究。1964年首先预见到非线性光学中倍频辐射喇曼效应。70年代以来对激光技术晶体作了多方面的研究，对准一维离子导体在电场作用下的新现象得出完善的理论解释。

29. 林为干

林为干（1919～2015），广东台山人。微波理论学家，中国科学院院士。

1939年毕业于清华大学。1951年获美国加州大学博士学位。电子科技大学教授。1980年当选为中国科学院院士（学部委员）。其所著《关于一腔多模的微波滤波器理论》一文，首先发现一个圆柱谐振腔中有五个同谐振频率的简并模可资利用，受到同行的重视，至今仍广被引用。在发表的上百篇科学论文中，保角变换应用方面的研究尤为重要。《英国马可尼丛书》第二卷大量引用他的外圆内矩的特种截面的数据和公式，认为其特性抗阻的公式和数据是当时最准确的。1952年起曾组织并参加翻译苏联教材十多种，对高校教学做出了贡献。

30. 陈荣悌

陈荣悌（1919～2001），四川垫江人。络合物化学家，中国科学院院士。

1941年毕业于四川大学化学系，1944年武汉大学研究院毕业。1944年考取公费留学美国。1952年获美国印第安纳大学博士学位，在美国西北大学做博士后。曾任南开大学化学系教授。1980年当选为中国科学院院士（学部委员）。早年从事络合物结构与稳定性方面的研究，成果为许多络合物化学专著所引用，是国际上研究溶液中络合物化学的早期科研工作者之一。对络合物在溶液中的组成和稳定性研究及实验方法有所发展（如折光法等），曾提出络合物稳定性与配体酸碱强度之间的直线自由能关系和直线焓关系，并发展为线性热力学函数关系。20世纪80年代用大量实验结果证明了上述关系在配位化学中的存在。还从事热力学和热化学、结构和配位理论、络合催化理论和应用等方面的研究。

31. 徐僖

徐僖（1921～2013），江苏南京人。高分子化学、高分子材料科学家，中国科学院院士。

原成都科技大学副校长、原高分子材料工程国家重点实验室主任，四川大学教授、高分子研究所所长，上海交通大学教授，解放军总后军需部特邀顾问专家，著名教育家。

徐僖1944年毕业于浙江大学化学系，1948年获美国里海大学科学硕士学位。曾任成都科技大学高分子研究所所长，上海交通大学高分子材料研究所所长，高分子材料工程国家重点实验室负责人。1991年当选为中国科学院院士（学部委员）。我国最早从事高分子材料教学、科研的学者之一，撰著了我国第一本高校高分子教科书《高分子化学原理》，是我国高校高分子材料（塑料）专业的创始人。长期从事高分子力化学、高分子材料结构与性能和高分子材料成型基础理论等方面的研究，在高分子超声降解和共聚、高分子氢键复合、高分子共混材料的形态和性能等领域做出了贡献，在国内外高分子学术界享有较高声誉。

32. 杨凤

杨凤（1920～2015），云南丽江人，纳西族。我国动物营养学奠基人之一。曾任国务院第二届学位委员会成员、农业部学术委员会成员、中国畜牧兽医学会副理事长和动物营养学会分会会长以及四川农业大学校长、四川农业大学名誉校长、中国畜牧兽医学会名誉理事长和动物营养学会名誉会长。

1951年从美国回国，一直从事动物营养的人才培养和科学研究工作。先后主持了省级重大课题五项，并在六项国家和部级课题中做出重要贡献。首先提出在我国用消化能作为能值评定体系，主持制定了《四川猪的营养需要》并参加主持制定了全国猪的饲养标准。获国家科技进步奖二等奖一项，及省部级科技进步奖一等奖四项，二等奖三项，三、四等奖三项。1994年被评为四川省有重大贡献科技工作者。在人才培养方面成绩显著。共招收培养博士生三十一人、硕士生四十七人。其学科点在1987年农牧渔业部教育司会同国务院学位委员办公室组织的"全国动物营养学专业硕士研究生教育和学位授予质量检查评估"中,获总分第一,次年在全国畜牧学科类各专业博士点进行评审时,再获总分第一,1989年、2002年被国家教委评为农学重点学科点。研究生教育1989年获四川省优秀教学成果一等奖、国家级教学成果优秀奖。先后发表论文七十余篇。主编的全国统编教材《动物营养学》,1996年获农业部优秀教材一等奖,1997年获国家级优秀教学成果二等奖,被列为面向21世纪课程教材,2003年获首届省级、国家级精品课程。

33. 夏培肃

夏培肃(1923~2014),重庆江津人。中国科学院院士,电子计算机专家,曾参与筹建我国第一个计算技术研究所,我国计算机事业的奠基人之一。

1945年,夏培肃毕业于中央大学电机系,1950年在英国爱丁堡大学获博士学位。1956年,夏培肃参加了周恩来总理主持制定的发展我国科学技术的十二年远景规划中"计算技术的建立"的规划。中国科学院计算技术研究所就是依据这个规划决定建立的。夏培肃参与了计算所的筹备和建立。除了设计研制计算机,她还担任新生力量的培养工作。在计算所筹建初期,高等学校还没有计算机专业。当时,在清华大学等高校的配合下,计算所举办了四届为期一至两年的训练班,培养了计算技术专业的大学毕业生七百余人。夏培肃是历届计算机训练班的业务负责人和主讲教师,编写了《电子计算机原理》讲义,这是我国在这方面的第一本讲义。训练班学员中的许多人后来成为我国计算机界的领军人物。1960年,她设计研制成功我国第一台有自主知识产权的通用电子数字计算机(107计算机)。这标志着中国进入"电脑时代"。1991年当选为中国科学院院士(学部委员)。20世纪50年代末期,夏培肃创建了中国科学技术大学的计算机专业。她负责并研制成功多台不同类型的高性能计算机,为我国计算技术的起步和发展做出了重要贡献。从60年代开始在高速计算机的研究和设计方面做出了系统的创造性的成果:解决了数字信号在大型高速计算机中传输的关键问题;负责设计研制的高速阵列处理机使石油勘探中的某些地震资料处理速度提高十倍以上;提出了最大时间差流水线设计原则,实现了运算速度为每秒二亿次的向量计算机;负责设计研制中国第一台紧密耦合通用并行计算机。

创办《计算机学报》,创办国际性期刊 *Journal of Computer Science and Technology*(《计算机科学与技术学报》),并担任第一任主编。1985年,夏培肃作为中国科学院对英国皇家学会的交换教授,去英国多所大学讲学,被赫里奥-瓦特大学聘为访问教授。为了表彰她对计算机技术的贡献，授予她名誉科学博士学位。1994年获中国科学院优秀教师称号，2003年获中国科学院计算技术研究所研究生导师杰出贡献奖。

34．闵恩泽

闵恩泽（1924~2016），四川成都人。中国科学院、中国工程院两院院士。石油化工催化剂专家，中国石化石油化工科学研究院高级顾问。

闵恩泽曾就读于成都省立成都中学（后改为成都二中，现为北京师范大学成都实验学校）。虽然离开成都几十年，但每次一回成都，就必定回母校看看，并将学习方法传授给小校友们。2003年，闵恩泽捐献十万元人民币，用于在母校建立"恩泽奖学金"。

1946年，闵恩泽于国立中央大学毕业，1951年获美国俄亥俄州立大学博士学位。1980年当选为中国科学院院士，1993年当选为第三世界科学院院士，1994年当选为中国工程院院士。先后组织领导了小球硅酸铝、微球硅酸铝催化剂、铂重整催化剂、磷酸叠合催化剂等的研制。主要从事石油炼制催化剂制造技术领域研究，是我国炼油催化应用科学的奠基者，石油化工技术自主创新的先行者，绿色化学的开拓者，在国内外石油化工界享有崇高的声誉。指导长岭炼油厂加氢催化剂车间的技术改造，并生产了新型加氢精制催化剂。参加并领导了一氧化碳助燃剂、高堆比高强度半人造分子筛裂化催化剂的研究工作。

曾获2007年度国家最高科学技术奖、"2007年度感动中国人物"。"2007感动中国人物"的颁奖词这样评价他：在国家需要的时候，他站出来，燃烧自己，照亮能源产业。把创新当成快乐，让混沌变得清澈，他为中国制造了催化剂。点石成金，引领变化，永不失活，他就是中国科学的催化剂。2010年9月23日，国际小行星中心发布公报，将第30991号小行星永久命名为"闵恩泽星"。

35．欧阳予

欧阳予，生于1927年7月26日，四川乐山人。核反应堆及核电工程专家，中国科学院院士。

1948年武汉大学工学院电机系毕业。1957年在苏联莫斯科动力学院获技术科学博士学位。中国核工业总公司科学技术委员会副主任。1991年当选为中国科学院院士（学部委员）。1957年起参与主持并组织中国第一座军用生产堆研究设计，该堆于1966年建成并投产。担任中国第一座自行设计建造的秦山核电站的总设计师，全面负责技术指挥和决策；主持制定了核电站技术方案；审定并组织完成核电站设计中的重大科研课题；主持完成秦山核电站的可行性报告、初步设计和施工设计，解决了建造中的一系列重大技术问题；担任最终安全分析报告编委会主任，主持完成这份全面、系统、详细论述秦山核电站安全性的报告。

36. 涂铭旌

涂铭旌（1928～2019），重庆人。材料学家，中国工程院院士。

1951年毕业于同济大学本科，1955年取得北京科技大学研究生硕士学位。先后在同济大学、上海交通大学、西安交通大学、成都科技大学和四川大学工作，历任西安交通大学材料工程系系主任、金属材料及强度所所长、成都科技大学高新技术研究院院长。曾任第一届全国金属材料及热处理专业教学指导委员会主任委员，国家自然科学基金委员会材料学科评审组成员，国务院学位委员会"冶金与材料"学科评议组成员。长期从事材料强度与断裂及失效分析的研究。在发挥金属材料强度潜力的理论与应用、综合强化、耐寒高强钢的低温脆断规律、机理、判据及安全评价，以及重大机械失效分析等方面的研究中成绩卓著，其成果已在机械工程领域中广泛应用。在稀土及纳米功能材料的研究及工程应用方面也取得了多项研究成果。1984年被评为"国家有突出贡献中青年专家"，1990年被授予"全国高等学校先进科技工作者"称号，1995年当选为中国工程院院士。

37. 王方定

王方定，生于1928年12月21日，四川自贡人。放射化学家，中国科学院院士。

1953年毕业于四川化工学院化学工程系。历任中国原子能科学研究院研究员、院科技委主任，中国核工业总公司科技委顾问。1991年当选为中国科学院院士（学部委员）。曾参加我国核燃料前处理研究工作，包括中国钽铌酸盐型铀矿和磷酸盐型铀矿分析，从磷酸盐型铀矿提取铀以及三碳酸铀酰钠和重铀酸钠的制备和性质的研究。1958年开始从事核武器研制中的放射化学工作。研制成功用于引发原子弹链式核反应的中子源材料，并已实用于核武器的点火部件。参加核试验的放射化学诊断法、快速测定裂变燃耗的气体裂片法、内活化法测量脉冲高能中子总数研究，还开展了多价态裂变产物化学状态和自发裂变电荷分布的研究。

38. 唐明述

唐明述，生于1929年3月31日，四川安岳人。南京工业大学教授，无机非金属材料专家，1995年当选为中国工程院院士。

1956年南京工学院化工系研究生毕业。长期从事混凝土工程寿命的研究。对影响混凝土工程寿命的重要课题"碱集料反应"进行了系统的研究；创建的快速法已定为法国和中国标准，先后为众多大型混凝土工程鉴定集料碱活性提出可靠的施工方案；研制的快速测定仪已获应用。近年来在京津等地发现大型混凝土工程碱集料反应而破坏的实例，已引起有关部门的关注；所提碱碳酸盐反应的膨胀机理、碱集料反应分类等理论得到国际专家的重视；对用水泥处理核废渣、大坝用氧化镁膨胀水泥、钢渣微观结构的研究等在理论、生产、使用中均获成果。多次获得国家及省部级奖励，"碱集料反应"获1987年国家自然科学奖二等奖。发表学术论文三百余篇。

39. 赵尔宓

赵尔宓（1930~2016），满族。四川成都人。动物学家，四川省学术和技术带头人，2001年当选为中国科学院院士。

1951年毕业于华西大学生物系，曾为美国康乃尔大学高级访问教授、美国加州大学伯克利分校客座教授。中国科学院成都生物研究所研究员。我国首批入藏考察的两栖爬行动物学者之一，为西藏增加八个新种和十个中国或西藏新纪录种，并首次报道在墨脱希壤采到眼镜王蛇，将其分布范围向北推移了四个纬度，认为这是亚热带动物沿雅鲁藏布江大峡谷水汽通道向北扩散的证据。主要依据爬行动物的分布，首先提出在动物地理区划的西南区增加一个新的"喜马拉雅南坡亚区"。对西太平洋岛链两栖爬行动物区系形成和温带东亚两栖动物的分布格局提出自己的研究见解。

40. 钟山

钟山，1931年1月出生于四川成都。我国制导系统工程技术专家，1999年当选为中国工程院院士。国际宇航科学院通信院士。

1957年毕业于中国人民解放军哈尔滨军事工程学院雷达电子专业，获优等生称号。从20世纪50年代末至今，一直从事国防科研工作，并长期工作在国防科研武器装备研制第一线。曾担任填补国内空白的某低空防空导弹武器系统总设计师，率领广大科技人员多次攻破重大技术关键，特别是在创建的高阶三通道非线性时变参数仿真系统基础上,软硬结合,创造性地解决了低空防空导弹的三大关键技术"初制导交班、高精度制导、引战配合",使主要指标达到国际先进水平。该项目在定型试验中取得了双靶、五发五中、超低空靶试验、作战应用试验四项创新纪录。1992年获国家科技进步奖特等奖(排名第一名)。他提出的采用雷达捷变频、电视自动跟踪等关键技术、改造、提升系统为弹炮结合武器研制获国家科技进步奖二等奖。他担任某重点型号工程副总设计师,领导解决多项重大技术关键,1999年再获国家科技进步奖特等奖,荣立国防科工委一等功。他研制的武器已装备了我国陆、海、空三军,其中两种武器参加国庆五十周年阅兵式,接受了党和国家领导人检阅,为我国地空导弹事业的发展做出了突出贡献。他撰写技术总结报告百余篇,曾获全国优秀科技工作者、"五一劳动奖章"和部级劳动模范等荣誉称号。享受国家政府特殊津贴。

41. 刘宝珺

刘宝珺,生于1931年9月13日,天津人。地质学家,中国科学院院士。

1950~1952年就读于清华大学地质系,1956年毕业于北京地质学院研究生班。先后在北京地质学院、成都地质学院工作,1981年晋升为教授、博士生导师。地质矿产部成都地质矿产研究所所长、研究员。中国地质学会常务理事,中国矿物岩石地球化学学会理事,中国沉积学家协会副理事长,四川省地质学会副理事长。长期从事沉积动力学、岩相古地理、沉积成岩成矿作用、沉积盆地与板块构造、全球沉积地质研究。在事件地质学及生物和有机成矿作用等方面的许多重要研究工作,对我国具有先导性和启迪性,其理论、观点和方法在许多部门被推广采用。1986年,国家科委授予其"国家级有突出贡献的中青年专家"称号,1989年获"李四光地质科学奖"。

42. 周开达

周开达(1933~2013),重庆江津人。著名水稻科学家,中国工程院院士。四川省学术和技术带头人。

1960年8月自四川农学院农学系毕业后,在四川农业大学从事教学科研工作,先后担任四川农业大学水稻研究室副主任、主任,水稻研究所所长。周开达毕生致力于农业教育和杂交水稻研究事业,首创"籼亚种内品种间杂交培育雄性不育系的方法",先后培育出了冈、D型系列不育系及系列杂交稻,提出"亚种间重穗型杂交稻超高产育种思路"及"重穗稀植栽培技术",使杂交水稻生产向高产和高效方向发展。创造了"光敏不育系生态育种方法和技术",

解决了四川及长江中上游地区两系杂交稻育种的难题。发掘与创建出具有固定杂种优势特性和具有早代稳定特性的特异种质，为探索杂种优势利用新途径奠定了基础。

周开达在农业教育和科学研究方面做出了突出贡献，先后被评为国家有突出贡献的专家，全国先进工作者，四川省劳动模范，1994年被评为四川省十大英才之一，享受国务院政府特殊津贴。1992年受到四川省重奖，1996年获"何梁何利基金科学与技术进步奖"，1999年获四川省科技杰出贡献奖、人事部记一等功一次。先后获国家发明奖一等奖、国家科技进步奖二等奖等部省级以上成果奖二十三项。

周开达是四川省本土第一个中国工程院院士，也是四川农业大学自己培养出来的第一个院士。周开达在教育和科技战线奋战半个多世纪，为我国杂交水稻高层次人才培养、科学研究和学校作物遗传育种国家级重点学科及人才队伍建设做出了杰出贡献，但他总是自谦地说他只是做好了"育种"与"育人"两件事，始终把发挥集体才干和培养年轻人放在重要位置。由他培养出的硕士、博士和博士后已在我国杂交水稻研究领域发挥着重要作用。由他创办的四川农业大学水稻研究所已成为我国杂交水稻高级人才培养的重要基地，为我国水稻高级人才培养和水稻生产做出了重要贡献。

43．李吉均

李吉均（1933～2020），四川彭县人。地理学家，中国科学院院士。

1956年南京大学地理系肄业。1958年兰州大学研究生肄业。兰州大学地理科学系教授、系主任。1984～1985年在美国华盛顿大学和南加州大学访问和工作。从事冰川学、地貌学与第四纪地质的科学研究。带头提出青藏高原在第四纪的几个上升阶段、幅度和形式，指明高原整体断块加速度上升三千五至四千米，被广泛引用。近年又指明黄河上游多级阶地是高原隆起阶段性反映，分别形成于1.7、1.5、1.2、0.6、0.15百万年前。对西藏现代冰川和第四纪冰川进行了系统研究，特别对季风海洋性冰川有详细探讨。首次指出庐山存在大量湿热地貌遗迹和部分寒冻与泥石流地貌系统，替代冰川成因解释。研究兰州附近黄土、古土壤，重建与南极冰芯相比拟的十五万年来的环境迁变。

44．刘盛纲

刘盛纲，生于1933年12月25日，安徽肥东人。电子物理学家，中国科学院院士。

1955年南京工学院毕业。1958年成都电讯工程学院研究生毕业，通过副博士学位论文答辩。电子科技大学校长、教授。提出了一种新的复合式静电强流电子光学系统。建立了广义的强流电子轨迹方程和以电子回旋中心坐标系为基础的电子回旋脉塞的动力学理论体系。提出并建立了静电电子回旋脉塞的概念与线性及非线性理论，并在此基础上提出和发展了静电自由电子激光的新概念及其理论。提出并建立了特殊准光学谐振系统，进行了理论分析与实验验证，发展了相对论空间电荷波理论和自由电子激光的空间电荷波理论。

45．林祥棣

林祥棣（1934~2018），江苏南通人。光学仪器专家，中国工程院院士。

1956年毕业于浙江大学光学仪器专业。我国光学和光电跟踪测量系统工程研究的主要开拓者之一，我国知名的光学技术与仪器工程专家和学科带头人，获国家科技进步奖特等奖，光华科技二等奖，中科院科技进步奖一、二、三等奖共七次。他任国家863-409直属主题专家已十几年，现任国家"863"计划"808"重大专项专家组组长。先后担任中国科学院光电技术研究所副所长，中科院成都分院院长，西南科技大学校长，以及中国光学学会常务理事、副秘书长，四川省光学学会理事长，中国宇航学会测控专委会副主任等职，并任四川省政协常委、四川省政协科技委副主任，四川省科技顾问团副主任。

46．陈懋章

陈懋章，生于1936年2月14日，四川成都人。北京航空航天大学动力系教授、博士生导师，1999年当选中国工程院院士。

陈懋章是我国著名的航空发动机专家，长期从事叶轮机械研究的教学与研究工作，在航空发动机领域卓有建树。1993年获国家科技进步奖一等奖，1997年获国家教学成果二等奖，1998年获部级科技进步奖一等奖，1999年获国家科技发明奖一等奖，2000年获"何梁何利基金科学与技术进步奖"。主要论著有《粘性流体力学基础》。历任国务院学位委员会学科评议组成员，现任中国工程热物理学会气动热力学委员会委员、中国航空动力学会委员会委员、中国空气动力学会理事会理事。

47．姜文汉

姜文汉，生于1936年5月9日，浙江平湖人。光学技术专家，中国工程院院士。

1958年毕业于哈尔滨工业大学，曾任光电所学术委员会主任，中科院自适应光学重点实验室主任。早年从事大型光测设备研究,在精密轴系理论和技术、固定式光学测量系统等方面具有开创性贡献。1979年开拓我国自适应光学研究方向,建立整套基础技术并研制出多代具有国际先进水平的系统。在自适应光学和光束控制方面作出重大贡献。研制的用于神光高功率激光装置的"19单元波前校正系统"是国际同类装置中最先实用的;研制的"21单元自适应光学系统"使我国成为世界上第三个实现星体目标实时校正成像的国家;与北京天文台合作研制的"2.16米望远镜红外自适应光学观测系统"使我国拥有世界上为数不多的实用近红外波段的自适应光学观测系统;37单元和61单元两套自适应光学系统已分别实现水平和斜程大气湍流补偿,获得国际上未见报道的校正效果,使我国在自适应光学领域的研究居于世界前列。获全国先进工作者、中科院杰出科技成就奖等荣誉。

48. 石青云

石青云(1936~2002),四川合川(今重庆市)人。模式识别与图像数据库专家,中国科学院院士。

1957年毕业于北京大学。先后任北京大学教授、博士生导师,视觉听觉信息处理国家重点实验室学术委员会主任,中国自动化学会常务理事,国际模式识别学会理事。20世纪70年代后期在模式识别领域开展了一系列处于国际前沿的研究工作,建立了一类属性扩展图文法,并以高维属性文法实现统计模式识别与句法模式识别的有效结合,引起国际同行的重视。在我国较早开展图像数据库的研究,提出了新型图像数据结构CD表示,为研制地理信息系统提供了一项关键技术,使其既有高数据压缩率,又便于图像运算。主持研制的地理信息系统和图像数据库管理系统,具有很强的综合信息检索和空间数据信息复合功能,并具有统一处理图像操作和数据操作的特色,达到国际先进水平。主持研制保安应用的全自动指纹识别系统和用于公安侦破的指纹自动识别系统,经鉴定居国际领先,并已进入国际市场,获国家教委科技进步奖一等奖、国家科技进步奖二等奖。主持了北京大学视觉与听觉信息处理国家重点实验室的创建。发表论文四十多篇,译著二部。1993年获光华科技基金会一等奖。

49. 张仁和

张仁和,1936年11月5日生于重庆。声学家,中国科学院院士。

1958年毕业于北京大学物理系,曾先后在中国科学院电子学研究所、南海研究站和东海研究站工作,现任中国科学院声学研究所研究员,声场声信息国家重点实验室主任。在东、南、北海及太平洋完成海上实验七十余次，取得大量具有重要科学意义与应用价值的水声资料。对浅海与深海水声物理规律做系统研究，在国际上领先发表简正波衰减与群速的普遍表式，阐明了浅海声速结构与边界条件对声场影响的规律，给出了清晰的简正波物理图像，已成为射线–简正波理论的基本公式，与合作者一起获得了1982年国家自然科学奖二等奖。提出了反转点会聚区的概念与理论，解决了反转点附近声场的计算与预报问题。提出了广义相积分近似与平滑平均声场理论，研制成功声场数值预报仪，实现了声传播损失快速预报，获中国科学院自然科学奖一等奖。最先发现负跃层浅海中信号波形的多途结构，给出了简明的计算公式，能准确地预报波形结构。在声场空间相干性研究中。从理论上预言"在一定距离范围内，浅海声场的空间相关随距离增大而增强，远距离低频声场具有很强的空间相干性"，经海上实验已得到证明，在实验上领先获得最大间距达六百米、最远距离达一百三十千米的空间相干实验结果，为采用大尺寸接收基阵实现远程水下探测提供了物理基础。

50. 张景中

张景中，生于1936年，河南汝南人。计算机科学家，中国科学院院士。

1954年进入北京大学数学力学系学习。1979年起任教于中国科学技术大学，1985年调至中国科学院成都分院数理科学研究室，1986年被聘任为中国科学院研究员，任研究室主任。1991年任中国科学院成都计算机应用研究所副所长，1995年任名誉所长。1999年当选为中国科普作家协会理事长。2009年后任四川省计算机学会理事长，成都市科协主席。系"全国五一劳动奖章"获得者。

张景中主要从事机器证明、教育数学、距离几何及动力系统等领域的研究。其主要贡献是：创立计算机生成几何定理可读证明的原理和算法；提出了教育数学的思想和方法，对于基础数学提出了改革方案，建立了不依赖极限或无穷小的微积分理论体系；主持开发数学教育软件《Z+Z智能教育平台——超级画板》。其工作分别获1982年国家技术发明奖二等奖，1995年中国科学院自然科学一等奖，1997年国家自然科学奖二等奖，2000年香港国际发明博览会金奖，2005年、2009年国家科技进步奖二等奖等。

51. 荣廷昭

荣廷昭，生于1936年1月，重庆璧山人。玉米遗传育种学专家，中国工程院院士。

1957年毕业于四川农学院农学系。曾任四川农业大学农学院院长。现任四川农业大学玉米研究所所长、教授。长期从事作物遗传育种教学和科研工作。作为学科主要带头人，在学校国家重点学科作物遗传育种学的建设中发挥了重要作用，对玉米数量性状遗传及育种方法进行了较系统深入的研究。设计并成功实施自交系、杂交种选育与群体遗传组成研究、群体改良同步进行的育种新方法，提出西南地区玉米育种利用热带种质的新途径，多途径培养出雄性不育等育种新材料，筛选到西南玉米转基因工程育种急需的优良受体自交系并成功利用。选育出集高配合力、高产、高抗多种病害于一体的玉米自交系十余个和经过国家或省级审定的杂交种二十余个，累计推广六千多万亩，新增玉米三十多亿公斤。作为第一获奖人分别于1996年、2008年获国家技术发明二等奖二项，省科技进步奖一等奖一项、二等奖二项；作为第二获奖人获省科技进步奖特等奖、一等奖各一项。是四川省首届创新人才奖、第二届科技杰出贡献奖的获得者。发表论文四十余篇，出版教材、专著六部。获"全国五一劳动奖章"。

52. 向仲怀

向仲怀，生于1937年7月，重庆武隆人。国际著名蚕学专家，中国工程院院士。

1958年西南农学院毕业后留校，主要从事蚕业研究，主持建立了家蚕基因库。1959年，他深入射洪县农村，研究发现川北广大蚕区灾害性蚕病为壁虱病，为该病的防治解决了关键问题，获全国科学大会奖。1960年以来，一直从事家蚕基因资源研究，建立了当今国际上最大的家蚕基因库，保存遗传系统七百余系，发现新突变基因六十余个，建立了基础研究的连锁检索系统、近等位基因系统，成为国内外著名的资源研究平台，获国家自然科学奖四等奖，四川省科技进步奖一等奖。主持育成推广家蚕新品种三对，获重庆市科技进步奖一等奖。主持中国家蚕基因组计划，构建了家蚕不同组织不同发育时期的cDNA文库十二个，经大规模测序获得八点二万个EST序列，含三万二千个非重复序列，约覆盖家蚕功能基因的百分之八十，从而使我国成为拥有鳞翅目昆虫DNA序列最多的国家，成为国际鳞翅目昆虫基因组委员会的重要成员。2003年完成世界第一张家蚕基因组框架图，这是我国科学家继完成人类基因组百分之一测序工作、水稻基因组"框架图"和"精细图"之后，向人类贡献的第三大基因组研究成果。研究结果于2004年12月在Science学术期刊上全文发表。该成果入选中国高校2003年十大科技进展项目，2004年被科技日报社评为新中国成立以来我国科技的五十五个世界第一之一，重庆市自然科学奖一等奖。2006年，向仲怀领导完成家蚕基因组精细图和全基因组基因芯片研究。

向仲怀是国际著名蚕学专家，农业部蚕学重点开放实验室主任、西南大学蚕学与系统生物学研究所所长。先后任国务院第四、五届学位委员会委员，畜牧学科评审组召集人，中国蚕学会理事长，重庆市科协主席、名誉主席，重庆市学位委员会副主任，西南农业大学校长。先后荣获"科学中国人（2004）年度人物""2005中国纺织行业年度创新人物"称号，2006年度荣获"全国茧丝绸行业终身成就奖"。

53．丁协平

丁协平（1938～2020），四川自贡人。数学家，教授。

1961年毕业于四川大学数学系。先后在成都大学和四川师范大学从事教学和研究。任四川师范大学数学与软件科学学院数学研究所所长，教授。1999年和2000年分别获国际权威检索系统SCI（《科学引文索引》）收录论文数数学类个人全国第一名，2000年获美国科学信息研究所颁发的"经典引文奖"（三篇论文获奖）。1984年至现在任美国《数学评论》评论员。

丁协平长期在"非线性分析及应用"和"随机分析及应用"领域内从事教学和科研工作，四次主持国家自然科学基金项目。在《中国科学》《科学通报》《数学学报》《数学年刊》等国内外学术期刊上发表论文三百余篇，其中有一百余篇被国际权威科技论文检索刊物SCI检索。

54．刘应明

刘应明（1940～2016），福建福州人。数学家，1995年当选中国科学院院士。

1963年毕业于北京大学数学力学系。历任四川大学副教授、教授，国务院学位委员会第二届学科评议组成员，中国系统工程学会模糊数学与模糊系统学会首届副理事长。九三学社中央副主席。第六届全国人大代表。主要从事拓扑学与不确定性（主要是模糊性）数学处理等方面的教学与科学研究，并取得多项重要成果。圆满地完成了与模糊信息处理有关的国家"863"课题及国家基金重大项目，推动了我国模糊技术产业化。发表研究论文八十余篇，获国家自然科学奖等多种奖励。专长于模糊数学与拓扑学研究，对不分明拓扑中代数问题、嵌入理论与不分明凸集有较深研究。与人合作研究一般拓扑及不分明拓扑，引进重域概念，解决了不分明点概念及其邻近构造以及收敛这两个基本问题，在积空间和商空间问题上有所突破。译有《拓扑结构与代数结构》。

55. 朱清时

朱清时，生于1946年2月7日，四川彭县人。化学物理学家，中国科学院院士。

1968年毕业于中国科技大学近代物理系。中国科技大学化学物理系教授。在分子局域模振动研究方面，成功地观测和完整地分析了一系列分子高泛频振动态的高分辨率光谱，建立了局域模振动光谱学的一系列理论，并对上述高分辨光谱进行了完整的分析。论证了多原子分子中单键振动本征态存在的可能性和条件。在分子光谱学方面的其他成就包括：首例CaOH自由基的高分辨激光激发荧光光谱并观察到兰纳-泰勒效应；$C_2H_5C_1$和CF_3CHO分子的多光子离解动力学，建立了离解产物分布的熵极大模型；Na_2分子一些里德堡态的双共振光谱，观察到自旋耦合和量子干涉效应；CDF_3、C_2H_5Cl、CH_3I、C_3H_6和SF_6分子光谱中的微扰，估计出它们的振动非谐性和振转相互作用的效应。

1998年6月至2008年9月任中国科技大学第七任校长。2009年至2014年，应聘到深圳任南方科技大学校长。曾在美国加州大学圣塔巴巴拉分校和麻省理工学院做访问学者，美国布鲁克海文实验室和加拿大国家研究院的客座科学家，法国格林罗布尔、第戎和巴黎大学的客座教授，并作为英国皇家学会客座研究员，在剑桥、牛津和诺丁汉大学工作。曾获1994年海外华人物理学会"亚洲成就奖"和1994年国际著名学术杂志《光谱化学学报》设立的"汤普逊纪念奖"。

56. 马志明

马志明，1948年1月25日生于四川成都。数学家，中国科学院院士。

1978年毕业于重庆师范学院数学系，1981年获中国科学院研究生院数学硕士学位，1984年获中国科学院应用数学研究所数学博士学位。1998年当选为第三世界科学院院士。中国科学院数学与系统科学研究院应用数学研究所研究员，国家"973"计划重点基础研究发展规划"核心数学的前沿问题"项目首席科学家。曾任中国数学会理事长，2002年国际数学家大会组委会主席。

主要从事概率论与随机分析方面的研究，在狄氏型与马氏过程理论、维纳空间容度、Feynman-Kac半群、随机线性泛函、无处Radon光滑测度、薛定锷方程概率解等研究中获多项研究成果。突破"局部紧"及"正则"两大限制所提出的拟正则狄氏型新数学框架,解决了该领域存在二十年之久的难题,已在无穷维分析、量子场论、马氏过程等领域获得重要应用。1992年获"马克斯·普朗克研究奖",1992年获中国科学院自然科学奖一等奖,1993年获国家自然科学奖二等奖。

57. 谢和平

谢和平,1956年1月生于湖南,中国工程院院士(能源与矿业工程学部),曾任四川大学校长。

谢和平长期致力于岩体力学与工程研究和实践。于20世纪80年代初在我国最早建立了裂隙岩体宏观损伤力学模型,研究其自然性状及导致灾害性事故发生的机理和过程,开拓了裂隙岩体损伤力学研究新领域,成功预测了采动围岩的损伤大变形和蠕变稳定过程,并应用于深部巷道大变形预测、蠕变分析及其相关的巷道支护设计等重要工程领域。1985年起,他创造性地引入分形方法对裂隙岩体进行非连续变形、强度和断裂破坏的研究,形成了裂隙岩体非连续行为分形研究的新方向,并与损伤力学相结合在岩爆、地表沉陷、顶煤破碎块度控制等重要矿山工程应用中获得成功,取得了显著的经济效益和社会效益。曾获国家自然科学奖二等奖、国家科技进步奖二等奖、国家科技进步奖三等奖、国家自然科学奖三等奖、四项国家级奖等奖项。被美国、英国、德国、波兰等国外著名大学聘为客座教授及客座研究员。

后　记

系统地研究巴蜀科技史是近五十年才开始的，已经有了一些分学科、分专题的研究成果。但成体系，有系统地研究巴蜀科学技术发展史的基本轨迹及其发展规律，仍是一个较新的课题，还有较多空白点没有研究。例如植物学、动物学、物理学、化学、生理学、心理学等领域，都需要新的开拓。

巴蜀14个世居少数民族在科学技术领域也有很多出色的贡献。但由于我们在这一领域缺乏深入研究，遗憾地暂成为本卷的一个空白。

根据《巴蜀文化通史》"三通"（纵通、横通、会通）的理念与原则，按照科学技术发展自身的规律，"分科通史模式（融合模式）"，即分科结构与通史线索相结合，专题论述与通史线索相结合。巴蜀科技成就主要指"原创者是巴蜀人，原创地在巴蜀"的科技成就。在中国科学技术史的大背景下，重在论述巴蜀科技的"亮点"，注意将巴蜀科技的亮点，放在中国科技发展的"通史"的大背景下，论述其意义，同时，看到我们巴蜀科技的局限。

该卷的研究撰写，历经八年，2007年5月至2009年2月，主编完成整体框架的设计和样章的撰写。经过《巴蜀文化通史》编委会的专家对编写大纲和第一次送审稿提出意见之后，于2009年2月至2011年6月，开始修改大纲和样章，并提交第二次送审稿。编委会的专家对第二次送审稿提出意见之后，全卷各章开始撰写，完成大部分初稿。2011年6月至2012年9月，进行初稿的修改。2013年2月至2014年5月，完成全卷的再修改。2014年6月至2014年8月31日完成全卷的最后修改和定稿。

《巴蜀文化通史·科技文化卷》，因为涉及的内容较多、较新，必须选择恰当的专家学者撰写适合的章节。以巴蜀科技史为研究方向的学者不多，在大学里只有"科学技术哲学（自然辩证法）"专业有以"科学技术史"为研究方向的导师和学生。我们希望通过该卷的撰写，吸引更多的学者研究巴蜀科技史。作为一项研究课题，我们要完成全卷的撰写，同时，更要通过课题的研究，培养巴蜀科技史研究的新生人才。我们的想法得到成都理工大学的充分支持，大家都在合作研究中得到明显提高。

《巴蜀文化通史·科技文化卷》编撰人员情况如下：主编为查有梁（四川省社会科学院研究员）、王迎川（成都理工大学教授，四川省自然辩证法研究会理事长），副主编周世祥（成都理工大学副教授，四川省自然辩证法研究会秘书长）、李继明（成都中医药大学研究员，硕士生导师）、王成（四川省筠连县动物疫病预防控制中心高级兽医师，南京农业大学畜牧兽医史研究中心副教授，中国农业历史学会理事）。其他作者系成都理工大学的教师和研究生：汤敏（成都理工大学副教授，2010年毕业于成都理工大学科学技术哲学专业）、查凤妹（成都理工大学环境与土木工程学院助教，2010年毕业于成都理工大学科学技术哲学专业）、刘军伟（成都航空有限公司党委办公室，2011年毕业于成都理工大学马克思主义基本原理专业）、江莹（江苏盐城工学院经济与管理学院，2011年毕业于成都理工大学科学技术哲学专业）、沈克敏（2010年毕业于成都理工大学科学技术哲学专业，现为河南省延津县位邱中学教师）。查有梁、王迎川为全卷统稿。

本卷撰写人的分工如下：

导言与结语由查有梁撰写；

第一章、第九章、第十三章由周世祥撰写；

第二章、第三章由查有梁撰写；

第四章由刘军伟撰写；

第五章由王成撰写；

第六章由李继明撰写；

第七章由江莹撰写；

第八章、第十章由王迎川撰写；

第十一章由汤敏撰写；

第十二章由沈克敏撰写；

第十四章由查凤妹撰写。

查有梁

2018年8月31日

图书在版编目（CIP）数据

巴蜀文化通史.科技文化卷/章玉钧，谭继和主编；
查有梁等著.--成都：四川人民出版社，2021.12
ISBN 978-7-220-10576-0

Ⅰ.①巴… Ⅱ.①章… ②谭… ③查… Ⅲ.①文化史
—四川②科学技术—技术史—四川 Ⅳ.①K297.1

中国版本图书馆CIP数据核字（2017）第280115号

BASHU WENHUA TONGSHI
KEJI WENHUA JUAN

巴蜀文化通史 科技文化卷

查有梁　王迎川　周世祥等 著

出 品 人	黄立新
项目统筹	谢 雪　董 玲　谢 寒
责任编辑	谢 寒
封面设计	张 科
装帧设计	经典记忆　戴雨虹
责任校对	吴 玥
责任印制	祝 健
出版发行	四川人民出版社（成都三色路238号）
网　　址	http：//www.scpph.com
E-mail	scrmcbs@sina.com
新浪微博	@四川人民出版社
微信公众号	四川人民出版社
发行部业务电话	（028）86361653　86361656
防盗版举报电话	（028）86361653
制　　版	四川胜翔数码印务设计有限公司
印　　刷	成都东江印务有限公司
成品尺寸	180mm×260mm
插　　页	14
印　　张	27
字　　数	465千
版　　次	2021年12月第1版
印　　次	2021年12月第1次印刷
书　　号	ISBN 978-7-220-10576-0
定　　价	125.00元

■版权所有·侵权必究
本书若出现印装质量问题，请与我社发行部联系调换
电话：（028）86361656